权威·前沿·原创

皮书系列为
"十二五""十三五""十四五"时期国家重点出版物出版专项规划项目

BLUE BOOK

智 库 成 果 出 版 与 传 播 平 台

城市文明蓝皮书
BLUE BOOK OF URBAN CIVILIZATION

全球城市文明发展报告
（2024~2025）

REPORT ON THE DEVELOPMENT OF GLOBAL URBAN CIVILIZATION (2024-2025)

主　编／姜　虹
副主编／陈跃红　陈能军　方映灵

社会科学文献出版社
SOCIAL SCIENCES ACADEMIC PRESS (CHINA)

图书在版编目(CIP)数据

全球城市文明发展报告. 2024~2025 / 姜虹主编.
北京：社会科学文献出版社, 2025.6. -- (城市文明蓝皮书). -- ISBN 978-7-5228-5310-9

Ⅰ. F299.1

中国国家版本馆 CIP 数据核字第 20253B3E71 号

城市文明蓝皮书
全球城市文明发展报告（2024~2025）

主　　编 / 姜　虹
副 主 编 / 陈跃红　陈能军　方映灵

出 版 人 / 冀祥德
责任编辑 / 徐崇阳
责任印制 / 岳　阳

出　　版	社会科学文献出版社·生态文明分社（010）59367143 地址：北京市北三环中路甲29号院华龙大厦　邮编：100029 网址：www.ssap.com.cn
发　　行	社会科学文献出版社（010）59367028
印　　装	天津千鹤文化传播有限公司
规　　格	开本：787mm×1092mm　1/16 印　张：23.75　字　数：355千字
版　　次	2025年6月第1版　2025年6月第1次印刷
书　　号	ISBN 978-7-5228-5310-9
定　　价	128.00元

读者服务电话：4008918866

版权所有 翻印必究

《全球城市文明发展报告（2024~2025）》编委会

顾　　　问	王京生　潘鲁生　蒋述卓　吴为山
主　　　任	曾相莱　吴定海
执 行 主 任	姜　虹
主　　　编	姜　虹
副 主 编	陈跃红　陈能军　方映灵
编委会成员	严诗喆　汪　妍　杨义成　马诗婷　毛君婕

主要编撰者简介

姜　虹　南方科技大学党委书记、讲席教授、博士生导师，南方科技大学全球城市文明典范研究院院长。主要研究方向包括资本运营与财务管理、审计理论与实务、内部控制与风险管理、公共卫生政策与管理。现任广东省高等教育学会副会长，兼任广东省社科联副主席、深圳市社科联副主席。

陈跃红　南方科技大学讲席教授，南方科技大学人文社会科学学院院长、全球城市文明典范研究院副院长、人文科学中心主任、未来教育中心主任，北京大学未来教育管理研究中心顾问。国家社科基金重大项目首席专家。历任北京大学校务委员，中文系副主任，中文系主任。先后担任澳门大学短期讲座教授，韩国忠南国立大学交换教授，台湾实践大学客座教授，香港大学访问学者，荷兰莱顿大学访问学者等。现任中国比较文学学会副会长，中国比较文学学会跨学科分会荣誉理事长。

陈能军　南方科技大学全球城市文明典范研究院院长助理、学术委员会秘书长，研究员。中国人民大学经济学博士、博士后，深圳市高层次专业人才，主要从事人文经济、城市文明与城市经济等领域研究。主持国家级项目1项、省部级项目5项，发表论文50余篇，多篇论文被《新华文摘》、《高等学校文科学术文摘》和人大复印报刊资料等全文转载。成果获得广东省、深圳市哲学社会科学优秀成果奖。现任中国城市经济学会理事、全国经济地理研究会理事、国际创意管理专委会委员、中国文化产业管理专业委员会理事、中国文化创意产业研究会秘书长、华南城市研究会副会长、深圳市城市经济研究会副会长、深圳市文化产业专家库专家、鹤湖智库专家委员。

方映灵 南方科技大学全球城市文明典范研究院高级研究学者,深圳市社会科学院社会发展研究所原所长、三级研究员。广东哲学学会常务理事,广东省区域发展蓝皮书研究会副会长。主要研究领域为思想文化、香港研究、深圳研究等。出版个人学术专著2部,编著或参与出版典籍辞书和学术著作20余部。在全国理论学术刊物发表论文数十篇。主持编撰深圳首部城市百科全书《深圳百科全书》。具体实施创办《深圳社会科学》杂志。主持或参与多个国家级和省部级重点哲学社会科学规划课题项目。

前　言

　　《全球城市文明发展报告》是由南方科技大学全球城市文明典范研究院组织研创、社会科学文献出版社出版的年度智库报告。本书主要关注全球城市文明发展，围绕与此相关的经济、社会、文化等领域，聚焦代表性现象和问题，旨在全方位理解和把握当代全球城市文明发展中的机遇和挑战，为城市文明发展提供多元化分析与展望，突出时代意义和实践参考价值。

　　《全球城市文明发展报告（2024~2025）》对2023~2024年全球城市文明发展理论、重点领域和创新实践进行了全面总结和深入分析，并对2025年全球城市文明发展作出前景展望。全书分为总报告、数字文明篇、城市文化篇、案例篇。

　　本书从不同角度深入研究全球城市文明，形成了系统性研究。本书选题具有鲜明的问题导向意识与跨学科色彩，研究领域不局限于特定学科，而是以近年来城市文明发展所关注的主要问题为核心，整合多个方面学术研究与实践探索，推动城市文明研究的跨学科发展，并着眼于解决城市发展中的实际问题，提出相应的对策建议。

摘 要

《全球城市文明发展报告（2024~2025）》是关于全球城市文明发展新兴重点领域、创新实践和理论探索的研究报告。本书在南方科技大学全球城市文明典范研究院2024~2025年度研究实践的基础上，吸收了相关领域专家的最新案例研究和理论阐释，旨在全方位理解和把握当代全球城市文明发展中的机遇和挑战，通过综合分析世界各大城市在城市文明建设各领域、各方面的最新动态和趋势，揭示城市文明发展的新特点和新规律，提出对21世纪全球城市文明发展的深刻理解。

《全球城市文明发展报告（2024~2025）》综合探讨了2023~2024年全球城市文明的发展实践，涵盖城市数字文明、空间文明、创意产业、社会治理、生态文明、传播文明等主题，并通过多个国内外城市案例，展示了全球城市建设与发展的实践经验，提出了针对当代全球城市文明发展的理论分析与具体政策建议。全书共分为四个部分：第一部分为总报告，概述2023~2024年全球城市文明的发展实践与未来趋势，就未来城市文明的发展进行综合性理论分析；第二部分为数字文明篇，深入探讨了数字技术在近年来城市文明建设中的应用和影响，全方位展示了数字技术如何重塑城市文明内涵，重塑都市居民的日常生活面貌；第三部分为城市文化篇，聚焦于城市文化的传承、发展与创新，并与城市产业发展相结合，深入剖析了城市文化的多样性和活力，以及其在城市建设中的重要作用；第四部分为案例篇，通过国内外多个城市的实践经验，展示了城市文明建设的具体路径和效果，为新一轮城市文明建设提供了丰富的实践经验和启示。

关键词： 城市发展 技术变革 城市文化 城市建设

目 录

Ⅰ 总报告

B.1 全球城市文明发展研究（2024~2025）
.... 全球城市文明发展研究课题组 / 001

Ⅱ 数字文明篇

B.2 数字技术赋能城市文明建设：国际视野下的源起、发展和展望
.... 张国平 / 040

B.3 新时代上海数字创意产业发展战略与路径研究
.... 陈能军　周　广　高洪波　周玉兰 / 067

B.4 数字漫游下城市地标在ACGN文化空间的记忆锚定与"圣地巡礼"
.... 贾瑞凯　王馨艺 / 083

B.5 文化编码与解码：中国电子游戏产业的城市特色及传播分析
.... 陈柏福　熊阳春 / 100

B.6 积极老龄化与数字连接：城市老年群体的数字接入建设
　　 与数字融入路径 .... 勾云怡　张亦弛 / 114

001

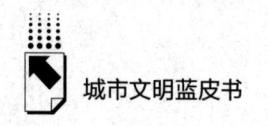

Ⅲ 城市文化篇

B.7 新时代深圳城市文化研究 …………………………………… 周礼红 / 149

B.8 以名牌培育推动高质量发展
——以现代时尚产业为视角 …………………………… 方映灵 / 164

B.9 基于深圳经验的粤港澳大湾区全民阅读协同发展机制研究
………………………………………………… 严诗喆 王凯正 / 178

B.10 创意城市视角下"媒体艺术之都"的建设实践与思考
——以长沙为例 ………………………………………… 蒋海军 / 190

B.11 深圳时尚文化与时尚消费培育现状及推进"时尚之都"发展建议 …………………………………………………… 袁 园 / 209

B.12 深圳文博会：新质生产力赋能城市文化产业繁荣发展
…………………………………………………………… 方石玉 / 224

B.13 当建筑与媒介相遇：粤港澳大湾区城市形象传播研究
………………………………………………… 王晶莹 汪 妍 / 237

B.14 新时代深港文化融合发展研究报告 ………… 郭正林 韩雪娇 / 254

Ⅳ 案例篇

B.15 珠三角城市绿色环境建设研究 ………………………… 高云庭 / 270

B.16 城市轨道交通助力城市文明发展之深圳案例 ………… 侯春蕾 / 283

B.17 创新引导下的数字城市堪培拉 ………………………… 葛 琳 / 294

B.18 苏黎世数字城市赋能发展的经验启示 ………………… 李永强 / 309

目 录

B.19 世界视域下粤港澳大湾区建设的基本范式与路径
　　——基于世界三大湾区的历史考察 …………… 谢春红 / 322

Abstract　………………………………………………………… / 343
Contents　………………………………………………………… / 345

皮书数据库阅读**使用指南**

总报告

B.1 全球城市文明发展研究（2024~2025）*

全球城市文明发展研究课题组**

摘　要： 在全球化和各国城市化加速的背景下，城市文明发展面临来自环境、生态和社会等方面的多重机遇和挑战。城市化促进了商业、人口和文化全方位的繁荣，同时引发了社会文化发展高度同质化，以及过度发展对环境和生态造成损耗等问题。各类城市治理新问题，对实现城市文明可持续发展构成了重大挑战。绿色城市建设、文化保护和资源共享等创新模式，有助于人类克服经济、政治、文化和环境等因素对城市文明发展的不利影响及其带

---

* 本文系深圳市哲学社会科学规划特别委托重点课题"城市文明典范研究"（项目编号：SZ2022A005）、广东省普通高校特色新型智库"南方科技大学文化新质生产力研究中心"项目（2024TSZK011）、深圳市人文社会科学重点研究基地"南方科技大学全球城市文明典范研究院"研究成果。

** 课题组组长：姜虹，南方科技大学党委书记、讲席教授，全球城市文明典范研究院院长。课题组成员：陈跃红，南方科技大学人文社会科学学院院长、教授，全球城市文明典范研究院副院长；陈能军，南方科技大学全球城市文明典范研究院研究员；杨义成，南方科技大学全球城市文明典范研究院助理研究员；季怡雯，新加坡国立大学中文系博士；武天琪，美国杜克大学环境政策硕士；薛逸然，新加坡国立大学中文系硕士。

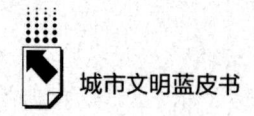

来的全球性城市问题。本文围绕城市空间文明、城市精神文明、城市治理文明、城市科技文明、城市生态文明等领域，在总结近年来城市文明发展热点的基础上，对相关领域城市文明发展的具体内涵及相互关联予以进一步思考，并提出前瞻性建议，以期为城市文明发展提供全方位、可持续发展的理论资源与实践依据。

关键词： 全球城市文明 可持续发展 城市化挑战

党的二十届三中全会通过的《中共中央关于进一步全面深化改革 推进中国式现代化的决定》强调："深化城市建设、运营、治理体制改革，加快转变城市发展方式。"[①] 这一表述深刻把握了城市文明发展规律并指明了中国城市的发展方向。随着全球化与城市化进程的推进，城市文明面临着新的挑战。文化多样性、绿色城市、低碳经济与智慧城市等创新模式正在成为全球城市治理的关键议题。

一 城市空间文明：可持续发展新趋势

城市可持续发展理论的形成与发展受到多个方面因素的影响，包括环境保护意识的增强、资源承载能力的限制以及社会经济发展的需求。城市作为人类活动的中心，其可持续发展不仅是经济增长的问题，更是生态平衡和社会公平的体现。城市可持续发展的核心在于实现经济、社会和环境的协调发展，以满足当前和未来世代的需求。

可持续发展理论强调城市是一个复杂的系统，需要综合考虑生态支持系统与生产消费系统的相互关系。此外，城市可持续发展理论还涉及系

---

① 《中共中央关于进一步全面深化改革 推进中国式现代化的决定》，《人民日报》2024年7月22日，第1版。

协调理论、资源承载理论、系统更新理论和循环经济理论等。本文各案例显示，城市规划与设计不仅是技术与空间的结合，更是城市管理者、社区基层和建造者在全球推动可持续发展语境下整合环境、社会与文化资源的实践。

（一）公共交通系统优化与智能交通网络构建

2024年，全球多个城市在公共交通系统优化与智能交通网络建设方面取得了令人瞩目的进展。这些努力不仅提升了交通效率、缓解了交通压力，还推动了可持续发展目标的实现。下面以荷兰阿姆斯特丹和中国上海两座城市为例，探讨智能交通系统（ITS）的创新应用与成果。

荷兰阿姆斯特丹是一个走在智能交通前沿的城市。长期以来，骑行是阿姆斯特丹交通体系的重要组成部分。为应对自行车数量激增和停车需求增加的问题，当地政府与技术公司联合推出了一款智能交通手机软件。这款手机软件可以为市民提供实时路况更新和骑行路线规划服务，大幅提升了市民的骑行体验。此外，阿姆斯特丹计划在2024年完成其水下停车设施的建设，以解决市中心的自行车停车难题。[1] 这一创新举措不仅优化了城市空间布局，还推动了低碳出行目标的实现，进一步巩固了阿姆斯特丹作为全球骑行友好城市的地位。

上海近年来在智能交通网络建设方面也取得了重要突破。[2] 2023年上海推出的"上海交通"手机软件，整合了地铁、公交车、出租车和共享单车等多种交通方式的实时动态信息，为市民提供一站式出行服务。这一平台通过实时更新公交车到站信息和推荐精确的出行方案，大幅提高了公交系统的使用率。此外，上海在多个交通拥堵路段部署了智能交通信号灯，通过分析实时车流数据动态调整信号配时，有效减少了通行延误。2024年，上海还

---

[1] Dutch Infrastructure Ministry, *Water-based Parking Facilities for Cyclists: Progress Report*, Amsterdam: Government Press, 2024.
[2] 《上海市智能网联汽车发展报告（2023年度）》，上海市交通委员会官网，https://jtw.sh.gov.cn/zxzfxx/20240205/7aa0c16cc00e42cb9b3311b564dc8ffe.html。

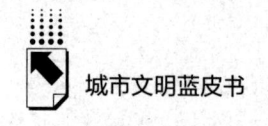

启动了无人驾驶公交试点项目，并在市区特定线路投入运营，为未来公共交通的进一步智能化奠定了基础。

从阿姆斯特丹打造城市骑行文化，到上海的智能信号系统与无人驾驶公交试点项目，这些城市的案例充分展示了智能交通系统和城市文化的结合，不仅提高了城市交通效率、改善了交通运输公共服务，而且推动了低碳出行，促进了城市可持续发展。

（二）城市公共空间重塑与社区活力激发

2023年全球城市更新的步伐日益加快。对城市旧有公共空间的创新设计改造和功能活化，可使城市的面貌焕然一新。这些实践不仅展现了不同城市社区的历史文脉，也在文化传承保护与现实需求中实现融合设计。

美国纽约高线公园作为城市公共空间重塑的标杆，为全球城市的创新发展提供参考。[1] 2023年高线公园新增了多个休闲区域和艺术设施，这些改进不仅吸引了更多游客，还促进了周边社区的商业与文化复兴。2023年，高线公园新添的艺术展览和季节性活动吸引了800多万名游客，同比增加了12%。[2] 但此举使高线公园周边房价上涨，引发了当地关于社会公平性的广泛讨论。

为应对这些挑战，纽约市政府在2024年启动了一项社区参与计划，通过居民投票和社区论坛更好地反映本地常住居民的需求，从而减轻过多外来人口进入带来的负面影响。这一案例体现了城市更新在推动经济发展和生态环境保护时，如何更好地兼顾社会公平。

2023年纽约市对高线公园进行了优化改建，以增强其生态修复功能。这一项目将废弃的铁路高架桥改造成一条城市绿廊，种植了数百种本地植物，并配备了雨水收集和过滤系统。2024年的监测数据显示，高线公园每年减少的雨水径流量达5000立方米，有效缓解了城市内涝问题。此外，高

---

[1] New York High Line Authority, "High Line Park：Annual Report", *American Urban Innovation Journal*, 2023, 19（4）, pp. 56-72.

[2] New York Tourism Bureau, *Visitor Trends in Urban Public Spaces*, New York：City Press, 2024.

线公园新增了社区种植区，鼓励居民参与城市绿化活动，这不仅增强了社区凝聚力，还改善了周边地区的空气质量。高线公园的优化改建使纽约成为城市生态修复的典范，吸引了全球城市管理者的关注。

与此同时，中国上海作为国际化大都市，通过中外文化交流，不仅激发了当地社区的活力，也获得了丰硕的经济成果。2023年，上海国际文化节成功举办，吸引了来自全球30多个国家和地区的艺术展览机构和表演团体。其中，"海派文化与世界艺术对话"展览成为亮点，该展览通过展示上海的海派文化如何融合中西方艺术，吸引了近50万名游客参观。无独有偶，第23届中国上海国际艺术节期间，近40天里，有25个国家和地区的68台剧（节）目上演，线下参与观众超65万人次，32场直播吸引约610万人次观看。33项94场艺术教育活动覆盖上海市近百所高校与中小学校，惠及6万人次。[1]

东京代官山的茑屋书店改造项目通过文化创新实现了经济与社区的双重复兴。[2] 2023年，茑屋书店所在区域成为一个文化聚集地，吸引了年轻游客，极大地提升了区域活力。该项目通过保留区域历史特色，如传统建筑元素，同时融入现代设计，吸引了大量创业者和小型文化企业入驻。此外，茑屋书店的文化品牌效应带动了周边商业模式的创新，直接推动了该地区的经济增长。这一成功不仅体现在书店本身带来的经济效益，还得益于社区居民的广泛参与和政府的政策支持。

英国伦敦国王十字区利用历史遗迹为现代社区转型注入活力。[3] 2023～2024年，英国伦敦的国王十字区吸引了包括谷歌在内的多家大型跨国科技企业入驻，这使该区域成为集商业、科技与文化于一体的"文化+互联网创新中心"。这一改造既保留了历史建筑，如煤仓和老火车站，还通过发展创

---

[1]《680万人次参与国际艺术节惠民活动》，上海市人民政府官网，https://www.shanghai.gov.cn/nw4411/20241117/a75b756ab2ad4aff83d7d0703fb53280.html。

[2] Tokyo Metropolitan Government, "Cultural Space Revitalization in Daikanyama", *Japanese Sustainable Urban Development Review*, 2023, 20 (2), pp. 45-67.

[3] London King's Cross Development Committee, "Creative District Development Report", *European Urban Transformation Quarterly*, 2024, 22 (1), pp. 78-93.

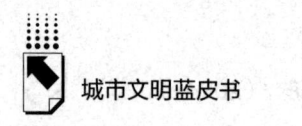

意产业吸引了大量年轻人才。区域内新增的创意工作室和共享办公空间，有效提升了资源利用率。国王十字区通过开展社区项目和文化活动，如"创意街区节"，逐步形成了彰显多元文化特色的社区环境。

城市公共空间的重塑不仅是地理格局的改变，更是激发社区活力、推动经济发展的重要手段。通过创新设计和协同治理，这些案例为其他城市提供了宝贵的经验，体现了历史与现代、国内与海外、文化与商业的有机融合。城市空间文明的演进将更加注重综合性与协同性，绿色环保建筑改造和社区文化的更新将会成为未来城市发展的必经路径。绿色低碳的建筑将继续借助技术创新与国际合作在更广范围内推广，智能交通系统也将在实时数据与人工智能技术的支持下实现进一步优化，而公共空间的改造将从历史文化与现代需求的深度融合中找到新的突破点。

上述趋势表明，面向未来的城市规划不仅可以满足当下居民的生活与居住需求，也能为城市的可持续发展奠定基础。通过加强政府政策支持、技术研发投入与公众参与力度，全球城市可以在空间设计、文化复兴与社会进步中找到平衡，为构建更加包容、宜居与高效的未来城市奠定坚实基础。这些努力令城市不再是经济与发展的功能性空间，而会成为促进社会和谐与文明进步的重要载体，为全球城市的共同发展注入更多创新动能。

二 城市精神文明：全球城市文化生产力革新缔造

近年来，全球城市文化领域经历了深刻的创新与转型，生成式人工智能（AIGC）、多元化文化消费、新型文化业态及城市文化IP运营成为推动城市文化生产力革新的重要力量。当下AIGC技术广泛应用于影视、文学与艺术设计领域，显著提升了创作效率与内容多样性，为文化创意产业提供了全新方向。

随着互联网技术的普及，亚洲国家的文化消费模式呈现出年轻化与多元化趋势，线上音乐、电竞、动漫等领域快速发展，反映了数字技术对传统消费方式的深刻影响。此外，沉浸式戏剧与新型公共文化空间的兴起，为城市文化生活注入了新的活力，它们通过与观众互动以及多功能文化空间的构建，丰富了公众的参与感和文化体验。而城市文化 IP 运营通过跨媒介改编与全球化合作，将地方特色与现代技术结合，推动传统文化与流行文化在全球范围内焕发新的生机。这些变革不仅促进了文化产业的高质量发展，也在文化传播、社会互动与经济增长之间架起了桥梁，开启了城市精神文明建设的新篇章。

（一）文化消费模式转变与新兴消费群体的崛起

随着互联网技术的迅速发展，线上文化消费模式在全球范围内异军突起，特别是在中国、韩国和日本等亚洲国家，这些国家的文化消费模式正在经历深刻的变化。近年来，特别是在 2023~2024 年，线上文化消费的转变与新兴消费群体的崛起愈加明显，推动了相关产业的快速发展。

在韩国，线上音乐市场和直播带货的结合呈现出新的发展趋势。2023年，韩国主要音乐平台，如纳维音乐（Naver Music）、可可音乐（Kakao Music）和脉轮（Melon）推出了会员订阅模式，这一模式为用户提供了高质量的流媒体音乐体验，用户也能参与线上音乐活动。会员订阅模式已成为数字音乐市场中的主流模式，用户可以通过支付月费或年费来享受无广告音乐服务并访问额外的内容。此外，从 2023 年开始，韩国的直播带货业务也大力带动了文化产品的销售，许多艺人通过直播推销自己的专辑和周边产品，进一步加强了与粉丝的互动。电竞产业的持续发展，使之成为一种重要的文化消费模式。电子竞技赛事不仅吸引了大量现场观众，也让线上观众急剧增加。根据《2023 年度中国电子竞技产业报告》，电竞直播平台的广告收入在 2023 年达到了总收入的 80.87%。[1] 电子竞技行业已经逐渐形成了完整的文化消费产业链，涵盖了赛事组织、直播平台以及与电竞相关的商品销售等多个环节。

---

[1] 中国音像与数字出版协会：《2023 年度中国电子竞技产业报告》，2023 年 12 月 20 日。

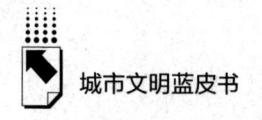

日本的动漫消费在年轻群体中日益流行，越来越多的动漫迷选择通过线上平台观看高清动漫作品。尽管纸质漫画书市场依然庞大，但线上观看动漫的趋势已对传统漫画书的销售产生了冲击。2023年虚拟现实（VR）和增强现实（AR）等新技术被越来越多的动漫制作公司使用，不少公司推出了沉浸式的动漫体验活动，进一步推动了线上动漫消费的增长。

随着技术发展，城市文化消费日益增长。但有一个共同点就是消费群体越来越年轻，且文化消费的方式更加多样化。线上音乐、电竞和动漫等领域的快速发展，反映了互联网技术对传统文化消费模式的深刻影响。各国政府和企业应当积极引导这一趋势，促进文化产业的持续健康发展，同时加强对知识产权保护的立法和行政管理。

（二）文化新业态与新型公共文化空间

近年来，随着数字技术的迅速发展和社会需求的变化，文化创意产业在全球范围内迎来了多种新的发展趋势。其中，沉浸式戏剧和新型公共文化空间作为新业态的代表，正在为人们的文化生活带来深刻的变革。这些新业态不仅为公众提供了前所未有的文化体验，还在创新形式、互动性和多感官体验上实现了巨大突破，逐渐成为文化消费的重要组成部分。随着这些新形式的不断发展，它们对文化产业的未来发展方向产生了重要影响，成为推动文化创新和发展的重要力量。

沉浸式戏剧和新型公共文化空间成为文化创意产业中的新兴力量，尤其是全球范围内涌现出了一系列具有创新性的案例，这些案例不仅展现了文化形式的转型，也反映了现代社会对体验性和多样化文化空间的需求。

2023年法国巴黎推出的沉浸式剧目《沉浸之夜》，重新定义了戏剧与观众的互动方式。不同于传统戏剧的被动观看，观众在此剧中不仅是旁观者，更是故事的参与者，通过与演员的互动，剧情也随之发生变化。这一剧目的成功推动了沉浸式戏剧在全球范围内的推广，吸引了大量年轻观众，成为戏剧界的新兴标杆。与此同时，美国纽约的沉浸式剧目《梦魇》在2023年获得了广泛关注，它通过多感官的沉浸体验，进一步模糊了现实与虚构的界限，激发了观众的参与积极性。

在中国，沉浸式戏剧发展蓬勃。2024年，上海和北京等城市相继推出沉浸式剧场，吸引了大量年轻观众。北京的《月光下的倾诉》通过互动式舞台设计，让观众在故事推进中发挥关键作用，重新定义了戏剧的表现形式。这种互动性和多感官体验的结合，不仅丰富了戏剧艺术，也推动了传统文化的现代化转型。

与沉浸式戏剧相呼应的是新型公共文化空间的发展，尤其是在城市书房这一新型文化场所的推广方面。2023年，广州、上海等城市的"城市书房"迅速崛起，成为市民日常生活的重要组成部分。这些"书房"不仅提供图书借阅，还开展了丰富的文化活动，如讲座、沙龙和读书会，成为公众交流和文化活动开展的重要场所。例如，上海的"悦读空间"于2023年底正式开馆，除提供图书借阅服务外，该馆还特别强调"社交"和"体验"的功能，旨在为市民提供一个集学习、休闲和社交于一体的全新空间。此外，位于南京的"创意书屋"则以其独特的设计和多功能性，成功吸引了大量创意工作者和学生，成为促进当地文化交流的热点。

另一种文化新业态是共享创意工作室，在美国，这些工作室为当地群众提供了一个跨界合作的创新平台。例如，2023年美国纽约的"共创工作室"为艺术家和设计师们提供了艺术创作空间，使其可以共同探索新的创意边界。这种形式不仅推动了艺术创新，也促进了多元化的文化交流。在加利福尼亚州，2024年推出的"艺术家共享空间"专注于技术与艺术的结合，吸引了大量对科技和艺术融合感兴趣的创意人才。

这些文化新业态，不仅改变了传统文化活动的参与方式，也丰富了社区的文化多样性。沉浸式戏剧通过创新的互动方式，增强了观众对戏剧的认同和参与感；而城市书房和共享创意工作室则为市民提供了多元化的文化体验和创作空间，推动了社区文化的繁荣与发展。未来，沉浸式戏剧和新型公共文化空间将继续融合创新技术，为文化产业的发展带来更多可能性，也为人们的文化生活提供更多的选择。

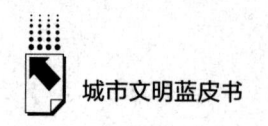

（三）城市文化IP运营及跨媒介改编

城市文化IP运营是文化传播与经济发展的重要工具。通过挖掘本地文化资源并进行跨媒介改编，各大城市创造了自己的文化IP。本文以日本"宝可梦"、美国"漫威宇宙"和中国"故宫博物院"为例，探讨它们2023~2024年的创新实践与成效。

2023年日本"宝可梦"持续在城市文化IP领域引领潮流。其核心产品——游戏《宝可梦绯红·紫罗兰》全球销量突破5000万套。[①] 与此同时，"宝可梦"与多个国际品牌合作推出跨界商品，包括时尚服饰和高端家居用品，这些产品不仅在日本本土广受欢迎，也在欧美市场掀起抢购热潮。此外，2024年"宝可梦世界锦标赛"首次移师欧洲，在伦敦举行，吸引了近30个国家的选手参赛，赛事期间相关衍生产品的销售额有大幅度增长。

不仅是日本，美国的"漫威宇宙"也展现了城市文化IP的强大生命力。2024年，漫威推出了电影《死侍与金刚狼》，总票房达13.39亿美元，成为年度票房排名第一的漫改真人电影。除了传统的电影与周边产品销售，漫威还通过虚拟现实（VR）平台推出"超级英雄沉浸式体验"，让粉丝亲身参与虚拟冒险，进一步拓展了城市文化IP的应用场景。此外，漫威与教育机构合作，开展以超级英雄故事为主题的科学教育项目，通过文化娱乐的形式传播科学知识，获得了家长和学校的高度评价。这些跨媒介创新，使得"漫威宇宙"在娱乐与教育领域实现了完美融合。

如果说"宝可梦"和"漫威宇宙"展示了流行文化IP的商业化成功，那么中国的"故宫博物院"则证明了传统文化IP在现代社会中的强大适应力。截至2024年，故宫博物院文创产品的收入已突破15亿元人民币。[②] 故宫博物院在天猫平台开设了"朕的心意"食品旗舰店，销售红糖姜茶、即

---

① Yoshida, T., Nakamura, K., & Suzuki, H., "Pokémon Scarlet and Violet Sales Figures", *Journal of Japanese Pop Culture Studies*, 2023, 15（3）, pp. 220-235.
② 《2024年文创行业报告》，浙江文化产权交易所官网，https://www.zjcaee.com/show/news-76.html。

食板栗、宫廷糕点等食品，进一步拓展了文创产品的种类和市场。这些成就彰显了我国传统文化IP的可观潜力。与此同时，故宫博物院还将文创产品推广到国际市场，推出符合海外消费者审美的、带有东方美学风格的家居摆件和化妆品，也将我国传统文化IP成功推向欧美市场，引发一阵国潮新风尚。此外，2023年5月18日，故宫博物院与腾讯集团共同发起的"故宫·腾讯联合创新实验室"正式落成。该实验室旨在为故宫珍贵文化遗产的永续保护探索数字化解决方案，使故宫博物院具备超高清二维数字影像、三维文物数据、虚实融合视音频采集等文物多维数据一体化采集能力。[①]

从日本的流行文化IP"宝可梦"，到美国的跨界创新"漫威宇宙"，再到中国的传统文化IP"故宫博物院"，这些案例共同反映了城市文化IP通过多元化开发与跨媒介改编取得的巨大成功。它们表明，无论是流行文化还是传统文化，城市文化IP在本地文化传播与全球市场拓展中都起到了重要作用。总之，城市文化IP运营已从传统的文化传播模式，向科技赋能、数字化转型和全球化合作的方向发展。未来，这些城市文化IP不仅将在全球文化市场中占据更重要的地位，还将在教育、社会公益等领域发挥更大的社会价值。

从文化消费模式的转型，到城市文化IP的多元化开发与新型文化空间的构建，近年来城市文化领域出现创新与融合的多样化趋势。这些实践证明，技术驱动的文化创新不仅是城市文明发展的重要引擎，更是促进全球文化交流与合作的有效路径。随着AI、区块链和虚拟现实等新兴技术的持续发展，文化创意产业将迎来多元化与智能化的变革，同时不断探索其在社会公益、教育传播等领域中的更多可能性。在此过程中，加强技术与伦理的协调发展、构建知识产权保护机制以及推动多元文化的包容性发展，将成为文化创意产业生产力持续增长的关键。通过国际化合作与本地化创新，全球城市将在文化创新的道路上走向更加包容、多元与可持续的未来，进一步巩固文化在社会发展中的核心地位。

[①]《故宫博物院举办"数字故宫"建设成果发布会》，中国旅游新闻网，https://www.ctnews.com.cn/news/content/2023-05/18/content_142243.html。

011

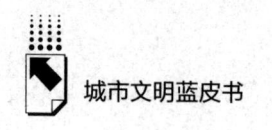

三 城市治理文明：城市社会治理模式的创新实践

在全球化和城市化进程不断加快的背景下，城市社会治理模式展现出前所未有的创新与多样化实践。无论是应对城市化带来的社会不平等与阶层分化问题，还是通过数字化平台提升公共服务的效率，或借助公民参与机制优化基层治理和通过跨部门协作应对复杂治理挑战，全球城市都在探索技术与政策相结合的治理方式。美国、欧洲和亚洲的多座城市，以各自独特的资源与技术优势，展现了城市治理在住房公平、交通便利、社区凝聚力提升以及紧急事件应对等方面的突破性进展。这些案例不仅揭示了城市社会治理模式如何通过系统化、多层次的政策干预来提升社会公平，还凸显了数字技术、人工智能以及数据共享在提升公共服务水平和应对突发挑战中发挥的关键作用。全球城市的创新实践为未来城市治理树立了新标杆，也揭示了社会、技术与环境在城市文明发展中的紧密联动。

（一）城市化进程中的社会不平等与阶层分化

城市化进程在带来经济增长与技术进步的同时，也加剧了社会不平等和阶层分化。以下通过美国旧金山、中国北京和韩国首尔的案例，分析各地应对这些挑战的政策与成果。

美国旧金山因科技行业的快速崛起吸引了许多高收入群体，导致当地房价和生活成本持续攀升。旧金山市政府为缓解这一问题，于2023年启动了住房阶梯计划（Housing Ladder Program）和首期贷款资助计划（Downpayment Assistance Loan Program, DALP）。住房阶梯计划旨在帮助长期居住在永久支援性住房中的家庭，搬入他们能负担得起租金的独立住房。参与者仅需支付不超过家庭收入30%的租金，其余部分由政府补贴。[①] 此举不仅增强了家庭的独立性，还为其他有需要的人腾出了永久支援性住房单元。首期贷款资助

---

① San Francisco Goverment, "Housing Ladder Program", https://www.sf.gov/zh-hant/information/housing-ladder-program.

计划则为低至中等收入的首次购房者提供高达 50 万美元的无息第二贷款，用于支付所购住宅的首期付款。该贷款无须每月还款，只有在房产出售或转让时，才需偿还本金及相应的升值部分。① 此计划使更多低收入家庭能够进入房地产市场，促进了财富积累和社会流动，缓解了高房价对低收入家庭的压力。该计划包括租金补贴等措施，并首次引入人工智能算法优化住房资源分配。通过这些计划，旧金山市政府为低收入家庭提供了稳定多样的住房选择，促进了社会公平，缓解了阶层分化问题。

与旧金山类似，2023 年，北京推出"智慧住房计划"，依托智能平台，实现公共租赁房精准分配。数据显示，2023 年该计划覆盖范围同比增加 20%，约有 8 万户低收入家庭直接受益。②

与此同时，韩国首尔通过"公平首尔"计划提出了对社会不平等问题的系统化解决思路。2024 年，首尔市新增 50 个职业技能培训中心，覆盖的低收入群体达 4 万人。③ 此外，首尔大力发展社区教育项目，为偏远社区提供免费教育资源，并与大型企业合作，为低收入家庭提供创业资助。这些措施不仅有效提升了低收入群体的社会流动性，也改善了社区整体的经济环境。

从旧金山的住房改革，到北京的智慧治理，再到首尔的教育与就业支持，这些案例展现了不同城市在应对社会不平等和阶层分化问题上的创新尝试。它们的实践经验为其他城市提供了宝贵的参考，显示了在城市化进程中通过政策干预实现社会公平的可能性。

总的来说，全球化与城市化进程中的社会不平等问题需要社会各界长期关注和持续改善。不同城市的成功经验表明，多层次、系统化的政策体系是解决社会不平等问题的重要途径。未来，随着人工智能和数字技术的

---

① San Francisco Goverment, "Downpayment Assistance Loan Program", https://www.sf.gov/zh-hant/reports/april-2024/downpayment-assistance-loan-program-dalp.
② 《目标完成！北京去年竣工各类保障性住房 9.27 万套（间）》，新浪新闻网，https://news.sina.cn/2024-01-10/detail-inaazexe4389544.d.html。
③ Kang, J. H., "Seoul's Fairness Plan: Bridging the Income Gap", *Journal of Korean Urban Studies*, 2024, 15 (2), pp. 79-95.

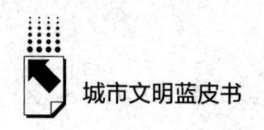

进一步发展，这些工具将在改善资源分配与促进社会公平中发挥更重要的作用。

（二）数字化平台在公共服务中的应用

数字化平台的广泛应用正在深刻改变着城市公共服务的传统模式。通过技术手段将多领域服务功能整合到统一平台，不仅提高了服务效率和便利性，还为公众带来了更优质的服务体验。

2023年迪拜进一步完善了"迪拜一站式服务"平台（DubaiNow），将医疗、交通、教育、税务等多项服务功能深度整合到一个系统中。[1] 通过这一平台，居民可以便捷地办理日常事务，如缴纳水电费、申请驾照、预约医生等。2023年，该平台新增了在线问诊功能和教育资源分享模块，在提升医疗和教育的覆盖率方面成效显著。例如，通过在线问诊服务，居民无须等待即可获得医生的远程诊疗，节省了至少30%的医疗资源。迪拜政府还推出了智能出行服务，使公共交通的利用率提高了15%，进一步优化了城市的资源配置。新加坡国内的"全国数码服务中心"（Singpass）在2023年进行了大型升级，将个性化服务作为优化重点。[2] 这一平台整合了税务申报、健康档案查询、交通违章罚款缴纳等功能，并加入了新的职业发展模块，为居民提供提升技能和职业培训机会。这种服务集成方式极大简化了过去烦琐的手续，同时提升了政府的透明度和行政效率。数据显示，2024年，80%以上的新加坡居民通过"全国数码服务中心"办理了至少一项公共服务事务，比2022年提高了20%。[3]

城市数字化平台不仅改变了公共服务的方式，也提升了城市治理的整体效率。数字化平台的成功实践离不开技术的不断升级与公众的积极参与和倡

---

[1] Dubai Smart Government.，"Dubai Unified Services Platform Report"，*Middle East Urban Studies Journal*，2023，15（4），pp. 45-60.

[2] Singapore Government Digital Office，"Singpass Annual Report"，*Asian Digital Governance Review*，2023，22（1），pp. 89-104.

[3] Singapore Government Digital Office，"Singpass User Statistics 2024"，*Government Technology Progress Reports*，April 2024.

导传播。通过将多领域服务项目集成到单一平台，数字化公共服务既优化了资源配置，也增强了城市的宜居性。

（三）居民参与机制与基层治理创新

现代城市治理具备复杂性和多样性，这使得居民参与成为提升政策效果和增强社区归属感的重要方式。通过数字化技术和创新性机制，不同城市在基层治理中开展了卓有成效的居民参与实践。以下以西班牙马德里、中国北京与杭州、韩国首尔为例，分析居民参与城市治理的机制创新与应用实践。

2023年西班牙马德里进一步优化了"决策广场"（Decide Madrid）平台，市民能够更直接地参与城市治理。[①] 这一平台允许居民提交政策建议并对其他人的提案进行投票。2024年该平台新增了AI数据分析功能，帮助市政府快速筛选关注度高的提案，显著提升了政府的回应速度。如2024年一项关于扩大公共绿地的提案获得了超过12万名市民的投票支持，最终被纳入了市政府的年度工作计划。[②]

中国北京市朝阳区在2023年推动"居民评议会"制度落地。这一制度由社区居委会牵头，鼓励居民和志愿者广泛参与社区事务决策。例如，朝阳区某小区在居民评议会上讨论并通过了关于增加健身设施的建议，随后通过集体筹资和政府补贴完成了健身设施添置。

中国杭州市在基层治理中也开展了居民参与城市治理的实践。2023年杭州的"社区协商会"引入了数字工具，居民可以通过线上平台提交意见或在协商会上直接表达需求。这一机制显著提升了居民的治理参与率，尤其是在城市更新项目中效果显著。例如，在一个老旧小区改造计划中，居民提

[①] Madrid City Council, "Decide Madrid: Enhancing Civic Participation", *European Urban Studies Journal*, 2024, 25 (2), pp. 102-118.
[②] Digital Citizenship in the European Union Framework Political, Economic, Sociological, and Legal Issues, Studi Per le Science Politiche, Vol. 15, edited by Rafflaele Torino, Roma Tre-Press, 2024, p. 79.

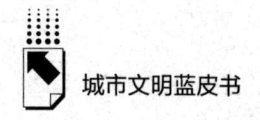

出的建议使政府增加了停车位和社区绿化设施的规划。这一改造完成后，居民满意度提高，更多社区也组建了"社区协商会"。

同样值得关注的是韩国首尔的"市民参与预算"制度。2024年首尔市政府将20%的预算空间留给市民讨论和投票决定。市民提交的项目涵盖环境保护、公共安全和社区发展等领域。其中，一个社区垃圾分类站建设项目获得了78%的市民支持，并于2024年夏季投入使用。① 这种财政透明和市民决策权的结合，不仅增强了市民的参与感，还提高了财政资源的使用效率。

从技术驱动的参与平台到线下协商机制，再到透明化的预算决策，这些城市的实践展现了居民参与的多样性与灵活性。居民参与不仅提升了政策实施的针对性，也增强了社区凝聚力和居民归属感。随着技术的不断进步，数字化工具将进一步提高居民参与的便捷性和广泛性，为城市治理带来更多可能性。

（四）跨部门协作与高效治理体系的建立

现代城市治理日益复杂，这就要求各部门之间实现高效协作以应对多领域的挑战。通过整合数据资源和采用智能化手段，不同城市在建立跨部门协作体系方面作出了创新实践。以荷兰阿姆斯特丹、中国深圳和澳大利亚悉尼为例，本部分将分析城市不同公共管理部门跨部门协作的实际应用与成效。

2023年荷兰阿姆斯特丹的"城市管理与服务办公室"（City Management and Services Office）通过技术升级进一步优化了跨部门协作能力。② 这一办公室整合了交通、环境、卫生和能源等多个市政部门的数据资源，建立了实时监控系统。在2024年实施的一项智能交通管控项目中，通过整合交通摄像头和环境传感器的数据，阿姆斯特丹市中心区域的交通拥堵明显减少了，城市平均车速提高了15%。此外，该监控系统在监测环境污染和优化垃圾回收线路方面的应用，也显著提升了资源利用率，为市民提供了更优质的公共服务。

---

① 《市民参与预算阶段报告书》，《韩国城市治理评论》2024年第4期，第89~105页。
② Amsterdam City Council, "City Management and Services Office Annual Report", *European Smart Cities Journal*, 2024, 28（3）, pp. 145-162.

与此同时，中国深圳在跨部门协作方面的实践可圈可点。2023年深圳的"城市综合治理指挥平台"引入了更先进的人工智能和大数据技术。这一平台实现了交通、安防、环保等部门信息的实时共享。在2024年的台风应急处理中，该平台整合了气象数据和交通实时监控信息，使不同部门能够迅速协调资源，成功疏散了大量居民。此外，深圳市政府也利用城市智能云平台，进一步加强了多个部门间的数据共享与协作。在教育领域，该平台优化了教育资源的分配。例如，通过平台实时分析学生人数、教师资源和教学需求数据，成功解决了部分地区教育资源不足的问题。深圳的智慧医疗系统在2024年再次升级，整合了电子健康档案和远程诊疗服务，使得医疗资源利用率显著提高。

澳大利亚悉尼的"智能城市协调中心"（Smart City Coordination Center）通过物联网和大数据技术，成功构建了高效的跨部门沟通机制。2024年该中心在水资源管理方面表现出色。通过对传感器采集的数据进行实时分析，不同部门可以迅速对供水管道泄漏作出回应，将维修时间从原来的48小时缩短至12小时。[1] 此外，该平台在交通管理方面的应用也显著提高了高峰期道路的通行效率。

从阿姆斯特丹的智能管控到深圳的应急协调，再到悉尼的多领域资源整合，这些案例体现了跨部门协作对现代城市治理的重要作用。通过技术赋能，各城市在资源整合、快速响应和提高服务质量方面取得了显著成效。未来，这些实践经验将为更多城市所借鉴，为全球城市治理的发展注入新的动力。

从提升城市社区内的包容性和兼顾公平的举措，到优化公共服务，再到提升居民议事参与度，以及实现跨部门高效协作，这些社会层面的全球城市治理实践，为应对城市现代化的突出社会矛盾和生活挑战提供了重要经验。这些实践表明，通过技术赋能、政策支持和鼓励创新，以及居民参与，城市可以在多维度同时实现效率与公平兼顾、创新与稳定的平衡。城市治理模式

---

[1] Sydney Smart City Coordination Center., "IoT Applications in Smart City Governance", *Australian Journal of Urban Innovation*, 2024, 22 (1), pp. 101-117.

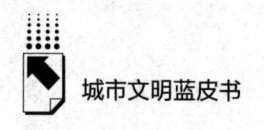

未来将会依托智能化数据治理，发展出综合性与个性化兼顾的服务模式，为城市资源的高效利用和满足不同类型的居民需求提供更精准的服务方案。当然，这也促使各城市加强国际合作与经验分享，以共同应对城市发展面临的全球性问题。通过在技术、政策与文化领域的不断探索和创新，城市治理将更好地推动社会可持续发展，为全球城市文明的进步作出更大的贡献。

四 城市科技文明：科技赋能城市文明发展

目前，科技赋能城市文明发展的趋势愈加明显，智慧城市正在全球范围内逐步建立。国际智慧城市的发展已经成为全球城市化的重要方向。智慧城市通过整合信息通信技术（ICT）、物联网（IoT）、人工智能（AI）等，旨在提高城市的运行效率、居民生活质量以及自身可持续发展的能力。

智慧城市的概念最早由IBM公司在2008年提出，并迅速在全球范围内推广。例如，美国的迪比克市与IBM公司合作，利用物联网技术实现了城市资源的智能化管理。欧盟也在2006年启动了欧洲智慧城市网络计划，推动成员国在智慧交通、能源效率等领域进行合作。新加坡则推出了"智慧国2015"计划，通过信息网络的发展提升城市的国际化水平。

在国际上，国际标准化组织（ISO）、国际电工委员会（IEC）和国际电信联盟（ITU）等组织均开展了与智慧城市相关的标准制定工作，以支持智慧城市的建设和评估。这些标准涵盖了智慧基础设施、智慧经济、智慧环境等多个维度，为全球智慧城市的发展提供了重要的参考框架。

近年来，智慧城市的研究和实践逐渐从技术层面扩展到更广泛的领域，包括社会、经济和环境的可持续发展方面。例如，在联合国提出的可持续发展目标（SDG）中，智慧城市被视作构建可持续城市和社区的重要手段。此外，智慧城市还面临数据隐私、网络安全等方面的挑战，需要通过国际合作和技术整合来解决这些问题。

在国际智慧城市项目建设中，以下9项关键技术对提高城市运行效率和居民生活质量作出了巨大贡献。

1.物联网（IoT）技术

通过部署大量的传感器和智能设备，实现城市资源的智能化感知和管理。例如，斯德哥尔摩通过物联网技术和数据分析，实现了水资源的智能化管理。

2.大数据分析

通过对海量数据的收集、分析和挖掘，管理者可了解城市运行状况，预测发展趋势，制定科学合理的规划和管理策略。

3.人工智能（AI）和机器学习

应用于智能安防、智能政务等领域，提升了城市安全和服务水平。

4.5G技术

提供了更高速、更稳定的网络连接，支持智能交通管理、远程医疗服务和工业自动化等。

5.智慧交通系统

通过智能潮汐车道、交通态势研判平台等，提升道路通行效率和交通管理水平。

6.智慧社区

人脸识别、一键缴费、高空抛物监控等场景，使居民生活更美好，社区治理效能更高。

7.智慧水务技术

实现了城市水资源的智能管理，提高了水资源的利用效率，减少了浪费，保障了居民的用水安全。

8.智慧医疗系统

通过智慧医疗系统居民可以预防和治疗慢性疾病，提高了城市医疗服务的效率和质量，改善了居民的健康状况。

9.智慧步道屏解决方案

在步道上安装智能屏幕，利用人脸识别技术，为居民提供实时交通信息并提出个性化出行方案。

技术的进步为解决城市治理中的复杂问题提供了前所未有的创新方案，但带来了伦理问题与数据安全方面的挑战。从人工智能优化城市管理，到物联网重塑基础设施,再到大数据和云计算提升资源配置效率,科技正在深刻改变着城市的运行模式和治理方式。全球各大城市纷纷探索以技术为核心的治理模式,与此同时,各地在技术应用中也高度重视数据安全与隐私保护,确保科技进步与伦理规范的协调发展。科技的深度融合不仅提高了城市运行效率,还为营造更加智能、绿色和宜居的城市环境奠定了基础。这些实践彰显了科技在城市文明发展中的核心作用,为其他城市提供了可借鉴的经验。

(一)生成式人工智能(AIGC)的多样化应用

生成式人工智能(AIGC)为城市的管理和发展带来了许多创新应用。例如,AIGC在模拟城市规划和优化基础设施方面展现出巨大的潜力,尤其是在构建数字孪生体的过程中发挥了关键作用。数字孪生技术通过创建物理城市的虚拟模型,并实时监控其运行状态,为AIGC提供了丰富的输入数据,使得AIGC能够在虚拟环境中适时调整并优化不同情境下的城市管理策略,从而提升决策效率和管理水平。

例如,瑞士的巴塞尔市通过本地化驱动的AIGC技术,在城市规划与设计、基础设施优化、可持续发展、居民参与及老旧城区复兴等多个领域取得了显著成效。特别是将废弃的货运站改建为新的城市社区,展示了AIGC与实体空间融合的创新实践。[①]

美国波士顿利用AIGC帮助规划人员模拟不同的城市布局,特别是在借鉴欧洲哥本哈根的自行车基础设施建设方面,AIGC为波士顿提供了适合本地需求的方案,从而规划出更适合骑行的道路和生活环境。波士顿的城市规划团队通过数字孪生技术构建波士顿市的虚拟模型,实时监控和分析交通流量、道路使用情况及环境因素。

中国雄安新区全域实现了数字城市与现实城市同步建设。其中,雄安城

[①] Müller, K., Schneider, H., & Fischer, T., "Generative AI in Urban Transformation: Case Study of Basel's Sustainable Community Development", *Urban Innovation and AI*, 2023, 7 (2), pp. 134–152.

市计算中心为数字孪生城市建设所需的大数据、区块链、物联网等提供计算、存储和网络服务。该中心汇集城市各领域的数据，真正实现了"规划一张图、建设监管一张网、城市治理一盘棋"，也成为雄安新区的城市"大脑"。这一数字孪生系统提高了城市管理效率，优化了资源配置，提高了居民生活质量。[1]

中国杭州的"城市大脑"项目同样是AI技术在城市管理中成功应用的案例。2023年，杭州进一步升级了"城市大脑"，将AI技术应用于交通、公共设施和安防等多个领域。[2] 杭州的成功经验被迅速推广到全国其他城市，例如，广州和成都均充分展示了AI技术在优化交通管理、提升市民生活质量方面的广阔前景。

借助生成式人工智能大模型，城市更新项目通过参与式设计或参与式更新的理念，促进多方利益主体间的沟通与协作，实现更加民主和透明的规划过程。大模型能够处理和转化来自不同背景参与者的语言表达和愿景，尤其是将非专业人士的模糊需求转化为专业的规划术语。

人工智能（AI）技术正在全球范围内为城市管理提供前所未有的创新解决方案。从交通流量优化到公共设施管理，AI的应用显著提升了城市治理效率。2023年，英国伦敦推出了AI驱动的交通管理系统。通过该系统，伦敦市政府能够实时收集和分析城市的交通流量数据，并自动优化信号灯的时长。这一系统特别针对高峰时段交通拥堵严重的区域进行智能调节，例如牛津街和摄政街。数据显示，自系统启用以来，交通延误时间减少了25%，每日平均车速提高了10%。[3] 此外，信号优化减少了车辆的怠速时间，从而降低了碳排放量，预计每年减少约10万吨二氧化碳排放。这一创新不仅提高了居民通勤效率，还对伦敦实现碳中和目标起到了积极的推动作用。与此

---

[1] 《雄安新区：全域实现数字城市与现实城市同步建设》，中国雄安官网，https：//www.xiongan.gov.cn/2022-07/17/c_1211667661.htm。

[2] 《杭州市科学技术局关于市政协十二届三次会议第374号提案的答复》，杭州市科学技术局官网，https：//kj.hangzhou.gov.cn/art/2024/8/14/art_1229402994_4290920.html。

[3] Transport for London, "Travel in London Report 2023", https：//content.tfl.gov.uk/travel-in-london-2023-consolidated-estimates-of-total-travel-and-mode-shares-acc.pdf.

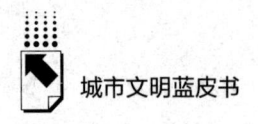

同时，日本东京的"智能交通管理"系统在2024年也进行了重要升级。东京市政府利用AI算法预测地铁客流情况，通过实时调整列车班次和调度计划缓解地铁拥堵。[1] 例如，在2024年东京的樱花季期间，AI系统预测了游客的高峰出行时间，并增加了特定线路的班次，有效分流了超过20%的乘客。[2] 这一系统显著提升了公共交通的运转效率，同时为乘客提供了更加舒适的出行体验。从伦敦的交通优化到杭州的多领域应用，再到东京的公共交通调度，AI技术在城市管理中的应用展现了其多样性和高效性。

不难看出，人工智能正逐渐成为现代城市管理的核心驱动力。通过实时分析和智能决策，AI为城市治理提供了更高效、更环保的解决方案，为全球其他城市提供了值得借鉴的经验。

（二）技术伦理与数据安全挑战

随着技术在智慧城市建设中的广泛应用，技术伦理与数据安全问题愈发引起关注。如何在推动技术进步的同时保障隐私权与数据安全，成为全球各个城市必须面对的重大问题。德国柏林和中国杭州在技术伦理与数据安全挑战方面的应对策略值得借鉴学习。

德国柏林在智慧交通和智能建筑系统的推广中强调隐私保护的重要性。2023年柏林市政府推出了"数据透明"项目，要求任何涉及居民数据采集的行为必须获得明确的用户许可。为进一步提高数据使用的安全性，柏林采用了分布式数据加密技术，确保数据在存储和传输过程中受到保护。[3] 例如，在智慧交通领域，柏林市使用的交通监测设备仅收集匿名化的交通流量数据，避免了对个人出行隐私的侵犯。这一系列举措表明，在推动技术进步的同时，尊重居民隐私是智慧城市建设的基本要求。

---

[1] Tokyo Metropolitan Government, "AI Applications in Public Transport", *Japanese Smart Cities Review*, 2024, 22（1）, pp. 56-72.

[2] Japan Railways Corporation, "Passenger Flow Management with AI", *Transport Innovation Studies*, 2024, 15（4）, pp. 98-115.

[3] Schmitt, H., "Encrypting Urban Data: Lessons from Berlin", *German Technology Quarterly*, 2024, 19（1）, pp. 67-83.

2019年欧盟发布《人工智能伦理准则》(Ethics Guidelines for Trustworthy AI)之后，2024年《欧洲人工智能法》(AI Act)已通过欧洲议会表决，并于2024年8月1日正式生效。[1] 该法案的通过标志着欧盟在人工智能领域迈出了重要的一步。《人工智能伦理准则》细化了AI技术在城市发展中应用的法律和伦理要求，强调了透明性、公正性以及数据保护，要求企业和政府机构在开发与部署AI技术时应遵循严格的伦理标准，确保人工智能的公平性与可解释性。与此同时，《欧洲人工智能法》进一步加强了对人工智能技术的监管，成为全球首部全面监管人工智能技术应用的法律，旨在确保人工智能技术的安全性、透明度和可信赖性。该法采用风险管理的方法，对人工智能系统进行风险等级划分，并对高风险系统实施严格的监管措施。该法不仅力图建立一个内部协同的人工智能市场，以促进技术创新，还为人工智能的应用和投资创造了有利的环境，推动了人工智能技术在各行业中的可持续发展。

上海在2023年成立了人工智能伦理委员会，标志着AI伦理治理的进一步深化。该委员会专注于监督AI技术在城市治理中的应用，并提出了涉及用户隐私和数据保护的具体标准。例如，在城市管理领域，上海的智慧安防系统明确规定，任何涉及人脸识别的数据均需经过严格加密，并在存储期限内自动删除，以防止数据滥用。

与此同时，杭州在"城市大脑"项目中也展现了对数据安全管理的重视。2023年，杭州引入了基于人工智能的数据安全管理系统，能够实时监控数据的使用情况并自动识别潜在的安全威胁。例如，在监测交通流量和环境状况时，系统会对数据进行多重加密，并将敏感信息隔离存储。此外，杭州还通过举办公众教育活动，提升市民对数据隐私和安全的认知。

从柏林的技术加密，到欧盟通过《欧洲人工智能法》，再到上海的AI

---

[1] 《〈欧洲人工智能法〉生效》，中华人民共和国商务部官网，https://eu.mofcom.gov.cn/omjmzc/zcfg/art/2024/art_1e258c8ac0434c0bbb28d8b9819f44fd.html。

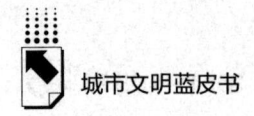

伦理监督和杭州的智能管理，各地的实践均表明，技术伦理与数据安全的保护需要技术开发者、政府和公众的共同努力。

值得注意的是，技术进步与隐私保护并非对立关系，而是可以通过合理的制度设计与技术手段实现平衡。这些城市的经验为全球其他智慧城市的建设提供了重要参考。

（三）大数据与云计算优化城市资源配置

随着城市化进程的加快，大数据和云计算技术在优化资源配置中展现出巨大的潜力。通过实时分析和智能调度，这些技术能够显著提升资源利用效率，减少浪费并减轻环境负担。

2023年，日本大阪推出了"智慧城市云平台"（Smart City Cloud Platform），利用云计算技术实现对电力和供水资源的实时监控与优化。通过分析市区用电高峰和用水需求，该平台能够动态调整资源供应。例如，在夏季用电高峰期，平台自动将多余电力分配至需求量较高的区域，有效避免了供电不足或浪费现象。该平台不仅减少了电力浪费，还帮助居民节约了电费。此外，该平台还整合了智能传感器网络，用于监测供水管道的压力和流量，降低了供水系统的泄漏概率。

中国雄安新区的"大数据与云计算资源优化平台"是另一个典型案例。2023年，雄安新区依托云计算技术，对水、电、气等基础设施进行了集中管理。平台通过大数据分析预测资源需求变化，并根据需求动态调整资源分配。例如，在冬季采暖季，平台实时监测供暖设备的运行数据，优化能源使用路径，有效减少了能源浪费。

美国纽约的"智能电网"项目充分体现了大数据技术在能源管理中的潜力。2024年，纽约市在主要城区部署了智能传感器，用于实时采集电网数据。这些数据通过云计算平台分析后，可以精准预测高峰用电需求，并提前调节电网负载。例如，在2024年的夏季用电高峰期，智能电网通过动态负载分配机制，减轻城区电力负荷，有效避免了电网过载。此外，智能电网的部署每年可减少约25万吨二氧化碳排放，对纽约市实现碳中和目标起到了重要的推动作用。

上述案例反映了大数据与云计算技术在城市资源优化中的广泛应用。大数据和云计算技术为城市资源配置提供了精准化和智能化的解决方案。通过实时监测和动态调整，这些技术显著提升了资源的使用效率，为城市的可持续发展提供了重要支持。

（四）物联网和区块链技术在城市基础设施中的融合

随着智慧城市建设的推进，物联网（IoT）技术正在城市基础设施中发挥越来越重要的作用。通过连接设备与数据分析，物联网技术显著提升了资源管理效率，并提高了城市居民的生活质量。以下部分以德国汉堡、中国上海和韩国首尔等为例，分析2023~2024年物联网技术在城市基础设施中的具体应用及其成效。

2023年德国汉堡的港口管理系统进一步优化了物联网技术的应用。[1] 汉堡港作为欧洲第三大港口，其物流管理依赖对大量实时数据的掌握与分析。港口智慧管理系统通过物联网设备实时监控运输设备和环境条件，如集装箱位置、装载情况及天气变化等。例如，在2024年的物流高峰时期，该系统使货物滞留时间减少了20%，每年为港口节省了超过500万欧元的运营成本。此外，实时监控设备还降低了运输过程中的错误率，提高了物流链的安全性与效率。

中国上海的"智慧灯杆"项目成为物联网技术在城市公共设施中应用的典范。2022年上海市道路合杆整治工程共分多个标段，总投资金额超过23亿元，涉及黄浦区、徐汇区、静安区、长宁区、虹口区、杨浦区等多个区域，建设内容包括智慧灯杆的安装和改造。[2] 次年，上海市进一步推进"智慧灯杆"项目，在多个主要街区安装了智能灯杆，这些灯杆配备了物联

---

[1] Hamburg Port Authority.，"IoT in Port Logistics Management"，*German Urban Infrastructure Journal*, 2023, 20 (3), pp. 56-72.
[2] 《总金额23亿！近期9个亿级，5个千万级智慧灯杆采购项目汇总！》，中国照明网，https://m.lightingchina.com/News/Detail/91588。

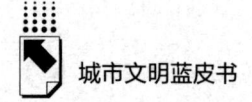

网传感器，可以根据环境光照强度自动调节亮度，从而有效降低能耗。此外，智慧灯杆集成了空气质量检测仪和监控摄像头，可实时反馈环境和安全数据。这些智慧灯杆不仅承担传统的照明功能，还集成了5G微基站、视频监控、环境监测、信息发布等多种功能，提升了城市管理的智能化水平。通过智能灯杆的建设，上海市实现了对城市空间资源的集约利用，改善了城市景观，提升了市民的生活质量。

韩国首尔"智能废物管理系统"进一步体现了物联网技术在城市服务中的价值。2024年，首尔市在主要街区的垃圾桶上安装了物联网传感器，用于实时监控垃圾桶的容量。这些数据被传输至云端，供垃圾回收车动态规划最优垃圾收集路线，避免了空驶或重复收集的现象。首尔的垃圾收集效率得以提高，城市交通压力也因此减轻。这一系统不仅减少了资源浪费，还提升了城市整体的清洁度和居民满意度。

通过优化资源配置、提升管理效率和减轻环境负担，物联网技术在智慧城市建设中发挥了不可替代的作用。与此同时，为了进一步推动城市治理的数字化转型，区块链技术为物联网设备间的数据交互提供了安全、透明和不可篡改的信任机制，从而提升了物联网技术应用的可靠性和效率。

2023年迪拜进一步推进"区块链城市"战略，计划在政府服务中全面采用区块链技术。[1] 通过这一战略，迪拜已将文件、合同等数据上传至区块链平台，市民可以随时查询相关信息。2024年的数据显示，迪拜市政府90%以上的文件处理已通过区块链技术完成，行政效率提升了30%，每年为市民节省政务办理时间约500万小时。[2] 这一举措使迪拜成为全球政务数字化改革的先行者。

中国杭州在2023年启动了区块链技术试点，重点应用于医疗健康和政

---

[1] Dubai Smart Government, "Blockchain Strategy Progress Report", *Middle East Smart Cities Journal*, 2023, 21（3）, pp. 45-60.
[2] Dubai Blockchain Council, *Annual Report on Blockchain Applications in Government Services*, Dubai: Government Press, 2024.

务服务领域。① 在医疗健康方面，杭州市通过区块链技术实现了不同医院间的病患数据共享，患者可以在不同医院之间无缝转移病历，避免了重复检查的麻烦。通过区块链技术，杭州市政府积极推进智慧医疗服务，整合健康档案，促进健康医疗大数据的深度挖掘和应用。此外，杭州市还在政务领域利用区块链技术进行不动产登记，通过区块链存储房产交易和登记数据，不仅减少了人工审核环节，还提高了审批速度。②杭州市在不动产登记中应用区块链技术，目的是在数据治理和数据要素市场化配置方面进行探索，为未来区块链技术在政务服务中的应用奠定基础。随着人工智能、物联网、区块链和大数据等技术的不断发展，城市治理模式将进一步向智能化、精准化方向演进，同时需要更紧密的国际合作以应对全球化背景下的共同挑战。

五 城市生态文明：可持续发展理念深入人心

2024年，全球范围内的城市生态文明建设加速推进，以可持续发展理念为核心的实践活动深刻影响了各地城市规划与治理方式。面对气候变化、资源短缺等全球性环境挑战，各国通过技术创新、政策引导和公众参与，不断优化城市发展路径。

城市在气候变化和生态枯竭的背景下面临多重挑战与危机。气候变化对城市生态系统和社会结构产生了严重影响。极端天气事件频发，加剧了城市的脆弱性。这些气候灾害不仅威胁到城市基础设施的安全，还对居民的生活质量和社会稳定造成负面影响。

资源枯竭型城市则面临更为严峻的生存和发展困境。随着资源的过度开采和利用，这些城市的经济基础与生态环境遭到破坏，人口流失加剧，形成

---

① 《杭州市人民政府办公厅关于印发健康杭州三年行动计划（2023—2025年）的通知》，杭州市人民政府官网，https://www.hangzhou.gov.cn/art/2023/10/30/art_1229063382_1837898.html。
② 《杭州市人民政府办公厅关于高标准建设"中国数谷"促进数据要素流通的实施意见》，杭州市人民政府官网，https://www.hangzhou.gov.cn/art/2024/7/17/art_1229063382_1844744.html。

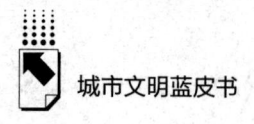

了恶性循环。资源枯竭型城市需要通过绿色转型和生态化建设来实现可持续发展，但这一过程充满挑战，包括产业结构调整困难、环境污染治理成本高以及财政压力大等。同时，公众参与和政策支持也是推动城市可持续发展的重要因素。通过提高公众环保意识和参与度，可以增强城市社区的韧性和风险应对能力。政府应制定科学合理的政策，引导和支持城市的绿色转型和生态修复工作。必须采取综合性的应对措施，才能实现生态与经济的协调发展。

全球城市的行动均表明，可持续发展理念逐渐成为城市治理的主流趋势，尤其是在生态与气候灾害等重大挑战面前，这些多样化的实践不仅有效提升了城市的生态韧性与宜居性，也为全球其他地区提供了宝贵的经验与启示。伴随技术的进一步发展和国际合作的深化，城市生态文明建设将为全球可持续发展目标的实现提供更强有力的支持。

为了应对这些挑战，全球城市采取了多种措施，包括加强基础设施建设适应性投资，提高城市的气候适应能力等。例如建设海绵城市、绿色基础设施和早期气候灾害预警系统，有效降低了极端天气事件的影响。城市规划还需要考虑生态安全格局的构建，优化土地利用的空间形态，以保障生态系统的完整性和功能性。

（一）绿色建筑在全球的发展

近年来，绿色建筑的设计理念在全球城市建设中得到进一步推广，成为应对环境资源紧张和气候变化挑战的重要实践方向。该理念的普及，不仅推动了建筑行业的绿色转型，还为城市发展注入更多可能性。绿色建筑作为推动城市可持续发展的关键手段，正在全球范围内被广泛采用。节能技术和环保材料的使用，促使各国城市不断降低建筑能耗，改善生态环境，并提升居民生活质量。

美国洛杉矶的威尔希尔大酒店中心（Wilshire Grand Center）堪称低碳环保建筑领域的标杆。这座大楼在设计中融入了高效暖通空调系统等节能技术，最终获得了能源与环境设计先锋评级体系（LEED）金级认证。[1] 该大楼外墙使用了低辐射玻璃，减少了30%的冷却需求，同时屋顶安装的太阳能板满足了大楼15%的电力需求。据统计，2024年该大楼的总能耗相比传统建筑降低了20%，每年减少了超过5000吨的碳排放。[2]

与此同时，中国深圳在绿色建筑推广方面也取得了显著进展。2023年，深圳全面实施"绿色建筑行动计划"，要求所有新建建筑达到绿色建筑标准。这一政策特别强调公共建筑和商业综合体的节能设计。例如，位于福田区的"深圳国际会展中心"通过太阳能光伏发电系统和雨水收集装置，在2024年实现了建筑总能耗降低25%的目标。根据《深圳市绿色建筑高质量发展行动实施方案（2021—2025年）》中的目标，深圳市计划到2025年实现新建建筑中绿色建筑面积占比达到100%，并提高高星级绿色建筑的比例。[3] 此外，2024年发布的《深圳市绿色生活创建行动绿皮书》显示，深圳绿色建筑标识项目累计已超过1500个，新建建筑中绿色建筑面积占比已达到了100%，绿色建筑总面积超过1.7亿平方米。[4]

巴西库里提巴市在2023年通过绿色社区建设，将绿色建筑与城市整体环境相结合，展现了系统性可持续发展的优势。[5] 该市在新社区规划中融入绿色建筑设计，同时优化公共交通线路以增加绿色空间。例如，该市的"南部生态社区"项目采用了节能建筑材料、屋顶绿化以及智能水资源管理系统，成功减少了社区的能源消耗和水资源浪费。这一模式得到了联合国环境规划署的高度评价，库里提巴市也被评为2024年"全球最绿色城市"

---

[1] Los Angeles Green Building Council, "LEED-certified Skyscrapers in Downtown LA", *American Sustainable Architecture Review*, 2023, 15 (2), pp. 45-60.

[2] California Energy Commission, *Annual Report on Energy-efficient Buildings*. Sacramento, CEC Press, 2024.

[3]《深圳市绿色建筑高质量发展行动实施方案（2021—2025年）》，大湾区建筑协会网，https://www.gba.org.cn/h-nd-1928.html。

[4]《深圳市绿色生活创建行动绿皮书》，深圳新闻网，https://www.sznews.com/news/content/2024-08/16/content_31152181.htm。

[5] Curitiba City Council, "Integrating Green Spaces with Sustainable Urban Design", *Brazilian Urban Innovation Journal*, 2023, 18 (3), pp. 78-95.

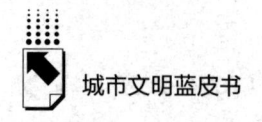

之一。

绿色建筑为城市的可持续发展提供了一种高效、环保的解决方案。通过技术创新和政策支持，全球各地城市在绿色建筑领域的实践都有显著成效，为实现碳中和目标提供了切实可行的路径。

丹麦哥本哈根提供了应对气候变化的成功范例。2024年哥本哈根市政府公布了其碳中和进程的最新成果，全市自行车出行率达到49%，公共交通的绿色能源使用比例超过70%。[1] 此外，哥本哈根在2023年完成了大型海岸防护项目，以抵御可能的海平面上升和风暴潮威胁。这些措施将帮助哥本哈根在2025年实现碳中和目标，并为全球其他城市提供了应对气候变化的经验模板。

2024年哥本哈根能源废弃物发电厂成功举办了"斯堪的纳维亚团队滑雪赛"，吸引了来自全球的滑雪爱好者和游客。[2] 哥本哈根能源废弃物发电厂是哥本哈根市政府实现2025年全球第一个碳中和城市的标杆项目。该废弃物发电厂占地面积约41000平方米，在2019年完工并投入使用后，成为哥本哈根市集废物处理、能源生产于一体的创新项目。该发电厂通过焚烧垃圾将废物转化为清洁能源，每年处理约44万吨废物，为15万户家庭提供电力和集中供暖。该发电厂采用先进的垃圾处理和能源生产技术，以减少氮氧化物排放并提高能源生产效率。哥本哈根能源废弃物发电厂的能源回收系统在2023年进行了全面升级，使得垃圾焚烧的热能转化效率提高了15%，为周边社区提供了更为高效的供暖服务。[3] 这一发电厂充分证明了绿色建筑不仅能兼顾环保目标，还可以通过多功能设计服务于城市居民的多样化需求。

新加坡榜鹅数字区（Punggol Digital District，PDD）是新加坡榜鹅新镇

---

[1] Copenhagen City Council, "Copenhagen's Carbon Neutral Progress", *Scandinavian Urban Sustainability Review*, 2024, 22 (1), pp. 87-105.

[2] Copenhagen Municipal Government, "Skiing and Sustainability: CopenHill as a Community Landmark", *Nordic Urban Innovations Journal*, 2024, 22 (1), pp. 45-60.

[3] Danish Energy Agency, *Annual Report on Waste-to-Energy Systems*, Copenhagen: Government Press, 2023.

北部的一个重要发展项目，占地面积达50公顷，该数字区是新加坡智慧国家战略的重要组成部分，旨在通过数字化和可持续发展的手段，推动新加坡数字经济的发展，并为居民提供高质量的生活和工作环境。该项目于2018年开始规划，在2024年逐步投入使用，预计将成为东南亚低碳智慧城市的典范。[①]该数字区利用绿色屋顶技术、太阳能发电系统以及区域能源管理系统，充分体现了低碳设计与智能技术的结合。该数字区的能源管理平台可实时监控建筑能耗，从而动态调整分配能源，在降低碳排放的同时，显著提高能源使用效率。

深圳前海作为中国绿色建筑发展的前沿区域，在绿色建筑推广建设方面取得了显著的成效。前海合作区以打造高星级绿色建筑规模化示范区为目标，通过制定专项规划、出台技术指引和建立全链条管控机制，推动绿色建筑的集中和大规模开发。截至2024年9月，前海合作区在127个项目的用地规划中明确提出了绿色建筑星级要求，建筑面积合计约1518万平方米，其中高星级绿色建筑占比近90%。[②]前海绿色建筑项目采用了智能电网、雨水回收系统和高性能节能建材，全面提升了建筑的能源效率和资源利用率。前海智能电网能够实时监控居民用电情况，并根据用电需求变化优化能源分配。与此同时，《深圳市碳达峰实施方案》也提出了一系列节能降碳的措施：推动能源结构向绿色低碳转型，鼓励高效利用清洁能源；在城乡建设中推广绿色建筑标准，大幅提高高星级绿色建筑比例；通过绿色低碳技术创新与市场化推动节能措施的实施；加强生态碳汇提升与全民绿色低碳意识培养，建立目标清晰的碳排放控制体系。[③]

绿色建筑的应用成为城市建设发展的重要方向，也是应对全球环境、气候变化严峻挑战的新手段。随着绿色建筑和相关新材料技术的发展，以及各

---

① Singapore Urban Redevelopment Authority, "Punggol Digital District: A Model for Green Smart Cities", *Asian Sustainable Development Quarterly*, 2024, 19（3）, pp. 78-95.
② 《前海推进与香港绿色建筑领域战略合作》，深圳市前海深港现代服务业合作区管理局官网，https：//qh.sz.gov.cn/gkmlpt/content/11/11565/mpost_11565631.html。
③ 《深圳市人民政府关于印发深圳市碳达峰实施方案的通知》，深圳市人民政府办公厅官网，https：//www.sz.gov.cn/gkmlpt/content/10/10865/post_10865082.html。

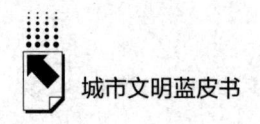

国在绿色转型和应对气候变化危机等层面的深入合作，绿色建筑和相关技术手段预计将在更广范围内落地应用，从而为全球更多城市的绿色发展提供有益借鉴。

（二）气候变化与环境恶化对城市的长期威胁

2023年，美国得克萨斯州休斯敦再次面临洪水威胁。这场灾害被认为是自2017年"哈维飓风"以来最严重的一次洪涝灾害。[1] 灾害发生后，休斯敦市区大面积积水，数千户家庭被迫撤离。尽管当地政府此前已经投资建设了新的排水系统，但面对极端天气的频发，这些基础设施仍显不足。2024年，得克萨斯州计划追加10亿美元用于洪水管理项目，包括增强城市排水能力和建设防洪堤坝。

与此同时，中国的北方地区也经受了气候变化带来的挑战。2023年，北京市经历了近年来最严酷的冬季，供暖需求创下新高。根据北京市生态环境局发布的《2023年北京市空气质量新闻发布会》资料，2023年北京市细颗粒物（PM2.5）年均浓度为32微克/米^3，实现连续三年稳定达标。[2] 此外，2023年北京市PM2.5优良天数占比达九成，PM2.5最长连续优良天数为192天，比上年增加了20天。[3] 这一持续向好的结果表明，北京市在清洁能源替代和减排优化等方面取得了显著成效。例如，北京市政府在2024年发布了相关政策，推动农村地区实施"煤改电"取暖设备更新工作，以减少燃煤使用和空气污染。各地城市的实践表明，面对气候变化，必须采取多层次的系统性应对策略，才能有效应对日益严峻的环境挑战。

气候变化已经对城市基础设施和居民生活产生了深远影响。通过全球城

---

[1] Texas Flood Management Bureau，"Houston Flooding Impact Report"，*American Climate Review*，2023，21（2），pp. 34-50.
[2] 《全文实录丨2023年北京市空气质量新闻发布会》，北京市生态环境局官网，https：//sthjj. beijing. gov. cn/bjhrb/index/xxgk569/zfxxgk43/fdzdgknr/ywdt28/xwfb/436345237/index. html.
[3] 《北京市PM2.5实现连续三年稳定达标》，中国新闻网，https：//www. chinanews. com. cn/sh/2024/01-03/10139766. shtml.

市的应对经验可以看出，应对气候变化不仅需要技术和资金的投入，更需要长期规划和国际合作。

（三）循环经济与资源再利用模式推广

循环经济作为实现经济可持续发展的创新模式，在全球范围内得到推广。许多城市已采取实际行动，将循环经济理念融入生产和消费过程，显著减少了资源浪费并提升了资源利用效率。以下以荷兰阿姆斯特丹、中国上海、天津和瑞典斯德哥尔摩为例，分析循环经济的实践与成效。

2023年，荷兰阿姆斯特丹进一步推进"循环经济战略"（Circular Economy Strategy）[1]。这一战略的核心是通过全行业的循环生产模式，实现资源的高效利用和废弃物的最大化回收。阿姆斯特丹市政府设立了多个资源再利用中心，用于收集和处理建筑废料、电子废弃物等高价值资源。这些中心利用先进技术将建筑废料加工为可再生建筑材料。2024年，该战略使阿姆斯特丹的建筑废料回收率达到85%，成为欧洲循环经济的典范。

上海的循环经济实践也取得了显著成效。2023年上海市全面推广"垃圾分类制度"，鼓励居民分类投放垃圾，以提高废弃物的回收率。上海还在全市范围内建设了多个资源循环利用示范园区，其中包括浦东新区的"再生资源加工基地"。该园区集中处理可回收物，如废纸、塑料和金属，将其转化为生产原料或再生产品。2024年，上海市的垃圾回收率达到55%，比2020年提高了20个百分点。

天津作为中国较早探索循环经济发展的城市之一，近年来在循环经济领域取得了显著成就，并形成了较为完善的循环经济体系。天津市政府高度重视循环经济的发展，陆续出台了一系列政策文件，如《天津市加快废弃物循环利用体系建设实施方案》和《天津市再生资源回收体系建设规划（2023—2025年）》，为循环经济的发展提供了政策保障和支持。此外，天

---

[1] Amsterdam Circular Economy Initiative, "Annual Progress Report", *European Urban Sustainability Review*, 2023, 20 (3), pp. 67-85.

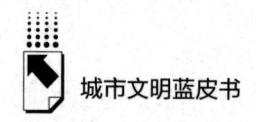

津市还制定了"十四五"循环经济发展规划,明确了推动资源循环利用、促进绿色低碳发展的目标。天津建立了多个循环经济示范区,包括天津经济技术开发区、天津子牙经济技术开发区、中新天津生态城等。这些示范区在循环经济发展方面取得了显著成效,形成了较为完善的循环经济产业体系和产业链条。例如,天津子牙经济技术开发区是中国北方最大的循环经济园区,集聚了大量再生资源综合利用企业,2023年实现产值125.4亿元。其通过加强工业废弃物精细管理、完善农业废弃物收集体系、推进社会资源废弃物分类回收利用等措施,逐步构建了完善的废弃物循环利用体系。如天津泰达环保有限公司通过垃圾焚烧发电项目,不仅解决了垃圾填埋问题,还为居民提供了生活用电。天津在再生资源回收与利用方面具有显著优势。截至2024年末,天津登记再生资源回收业务的经营主体达3600余家,再生资源加工利用企业数量也在不断增加。例如,中再生(天津)再生资源有限公司专注于废钢铁和废有色金属的回收利用,成为行业的标杆。天津经济技术开发区形成了企业类型多样、产品关联紧密、资源闭合流动的产业共生网络,以及具有鲜明特色的循环经济发展模式。此外,天津还在循环经济领域积极与日本、新加坡等国家开展合作,推动了循环经济理念的国际交流。天津作为国家循环经济示范试点城市,其成功经验对于全国其他地区具有重要的示范意义。

瑞典斯德哥尔摩在2023年推出了全国首个循环经济实验室(Circular Economy Lab)。[1] 该实验室专注于开发支持资源再利用的新技术,如智能废弃物分选设备和低能耗再生工艺。该实验室通过与当地企业和研究机构合作,成功将其技术应用于城市的废弃物管理中。斯德哥尔摩的一项废旧纺织品回收计划采用了该实验室研发的分解技术,将旧衣物转化为可再生纤维,用于生产新服装。截至2024年,该实验室已回收超过2000吨废旧纺织品,

---

[1] Stockholm City Council, "Circular Economy Laboratory Launch and Achievements", *Nordic Sustainability Review*, 2023, 19 (2), pp. 89-104.

为城市发展创造了约500万欧元的收益。①

上述案例表明，循环经济不仅是资源管理的手段，更是提升城市可持续发展能力的重要路径。资源再利用模式已成为解决资源浪费和环境压力的重要途径，为构建可持续发展的未来城市提供了可能性。循环经济作为实现可持续发展的关键模式，展现了应对资源短缺和环境压力的强大潜力。它通过减少资源浪费、优化资源配置和延长产品生命周期，在多个方面推动了城市的可持续发展。从资源回收再利用到废弃物处理技术的创新，这一模式帮助各地在降低碳排放、提升经济效益与改善环境质量之间找到了平衡点。随着政策框架的完善和技术手段的升级，循环经济的实施不仅带来了显著的环境效益，还催生了新的经济增长点，为各类企业和社区创造了更多的就业机会。其核心理念——将"废弃物"视为"资源"，正在改变传统的生产和消费方式，为各行业开辟了创新空间。同时，循环经济模式也鼓励全球合作与知识共享，为实现更大范围的可持续发展目标提供了重要保障。从城市到乡村，从发达国家到发展中国家，循环经济将成为推动社会经济转型的重要抓手。它不仅关乎资源的高效利用，更反映了人类对与自然和谐共存理念的深刻思考。

（四）生态环境保护与修复项目案例

生态环境保护与修复是推动城市可持续发展的关键措施之一。通过实施创新性的环境治理和修复项目，全球许多城市在改善生态环境、提升生物多样性以及为居民创造更宜居的生活环境方面取得了显著成效。

2023年，广东开展十项行动治理珠江口邻近海域，推进美丽海湾建设，对标国际一流湾区生态环境，有针对性地制定建设方案，通过生态工程和生物修复技术改善水体质量。② 例如，在河道沿岸种植耐污染水生植物并引入鱼类和水生昆虫，恢复河流的生态系统平衡。2024年广东省生态环境厅的

---

① Swedish Environmental Protection Agency, "Recycled Textiles and Economic Benefits", *Scandinavian Resource Management Journal*, 2024, 22 (1), pp. 45-63.
② 《广东启动十项行动治理珠江口邻近海域 到2025年珠江口水质优良面积将达73%》，广东省人民政府官网，https://www.gd.gov.cn/gdywdt/dczl/content/post_3997402.html?utm。

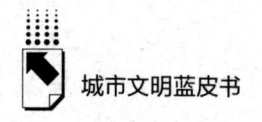

数据显示，珠江的水质改善显著，达到Ⅲ类水体标准的河段比例从2023年的55%上升至2024年的70%。①

瑞士苏黎世在2023年启动了"城市森林"项目，进一步提升了城市的绿化率。② 这一项目以种植本地树种和植物为核心，同时通过打造昆虫栖息地促进城市恢复生物多样性。2024年苏黎世新增绿地面积达100公顷，植被覆盖率从35%提高到38%。同时，该项目显著减少了城市热岛效应，夏季市区平均气温下降了0.8摄氏度。这一成果大大提升了居民生活质量，并为其他城市提供了生态修复的经验。

加拿大蒙特利尔正在积极推进海绵城市建设，以应对气候变化带来的极端降雨和洪水问题。蒙特利尔市政府提出了多项措施，以增强城市的雨水管理能力。其中包括在2023年之后的两年内建设30个海绵公园和400条海绵人行道，这些设施将吸收和储存雨水来减轻下水道系统的排水压力。海绵公园利用植被、下沉式游乐区和多功能地下游泳池等低成本设施，将雨水引导至河流或地下储存。蒙特利尔的海绵城市项目不局限于基础设施建设，还涉及更广泛的生态和社会目标。例如，蔷薇公园将会被更新为一个海绵公园，通过增加植被和应用透水材料，其雨水渗透性显著提高。此外，布雷斯特公园的改造项目也体现了植物技术在防洪中的应用。蒙特利尔的海绵城市建设还包括创建"海绵街道"，通过移除沥青停车位并增加透水部分来提高道路的雨水渗透性。这些多管齐下的方法不仅有助于减少城市内涝，还能提升生物多样性、减少城市热岛效应，并改善居民的心理健康情况。蒙特利尔的海绵城市建设体现了绿色基础设施在应对气候变化中的重要性，促进了城市的可持续发展。

全球城市生态文明建设实践充分展示了可持续发展理念的巨大潜力。生态政策的落地与公众的广泛参与，进一步巩固了这些实践的成效。

---

① 《2024年11月广东省地级及以上城市集中式生活饮用水水源水质状况报告》，广东省生态环境厅官网，https://gdee.gd.gov.cn/xwfb4199/content/post_4615938.htm。
② Zurich City Council,"Urban Forest Initiative Launch", *European Green Cities Journal*, 2023, 18 (2), pp. 56-72.

六 建议与前瞻

全球城市文明发展在技术创新、社会治理、生态保护与文化融合等层面，展现出前所未有的生机与活力。各国城市纷纷探索智慧技术的深度应用，通过人工智能、大数据、物联网等手段提升管理效率，实现公共资源的优化配置与服务创新。同时，社会治理模式从单一的政府主导逐步转向多方协作，社区成为共建共治共享的重要平台，居民参与度显著提高。

在生态保护领域，绿色建筑、循环经济与生态修复项目展现出城市可持续发展的强大潜力，文化交流与合作成为推动全球城市文明互鉴的重要力量。

（一）加强顶层设计

在全球化和城市化的双重背景下，制定更具前瞻性的城市规划与发展战略成为城市治理的重要议题，加强国际合作成为推动城市文明发展和创新治理的重要手段。通过经验分享、技术交流以及跨境协作，各国城市能够共同应对全球性挑战，提升城市管理的韧性与可持续发展能力。

在全球城市文明建设过程中，城市法律法规体系的健全和完善，将为城市文明建设提供法治保障，也为科技与社会的协同发展提供坚实基础。随着技术和社会需求的变化，这些法律法规体系还需不断调整，以应对城市化和技术进步带来的新挑战。

（二）技术创新方向

一是推动智慧城市技术深度融合与创新应用。在全球化与技术快速发展的背景下，应加强智慧城市技术的深度融合与创新应用。这不仅能提高城市管理效率，也能为居民创造更智能、更便捷的生活环境。未来，随着更多技术的加入和跨城市合作的深化，智慧城市建设将进一步推动全球城市化的可持续发展。

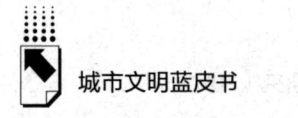

二是加强人工智能伦理规范，促进技术健康发展。人工智能（AI）的快速发展为城市治理带来了巨大机遇，也引发了隐私、透明性、公正性等方面的伦理挑战。AI伦理规范的完善不仅是技术发展的保障，也是城市治理的重要组成部分。只有逐步建立严格的伦理和法律框架，各国城市才能使AI技术更好、更健康地服务于社会公平与可持续发展。

三是挖掘区块链技术在城市治理中的潜力。区块链技术以其数据不可篡改、透明度高的特性，在城市治理中展现出巨大潜力。未来，将区块链技术更广泛和规范地应用于政务服务、医疗健康和行业监管等领域，可对提升管理效率和公共服务水平大有助益。

（三）社会治理与公众参与

一是提升居民素质，增强社会文明程度。在全球城市文明发展的进程中，提升居民素质被视为社会治理的核心要素。居民素质的提高不仅关系到社会秩序的维持，更是推进社会公平、生态文明发展与公共安全保障的基础。未来各国应通过政府主导、社会协同与个人自觉三个方面的合力，打造多层次、多形式的居民教育体系。教育内容应涵盖法律意识、社会责任感、环保理念以及数字素养等方面，帮助居民适应快速变化的社会环境。同时，政策的设计应注重长期性与可持续性。通过构建激励机制，鼓励个人参与公益活动、社区服务以及城市事务管理，居民可在实践中逐步内化文明意识。此外，针对社会新挑战，如信息污染、科技伦理和多元文化冲突等，各国应培养居民的公共意识，推进社会包容性与创新精神的融合发展，从而为全球城市文明建设树立典范。

二是强化社区治理，构建共建共治共享基层治理格局。社区治理作为现代城市治理的基础环节，关系到社会治理体系的稳固与居民生活质量的提升。未来，应以社区为单位推动"共同体"建设，鼓励居民积极参与公共事务，通过多层次的民主协商机制和资源整合平台，推动社区从"被治理"向"自我治理"转型。政府在社区治理中的角色，应由单一的管理者转变为支持者与资源协调者，为居民提供更多自主决策和参与的空间。科技赋能将成为未来社区治理的重要方向。智慧社区平台的搭建，有助于实现社区资源的高效配置。此外，社区治理应注重多元主体的深度合作，将社会组织、企业和学术机构纳入社区建设体系，形成资源共享与协同发展的长效机制。与此同时，应更加关注特殊人群与弱势群体的需求，建立多元化、个性化的服务模式，真正实现社会的公平与包容。

三是加强文化交流与互鉴，促进全球城市文明和谐共生。文化交流作为推动全球城市文明发展的重要动力，为各国城市提供了相互学习、共同发展的机会。通过多样化的文化活动和跨文化合作，各国城市在尊重差异性的基础上，方能形成包容、多元的城市文化，进一步促进和谐共生，为科技创新和社会融合中的合作奠定基础。未来，通过多元文化的包容性发展，全球城市将形成更加和谐、可持续的文明共生格局。

全球城市文明在技术与治理的深度融合中不断迈向新高度，展示了智慧化、包容性与可持续发展的协调共生。智慧城市技术的广泛应用，尤其是在交通优化、医疗资源共享和能源管理领域的应用，显著提升了城市治理效率，为居民提供了更加智能化的生活体验。同时，各国通过强化数据隐私保护与人工智能伦理规范，确保技术发展服务于社会公平与安全需求。在社会治理方面，居民素质的提高和社区治理模式的创新推动了基层民主与社会凝聚力的增强，而多元文化的交流与合作为全球城市文明的和谐共生注入了强大动力。此外，面对气候变化与生态压力，城市在绿色建筑推广、循环经济实践以及生态修复项目中取得了积极进展，为可持续发展目标的实现提供了宝贵经验。未来，各国城市将在国际合作与技术创新的共同推动下，继续探索文明发展的新方向，共同构建包容、智能与可持续的全球城市文明体系，为全球化时代的人类福祉创造更加美好的未来。

数字文明篇

B.2
数字技术赋能城市文明建设：
国际视野下的源起、发展和展望

张国平[*]

摘　要： 在全球化和数字化的双重驱动下，城市文明正经历着前所未有的变革，数字技术成为应对社会挑战、推动文明进步的关键力量。本研究聚焦于数字赋能城市文明的源起、发展及未来展望，通过对国际实践案例的深入分析，本研究揭示了数字技术在促进就业结构转型、推动区域均衡发展、优化居民生活环境、革新教育体系与培训模式以及提升医疗健康服务水平等方面的显著成效。这些实践不仅彰显了数字技术的强大驱动力，也展现出数字社会在塑造未来城市文明中的巨大潜力。然而，数字社会的构建同样面临信息秩序混乱、传统治理体系不适应等挑战。为此，本研究提出了加强治理体系顶层设计、激发公众参与热情、拓展多元化数字应用场景及强化数字基础

---

[*] 张国平，博士，深圳市社会科学院副研究员，主要研究方向为数字经济、数字化与产业发展、城市品质、城市治理与社区规划等。

设施建设等策略，旨在构建一个和谐、可持续发展的数字社会。本研究不仅为数字赋能城市文明提供了坚实的理论支撑与实践指导，也为全球数字社会的未来发展指明了方向，对于推动数字时代城市文明的全面进步具有深远意义。

关键词： 城市文明　数字社会　国际实践　数字时代

在全球化与数字化双重浪潮的推动下，人类社会正面临着前所未有的挑战。一方面，环境污染、全球变暖、生物多样性锐减等生态问题日益严峻，失业、老龄化、贫困等社会问题持续加剧。这些复杂多变的问题不仅威胁着人类的生存与发展，更在无形中加剧了社会的脆弱性。另一方面，数字技术的发展，深刻改变着人类社会的生产、生活与交往方式。大数据、云计算、人工智能等前沿技术为资源优化配置、生产效率提升和社会进步带来了无限可能。然而，数字技术的广泛应用也伴随着一系列新的问题与挑战，如数字鸿沟的扩大、数据隐私的泄露等，这些问题同样不容忽视。在这样的时代背景下，如何有效利用数字技术的力量，以创新的思维和方式应对日益复杂的社会问题，是摆在我们面前的重要课题。

一　数字社会的源起与发展

随着科技迅猛发展，特别是数字技术的快速进步，我们进入了一个前所未有的数字社会时代。在这一背景下，数字社会作为社会创新与数字技术的载体，逐渐成为学界、政界和商界关注的焦点。党的二十大报告深刻阐述了创新对于时代进步的重要性，而"元技术"引领的数字革命，更为这一创新提供了强大动力。数字革命不仅是一场技术变革，更是一场深刻的社会变革。它推动了经济的数字化转型，使数字经济成为新的增长点，同时渗透到社会文化的各个层面，改变了人们的生活方式、价值观念和社会结构。在这

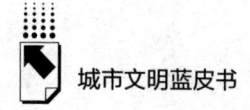

一过程中，数字社会应运而生，成为解决社会问题的新途径，开启了社会创新的新篇章。建设数字社会的目标是改善社会福祉，通过开发新的产品、服务、流程和商业模式，解决社会弱势群体面临的不平等、边缘化和社会排斥等问题。

2022年6月，国务院发布了《关于加强数字政府建设的指导意见》，明确强调了数字社会建设的重要性。这不仅认可了数字社会的理念，更期待其在实践中的应用。该指导意见为数字社会建设提供了方向，要求深入理解数字社会的内涵与意义，探索其在我国的发展路径。然而，全球范围内对数字社会的研究仍处于初步阶段，特别是在中国，这一领域的研究还在探索中。但这并不意味着缺乏研究价值或方向。在当前社会治理现代化和数字化转型的大背景下，数字社会的建设显得尤为重要。它不仅能提升社会治理的效率，还能推动社会的全面进步和可持续发展。因此，有必要更深入地理解数字社会及其创新发展概念，增强对数字社会的认知，明确其创新发展路径。具体来说，需要从以下四个方面着手：一是加强理论研究，深入探讨数字社会的内涵、特点和发展规律；二是加强实践探索，通过案例研究，寻找数字社会发展的有效路径和模式；三是加强政策支持，为数字社会提供有力的政策保障；四是加强国际合作与交流，借鉴国际先进经验，推动数字社会的国际合作与发展。

（一）社会创新：城市文明建设政策制定的新焦点

随着全球社会问题的日益复杂化和多元化，社会创新正逐步成为政策制定的核心。传统的社会创新往往聚焦于地方层面，与技术创新的界限相对模糊，近年来，随着新一轮科技革命的到来，社会创新开始与数字技术深度融合，形成了独特的数字社会模式。这一概念最初由经济学家约瑟夫·熊彼特提出，他的创新理论主要集中在经济领域，强调通过引入新产品、新技术、新市场和新组织形式等手段，打破旧的经济模式，从而推动经济发展。然而，这一概念的应用并不限于经济领域。管理学大师彼得·德鲁克进一步拓展了创新的视角，将其引入社会领域，并强调企业社会责任与创新的结合。

他认为，企业不仅应关注经济效益，还应考虑其社会影响，并通过创新增进社会福祉。这一观点为社会创新提供了理论基础，使其在学术界和实践中逐渐得到重视。

社会创新的概念自提出以来，经历了不断的演变和发展。杰夫·摩根给出了一个简洁而广泛的定义，他将社会创新描述为"解决未被满足的社会需求的新想法"。这一定义虽然简单，但涵盖了社会创新的核心要素，即通过新颖的思路和方法来应对社会问题。然而，更多学者倾向于强调社会创新的创新属性和社会属性，认为社会创新不仅是新想法的产生，更是这些想法在实践中的应用和推广。具体而言，社会创新是指比现有解决方案更有效或更可持续地解决社会问题的新方法、新产品或新服务。这些创新不仅着眼于短期效果，更注重长期的社会影响，其价值应惠及整个社会而非仅使个体受益。例如，在教育、医疗、环保等领域，社会创新可以通过引入新的教学模式、医疗服务和环保技术，增进整体社会福祉。罗宾·莫瑞等人进一步拓展了社会创新的概念，将其视为能够有效地满足社会需求、创建新的社会关系，并增强社会行动能力的新想法、产品或服务模式。他们认为，社会创新不仅是技术或产品的革新，更是社会系统和结构的变革。通过创新，社会能够更好地应对复杂的挑战，提高整体协调和合作能力，促进社会的可持续发展。

在当前全球化和信息化快速发展的背景下，数字技术为社会创新提供了强大动力。它推动了经济的数字化转型，使数字经济成为新的经济增长点，同时深入社会文化的各个层面，改变人们的生活方式、价值观念和社会结构。

顾名思义，数字社会就是借助数字技术推动社会创新的模式。这种创新模式以增进社会福祉为最终目标，通过开发新产品、服务、流程和商业模式，来解决社会弱势群体面临的不平等、边缘化和社会排斥等问题。它不仅是技术层面的创新，更是社会层面的创新。为了推动数字社会的发展，首先，需要加强理论研究，深入探讨其内涵、特点和发展规律。系统的理论研究，可以为实践提供坚实的理论基础，指导创新活动的开展。其次，需要加强实践探索，通过案例研究和实验，寻找数字社会发展的有效路径和模式。

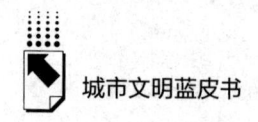

实践是检验理论的唯一标准，通过实践探索，可以总结出一套可行的创新方法和模式。再次，需要加强政策支持，为数字社会提供有力的政策保障和支持。政府可以通过制定相关政策，鼓励和引导企业和社会组织参与数字社会建设，提供资金、技术和人才等方面的支持。最后，需要加强国际合作与交流，借鉴国际先进经验，推动数字社会建设的国际合作。通过与其他国家和地区的合作，学习借鉴它们的成功经验，提升本国的创新能力。

近20年来，社会创新已逐渐成为许多国家政策的核心议题。这一趋势的兴起主要是因为社会创新不仅能作为政府政策和市场调节等传统工具"失灵"时的替代方案，还能为更广泛、更复杂的系统性和结构性问题提供创新的解决方案。例如，欧盟通过"地平线2020"计划将社会创新纳入政策主流，并为此提供了巨额资金支持，鼓励跨国合作和创新项目，这些资金被用于支持各类研究和创新项目，旨在增进社会福祉，解决社会问题。通过这种方式，欧盟希望推动社会的可持续发展，并增强其成员国的竞争力。社会创新在全球范围内的关注度不断提升，这表明它在未来将继续发挥重要作用，提供解决人类面临的各种挑战的新思路和方法。

随着全球范围内对社会创新的重视，越来越多的国家和地区开始探索和实践这一概念。例如，许多发展中国家也开始认识到社会创新的重要性，并通过各种政策和项目，推动社会创新的发展。这些国家通过借鉴发达国家的经验，结合本国的实际情况，制定适合自己的社会创新政策，从而增进社会福祉，解决社会问题。无论是在教育、医疗、环保领域，还是社会保障和公共服务领域，社会创新都可以发挥重要作用。例如，在教育领域，引入新的教学方法和工具，可以提升教育质量，促进教育公平。在医疗领域，创新医疗服务和技术，可以提高医疗效率，改善患者体验。在环保领域，创新环保技术，可以减少环境污染，促进生态环境的可持续发展。

（二）数字社会：新型的城市社会形态

在当今世界，数字技术正以迅猛之势渗透到社会生活的方方面面，数字社会的发展已然成为各国战略发展的重心。在党中央的领导下，我国提出推进"数字中国"建设,旨在通过数字化转型引领生产方式、生活方式和治理方式的全面变革。在这一进程中,对"数字社会"的理解与定义显得尤为重要。

从广义的角度来看,数字社会被视为继工业革命之后第四次科技革命催生的新型城市文明社会形态。这一定义强调数字社会是在信息化、网络化和数字化技术广泛应用的背景下,人类社会所经历的一次深刻变革。数字社会不仅体现在技术层面的进步,更体现在它对社会结构、生活方式、治理方式等各个层面的深远影响。因此,数字社会被看作人类社会正在快速进入的一个新的发展时期。

从狭义的角度来看,数字社会也可以被理解为一个由多个要素构成的集成体。这些要素包括但不限于数字公民身份、数字生活方式、电子商务等。这些要素在数字社会中扮演着重要角色,共同推动着数字社会的演进和发展。例如,《2021年亚太地区数字社会报告》于2021年11月发布,追踪并分析了11个亚洲国家在数字社会建设方面的情况,该报告揭示了各国在推动数字社会发展中的优势和挑战,还探讨了各国在数字基础设施、数字技能、电子政务、数字经济等关键领域的表现,这些领域的进步程度直接影响了各国数字社会的整体发展。该报告不仅提供了数据支持,还通过案例分析展示了各国的成功经验,有助于其他国家和地区借鉴和改进其数字社会建设策略。这种分析方式使我们能够更清晰地看到数字技术在社会各个层面的应用和影响,从而更好地理解数字社会的构建路径。

从中国特色和关联性的角度来看,数字社会与数字经济、数字政府共同构成了"数字中国"发展的"三位一体"。这一界定方式强调了数字社会与数字经济、数字政府之间的紧密联系和相互促进作用。在"十四五"规划中,数字社会被明确列为"数字中国"建设的重要组成部分。该规划提出要加强数字社会、数字政府建设,提升公共服务、社会治理等数字化智能化水平。这一表述不仅体现了数字社会在"数字中国"建设中的重要地位,也为我们理解数字社会的中国特色提供了重要思路。中国发展的方式强调了数字社会与数字经济、数字政府三者之间的相互融合与促进作

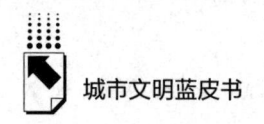

用。数字经济通过技术创新和产业升级促进经济增长，而数字政府通过信息化手段提升治理能力和公共服务水平，二者为数字社会的发展提供了强有力的支持。数字社会则通过数字技术的广泛应用，提升社会整体运行效率和居民生活质量，反过来又为数字经济和数字政府的发展创造了良好环境和条件。这种相互促进的机制充分展示了数字社会在中国特色数字化进程中的独特价值和作用。

具体而言，为推动数字社会的全面发展，"十四五"规划强调提供智慧便捷的公共服务，确保公众能够享受到更高效、个性化的服务体验。鼓励建设智慧城市和数字乡村，通过提升信息基础设施，实现城乡一体化发展，缩小数字鸿沟。致力于构筑美好数字生活新图景，推动文化与科技的融合，丰富人们的数字生活体验。这些任务和目标为数字社会建设指明了方向和具体路径，需要持续加强数字技术的研发与应用，同时注重提升公众的数字素养，确保所有人都能从数字社会建设中受益。

正是在这样的基础上，浙江省于2021年5月以省级地方标准的形式发布了《数字化改革术语定义》，其中对"数字社会"的释义为我们提供了一个清晰的视角。该释义指出，数字社会旨在满足群众高品质生活需求并实现社会治理现代化，它依托于与社会治理紧密相关的数据、模块及应用，为群众提供全方位、全生命周期的多样化、均等化、便捷化的社会服务，同时为社会治理者提供系统、及时、高效、开放的管理方式。这种社会形态追求的是城乡间更加公平、安全、美好的社会生态。此释义深刻揭示了数字社会作为发展目标的双重属性：一是以高品质生活和现代化治理为追求，体现了数字社会在增进民众福祉和推动社会治理现代化方面的核心目标；二是强调了数字社会特有的工具特征，即利用与社会治理相关的数据模块及应用，实现社会服务的优化和管理方式的创新。

在审视数字社会的定义时，我们也应注意到现有的释义往往局限于社会治理领域的数据应用，这在数字化快速发展的当下显得较为局限。在这个技术日新月异的时代，科技创新所展现的广泛性、多样性和交叉性的影响已远远超出预期。数字科技的革命性和颠覆性创新，可能带来前所未有的社会变革。因此，我们需要一个更为宽泛、包容的数字社会概念。数字社会不仅是数字技术与社会治理的初步结合，更是数字技术与社会现代化进程深度交融的体现。这种交融体现在数字技术的广泛应用、持续迭代升级与社会现代化的相互推动、相互展现中。数字技术的飞速发展，为社会现代化提供了坚实的技术支撑和创新源泉；而社会现代化的迫切需求，又反过来推动了数字技术的不断演进和升级。同时，《关于加强数字政府建设的指导意见》和"十四五"规划的有效衔接，以及数字政府、数字经济与数字社会的协调发展，为我们揭示了数字社会发展的方向。这意味着，数字社会建设应与其他领域的改革和发展紧密相连、相互促进，共同构建一个良性互动、协同发展的社会新格局。

二　数字社会：国际视角下的发展新趋势

"数字社会"在社会创新发展与数字社会建设中具有开拓性的实践意义。一方面，这一拓展与创新不仅在于科技的应用，更在于它如何与现有社会治理结构相融合，推动社会的现代化转型。科技支持不仅提升了社会治理的效率，还使得公众参与和社会协同变得更加有效和便捷。在这一过程中，数字社会成为推动社会治理现代化的重要力量，为未来的社会发展提供了新的思路和方法。因此，对"数字社会发展"的研究和讨论，对于理解和实现数字时代社会进步具有重要意义。

另一方面，在新一轮科技革命与产业的数字化转型大潮中，大数据、人工智能等前沿数字技术被广泛应用于社会创新领域，促使数字技术与社会创新日益融合，共同孕育出以数字解决方案应对社会难题的数字社会模式。这些数字解决方案不仅蕴含技术创新，还蕴含社会创新的精髓，因此，"数字社会"这一概念可被阐释为创新主体、用户群体及社区成员借助数字技术携手共创知识与解决方案，旨在满足广泛社会需求的一种社会协作创新形式。数字社会的迅猛发展与空前规模，在数字技术普及之前难以预见，故而备受社会各界瞩目。然而，数字社会并非唯一用以描绘利用数字技术应对社

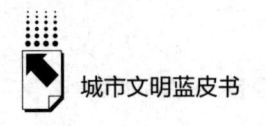

会挑战的概念，诸如公民技术、科技向善、社会技术等术语同样承载了类似内涵。

（一）国际视角下的数字社会的源起与发展

1. 数字社会的源起

数字社会滥觞于20世纪60年代，彼时，国外学术界在控制论与信息技术革命的双重驱动下，开始探索社会主义的理想形态，并憧憬一个生产全自动化的未来社会。在此背景下，苏联与智利率先在国家层面迈出了经济核算系统数字化的步伐，这体现了国外对数字社会主义的早期探索与实践。具体而言，在1960年至1973年间，苏联推出了OGAS系统，而智利则实施了Cybersyn计划。这两大项目均借助计算机的信息处理能力，推动社会经济运行的合理化与自动化。OGAS系统作为苏联的代表性尝试，其在设计之初便表现出高度集中的中心化特征，旨在通过技术手段对计划经济体制进行深度优化。然而，由于技术瓶颈、政治环境复杂以及人力资源配置不当等多重因素，该系统在实验及推广阶段遭遇了重大挑战，最终未能推行。

相比之下，智利的Cybersyn计划则采取了更为分散的调控机制，将生产信息的控制权下放至各级子系统，旨在使计算机成为辅助民主决策与劳动者自治的有力工具。尽管该计划在理念上颇具前瞻性，但受政权更迭等外部因素的影响，其同样未能实现预期目标。

在此期间，部分国外理论家也对数字技术寄予厚望，认为其有望为社会主义的全自动化生产及劳动过程的改善提供重要支撑。例如，拉多万·里什塔与安德烈·高兹等学者均主张，在技术革命与自动化充分发展的条件下，劳动者将摆脱机械化、片面化的劳动状态，实现更为全面的个人发展。在经济模式上，他们倡导通过劳动者的生产自治，构建一个"去中心化"的社会主义新形态。然而，这些设想在当时的历史条件下并未能转化为现实。这主要归因于数字技术的局限性、政治生态的不利影响以及资本主义制度下数字技术发展的私有制与资本逻辑制约。

2. 21世纪国外数字社会有关理论的探索与发展

自20世纪90年代以来,互联网技术的蓬勃发展及其与经济、政治、文化等领域的深度融合,为数字技术的全面渗透与人类社会结构的深刻变革奠定了坚实基础。在此背景下,国外学术界聚焦于大数据算法、数字平台等前沿技术形态,就数字社会在生产自治与经济调控领域的潜力与可能性展开了广泛而深入的探讨与反思。

众多学者对互联网与计算机技术在推动劳动产品共享与全球协作方面所发挥的积极作用给予了高度评价,认为这些技术是实现数字社会主义的重要基石。理查德·巴比鲁克观察到,在互联网空间中,信息与知识产品呈现出非排他性的鲜明特征,用户群体能够借助数字技术实现协同创新,共享智力劳动成果,并在一定程度上摆脱私有版权的束缚。这种趋势在某些局部领域内展现出了"网络共产主义"的特质,为数字社会主义的发展提供了有益启示。

凯文·凯利于2009年正式提出了"数字社会主义"的概念,他强调信息数据的共享性能够最大化个体的自主性与群体的协作效果,从而充分激发人类的创造力与积极性。这一观点进一步丰富了数字社会主义的理论内涵,并为其在实践中的应用提供了理论指导。

克里斯蒂安·福克斯同样对互联网在推动共享劳动产品与创新协作方式方面的积极作用给予了肯定。然而,他也指出,只有当数字技术被从事生产的劳动者自主设计与掌握时,才能充分释放其生产力的潜能。这一观点强调了劳动者在数字技术发展中的主体地位,为数字社会主义的实践提供了重要思路。

詹姆斯·马尔登进一步支持福克斯的观点,他呼吁数字社会主义应在经济层面实现平等,赋予劳动者参与数字技术设计与自主管理生产的权利。这一愿景与智利Cybersyn计划的最初设想相契合,为数字社会主义在经济领域的实践提供了有益借鉴。随着大数据算法与数字平台在全球范围内的广泛应用,国外学者对数字社会主义在新技术支持下的经济运行模式进行了深入研究。叶夫根尼·莫罗佐夫认为,与资本主义通过市场的"价格反馈机制"

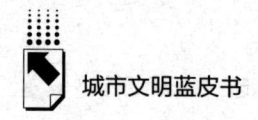

调节生产不同，以大数据算法为支撑的"数字反馈机制"能够帮助政府更加及时、全面地掌握公众需求与资源配置情况。这一机制有望使数字社会主义的宏观调控能够克服传统计划经济的弊端，提高经济运行的效率与灵活性。

在经济领域，国外学者普遍批判了资本主义私有制对互联网、数字平台、算法与数据资源的垄断与限制。他们期望通过数字基础设施的公有制与社会主义生产关系的建立，充分释放数字技术的潜在生产力，推动经济的可持续发展。然而，关于数字技术与社会主义经济应如何融合的问题，国外数字社会主义研究者内部仍存在较大争议。

多数学者倾向于建立类似Cybersyn计划的"去中心化"经济调节模式，强调通过分散决策与协作来实现经济的自主调节与平衡。然而，克里斯托弗·考克斯则主张以"中央计划"的方式配置资源、部署生产与保障基本服务。虽然其观点在一定程度上延续了苏联OGAS系统中央集权的方案，但在当前国外学术界并未成为主流思路。国外学者普遍认识到，实现数字社会主义是一个长期且复杂的过程，需要不断探索、实践与调整。他们强调，应根据不断变化的社会环境与技术条件，灵活调整数字社会主义的理论与实践策略，以推动其不断向前发展。这一过程不仅需要学者的深入研究与理论创新，还需要政府、企业与社会各界的共同参与和努力。

3. 数字社会：未来创新的新趋势

数字社会预示着未来创新路径的一种潜在趋势，这一预见基于两大核心因素。首要因素在于，数字技术作为一种新兴的通用技术范畴，展现出与历史上的蒸汽机、电力等传统通用技术截然不同的本质特性。传统通用技术往往带有中心化倾向且网络效应有限，而数字技术则以其"去中心化"的特性和显著的网络效应脱颖而出，这使得它能够有效应对工业时代难以攻克的社会难题。数字技术不仅能够以更低的成本重塑公共服务体系，改变人们的协作模式，重新定义社会结构，还能以更加贴合人类需求的方式重构商业形态。在此意义上，数字社会的"联结器"功能，凸显了其相较于传统社会创新的独特优势。次要因素在于，数字技术的快速发展也不可避免地催生出新的社会议题，诸如算法偏见、数据隐私保护及伦理冲突等，这些问题在工业时代未曾显现，而是由新型数字技术的广泛应用所引发，并同样需要借助数字技术本身来寻求解决方案。鉴于数字技术对社会发展的深远影响已被广泛认知，科技治理与科技创新被置于同等重要的位置。可见，科技是发展的利器，也可能成为风险的源头。要前瞻研判科技发展带来的规则冲突、社会风险、伦理挑战，完善相关法律法规、伦理审查规则及监管框架。

正是由于这些特点和挑战，数字社会正逐渐成为未来创新的新趋势。数字技术的广泛应用不仅能有效解决许多工业时代遗留的问题，还能应对其自身带来的新挑战。科技治理与创新的同步推进，将有助于塑造一个更加美好的数字社会，为人类福祉提供保障。这一趋势表明，数字社会不仅是技术发展的结果，更是社会发展的必然选择。

（二）数字社会的国际实践

当前阶段，数字社会的实践在全球范围内持续深化并拓展。各国中央政府不仅积极推动人工智能等前沿技术的创新，也深刻认识到应对这些技术潜在挑战的重要性。这一认知在多个国家的战略规划中得到了明确体现，如美国的《国家人工智能研发战略计划》与《面向人工智能未来的准备行动》，英国的《英国人工智能发展：计划、能力与愿景》及《人工智能路线图》，以及中国的《新一代人工智能发展规划》等，均着重强调了人工智能等数字技术需承担的伦理与社会责任。

在私营部门，美国的微软、谷歌、Facebook、亚马逊及英特尔等科技巨头携手成立了人工智能伙伴关系组织，旨在确保人工智能等数字技术的演进能够惠及人类社会，避免对人类造成负面影响。在学术研究领域，国外学者对数字社会的实践展开了全面而深入的探讨。Misuraca等研究者根据信息通信技术在社会创新中的应用，将其划分为教育及培训、就业能力与就业机会、社会援助、社会关怀与儿童保育、社会包容性以及老年健康与护理六大范畴。Stokes等学者则通过分析欧洲的项目案例，将数字社会的实践领域归纳为数字民主、健康护理、移民融合、技能培养与学习、城市发展，以及食

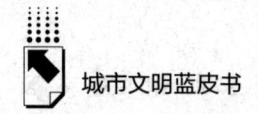

物供应、环境保护与气候变化应对六大模块。综合近年来国际社会的实践，可以提炼出以下五个核心要点。

第一，就业市场变革。在数字化浪潮中，全球就业形势遭遇深刻变革。Nambisan 等指出，数字技术为创业者与企业家带来新机遇，同时要求就业者提升数字化技能。中低技能劳动力面临与数字技术产物的直接竞争，而新工作则要求更高技能。数字社会项目如泰国 Task Squad HD，通过技术为无业者匹配工作，加快就业进程。此外，社会组织提供数字素养培训，增加求职者竞争力与选择。这些实践表明，数字社会在促进就业市场变革中发挥着关键作用。

第二，区域发展领域。Samara 等学者通过系统动力学方法揭示了数字技术对区域创新体系发展的显著推动作用。随着各国开始对 ICT 重点布局，数字社会正以前所未有的速度推动着城市和乡村的发展。在宏观层面，智慧城市和数字乡村成为这一趋势的典范。例如，英国的 Planetch 智慧城市计划和欧盟的 Smart Rural 21 乡村数字化发展计划展示了数字技术如何有效促进区域经济增长和社会进步。在微观层面，基于社区的小范围数字社会实践也在不断涌现。比如，Social Hack Nou Barris 项目通过技术将社会创新引入巴塞罗那的低收入区域，推动了当地社区的可持续发展。在社会包容方面，数字技术也发挥着重要作用。社会包容是一个多维度的概念，重点在于减少社会中特定群体的绝对劣势。随着全球收入不平等的加剧，特别是在非洲的发展中国家，许多弱势群体面临被排除在劳动力市场和法律保护之外的困境。为了应对这一挑战，马来西亚等国通过数字技能培训等手段，帮助难民等弱势群体融入社会，实现零工经济正规化。在发达国家，数字技术更多地被用于帮助吸毒者、受欺凌者、心理健康问题患者等群体融入社会。不论是在发展中国家还是在发达国家，老年人、妇女、残疾人等弱势群体都是社会包容的重点关注对象。数字技术的运用不仅有助于这些群体提高社会技能，还能引导社会全面关注他们的福祉和权益。

第三，生活环境改善方面。Lewist 等学者的研究表明，数字技术不仅为预测和控制先前难以解决的问题提供了先进手段，还通过社交媒体和数字平台等促进了食品的共享与资源优化。随着全球对环境和气候变化的日益关注，开放硬件和协作数字平台正激发出更多由公民主导和协作的数字社会（DSI）计划。例如，社区内部的资源合理利用项目，有效改善了当地环境，促进了社会的可持续发展，展示了数字社会在生活环境改善中的积极作用。此外，数字技术在环境保护和资源管理方面的应用也越来越广泛。大数据分析和物联网设备，可以实时监测空气质量、水质和土壤健康状况，从而更有效地管理自然资源和应对环境问题。数字技术的应用不仅提高了环保工作的效率，还增强了公众的环保意识和参与度。例如，利用智能传感器和数据分析技术，政府和环保组织可以更快、更准确地发现和解决污染源，从而保护生态环境。数字技术还在食品安全方面发挥了重要作用。区块链技术的应用，使食品从生产到消费的全过程变得透明可追溯，从而提高了食品安全水平。通过数字平台，消费者可以了解食品的来源和生产过程，增强对食品安全的信心。此外，数字技术还促进了社区内的食品共享和资源优化。例如，OLIO 项目通过手机应用鼓励人们分享多余的食物，从而减少食品浪费，改善社区环境。

第四，教育和培训领域。数字革命正深刻改变着教育培训领域，不仅拓宽了人们的技能边界，还打破了地理边界，为偏远地区的人们提供了前所未有的学习机会。Hamburg 等学者将数字社会背景下的教培理解为全纳教育，既强调数字技术的系统覆盖，也强调学习者自研能力的提升。此外，Z 世代学习者作为数字技术的原生代，他们的学习风格和期望已发生显著变化，更倾向于使用社交媒体进行交流。因此，教育者和培训机构必须紧跟这一趋势，设计符合 Z 世代学习者需求的教学内容。在发达国家，数字技术与教育的结合已成为实现教育公平的重要途径，其重要性愈发凸显。

第五，医疗健康领域。医疗资源的分配和利用在数字化时代，正得到前所未有的最优化配置。智慧医疗有效改善了传统医院与患者之间的单向沟通模式，医患之间的沟通与服务变得更加流畅。新技术的出现，如开放数据、硬件以及患者信息的数字化处理，进一步推动了医疗健康领域的数字化。人工智能和健康学习技术逐渐超越了传统医学工具，成为主流。特别是传感器

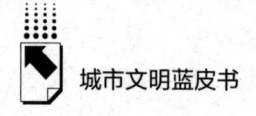

技术的应用，已经进入了美国的临床护理领域，实现了大部分身体检查的远程执行，展示了数字化技术在医疗健康领域的巨大潜力。此外，数字技术在提高医疗服务质量和效率方面也发挥了重要作用。通过远程医疗和电子健康记录系统，医生可以随时随地访问患者的病历，提供及时准确的诊断和治疗建议。这不仅提高了医疗服务的效率，还减少了患者的等待时间和就医成本。例如，在偏远的乡村地区，远程医疗技术使得当地居民能够获得与城市医院同样优质的医疗服务，显著改善了医疗资源的分配不均问题。数字技术还促进了医疗研究和公共健康管理。大数据和人工智能技术的应用，使得医疗研究人员能够分析和处理大量的健康数据，从中发现新的疾病模式和治疗方法。此外，公共健康管理部门可以利用这些技术进行疾病监测和预防，及时发现和控制传染病的暴发，保障公众的健康安全。

（三）国外数字社会发展对中国数字社会发展的启示

在探索全球数字社会发展的进程中，国外数字社会理论为中国数字社会的发展提供了丰富的启示与借鉴。在智能化政府与市场协同机制的创新构建、数字技术普惠潜力的深度挖掘与共享、个人隐私保护与数据安全机制的强化以及绿色数字技术的推广与可持续发展路径的探索等方面，中国应结合自身国情与发展实际，积极吸收国外先进经验，不断推动数字经济的高质量发展，为构建数字社会的美好未来贡献力量。

1. 智能化政府与市场协同机制的创新构建

国外关于计划与市场在资源配置中作用的长期争论，为数字经济时代的发展模式提供了丰富的思考素材。对于中国而言，实现数字经济的高质量发展，关键在于构建政府与市场智能化协同的新机制。在宏观层面，国家数据局的设立应成为引领"数字中国"建设和数字经济发展的核心力量，通过长远规划和顶层设计，确保数字技术的开发与应用紧密贴合国家重大战略需求。在中观层面，地方各级政府需结合本地产业特色与优势，推动传统产业数字化转型，利用数字平台优化资源配置，提升全要素生产率。而在微观层面，则应赋予企业充分的创新空间与自主权，激发其数字技术创新活力，为数字经济的可持续发展奠定坚实基础。

2. 数字技术普惠潜力的深度挖掘与共享

国外学者倡导的数字技术共享理念，与新时代中国高质量发展的价值目标不谋而合。面对地区间、人群间数字鸿沟的现实挑战，中国应进一步推动数字基础设施的互联互通，利用互联网和数字平台实现教育资源、医疗信息服务的共享，缩小区域和城乡间公共资源差距。同时，通过数字设备的适老化、适残化改造，以及软件应用的简约化、包容性设计，提升弱势群体的数字接入与使用能力，确保数字技术红利惠及全民。

3. 个人隐私保护与数据安全机制的强化

在数字经济时代，数据已成为驱动经济发展的关键生产要素。然而，数据安全与隐私保护问题日益凸显。为此，中国应依据《中华人民共和国数据安全法》《中华人民共和国个人信息保护法》等法律法规，细化数据管理政策，平衡经济发展与数据保护的关系。政府网信部门与市场主体需共同努力，明确数据使用边界，规范数据的收集、存储、处理与传输流程，降低数据泄露风险。同时，建立健全市场监管机制，严厉打击非法交易数据行为，确保关系国计民生的数据资源得到有效保护。

4. 绿色数字技术的推广与可持续发展路径的探索

国外学者在数字经济与环境保护的兼容性方面提出了独到见解。中国在推动数字经济发展的同时，也应注重绿色发展的理念融入。一方面，通过改良数字基础设施和普及硬件节能技术，降低数据处理与传输过程中的能源消耗和碳排放；另一方面，在数字设备的设计与制造环节，引导企业采用生态友好型材料，提高产品的耐用性和可扩展性，减少电子垃圾的产生。此外，在消费环节，倡导环保回收理念，提高数字设备的零件利用率，促进资源的循环利用。这些举措不仅有助于实现碳达峰、碳中和的战略目标，也为数字经济的绿色发展提供了有力支撑。

（四）数字社会发展：基本特征凸显出优势

我们正处于一个以共享为核心驱动力的数字化时代，数字化时代最大的

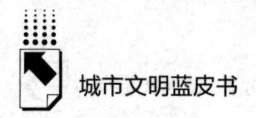

特点是：数字信息的客观性和网络性推动了开放包容的数字社会范式的崛起，这种范式，可以看作基于广泛应用的数字技术所构建的社会最优惯性运行模式。相较于传统的数字社会形态，它有以下几个特点。

在数字技术融合深度方面，传统的数字技术通常局限于简单的计算技术叠加，主要用于信息处理和存储，数字社会范式则通过深度融合大数据、物联网、区块链、云计算等数字技术，实现了在创新方式和发展理念等多维度的创新赋能。这种融合不仅提供了更广泛、深入和多样化的数字服务，还大大拓展了数字技术的应用边界。

相较于传统数字技术主要聚焦于提升数字领域及其紧密关联部门的流通效率与存储容量，数字社会范式在与社会发展体系的深度融合方面展现出了更为显著的渗透力与整合性。它通过智能技术连接相邻及非相邻部门，打破了传统部门间的信息壁垒与资源垄断，显著降低了组织运营与交易成本。这一融合过程不仅优化了社会部门结构，还促进了开放式创新平台的建立，有效激发了全社会的创新创业潜能，为社会发展提供了持久且强劲的驱动力。

在社会治理效能层面，数字社会通过构建一个安全、可靠、透明且高效的社会创新生态系统，为政府、企业、非营利组织等多元主体提供了平等参与社会创新进程的契机。这种全员参与、智慧资源共享的模式，不仅大幅提升了社会治理的效率与质量，还对传统治理观念构成了颠覆性挑战，展现出一种跨层次、高融合度的社会创新范式转型。因此，数字社会在治理效能上的展现远超传统数字技术的简单应用，为社会的可持续进步奠定了坚实的基础。

当前，国内对于数字社会基本特性的学术探讨尚处于初级阶段，尚未在学术界达成统一认识。为了深入探究"数字社会发展"的本质属性，进而更全面地把握其概念及内涵，2022年，清华大学政治学系张笑劲教授带领的研究团队，采取资料搜集、实地调研等方法，广泛收集并深入分析了来自党政机关、社区组织、社会企业等领域的上百个主体单位提交的数百个数字社会案例。通过对这些案例的系统梳理与总结，研究团队提炼出了数字社会发展的五项核心构成要素，进一步丰富了数字社会的理论认知。

第一，发展理念具有创新性，以新发展理念为指导，强调习近平新时代中国特色社会主义思想的引领作用。第二，社会服务的普惠性，通过数字技术增进民生福祉。第三，数字技术的普及性，促进资源整合与效率提升。第四，治理效能的普适性，体现了对弱势群体的包容与友好。第五，应用场域的特适性，强调因地制宜，发挥数字技术的最大效能。这些要素相互关联，形成数字社会发展的闭环逻辑，不仅提升了公共服务、公共管理和社会治理的质量与效率，也为社会的持续健康发展奠定了坚实基础。这些关键要素相互补充，共同促进了数字社会的发展，提升了公共服务和社会治理的质量，为社会的可持续健康发展提供了有力支持。通过创新的发展理念，在普惠的社会服务，普及的数字技术，普适的治理效能和特适的应用场域中，数字社会展现出了强大的生命力和广阔的发展前景。

在以上研究的基础上，本文认为数字社会在技术维度上展现出四个关键的共性特征，这些特征不仅体现了技术与社会创新的深度融合，也揭示了数字技术在推动社会进步、优化治理效能以及强化社会互助格局中的重要作用。

一是数字技术创新驱动社会互动平台的革新。数字技术的创新应用促进了政府、社会及其成员之间的良性互动，通过搭建全新的渠道和平台，实现了信息的快速流通和共享。这种创新不仅优化了传统的社会互动模式，还推动了社会创新实践向更高层次、更广领域发展。数字驱动、数字支持、数字赋能和数字普惠四种类型的技术应用，展现了数字技术在不同场景下的具体功能和模式，共同推动了社会创新的全新维度。

二是数字技术显著提高了社会治理的精准度和效果。通过将社会治理空间划分为纵向链条和弥散性生态圈，数字技术能够有针对性地强化不同治理环节。这不仅实现了自治优化，还提升了群众参与治理的效果。在疫情防控、自然灾害应对和紧急救援等实际场景中，数字技术的创新应用大幅提升了治理效能，为社会的稳定与发展提供了有力保障。这种数字技术的应用不仅提高了治理的效率和效果，还通过精准化的治理策略，确保社会治理的各

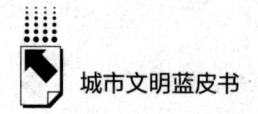

个环节都能得到有效优化。通过数字化手段，社会治理变得更加智能化和高效化，这使得社会的稳定与发展有了更加坚实的保障。这种数字治理策略不仅优化了治理环节，还确保了社会各个环节的高效协同运作。

三是数字技术提高社会公共服务的质量与效率。数字技术的创新应用不仅推动了社会治理的提质增效，也促进了公共服务的提质增效。通过引入大数据、物联网、云计算等先进技术，公共服务领域实现了从服务模式到服务内容的全面创新。数字技术能够精准识别公众需求，提供个性化的服务方案，同时优化服务流程，提高服务效率。这种创新不仅提升了公共服务的质量和效率，也提高了公众对公共服务的满意度和信任度。

四是数字技术强化社会"守望相助"的互助格局。数字技术的应用不仅优化了社会治理和公共服务，还强化了社会"守望相助"的互助格局。通过促进社区内部及跨社区、跨行政区划的多元治理主体之间的合作和协作，数字技术能够推动更加广泛、深入的互助行动。这种互助不仅体现在物质上的帮助和支援，也体现在信息、知识和经验等方面的共享和交流。数字技术的创新应用使得社会互助更加高效、便捷和可持续，为社会的和谐稳定和发展提供了有力支持。

数字社会正以史无前例的速度深入社会生活和治理的各个方面，其发展趋势可以用"三普"理念来概括：群体普适、服务普惠和应用普及。这三个理念相互关联，共同推动数字社会的全面发展。

首先，群体普适强调数字技术的普适性和包容性。随着数字技术的快速发展，不同群体对数字技术的需求不断增加。然而，数字鸿沟和数字歧视问题也随之凸显。为了应对这些挑战，数字社会必须确保技术发展能够适应不同群体的需求，特别是要消除老年人和残障人士等弱势群体在使用数字技术时所面临的障碍。这不仅需要技术本身的改进，还需要政策和社会环境的支持。数字社会的人文关怀和社会责任在这一过程中得到了充分体现，确保所有社会成员都能平等地享受到数字技术带来的便利和福祉。

其次，服务普惠是数字社会的最终目标。通过数字技术的创新应用及其成果共享，可以实现社会的公平公正，让所有人都能感受到数字社会发展的先进性和便利性。这一理念不仅体现在具体的技术应用上，更需要在服务的设计和提供过程中始终坚持普惠的原则。数字技术的普惠性服务可以涵盖医疗、教育、公共交通等领域。例如，在医疗领域，远程医疗和智能健康管理系统，可以让偏远地区的居民也能享受到优质的医疗服务。在教育领域，在线教育平台和数字资源库可以帮助教育资源匮乏地区的学生获得更好的学习机会。通过这些举措，数字社会能不断提升人们的生活质量，推动社会的整体进步。

最后，应用普及指的是数字技术逐渐渗透到社会治理的全过程和全场景，打破传统社会板块的边界，实现无边界的共同应用。数字技术的应用不仅限于信息处理和传播，还包括数据分析、人工智能、物联网等多种技术的综合运用。这些技术的广泛应用可以显著提高社会治理的效率和精准度，为社会成员提供更加便捷和高效的服务。例如，在城市管理中，通过智能交通系统和智慧城市平台，可以实现交通流量的实时监控和优化调度，提高城市交通的效率和安全性。在公共安全领域，大数据和人工智能技术的应用，可以提高犯罪预防和应急响应的能力，保障社会的安全和稳定。

三 对数字社会赋能城市文明建设的展望

展望未来，在党中央、国务院的领导下，数字技术将响应数字政府的建设和转型，推动国家治理体系和治理能力现代化。数字政府的建设不仅是数字社会的重要组成部分，也是实现国家治理现代化的关键举措。数字技术的创新应用，可以提高政府的工作效率和透明度，增强政府与公众的互动和信任。数字社会将成为全面建设社会主义现代化国家的重要支撑，为人类社会的繁荣发展贡献力量。

同时，随着数字技术的蓬勃进展，数字社会已成为全球各国在经济竞争中竞相攀登的战略制高点，并对经济社会发展的多个维度产生了深远影响。大数据、云计算、区块链等前沿技术的广泛渗透，不仅为社会治理的现代化

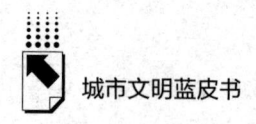

进程提供了鲜明的标志与强大的驱动力，也开启了数字智能控制的新纪元，带来了前所未有的时代机遇。然而，数字技术的广泛应用亦伴随着信息无序化的潜在风险，为社会治理带来了新的难题与挑战。

党和国家的许多重要文献与规划纲要对数字社会的构建提出了明确导向，着重指出要构建多元主体共同参与、协同治理与成果共享的社会治理新体系，提升社会治理的智能化程度，通过全面的数字化转型推动治理模式的革新，进而促进城乡发展与治理创新的深度融合。这些论断为新时代社会治理体系的创新发展提供了根本性的指导原则。与此同时，我国数字技术的持续进步与相关基础设施的不断完善，为数字社会的建设奠定了坚实的基础。然而，在数字化浪潮席卷全球的当下，现代社会正面临着一系列全球性、普遍性的复杂挑战，如环境污染加剧、全球气候变暖、生物多样性急剧减少等，这些问题进一步凸显了社会的脆弱性，也对社会治理提出了新的更高要求。

此外，传统的社会治理模式在数字化浪潮的冲击下也显得力不从心。过于强调政府管理的单一治理方式，导致多元主体之间缺乏横向联系，弱化了跨部门响应和协同治理的能力。数字技术在治理中的广泛应用，更是催生了社会连接方式和社会形态的新特征，如时空折叠、缺场交往、易聚易散等，这些新特征的出现进一步加剧了传统治理的困境。因此，探索数字社会建设的有效途径，以应对日益复杂的社会问题挑战，已成为当务之急。

（一）优化数字社会治理体制顶层设计

作为一种新兴的治理范式，数字社会治理在理念、方式与体系上均展现出与传统治理模式的显著差异，这对顶层设计的完善与创新提出了更高要求，即提升社会治理效能，确保社会发展既充满活力又不失稳定有序。面对数字技术的广泛应用与深度渗透，政府机构改革成为数字社会治理体系创新的首要任务。数字技术的革新不仅改变了社会治理的外部环境，还催生出电信诈骗、隐私泄露、网络谣言、算法歧视等一系列新型社会问题，这些都对政府部门的治理能力提出了严峻挑战。因此，深化政府机构改革，提高机构设置与数字社会发展需求的适配性,成为提升政府管理服务水平的必然选择。通过构建统一的数字社会治理机构,实现数字技术开发利用、数字资源协调配置、数字化业务协同及监督管理的统一协调,可以有效应对数字化社会中出现的新情况与新问题,为其他社会治理主体参与社会治理提供稳定有序的社会环境。

同时,数字社会治理转型不仅是政府单一主体的改革,更是一场涉及多方利益的全面变革。在这一过程中,政府应扮演引领者的角色,与社会各主体共同推动数字社会治理的发展。政府需为其他参与主体提供明确的行动方向和制度规范,以激发不同社会治理主体的协同效应。此外,政府还有责任向传统社会组织传播前沿的发展理念和最佳实践,引导其适应数字社会治理需求,推动其高质量发展。通过实施数字社会治理示范项目,政府可为社会组织提供资源支持和制度支撑,动员其积极参与社会治理,并强化其运用数字技术的能力和参与治理的水平。这一系列举措旨在构建多元共治、协同高效的数字社会治理体系,以有效应对日益复杂的社会挑战,推动数字社会的持续健康发展。

(二)推进社会公众广泛参与,提升社会治理活力,积极拓展更为开放的多维数字参与格局

推进社会公众广泛参与,提升社会治理活力,并积极拓展更为开放的多维数字参与格局,不仅关乎社会治理效能的提升,更是实现社会包容性、公平性与可持续发展的关键所在。

首先,数字社会建设需聚焦于构建个体参与社会治理的良好氛围。在社会治理的实践中,个体的参与积极性和能力是社会秩序与活力的直接来源。因此,通过广泛宣传、完善激励机制等措施,营造鼓励公众参与社会治理的积极氛围显得尤为重要。这包括积极培育社会组织和公民的公共精神,促进公民、社区和社会组织深度融入社会治理体系,为社会力量利用数字平台建言献策提供有力支持。在此过程中,数字平台作为连接个体与社会治理的桥梁,其重要性不言而喻。通过在线投票、政府平台互动等数字参与方式,民

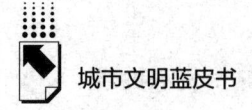

众得以更直接地表达意见、参与决策，从而增强了社会治理的民主性和透明度。

其次，数字技术的快速发展也带来了数字鸿沟问题，即一部分群体因难以掌握数字应用工具而被排斥在数字福利之外。为解决这一问题，需建立健全社会公众参与社会治理能力提升的常态化学习机制。这包括构建多元化的学习平台和激励机制，帮助社会公众有效提升数字素养和技能，从而更好地利用数字技术参与社会治理。此类举措不仅解决了公众"想不想"参与的问题，还解决了其"能不能"参与的问题，为数字社会治理的广泛开展奠定了坚实基础。在拓展更为开放的多维数字参与格局方面，有序扩大数字参与是满足数字技术创新应用实际需求的关键。一个真正具有包容性的数字社会应确保全社会拥有平等的数字参与机会和畅通的参与渠道。为此，需从法律制度层面入手，研究制定和完善面向数字市场的法律法规，保障中小企业在数字市场中的公平竞争地位。同时，为推动区域间的协同发展，应积极探索东西部地区之间的数字协同发展互补模式，推动东部地区先进经验、技术、人才等资源向西部地区转移，在帮扶中开拓新的数字市场，不断缩小区域间差距，实现数字社会发展的普惠性和公平性。

最后，完善数据信息资源开放共享机制也是提升社会治理活力的关键一环。作为数字社会治理的基本要素，数据资源能否在治理各主体间畅通传递，直接关系到社会治理质量能否提升。因此，需充分挖掘数据要素价值，通过构建数据资源开放共享机制，打破"数据孤岛"，实现各级政府和各部门之间的数据互联互通。在此过程中，需把握安全、统一、开放性三大原则。安全原则是信息开放共享的前提，需健全数据安全和隐私保护机制，确保数据在开放共享过程中的安全性；统一原则旨在提高数据信息的可比性，通过建立统一的数据信息标准和格式，避免"数据孤岛"和重复建设；开放性原则则强调数据作为社会公共资源的属性，应通过建立开放透明的数据共享平台，推动政府数据依法向社会成员开放，为公众和社会组织提供便捷的数据获取渠道，从而激发社会治理多元主体的参与活力，保持社会秩序的稳定与活力的迸发。

（三）构建多元化的数字化应用场景

应用场景作为信息技术成果转化的重要平台，不仅是生产生活方式转变的催化剂，也是社会治理创新的实践场域，其在促进线上线下交流融合中发挥着桥梁作用。因此，构建数字社会应用场景需遵循系统性与整体性原则，紧密贴合实际发展需求，旨在促进社会协同治理并满足公众多元化需求。

构建多元化的数字化应用场景应聚焦于公众最为关切的问题及亟待满足的领域，通过数字化手段解决社会生活中的各类难题。鉴于公众在日常工作与家庭生活中会遇到纷繁复杂的问题，构建多元化的数字应用场景显得尤为必要。这些场景应覆盖社会生活的方方面面，确保公众能够便捷地利用数字技术处理各类事务。在此过程中，倾听各方主体的声音至关重要，因为他们是应用场景的直接使用者与受益者，对场景的完善度、功能先进性及使用便捷性有着最直接的体验与反馈。因此，基于多方主体的感受持续优化与完善数字化应用场景，是提升其社会治理效能的关键。

同时，打造全链条的数字化应用场景亦不可忽视。多元化场景针对的是问题种类的多样性，而每类问题的解决都需遵循特定的程序。因此，将多元化的数字应用场景串联起来，形成全链条的数字应用场景网络体系，对于提升问题解决效率至关重要。对政府而言，这意味着构建各部门与各项业务之间的数字化应用场景，实现跨部门、跨业务的协同。例如，浙江宁波通过建立惠残服务数字平台，搭建了惠残政策"一路通"应用场景，将惠残事项申办流程整合为"一条龙"服务体系，公众在一个应用、一个平台、一种场景下即可完成业务办理。这种全链条的应用场景构建，极大地提升了服务效率与公众满意度。

面对现实生活中的复杂场景，公众在解决各类问题时往往期望获得"一次性"方案。因此，应以现有的"小场景"为基础，进行数字化应用场景的整合与拓展，实现场景间的互联互通。这要求在设计与应用数字场景时，注重多领域、多层次、多方位的融合，构建出能够覆盖广泛社会需求的全链条数字化应用场景。这不仅有助于提升社会治理的精细化与智能化水

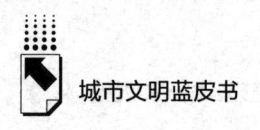

平，还能进一步激发数字社会的创新活力，推动社会治理体系的现代化转型。

（四）构建强健的数字基础设施体系

数字基础设施作为数字社会治理的根基。相较于传统基础设施，在信息传输效率、主体间联通性、产业融合深度及民生服务广度上均展现出显著优势，是数字社会治理效能释放的前提。数据的采集、传输、处理与应用，作为数字社会治理的核心环节，其效能直接受制于数字基础设施的完善程度。

一方面，需在传统基础设施建设的基础上，深化数字基建与传统基建的融合。鉴于数字基建的建设周期长、资金投入大、回报周期长的特点，应充分利用传统基建的既有资源与经验。这要求既要认识到传统基建的基石作用，又要在技术革新、管理优化及运营模式上实现传统基建与数字技术的深度融合。通过借鉴传统基建的规划布局与发展路径，结合数字技术的先进性，推动传统基建向智能化、网络化转型，形成覆盖广泛、高效协同的基础设施网络，为数字社会治理打下坚实基础。另一方面，注重数字基础设施的均衡布局，以缩小城乡、东、中、西部地区间的数字鸿沟。作为公共服务的组成部分，数字基础设施应致力于服务全体人民，促进社会公平与正义。针对我国发展不平衡的现状，需加大对乡村及中西部地区的支持力度，包括设立专项基金支持数字网络建设、提供税收优惠政策、加强技术培训与人才培养等，以弥补这些地区在数字基础设施建设上的短板。此举旨在畅通区域间的信息交流，促进资源优化配置，增强区域发展的协同性，为当地经济社会发展注入新动力。

此外，数字基建的后期维护同样不容忽视，它是确保数字基础设施持续发挥作用、支撑数字治理效能释放的关键。在实际操作中，应避免"重建设轻维护"的现象，确保数字设施既能"建得起"，也能"用得好"。特别是在资源相对匮乏的农村地区，需建立长效维护机制，防止设施因缺乏维护而闲置或废弃。这要求在建设初期就将数字基础设施纳入后期维护规划，实施建管并重策略，确保数字基础设施的可持续性，为数字社会治理与经济发展打下稳固基础。

参考文献

[1] 习近平：《高举中国特色社会主义伟大旗帜 为全面建设社会主义现代化国家而团结奋斗：在中国共产党第二十次全国代表大会上的报告》，人民出版社，2022。

[2] 乔天宇、向静林：《社会治理数字化转型的底层逻辑》，《学术月刊》2022年第2期。

[3] 黄璜：《中国"数字政府"的政策演变——兼论"数字政府"与"电子政务"的关系》，《行政论坛》2020年第3期。

[4] 翟云：《数字政府替代电子政务了吗？——基于政务信息化与治理现代化的分野》，《中国行政管理》2022年第2期。

[5] 黄建伟、陈玲玲：《国内数字治理研究进展与未来展望》，《理论与改革》2019年第1期。

[6] 黄建伟、刘军：《欧美数字治理的发展及其对中国的启示》，《中国行政管理》2019年第6期。

[7] Balsmeier, B., Woerter, M., "Is this time different? How digitalization influences job creation and destruction", *Research Policy*, 2019, 48 (8).

[8] Collins, H., "Discrimination, Equality and Social Inclusion", *The Modern Law Review*, 2003, 66 (1): 16-43.

[9] Silver, H., *The Contexts of Social Inclusion*, United Nations: Department of Economics and Social Affairs, 2015.

[10] Nungsari, M., Chuah, H. Y. "Participation in the Sharing Economy for Refugees in Malaysia: a Solution that Bypasses Legal Constraints" [M] // Qureshi, I., Bhatt, B., Shukla, D. M. *Sharing economy at the Base of the Pyramid: Opportunities and Challenges*. Singapore: Springer Singapore, 2022.

[11] Nambisan, S., Wright, M., Feldman, M., "The Digital Transformation of Innovation and Entrepreneurship: Progress, Challenges and Key Themes", *Research Policy*, 2019.

[12] Hamburg, I., Bucksch, S., "Inclusive Education and Digital Social Innovation", *Advances in Social Sciences Research Journal*, 2017, 4 (5).

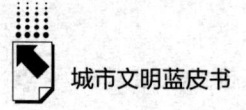

[13] Hashim, H., "Application of Technology in Digital Era Education", *International Journal of Research in Counseling and Education*, 2018, 2 (1).

[14] Susilo, C. B., Jayanto, I., Kusumawaty, I. Understanding digital technology trends in healthcare and p... (Note: The last part of the reference is incomplete and lacks the title of the journal/conference/book.)

[15] Samara, E., Andronikidis, A., Komminnos, N., et al., "The Role of Digital Technologies for Regional Development: A System Dynamics Analysis", *Journal of the Knowledge Economy*, 2022.

[16] Oliveira, T. A., Oliveira, M., Ramalhinho, H., "Challenges for Connecting Citizens and Smart Cities: ICT, E-governance and Block-chain", *Sustainability*, 2020, 12 (7).

[17] Vassilakopoulou, P., Grisot, M., "Effective Tactics in Digital Intrapreneurship: A Process Model", *The Journal of Strategic Information Systems*, 2020, 29 (3).

B.3
新时代上海数字创意产业发展战略与路径研究[*]

陈能军 周 广 高洪波 周玉兰[**]

摘 要： 数字创意产业代表着新一轮科技革命和产业变革的方向，也是获取未来竞争新优势的关键领域。在国家和上海市政策的引导和支持下，上海数字创意产业发展迅猛，正朝着"知识技术密集、物质资源消耗少、成长潜力大、综合效益好"的方向发展。数字创意产业以文化创意内容为核心，依托数字技术进行创作、生产、传播和服务，呈现出技术更迭快、生产数字化、传播网络化、消费个性化等特点，有利于培育新供给、促进新消费，为深入推进上海市文化领域供给侧结构性改革、培育文化产业发展新动能提供了良好的契机。

关键词： 数字创意产业 文化数字化 上海

近年来，国家高度重视发展数字创意产业，政策文件密集出台，数字创意产业迎来了前所未有的政策红利期。《"十四五"文化产业发展规划》指

---

[*] 本文系上海市哲学社会科学规划一般项目"上海数字创意产业贸易潜力、技术效率及影响因素研究"（项目编号：2019BJB013）、广东省普通高校特色新型智库"南方科技大学文化新质生产力研究中心"（2024TSZK011）研究成果。

[**] 陈能军，博士，南方科技大学全球城市文明典范研究院长助理、研究员，主要研究方向为人文经济、城市经济与文化产业；周广，博士，注册会计师、经济师，主要研究方向为数字经济、文化产业；高洪波，博士，深圳市国元文化产业研究院执行院长，主要研究方向为数字经济、文化产业；周玉兰，华南理工大学经济与金融学院博士研究生，主要研究方向为数量经济模型、政策评估。

出，数字产业化和产业数字化的趋势不可逆转，前沿技术和数字产业的结合将成为未来的常态，数字创意产业的高质量发展将融合多种数字技术，催生新型文化业态。2023年12月，中共上海市委办公厅、上海市人民政府办公厅联合印发《上海市贯彻落实国家文化数字化战略的实施方案》，切实落实国家战略，积极探索上海路径，形成具有带动性、示范性、标识性的文化数字化成果，文化数字资源全球配置能力显著增强，打造面向全球、面向未来的文化数字化转型上海标杆，成为全球数字文化发展高地。在国家和上海市政策的引导和支持下，数字创意产业发展迅猛，正朝着"知识技术密集、物质资源消耗少、成长潜力大、综合效益好"的方向发展。数字创意产业是21世纪下个50年科技变革的方向，也是我国在未来大国竞争中确定优势的关键。

一 上海数字创意产业发展现状

（一）上海文化产业发展现状

总量规模保持平稳。2022年，全上海市的文化产业增加值达到2816.1亿元，占当年上海市GDP规模的6.3%。规模以上文化企业营收规模超过10790亿元，延续了2021年首次突破1万亿元的势头。其中，数字创意产业收入4883亿元，同比增长6.6%。在数字创意产业的各个细分领域，网络文学销售收入超过120亿元，在全国各城市中，处于领先地位；网络游戏产业销售收入超过1280亿元，占全国市场的三分之一。①

文化贸易总量稳步提升。近年来，上海加大文化领域对外开放力度，充分利用中国国际进口博览会举办以及上海自贸试验区建设的战略机遇加快发展文化贸易，大力支持共建"一带一路"企业发展，积极培育对外文化贸

---

① 参见上海市文化和旅游局官网，https://whlyj.sh.gov.cn/cysc/20230613/2f7ec967bf2b4bb38a0827cee8671a76.html。

易示范基地和交易平台,打造国际艺术品交易中心,对外文化贸易国际竞争力和品牌影响力不断提升。2022年,上海的文化产品和服务进出口总额超过159.64亿美元,保持多年超过千亿元人民币的进出口规模。[①] 文化产品贸易保持增长态势,各类文化产品的进出口总额均实现了同比上升。文化服务贸易呈现出快速增长态势,视听及相关服务、广告服务和展会服务的进出口表现突出。与此同时,文化产品出口结构不断优化,核心出版物以及广告、展会等文化服务的出口金额持续增长。

(二)上海文化创意产业发展现状

上海凭借其得天独厚的地理和历史优势,已经具备坚实的文化创意产业发展基础,文化创意产业已逐渐成为上海的重要经济支柱,2023年上海文化创意产业规模达到2.34万亿元,同比增速达7%。[②] 上海在多个文化创意领域中均占有先发优势。例如,在影视产业方面,上海作为中国电影的发源地,拥有深厚的历史背景;近年来,上海的电影产业也得到了迅猛发展,电影票房位居全国城市之首,上海国际电影节也是亚太地区最具影响力的影视文化盛会之一。此外,上海在动漫、游戏及网络文化产业方面的表现同样突出,动漫、游戏、网络视听和网络文学等文化产业的生产总值均居全国首位。除此之外,F1中国大奖赛、国际田联钻石联赛上海站、上海时装周等一系列重大国际文化活动的举办令全球瞩目。

文化创意产业在上海文化产业中具有极强的示范引领作用。文化创意产业的关联性、辐射性和带动性是其鲜明特点,在政策制定时,上海市特别注重发挥数字创意产业、文化创意产业在推动"创新驱动发展和经济转型升级"中的特殊作用。例如,创意设计产业涉及工业设计、建筑设计、时尚产业和软件行业等多个领域,是促进这些战略性新兴产业发展、提升其他相关行业水平的核心动力。

---

① 参见上海市文化和旅游局官网,https://whlyj.sh.gov.cn/cysc/20230613/2f7ec967bf2b4bb38a0827cee8671a76.html。
② 参见央广网,https://www.cnr.cn/shanghai/tt/20240531/t20240531_526725170.shtml。

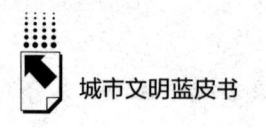

二 上海数字创意产业发展战略及其优势与问题

上海数字创意产业在政策引领、产业融合、创新驱动发展和国际化战略推动下取得显著成就。政策引领从财政、税收、金融等多个方面助力产业发展，专项基金和税收优惠等措施也有助于激发企业创新活力，为其发展提供坚强保障。在产业融合方面，"数字创意+"模式为经济转型注入新活力，如数字文化旅游业通过VR、AR技术提升用户体验，广告业借助大数据实现精准投放。创新驱动发展战略促使企业加大研发投入，实现产学研合作攻克技术难关、高校与企业协同培养创新人才的目标。国际化战略使上海数字创意产业在国际交流中崭露头角，通过举办国际展会和节庆活动，积极拓展海外市场，提升国际影响力。然而，上海数字创意产业在发展过程中也面临诸多挑战。例如，创新能力不足，部分企业缺乏核心竞争力，影响可持续发展；产业布局不合理，中心城区资源过度集中，郊区发展滞后，制约整体发展；人才短缺问题突出，高校培养的人才与产业需求脱节，高端人才流失；知识产权保护有待加强，企业保护意识不足，法律法规在新兴领域适用性有限。

（一）发展战略

1. 政策引领战略

上海市政府高度重视数字创意产业的发展，将其作为战略性新兴产业进行重点培育。近年来，一系列有针对性的政策措施相继出台，从财政、税收、金融等多个维度为数字创意产业的茁壮成长提供了坚强的保障。例如，上海市设立了数字创意产业发展专项资金，对符合条件的数字创意企业给予有力的资金支持，助力企业渡过资金短缺的难关，让众多企业在创新的道路上轻装前行。此外，上海对数字创意企业的研发投入给予税收抵扣等优惠政策，切实降低了企业的运营成本，激发了企业加大研发力度的积极性，为产业的技术创新注入了强劲动力。在产业规划方面，上海制定了《上海市文化产业发展"十四五"规划》，明确将数字创意产业列为重点发展领域，精心布局，为产业的长远发展勾勒出宏伟蓝图。同时，为了给数字创意产业的发展营造良好的创新生态环境，上海积极推动知识产权保护制度的完善，加强对数字创意产品和技术的法律保护，让创新者的权益得到充分保障，为产业的可持续发展筑牢根基。

2. 产业融合战略

上海积极推动数字创意产业与其他产业的深度融合，形成了独具特色的"数字创意+"发展模式，为产业升级和经济转型注入了新活力。在文化旅游领域，数字创意产业与之携手共进，打造了数字文化旅游产业这一新兴业态。通过虚拟现实（VR）、增强现实（AR）等前沿技术，游客可以获得沉浸式的文化体验，仿佛穿越时空，身临其境地感受历史文化的魅力。例如，在上海的一些知名博物馆和历史景点，游客借助 AR 设备，能够目睹古代建筑的辉煌原貌，与历史进行面对面的交流，极大地提升了游览的趣味性和教育意义。在广告业方面，数字创意的融入推动了数字广告业的蓬勃发展。广告商运用大数据分析和人工智能算法，实现广告的精准投放，让广告更懂消费者的心。同时，借助动画、互动设计等创意手段，广告的表现形式更加丰富多彩，极大地提升了广告的吸引力和传播效果，为企业的产品推广提供了强大助力。此外，数字创意与制造业的融合也日益紧密，推动了产品的智能化和个性化发展。智能产品不仅具备强大的功能，其外观设计也更加时尚精美，满足了消费者对高品质生活的追求，提升了产品的附加值和市场竞争力。

3. 创新驱动发展战略

上海将创新作为数字创意产业发展的核心驱动力，全力鼓励企业加大研发投入，提升自主创新能力。一方面，上海积极搭建产学研合作的桥梁，支持数字创意企业与高校、科研机构开展深度合作，共同组建研发中心和实验室，联合攻关关键核心技术。例如，在人工智能领域，企业与高校科研团队携手，聚焦于自然语言处理和计算机视觉等关键技术的研究，致力于开发具有自主知识产权的核心技术和创新性产品，为产业的技术升级提供强大动力。另一方面，上海注重数字创意产业创新人才的培育，为产业发展提供坚

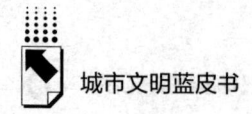

实的智力支持。高校不断优化数字创意相关专业的课程设置，提高实践教学的比重，培养一批具有跨学科知识背景和强大创新能力的复合型人才。同时，企业也积极参与高校的人才培养计划，通过提供实习岗位和就业机会，让学生能够将理论知识与实践经验相结合，更好地适应产业发展的需求，为产业的创新发展注入了新鲜血液。

4. 国际化战略

上海作为国际化大都市，充分利用其在国际交流与合作方面的独特优势，积极推动数字创意产业的国际化发展。上海成功举办了诸多具有国际影响力的数字创意产业展会和节庆活动，如上海国际电影节、上海电视节等。这些活动吸引了来自全球各地的数字创意企业和专业人士，为国内外企业搭建了一个展示作品、交流技术、洽谈合作的广阔平台。在这些平台上，国内外企业能够充分展示各自的创意成果和技术实力，同时也能汲取国际先进的创意理念和技术经验，促进国内外产业的深度融合与发展。此外，上海还积极鼓励本地数字创意企业拓展海外市场，参与国际竞争。政府出台了一系列支持政策，为企业的海外投资、并购和市场推广等活动提供便利和服务。众多上海的数字创意企业凭借其独特的产品和创新的技术，在国际市场上崭露头角，赢得了良好的声誉和市场份额，提升了上海数字创意产业在全球的影响力。

（二）发展优势

1. 政策支持力度大

上海市政府在政策制定和资源配置方面拥有较大的自主权和灵活性。政府能够根据数字创意产业的发展需求，迅速出台针对性强、支持力度大的政策措施，为产业发展提供强有力的政策保障。例如，设立的数字创意产业发展专项资金，为企业解决了资金短缺的难题，让企业在创新的道路上不再因资金问题而举步维艰。税收优惠政策则降低了企业的运营成本，提高了企业的盈利能力，使企业能够将更多的资源投入研发和创新中，进一步提升企业的核心竞争力。

2. 产业基础雄厚

上海拥有丰富的文化资源和发达的科技产业，为数字创意产业的发展提供了坚实的基础。上海作为中国电影的发源地，拥有深厚的影视文化底蕴和专业的影视制作团队。在数字影视产业方面，上海的企业在影视制作技术上不断突破，能够制作出高质量的数字影视作品，包括电影、电视剧、网络剧等多种形式，满足了不同观众群体的需求。同时，上海的科技产业发达，特别是在信息技术、人工智能等领域具有较强的创新能力，为数字创意产业的技术研发和应用提供了有力的技术支撑。这种文化与科技的深度融合，使得上海数字创意产业在技术创新和内容创作方面具有独特的优势，能够不断推出具有创新性和吸引力的产品。

3. 市场需求旺盛

上海作为国际化大都市，拥有庞大的消费市场和多元化的消费需求。随着居民生活水平的提高和消费观念的转变，数字创意产品和服务的需求在不断增加。数字游戏、数字影视、数字音乐等数字创意产品在市场上广受欢迎，为数字创意产业的发展提供了广阔的市场空间。以数字游戏为例，数字游戏凭借其精美的画面、创新的玩法和优质的内容，吸引了大量玩家，市场份额不断扩大。此外，上海作为国际文化交流的重要窗口，吸引了大量国际游客和商务人士，他们对数字创意产品的需求也为数字创意产业的国际化发展提供了良好的市场机遇。

4. 国际合作优势明显

上海在国际经济、文化、科技交流中占据重要地位，与世界各国和地区建立了广泛的合作关系。这为数字创意产业的国际合作提供了得天独厚的条件。上海的数字创意企业能够与国际知名企业和机构开展合作，引进先进的技术和管理经验，提升自身的国际化水平。同时，上海作为国际金融中心，拥有完善的金融服务体系和丰富的金融资源，能够为数字创意产业的国际合作提供强大的金融支持，促进国内外企业的并购、投资等活动，推动产业的全球化布局。

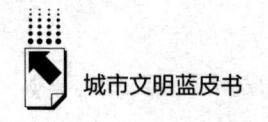

（三）存在的问题

1. 政策与产业环境有待进一步优化

在政策环境方面，随着数字创意产业的快速发展，数据安全和网络管理等领域仍有一些需要改进的空间。例如，在数据安全方面，云计算服务在产业内的广泛应用虽为行业发展带来了便利，但"企业云"承载的大量行业数据依然存在被泄露的风险。个人信息保护、跨境数据流动等数据安全管理的相关实施细则尚未完善，有待进一步细化以更好地满足产业发展的实际需求。在网络管理方面，生成式人工智能的应用催生了未成年人网络保护、金融诈骗防范、大数据隐私保护等新课题，目前针对这些问题的规制方法仍在探索中，政务信息公开和网络信用体系管理等措施与网络空间立法之间的衔接也有待加强。在经济全球化背景下，各国在网络治理路径上存在一定差异，上海在全球网络空间治理中的参与度以及推动国际规则制定的能力还有进一步提升的潜力，尤其是在借助国际合作机制建立共同治理合作圈方面，仍需更多努力。在产业环境方面，消费互联网与产业互联网的结合布局尚未完全成熟，文旅融合、电子竞技、文化体育等新兴产业领域的发展潜力尚未得到充分释放。数字创意产业在带动传统产业转型方面的影响力有待加强，生产性社交尚处于初步发展阶段，创意者之间的沟通交流渠道还不够畅通，线上线下的融合程度也需要进一步深化。智能制造在前端产品企划和设计阶段对客户需求的考量略显不足，制造端的柔性生产能力仍有提升空间，难以完全满足市场对个性化、高品质产品的多样化需求。此外，在产业互联网推动制造业服务化转型的过程中，管理优化和数据运用等方面的探索仍须深入，生产流程的在线化和数据化程度有待提高，零售端协同和适时调整生产关系的能力也需进一步增强。

2. 版权运营体系有待进一步健全

在版权服务载体建设方面，现有产业园区在孵化能力和版权转化能力上还有一定的提升空间。区域内版权登记服务中心的功能尚未完全整合，涵盖版权评估、维权、交易等全链条服务的功能性平台作用有待进一步发挥，这在一定程度上限制了相关产业的集聚发展。同时，高校、科研院所等专业机构的资源整合力度有待加强，多方参与的版权产业智库机构尚未完全建立，无法为产业发展提供更全面的智力支持和政策建议。在版权保护思维方面，从实体产品保护向虚拟数字技术保护的转变进程相对缓慢，针对无形数据版权和流媒体版权的管理和监管力度还需进一步强化，以更好地实现版权价值的最大化。商业模式创新的步伐稍显滞后，过度打击侵权行为可能对公众权益产生一定影响，新的版权保护模式仍在探索中，尚未完全实现企业和社会公众的共赢局面。多方协同保护版权的机制尚不完善，政府、版权创造者、社会消费者和版权运营商之间的互动交流有待加强，共享、协同、共赢的版权保护生态仍需进一步培育。在版权保障体系方面，政府的支持力度可以进一步加大，相关法规的完善程度也有待提高，专项版权保护基金的设立将为数字创意企业提供更有力的法律援助和维权支持。社会公众对版权保护的认知水平相对有限，通过媒体、学校、社区等渠道开展的版权宣传活动覆盖面和深度还可以进一步拓展加深，公众对如何维护自身合法权益的了解也有待增强。政策宣传和典型案例展示的力度有待加强，社会各界对版权保护的信心和参与热情还有提升空间，企业和社会组织参与版权保护公益事业的积极性也需进一步调动。

3. 金融支持体系有待进一步提升

在财政税收方面，政府在发挥财政税收杠杆作用方面还有一定的提升空间。投资引导基金尚未完全建立，税收减免政策的实施力度也有待加强，数字创意产业发展基金和投融资担保联盟的成立将为初创期和早中期企业提供更有力的支持。对于符合条件的企业，优惠政策的落实还需要进一步细化和完善，以更好地助力企业发展。在融资配套服务方面，数字创意企业在资本管理上存在一定的短板，专业的运营资本咨询服务平台尚未普及，这在一定程度上限制了企业的融资能力。作为知识密集型企业，数字创意企业的无形资产（如数字技术和创意人才）定价机制尚未完全建立，难以准确反映企业资产总值，这也给企业融资带来了一定挑战。同时，法律法规在保障企业投融资地位平等方面的作用还需进一步强化，数字创意企业在股票发行、债券发行、私募基金等资本行为上的规范性有待提高。在股权融资渠道方面，数字创意企业多为中小企业，资产规模较小，直接融资面临一定困难。由于证券市场主板、中小板或创业板的准入门槛较高，许多企业难以满足上市条件。银行信贷融资倾向于低风险、大规模企业，这也使得数字创意企业在申请贷款时面临一定障碍。上海可以根据数字创意企业的特点和发展阶段特征，探索建立更加灵活的市场融资等级制度，并针对性分析增发融资和IPO融资下降的原因，提出改进措施，以增强民间资本吸收能力，优化金融市场投资结构。在风险防控手段方面，数字科技与金融的深度融合突破了传统金融监管的界限，数字金融新产品不断涌现，但监管市场的标准制定尚需进一步完善。合理的准入规则尚未完全建立，这在一定程度上增加了防控潜在风险的难度，未来需要更加科学和精准的监管措施来保障行业的健康发展。

三 上海数字创意产业的发展路径

上海数字创意产业在政策引领、产业融合、创新驱动发展和国际化战略推动下取得显著成就。为持续推动产业发展，上海应进一步优化数字创意产业发展的综合环境。在政策环境方面，需加强数据安全和网络管理，完善相关立法和执法机制，保障产业健康发展。同时，积极参与全球网络空间治理，推动国际规则制定，为产业发展创造良好外部环境。在产业环境方面，应深化产业融合，推动数字创意与更多传统行业结合，拓展产业应用场景。加强生产性社交平台建设，促进创意者之间的交流与合作，激发产业创新活力。推动智能制造发展，提升产业生产效率和产品质量，满足市场对个性化、高品质产品的需求。此外，上海还需强化版权运营，搭建版权服务平台，完善版权保护体系，创新版权保护模式，为数字创意产业的发展提供有力的知识产权保障。在金融支持方面，应创新金融产品和服务，拓宽企业融资渠道，降低企业融资成本，为产业发展提供充足的资金支持。

(一)营造好数字创意产业发展的综合环境

1. 营造政策环境发展路径

在数据安全方面,随着云计算服务在数字创意产业领域的逐步应用和普及,设施网络的稳定性、可控性面临更高的要求,其中"企业云"承载着大量行业数据,其安全保障成为重中之重,因此上海应通过相应的标准规定提高运营者采购使用云计算服务的安全可控水平。此外,在具体可执行的实施细则上,上海还要加大力气,完善个人信息保护、跨境数据流动等数据安全管理相关工作。在网络管理方面,人工智能,特别是生成式人工智能的应用涌现,会催生更多新网络问题,比如未成年人网络保护、金融诈骗、大数据隐私问题等,这些都需要新方法加以规制。同时,政务信息公开、网络信用体系管理等新措施新手段也应运而生,网络空间立法需要更高效、更聚焦、更贴近上海数字创意产业发展实际和社会管理需求。在国际经贸方面,随着全球经济一体化的不断深入,各国网络治理路径之间必然产生并将在一定时期内持续发生冲突和摩擦,这深刻地反映出不同文化价值取向、不同政府监管诉求,以及产业发展阶段间的巨大差异。因此从国际经贸利益角度考虑,毋庸置疑,各国存在合作需求。上海可以发挥国际化优势,在推动完善国内网络空间法律体系的基础上,应积极参与全球网络空间治理,推动国际规则制定,组织国际交流合作,建立共同治理合作圈,促进上海数字创意产业的创新发展。

2. 营造产业环境发展路径

数字创意产业聚焦于消费互联网,上海并不缺乏消费互联网场景,但如何将消费互联网与产业互联网结合,还需要更多的布局和考虑,特别是文旅融合、电子竞技、文化体育产业的发展,都是上海数字创意产业扩展版图、快速发展的重要机会。数字创意产业的核心是数字文化内容,但不仅限于数字文化内容。通过设计、广告、营销等做好其他行业的助手,数字创意也可带动传统产业转型,一方面是数字创意发展的使命担当,另一方面是数字创意企业和传统企业的产业环境优化需求。一

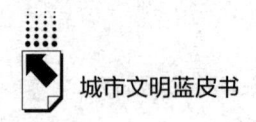

是生产性社交的起步。与依托于网络社群、着力于创造消费场景的消费性社交不同，生产性社交在一定程度上是产业分工的人格化，甚至是去产业化的产业分工。与此同时，生产性社交是基于共同兴趣的协作与互利生产模式，涵盖了物品与服务的共享、租赁、交换、集中采购等合作方式，未来甚至可能扩展到时间、技能、空间、知识产权、资金等无形资源的协同方面。这些变化只有在生产性社交的框架下才能实现。二是智能制造的着力。智能制造并非只是将生产环节的人替换成机器，而是从前端的产品企划和设计阶段，就开始利用人工智能等前端技术，充分考虑未来客户的需求。互联网商业最大的变化是B端与C端的互动、沟通的频次和效率的提升。客户需要个性化、社群化、场景化的消费，现有的商业模式已经可以通过数据画像、精准推荐、网红带货等智能服务和社群手段更好地服务于营销。从供给侧来看，产能保障在于制造端的柔性生产——更快的反应、更大的弹性，企业推出新品的速度越来越快，产品生命周期越来越短。制造端在大批量生产和小批量生产之间任意切换的能力越来越强。三是管理体系的突破。产业互联网推动制造业转型就是推动其向服务化转型，通过管理的改善和数据的运用提高研发效率，帮助产品决策，并通过系统能力的不断增强，提升员工能力，进而真正实现基于智能运营的组织创新。要提高生产的效率，主要是靠管理的改善，实现生产流程在线化和数据化，更好地实现零售端的协同并适时调整生产关系，实现商品流的高速周转。

（二）强化好上海数字创意产业版权运营

1. 搭建版权服务载体

一是打造国家版权产业园区。上海要借助"人工智能+"的东风，启动版权示范基地建设工作，对具有上海特色的文化创意企业加大孵化力度，推动现有产业园提升孵化能力和版权转化能力，尽快建成上海特色的国家版权示范园区，打造上海文化创意产业聚集高地。二是孵化版权登记服务产业平台。上海要借助区域内版权登记服务中心的资源，打造一个以产业园区为依托的版权产业服务平台。该平台将涵盖版权评估、维权、保理、金融以及交易等全链条服务，通过整合这些功能，形成强大的产业引领力，带动相关产业集聚发展，并发挥辐射作用。最终目标是使上海成为国际资本青睐的数字创意产业投资平台，以及具有全球影响力的国际版权投资交易中心。三是成立版权产业智库机构。上海要积极整合资源，以上海高校、科研院所等专业机构为主体，支持相关企业、中介组织、行业协会共同参与组建版权产业智库机构。版权产业智库应成为上海版权产业发展的对外宣传与交流的桥梁；版权智库应对版权活动中的热点难点问题进行系统研究，为上海提供版权专业咨询与政策服务；版权智库还应有针对性地配合国家机构定期开展版权专业人才培训和业务培训，提高从业人员的版权业务水平，进一步规范版权相关服务机构及中介组织的市场行为，为做好上海版权产业的国际化交易和提升对外版权工作水平提供人才支持和智力支撑。

2. 创新版权保护新思维

互联网正在改变着用户的消费习惯，数字化、虚拟化、创意化的新时代悄悄到来，数字创意版权作为数字创意产业的核心，需要以新的思维来保护和使用。首先，实体的产品保护应转向虚拟数字技术保护，不同于书籍、CD等物化版权，对于无形数据版权的综合保护也需要强化，针对全球化数字创意产品销售性质，全球化推进保护会让版权实现更大的价值。其次，以版权服务范围为保护依据，以微信为代表的订阅、打赏等直接付费的形式受到消费者喜爱，不同的人对同一篇文章的打赏金额存在差别，而这些流媒体在5G技术的加持下将会更加普遍，因此今后对数字创意版权的保护应该放在管理与监管版权服务方面。再次，创新版权运营商业模式，数字创意版权保护固然重要，但一味地打压会伤害到社会公众的权利，有违互联网共同平等分享的宗旨，创新数字版权运营体系，探索新的版权保护模式，实现数字创意企业和社会大众共赢的局面，是上海版权运营商应该思考的问题。最后，多方协同保护版权，政府不应该是版权保护的主要参与者，版权创造者、社会消费者、版权运营商都是重要的协同保护者，社会各方应以共享、协同、共赢的态度积极互动交流，提升版权保护质量。

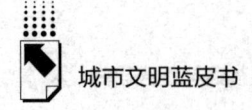

3. 推动版权保障体系的完善

为了强化版权运营，上海需从多个方面优化版权相关的配套措施。首先，政府应加大对版权保护政策的支持力度，制定和完善相关法规，为版权保护提供坚实的法律基础。例如，可以设立专项版权保护基金，为数字创意企业提供法律援助和维权支持。同时，提高侵权行为的处罚标准，增加侵权成本，从而有效遏制侵权现象的发生。其次，提升社会对版权保护的认知水平至关重要。上海可以通过开展广泛的版权宣传活动，利用媒体、学校、社区等渠道，普及版权知识，提高公众的版权意识。例如，举办版权知识竞赛、讲座和培训活动，发放宣传资料，让更多市民了解版权保护的重要性以及如何维护自己的合法权益。此外，广泛开展政策宣传活动也是推动版权保障体系完善的关键环节。上海市政府应积极发挥引领作用，组织各类版权保护宣传活动，展示版权保护的成果和典型案例，增强社会各界对版权保护的信心和参与度。同时，鼓励企业和社会组织积极参与版权保护的公益事业，形成政府、企业、社会组织和公众共同参与的良好氛围。

（三）创新好数字创意产业的金融支持路径

1. 发挥财政税收作用

市场在数字创意产业中发挥资源配置基础作用的同时，政府也要配合调控，上海要积极发挥财政税收的杠杆作用，建立投资引导基金，实施税收减免政策，扶持初创期、早中期数字创意企业发展。一方面，上海要加大投入力度，在成立数字创意产业发展基金、投融资担保联盟基础上引导社会资本参与投资合作，支持数字创意产业项目开发、技术研究等。例如，美国每年都会利用烟、酒等行业的部分税收建立信托基金，资助美国重点数字创意产业项目；日本政府还设立专项资金，保护日本知识产权和数字创意产业贸易，并购买动漫版权无偿提供给发展中国家，以扩大日本动漫市场海外占有率；法国政府在产品流通环节对数字创意产品给予财政补贴。另一方面，上海要积极对符合条件的数字创意企业降低税率，以及扣除创意、设计等费用税前加计等。例如，英国政府对电影、动漫等数字创意行业实行零增值税，美国政府对数字创意的技术研发成果实行"永久研发税优惠"。

2. 完善融资配套服务

首先,在咨询服务方面,针对数字创意企业在资本管理上的缺失,上海可以提供专业运营资本咨询服务平台,提升数字创意企业的融资能力。企业应以上市融资为目标,加强自身改革,优化企业资本结构,在专业的服务指导下,争取获得更多投资资本,增强企业的竞争实力。其次,在人才技术资本定价上,数字创意企业本质上是知识密集型企业,数字技术、创意人才这类无形资产占比较高,上海应探索一套有效的定价机制,真实反映数字创意企业的资产总值,增强企业的融资能力。另外,在法律法规制定上,应保障所有企业投融资地位平等,通过法律的手段规范数字创意企业的股票发行、债券发行、私募基金等资本行为,保障上海数字创意企业的融资地位。

3. 拓宽股权融资渠道

证券市场是数字创意企业直接融资的重要方式,由主板、中小板、创业板等共同组成,但是数字创意企业以中小企业居多,公司资产规模无法达到准入上市条件,直接融资困难。银行信贷融资方面,倾向于低风险、大规模企业,数字创意企业难以满足银行审核标准。因此,上海可以基于数字创意企业特点、发展阶段特征,建立市场融资等级。另外,围绕数字创意企业增发融资和IPO融资两种主要方式,有针对性地分析融资下降的原因,并进行个性化改进,增强企业吸收民间资本的能力,多层次、多元化拓宽上海数字创意企业的融资市场,优化金融市场投资结构,为上海数字创意企业提供直接有效的融资渠道。

4. 强化风险防控手段

首先,数字创意产品准入门槛问题。数字科技与金融结合,突破了原有金融监管界限,数字金融提供的服务范围更广,监管市场没有合理的标准管理出现的新产品,针对新的问题需要制定合理的准入门槛规则。其次,数字创意产业监管时机问题。过早地介入企业管理,会遏制企业未来发展积极性,而滞后的监管无法控制企业风险,造成市场乱象。最后,数字创意企业

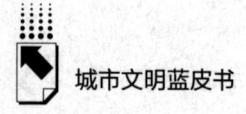

信息披露问题。将数字企业的特性科学地表现出来，增加数据要素、人力要素等，提高企业披露质量，为风险管理提供依据。

参考文献

［1］陈能军、李凤亮：《数字创意产业对于"一带一路"跨区域嵌入的耦合意义——基于区域个体异质性的视角》，《江西师范大学学报》（哲学社会科学版）2020年第4期。

［2］陈能军、史占中：《5G时代的数字创意产业全球价值链重构和中国路径》，《河海大学学报》（哲学社会科学版）2020年第4期。

［3］陈知然、庞亚君、周雪等：《数字赋能文化产业的发展趋势与策略选择》，《宏观经济管理》2022年第10期。

［4］戴俊骋：《数字文化产业与地方营造的协同发展》，《同济大学学报》（社会科学版）2023年第5期。

［5］傅才武、明琰：《数字信息技术赋能当代文化产业新型生态圈》，《华中师范大学学报》（人文社会科学版）2023年第1期。

［6］贺建风：《新形势下数字经济的发展与治理》，《人民论坛·学术前沿》2020年第17期。

［7］韩松、王洺硕：《数字经济、研发创新与文化产业高质量发展》，《山东大学学报》（哲学社会科学版）2022年第3期。

［8］李俊宝、陈能军：《政府支持、信息不对称与文化创意企业融资约束》，《现代经济探讨》2022年第12期。

B.4 数字漫游下城市地标在 ACGN 文化空间的记忆锚定与"圣地巡礼"

贾瑞凯 王馨艺*

摘 要： 城市地标不仅是物理存在，更是游客文化记忆的承载体。基于此背景，"圣地巡礼"成为 ACGN 迷们通过数字技术探索城市地标的重要方式。本研究旨在探讨数字漫游如何促进城市地标的文化记忆锚定及其对"圣地巡礼"的影响。通过文献综述和案例分析，本研究发现数字化手段显著增强了 ACGN 作品与城市地标之间的联系，提升了游客参与感和满意度，推动了地方经济发展与文化认同，使地标成为游客加深文化记忆的重构点。

关键词： 城市地标 ACGN 文化 "圣地巡礼"

近年来，数字技术的迅猛发展深刻地影响着文化旅游产业，其不仅将城市空间重新定义，还使得游客与城市地标之间的关系发生改变。在 ACGN（动画、漫画、游戏、小说）文化日益兴盛的背景下，城市地标作为文化符号，已不仅仅指物理意义上的存在，更是游客记忆的承载体。基于此，"圣地巡礼"现象应运而生，其概念源于宗教学中的朝圣，指宗教上寻觅灵性意义的过程，后在 ACGN 文化中被定义为粉丝对动画、漫画或游戏等作品中的虚构地点，进行实地探访的行为。这种活动不仅表达游客

---

* 贾瑞凯，北京师范大学艺术与传媒学院博士后，主要研究方向为文化传播、赛博文化与游戏研究；王馨艺，北京师范大学艺术与传媒学院硕士研究生，主要研究方向为文化传播、非遗传播。

对作品的热爱，也体现游客对角色与作品文化背景的深入理解。[1] 在此基础上，有研究表明，"圣地巡礼"不仅增进了个体与作品之间的情感连接，还可以强化粉丝群体的集体记忆和身份认同。通过共同的巡礼经历，粉丝能够获得强烈的社群归属感。[2] 当前，随着数字技术的进步，已经有越来越多的游客通过AR（增强现实）和VR（虚拟现实）等技术沉浸在"圣地巡礼"中，从而重温他们在动漫或游戏中获得的情感体验。这种新的游览方式能够极大地丰富游客的文化体验，增加城市地标的文化价值和与游客的情感连接。

随着数字化时代的到来，城市地标的功能不再局限于简单的标志性建筑物。数字化技术如大数据分析、位置服务及移动互联网等，使得游客能够便捷地获取关于城市地标的丰富信息。这些信息不仅包括地标的历史、文化背景，甚至包括周围的社交媒体动态与相关ACGN的内容。这种信息的丰富性使得城市地标成为多层次文化记忆的载体，游客对其认知和情感连接呈现出更加复杂的结构。当某个地标与经典动漫或游戏密切相关，ACGN文化爱好者便可以在访问该地标时不仅能够观赏建筑本身，还可以通过手机应用查找与其相关的历史和趣闻，甚至参与到基于该地标的各种线上活动或社区讨论中。这种层次感的增强使得游客的体验不仅是对地标的物理感知，更是一种文化记忆的再造。

在ACGN文化中，数字技术的普及极大地改变了"圣地巡礼"的方式，粉丝可以通过社交媒体实时共享他们的巡礼经历，创造一种新的文化传播模式。这种数字化体验不仅增强了个人的参与感，也促进了更广泛的文化交流。[3] 如AR等技术的应用使得游客能够在地标前看到与ACGN内容相关的角色与场景，仿佛回到他们所熟悉的虚拟世界。这种交互不仅能够增强游客

---

[1] Nakamura, M., "Pilgrimage in the Age of Digital Media: A Study on Fans' Journeys to Animeru Locations", *Journal of Japanese Studies*, 2012, 38 (1), pp. 113-138.

[2] Takahashi, Y., "Cultivating Community Through Pilgrimage: A Study of Fan Identity in ACG Culture", *International Journal of Cultural Studies*, 2015, 18 (4), pp. 429-445.

[3] Kawakami, H., "Digital Pilgrimage: Social Media's Role in ACG Culture", *Media, Culture & Society*, 2018, 40 (2), pp. 287-303.

数字漫游下城市地标在 ACGN 文化空间的记忆锚定与"圣地巡礼"

的沉浸感,也增进了其对城市地标的情感认同和记忆锚定。在此基础上,数字漫游还促使游客对地标进行个性化诠释。在数字平台上,游客可以通过自己拍摄的照片、视频,以及在社交媒体上分享的感受,建立起与地标的独特联系。这种个性化的表达不仅丰富了游客的游览体验,也为地标本身注入了新的文化内涵,成为其文化记忆的组成部分。

事实上,由于数字技术的介入,游客的行为和体验模式也发生显著变化。在"圣地巡礼"的过程中,游客的选择不仅基于地标的物理特征,而且受到数字内容的影响。某个地标之所以成为热门"圣地",往往与其在特定 ACGN 作品中的角色定位密切相关。当游客计划前往这些地标时,他们会考量自己与这些作品的情感连接,并在社交媒体上分享和获取与之相关的内容。这种数据驱动的行为无疑会影响文化旅游业的运营模式,商家和旅游企业逐渐重视 ACGN 文化与城市地标的结合,推出各类与之相关的主题活动和宣传策略,从而吸引更多目标游客。此举不仅推动城市旅游的发展,亦使得城市地标逐渐成为地区文化与经济发展的重要支柱。

综上所述,在数字化时代,城市地标的功能和意义被全部重构,特别是在 ACGN 文化语境下,地标与游客之间的互动变得更加紧密和多元。数字漫游作为这种互动的重要媒介,可以加强游客对地标的记忆锚定,丰富游客的文化体验。未来,随着技术的不断进步和 ACGN 文化的持续发展,这种城市地标与数字文化的结合将创造出更多新颖而深刻的旅游体验,为游客提供更为丰富的"圣地巡礼"方式。

一 "圣地巡礼"相关理论分析

"圣地巡礼"作为粉丝对作品中场景与地点的实际探访活动,能够增强粉丝与角色和故事的情感连接,而数字技术则通过社交媒体和虚拟现实的应用,进一步丰富该体验,使得巡礼过程中的记录与分享变得更加生动。基于此,人文地理学主要关注"圣地巡礼"活动如何塑造社群关系和地理空间中的文化认同,揭示空间与文化之间的动态互动,而文化记忆理论则强调巡

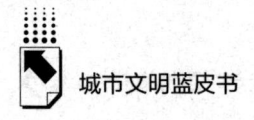

礼过程中的集体记忆构建，通过巡礼和分享，粉丝不仅能加深个体对作品的理解，也能促进文化的传承与再创造。

（一）人文地理学：文化与空间的互动关系

人文地理学研究人类与环境之间的关系，特别是文化如何塑造空间。城市地标作为文化景观的一部分，承载着历史、记忆和身份。在 ACGN 文化的背景下，城市地标不仅具有现实文化的特征，还被赋予新的象征意义。这种重新定义使得地标成为 ACGN 迷进行"圣地巡礼"的目的，游客对这些地标的认知与理解在很大程度上受到 ACGN 作品的影响。例如某些城市地标在特定 ACGN 作品中扮演了关键角色，游客不仅可以实地造访，还可以通过观看与地标相关的动画或游戏来增强自身体验。在梅农（Menon）看来，诸如《刺客信条》等游戏本身就是"记忆的场所"，有关历史的叙述塑造了它们。[1] 这种互动意味着空间由静态转为动态，游客的经验与情感交织在一起，形成对地标和城市文化的新鲜理解。

ACGN 文化以其特有的叙事方式和丰富的视觉表现，重新定义城市空间。传统意义上，城市地标往往因其历史、建筑风格和地理位置的特殊性而具备某种意义，但在 ACGN 的叙述中，地标被赋予情感和故事。游客在造访这些地标时，不再只是观察者，更是故事的一部分，他们对此地标的体验与感受通过 ACGN 的内容被放大。这种新型的空间体验打破了历史真实与虚构之间的边界。在数字化的时代，游客能够通过手机应用和社交媒体获取与地标相关的信息，从而在 ACGN 文化内容与外部地标之间形成新的情感连接。

数字空间的兴起，特别是 VR（虚拟现实）和 AR（增强现实）等技术的应用，使得游客对城市地标的体验更加丰富。游客不仅可以近距离观察了解地标的历史与文化，还能深入体验 ACGN 作品中的虚拟场景。这种数字

---

[1] Menon, L., "History First-hand: Memory, the Player and the Video Game Narrative in the Assassin's Creed Games", *Rupk-atha Journal On Interdisciplinary Studies in Humanities* 2015, VII (1), pp. 108–113.

数字漫游下城市地标在 ACGN 文化空间的记忆锚定与"圣地巡礼"

体验形成了一种"浸入式"的游览方式,使得游客在真实与虚构之间获得一种新的感觉。从人文地理学的角度来看,"圣地巡礼"体现了空间与文化的深刻交织。粉丝在巡礼中重新定义了这些地点的意义,赋予了它们新的文化价值。[①] 未来,通过不断地空间重构与感知,城市地标将在与 ACGN 文化的强连接中成为文化记忆的持久载体。

(二)文化记忆理论:集体记忆与身份认同

文化记忆理论探讨了群体如何通过共同的历史和文化符号建立集体记忆。有研究强调,"圣地巡礼"依托具体的地理空间成为文化记忆的载体。参与者通过与作品相关的真实地点的互动,将个体记忆转化为集体文化记忆,从而使得巡礼地点的意义超越了其原有的物理空间意义。[②] 在 ACGN 文化作品中,场景和角色成为游客共同记忆的基础。每当游客站在特定的城市地标前,他们不仅是在欣赏风景,更是在重温与 ACGN 内容相关的情感和体验,这种记忆的共享加深了与此地标的情感连接。在 ACGN 文化中,"圣地巡礼"作为一种粉丝行为,不仅对个人的情感经历有深远影响,还能丰富群体的集体记忆。粉丝在巡礼中通过分享彼此的体验,增强对作品的共同解读与文化认同。[③] 这一过程中,ACGN 文化所提供的叙事框架,为游客的身份构建提供了丰富的素材。游客在造访地标的同时,往往会参与到粉丝活动、角色扮演和社交媒体交流中,增强对自我身份的认同及文化归属感。

ACGN 作品中的特定场景往往成为游客选择参观现实景点的关键因素。对于影迷或游戏迷而言,地标的意义不仅在于其物理形态,而且在于其所承载的文化情感和记忆。事实上,在数字时代,"圣地巡礼"已成为粉丝以多种媒体形式记录和分享其经历的重要方式。这种多媒体叙事不仅为个体提供

[①] Sakai, T., "Geographies of ACG Pilgrimages: Exploring Fan Practices in Spatial Contexts", *Journal of Cultural Geography*, 2019, 36 (1), pp. 1-18.

[②] Watanabe, K., "Spatial Engagement and Cultural Memory in ACG Pilgrimages", *Cultural Geographies*, 2016, 23 (3), pp. 401-418.

[③] Yoshida, S., "Collective Memories in ACG Pilgrimage: The Role of Fan Experiences in Shaping Cultural Identity", *Journal of Memory Studies*, 2020, 13 (2), pp. 145-162.

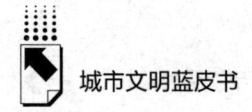

了表达自我的平台，也为文化记忆的传播创造了新途径，体现了作品与观众之间的互动关系。[1] 最终，社交媒体在"圣地巡礼"中的应用使得文化记忆的存续与传播模式发生了变化。粉丝通过实时的分享与互动，加深了对ACGN作品的文化记忆，从而形成了一种新的数字文化记忆。[2] 这种文化遗产的再创造，不仅增进了游客的文化认同，也为城市地标带来了新的生命。"圣地巡礼"的记忆锚定机制使得游客即使面对许多旅游选择，也会优先选择与他们所喜爱的作品相关的地标。

（三）数字人文与虚拟空间

数字人文通过数字技术的应用，加强了城市地标与文化记忆的连接。在数字化的虚拟空间中，参与者通过分享在"圣地巡礼"中的经历与见解，重新构建和确认自己的身份认同。通过这种交流，粉丝不仅能够强化对作品的情感连接，而且能够在多样化的社群中探索和表达自我。[3] 同时，在ACGN文化的背景下，粉丝可以在虚拟空间中分享各自的体验，从而在全球范围内构建一种跨文化的社群认同。[4] 在数字人文的视角下，传统旅游行为的边界正在模糊。利用数字技术，游客在数字空间中的活动与现实游览无缝对接，他们不再是单纯的观赏者，而是积极的参与者和创造者。通过数字叙事的形式，粉丝能够在"圣地巡礼"中创造和再现文化记忆。这不仅加强了个体对创作作品的理解，同时改善了参与者之间的互动，形成了一种新的共同叙事。[5] 事实上，无论是在社交媒体上分享个人经验，还是参与线上活

---

[1] Tsunoda, R.,"Multimedia Narratives in ACG Pilgrimage: New Forms of Cultural Memory Creation", *Journal of Visual Culture*, 2018, 17 (4), pp. 387-402.

[2] Tanaka, M.,"Digital Cultural Memory in ACG Pilgrimages: The Impact of Social Media on Fan Engagement", *International Journal of Cultural Studies*, 2021, 24 (1), pp. 59-75.

[3] Kobayashi, H.,"Identity Formation in Cyber Spaces: ACG Pilgrimages and Community Dynamics", *New Media & Society*, 2020, 22 (5), pp. 738-755.

[4] Fujimoto, T.,"Digital Pilgrimage: Transcending Geographic Boundaries in ACG Culture", *Journal of Digital Humanities*, 2019, 4 (1), pp. 27-46.

[5] Sato, R.,"Digital Narratives in ACG Pilgrimages: Creating Collective Memory through Participatory Culture", *Journal of Cultural Memory Studies*, 2018, 11 (2), pp. 123-139.

数字漫游下城市地标在ACGN文化空间的记忆锚定与"圣地巡礼"

动,"圣地巡礼"的游客们都在通过个人的创造与分享,推动ACGN文化的传播与再定义,并推动城市文化旅游模式的创新,实现旅游过程中的文化认同与身份再创造。

二 案例分析——《黑神话:悟空》

《黑神话:悟空》作为一款备受瞩目的游戏,于2024年8月20日上线后迅速火爆网络,在线人数屡创新高,热议话题不断"破圈",线下多个游戏取景地吸引了大量游客进行"圣地巡礼",显著推动了文旅市场的发展。滴滴出行数据显示,自游戏上线以来,前往大同古城、忻州五台山、大理崇圣寺三塔等热门取景地的打车需求显著上涨,其中山西省的打车需求表现尤为突出,大同市和朔州市的异地打车需求同比分别上涨84%和42%。此外,前往晋城玉皇庙和青莲寺的打车需求同比上涨超过30倍,前往临汾隰县小西天景点的打车需求同比上涨超16倍,前往大同永安寺的打车需求同比上涨438%,前往运城永济鹳雀楼和晋中平遥镇国寺的打车需求均上涨超过200%。前往其他地区如安庆天柱山和重庆大足石刻景点的打车需求分别上涨86%和28%。西游文化相关景区的打车需求也大幅增加,前往央视1986年版《西游记》取景地成都青城山和北京戒台寺的打车需求相比2023年分别上涨43%和34%。①

(一)《黑神话:悟空》的背景与文化内涵

《黑神话:悟空》是一款由游戏科学公司制作的动作角色扮演游戏,以中国古典名著《西游记》为基础,构建了一个充满神话色彩的虚拟世界。游戏中,玩家将控制"天命人"角色踏上与众多妖怪和神仙的对决之旅。开发团队以高质量的画面与生动的剧情吸引全球玩家的关注,该游戏的发布

---

① 《〈黑神话:悟空〉带动全国多处取景地打车热 山西旅游景点的滴滴打车需求上涨99%》,中国经济网,http://finance.ce.cn/stock/gsgbd/202408/28/t20240828_39119689.shtml。

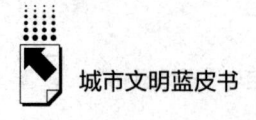

不仅标志着中国游戏产业的进步,更是向世界展现独特东方文化魅力的代表性事件。

事实上,《黑神话:悟空》不仅是一款娱乐产品,它还是中华优秀传统文化与现代科技的结合作品。游戏通过丰富的角色设定、场景设计与叙事元素,呈现了中国古典文化中的深厚智慧和独特美学。例如,游戏中道教与佛教思想以及各类民间传说都交织成了一幅生动的文化画卷。此外,游戏中的角色与剧情发展,直观地向玩家传达了勇气、智慧与坚持的重要性,传递了积极向上的精神内涵。

(二)虚拟场景与现实城市的关系

《黑神话:悟空》的虚拟场景不仅仅是对《西游记》故事的再现,也是开发者对中国文化与历史的深度挖掘。游戏中的场景设计极富想象力,结合古典建筑、神话生物与自然景观,为玩家创造了一个既熟悉又陌生的环境。设计师通过真实的地理信息,融合奇幻的艺术风格,呈现了一个生动的梦幻世界。

《黑神话:悟空》中对我国多处建筑进行高度复原,我国的石窟、寺塔楼阁等建筑样式在游戏中俯拾皆是,例如宣传视频中"天命人"在与龙战斗时,远景的建筑原型即为我国现存最古老的木式结构阁楼建筑——天津蓟州区独乐寺观音阁;同时,视频中还出现了我国现存最大的集雕刻、贴金、彩绘艺术于一体的摩崖石刻造像——大足石刻千手观音,这是世界文化遗产大足石刻中的重要代表作品。

数字技术的发展为越来越多的游客在现实世界与虚拟世界之间建立连接。游客前往山西,探寻游戏中的场景,仿佛是在进行一场现实与虚拟交替的旅程。当游客在游戏中体验了具有山西文化背景的场景后,抵达相应的现实地标时,会有一种"穿越"的感觉。这种关联不仅增强了游客旅游的趣味性,也提升了其文化体验。

(三)《黑神话:悟空》中的场景如何成为游客的打卡地

在社交媒体时代,"打卡"已成为一种流行文化现象。游客通过实时记

数字漫游下城市地标在 ACGN 文化空间的记忆锚定与"圣地巡礼"

录自己的旅程，将个人体验分享至网络平台，吸引更多人关注与参与。在这一趋势下，《黑神话：悟空》所塑造的虚拟场景为玩家的旅行提供了丰富的灵感与选择，使得相关现实地标也成为游客"打卡"的新选择。

随着《黑神话：悟空》影响力的提升，很多与游戏场景相关的城市地标也吸引了 ACGN 迷和游戏爱好者前往探寻。山西的古建筑、自然风光以及与游戏情节相关的文化景点，如悬空寺、平遥古城等，成为新的旅游热点。游客不仅在游戏中与经典场景互动，也在现实中探寻与之相关的文化根源。在"打卡"过程中，游客往往会将虚拟体验与现实感受进行对比与融合，形成了新的情感记忆。这种记忆不仅包含了观看美景、体验当地文化，还包括与《黑神话：悟空》故事情节和角色的情感连接。这种体验在提升游客满意度的同时，也为景点的文化传播增添了新的活力。

事实上，随着游客对《黑神话：悟空》相关场景的造访，山西等地的旅游业迎来了新的发展机遇。随着游戏关注度的提升，大量 ACGN 文化爱好者前去探索与他们热爱的游戏相对应的现实场景。游客的涌入不仅带动了当地的酒店、餐饮、交通等服务行业的发展，也激发了地方特色商品的销售。不仅仅是旅游业，游戏的火热也对地方文化产业发展起到了推动作用。山西独特的文化背景与历史遗产正越来越受到关注，地方政府和相关部门意识到通过举办相关主题展览、文化节、游戏发布会等，能吸引更多游客，加速地方文化产业的升级。山西及其他与 ACGN 文化相关的地区逐渐形成多元化的经济模式，不再局限于单一的传统产业。文化旅游、游戏开发、数字艺术等领域的融合，可推动地方经济可持续发展。此类创新为地方经济增添了新的生机与活力。

在数字漫游背景下，城市地标的文化记忆与"圣地巡礼"的结合正在为地方经济发展带来新的机遇。《黑神话：悟空》的火爆作为一个文化现象，不仅在虚拟世界中构建了充满奇幻色彩的场景，也在现实世界中创造了丰富的旅游资源。山西的城市地标因其与游戏的关联，不仅能加深游客的文化体验，还能促进地方经济的发展。

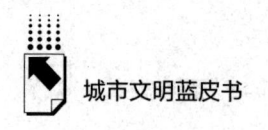

三 城市地标作为文化记忆锚定的作用与影响

（一）记忆锚定在城市地标中的作用

记忆锚定是指特定的地点或事件，使人在时间段内的体验或情感被铭记的过程。城市地标作为文化记忆的载体，承载着地方历史、文化与人们的情感。ACGN作品通过鲜明的角色、曲折的情节和深刻的人际关系，将情感与地点紧密结合。有观点认为，文化记忆与相关地点的关系是文化旅游的重要组成部分。通过对特定场所的情感寄托，游客的情感也被激发，这种体验不仅增强了他们对地方的认同感，也使文化记忆得以延续和传播。[1] 在《鬼灭之刃》中，作品所描绘的场景如富士山、善逸的故乡等地点，都是粉丝们幸福的回忆和追寻的目标。这些地标因见证角色的成长与奋斗历程而被赋予特殊的文化意义。事实上，富士山本身就是日本文化的代表性符号之一，而在《鬼灭之刃》中此地也成为角色战斗和成长的重要背景。通过数字漫游技术，粉丝可以在富士山脚下重现剧中场景，利用AR（增强现实）设备感受主角炭治郎与恶鬼的战斗。数字互动能够丰富游客的文化体验，从而深化对此地的认同感。游客不仅成为故事的观察者，更是文化记忆的构建者，这增强了他们与现实地标的情感连接。[2] 通过深度的情感体验，城市地标与作品之间的连接更加紧密，进一步增强了记忆锚定的效果。此外，游客通过智能手机应用如"鬼灭之刃游览助手"，可以获取关于场景的详细背景、角色轶事，甚至参与线下活动。这种沉浸式的体验不仅能让游客重温动漫情节，也帮助他们更深刻地理解地方文化。

---

[1] Wong, M. C. H., "The Relationship between Cultural Memory and Place: An Essential Component of Cultural Tourism", *Journal of Heritage Tourism*, 2018, 13 (2), pp. 95–108.
[2] Wong, P. L. H., "Digital Interaction as a Catalyst for Cultural Experience: Enhancing Visitors' Sense of Place Identity", *Tourism Management Perspectives*, 2021, 37, pp. 100–110.

（二）"圣地巡礼"对地方旅游发展的影响

ACGN文化的全球传播，特别是日本动漫和游戏的影响，使得特定场景开始吸引越来越多的游客。以《名侦探柯南》为例，该作品中描绘的高知市不仅因其悬疑剧情而闻名，还吸引了大批游客前往探访剧中场景。高知市推出与《名侦探柯南》相关的周边产品，使得这一动漫作品成为城市旅游的一部分，吸引了大量粉丝前去"朝圣"。高知市将《名侦探柯南》作为城市旅游发展的重要元素，积极举办以角色为主题的巡游活动和展览，例如警方安全巡逻车被装饰成《名侦探柯南》的主题车，市内的各大景点推出与作品相关的导览册和纪念品。这些举措不仅提升了旅游带动经济的能力，还提升了高知市的品牌形象。此外，《鬼灭之刃》的收视热潮也引发了地方经济的连锁反应。地方商家纷纷推出与作品相关的产品，包括特色食品、周边商品和衍生文学作品等，形成了一个完整的产业链。高知市的地方政府通过与动画公司共同开发文化项目，推动了地方经济增长，并增强了文化的传播效果。

依靠ACGN文化推动地方经济增长不再是偶然，而是逐步形成的生态系统。事实上，文化旅游的可持续性正是在于其能够通过增加收入、保护文化遗产和促进社区参与等方式，使得游客文化体验与经济增长协调发展。[1] 通过数字技术的助力，地方政府和商家能够开展多样化的市场活动，吸引游客的同时促进文化与商业的良性互动，为可持续发展奠定基础。

（三）数字漫游技术对游客参与度的提升

数字漫游技术的发展使游客的游览体验变得愈加丰富。以《鬼灭之刃》为例，通过数字漫游应用"鬼灭之刃AR体验"，游客可在特定地点用手机进行角色扮演与互动。此类应用不仅为游客带来沉浸式的体验，还能通过社

---

[1] Cook, A., "The Sustainability of Cultural Tourism: Balancing Economic Growth, Cultural Heritage Protection, and Community Engagement", *Journal of Sustainable Tourism*, 2020, 28（9）, pp. 1345-1360.

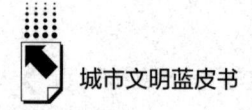

交分享让更多人加入这一文化旅行中。数字互动增强了游客的参与感。通过参与线上活动或 VR 游戏，游客不再是被动的观察者，而成为参与故事情节的关键角色。此外，游客在主题公园中还可以通过答题或体验角色的互动环节，加强对《鬼灭之刃》的理解，这种亲密的互动赋予景点新的文化生命力。

数字漫游技术兴起的同时，社交媒体也扮演着不可或缺的角色。在社交媒体上的推广是 ACGN 文化景点成为吸引游客的重要因素。通过线上平台的互动和分享，游客的体验从个体回味延伸为集体经历，从而引起更广泛的文化参与与交流。[1] 同时，游客在社交平台分享他们的旅行经历和活动照片，无形中也为目标地点的文化传播提供了新渠道。

（四）互动性分析：提升参与感与认同感

在 ACGN 文化的影响下，游客在城市地标中与数字空间的互动变得更加频繁和多样化。有研究认为，人类感官对于空间、场所的感知，以及与城市地点发生的互动与交流，才是人类感知城市形态、建立地方感的最重要方式。[2] 数字与现实的结合，使"圣地巡礼"的体验模式得以增强，也让游客的参与感提升到新的水平。

游客围绕地标进行互动时，不仅是在体验文化，更是在构建集体身份。与喜爱的角色和故事产生联系，使他们具有更强的归属感，这种认同可帮助他们加深对地方文化的理解。身份的认同不仅能够加强个体对场所的情感联系，还能为文化的持续传播奠定基础。[3] 未来，随着大数据与 AI 的发展，数字互动体验将更加个性化和智能化。游客可以在个性化的推荐中探索感

---

[1] Lü, M. W. G., "The Role of Social Media in Promoting ACGN Cultural Sites: Transforming Individual Experiences into Collective Engagement", *Cultural Heritage and Tourism*, 2021, 15 (3), pp. 245-258.

[2] 孙玮：《我拍故我在 我们打卡故城市在——短视频：赛博城市的大众影像实践》，《国际新闻界》2020 年第 6 期。

[3] Hester, D. R., "Identity Recognition and Emotional Connections to Place: Foundations for the Ongoing Transmission of Culture", *Journal of Cultural Geography*, 2019, 36 (1), pp. 75-92.

数字漫游下城市地标在 ACGN 文化空间的记忆锚定与"圣地巡礼"

兴趣的内容，实现真正的内容定制。这种持续而创新的互动体验，将为 ACGN 文化及其衍生的旅游形态提供新的发展方向。同时，在数字技术的支持下，旅游景点能够更好地管理和维护游客流量，做到合理开发与环境保护并重。

在数字漫游技术日益普及的背景下，ACGN 文化通过记忆锚定的方式，在城市地标中形成了独特的文化体验。众多案例分析表明，《鬼灭之刃》和《名侦探柯南》等作品能够通过数字互动和丰富的媒介形式，吸引游客选择与之相关的特定地点进行"圣地巡礼"。ACGN 作品中场景的经济与文化价值可以促进地方旅游的发展，也能推动文化交流的深入进行。数字漫游技术将进一步提升游客的参与感与认同感，为 ACGN 文化的新生与发展开辟新的道路。

四 "圣地巡礼"塑造城市形象，增强地方文化认同

ACGN 文化通过构建特定的场景，让观众产生强烈的代入感。这些场景常常与真实的城市地标相结合，使得现实的空间成为记忆的载体。通过数字媒体与社交网络的传播，ACGN 作品中的文化记忆得以在网上共享。相关研究表明，参与 ACGN 相关活动的游客，往往在地方认同感上表现出更高的积极性。因此，对于地方政府和文化管理部门而言，注重对 ACGN 文化的利用，不仅有利于经济收益的提升，更是地方文化传承与发展的一种重要手段。整合 ACGN 文化与城市旅游资源，可以有效提高城市的文化吸引力，同时带动相关产业的发展。如京都市将《鬼灭之刃》作为文化旅游的重点推广项目，开展多项与 ACGN 文化相关的活动，结果访客人数获得显著提升，顺便还带动周边经济的增长。值得一提的是，居民对本地文化的认同与自豪感也得到了极大的提升。

在具体措施方面，地方政府可以借助数字技术设计强互动性的旅游项目。例如游客在 ACGN 文化地标处，可以通过手机应用扫描二维码，获得与特定角色相关的故事背景、角色设定以及虚拟互动，借此增强游客的投入

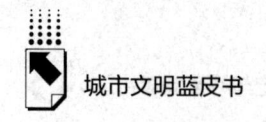

感与参与度；通过社交媒体平台，加强对 ACGN 文化相关活动的宣传可以有效提升城市的知名度，例如策划以某一个 ACGN 作品中的场景为主题的线上挑战活动，鼓励用户晒出他们在城市地标前的照片，形成良好的传播效应。这不仅能吸引 ACGN 粉丝，也能吸引更多游客的到访。

文化活动的组织是推动城市旅游的重要内容。ACGN 文化的活动可以采取多样性和主题性结合的方式，让游客在参与的同时，增强对地方文化的认同，包括举办 ACGN 文化主题展览等。地方政府可以定期举办与 ACGN 文化相关的主题展览，展示作品的历史与影响，甚至设立专门的 ACGN 文化展览馆，通过展览、讲座、互动体验等，吸引游客了解 ACGN 文化。同时，这类展览也可成为地方文化的一部分，提高居民的文化意识与认同。举办与 ACGN 文化相关的节庆活动，是增强地方认同的重要时机，地方政府应定期举办以 ACGN 文化为主题的活动如"动漫文化节"等，通过角色扮演（Cosplay）、手办交换等环节，参与者能够沉浸在作品中，从而增进游客体验与文化认同。

社区参与也能促进 ACGN 文化的推广。加强与地方社区的互动，不仅可以推动旅游经济的发展，还能增强居民的文化自豪感。地方政府可以鼓励居民参与到与 ACGN 文化相关的活动中，使之成为文化旅游的一部分。例如，邀请居民参与 ACGN 文化活动的相关设计、活动组织等工作，不仅可以增强居民参与感，还可促进居民之间的相互交流；通过与 ACGN 文化产品商家的合作，推动地方产品和品牌的宣传；通过与当地手工艺品制造商合作，ACGN 中的元素可融入地方特色商品中，并在城市内的旅游景点售卖，此举不仅能够吸引游客，还可增强地方文化特色。

在数字漫游技术与 ACGN 文化的交织下，城市地标不仅是观光的对象，更是文化记忆的承载体。地方政府和文化管理部门应意识到，ACGN 文化在增进地方认同和自豪感方面的重要作用。通过数字技术的应用、文化活动的组织与社区参与，地方旅游不仅能得到发展，更能在文化传承中形成独特的文化记忆。未来，地方政府应继续研究和开发 AR、VR 等数字技术在城市旅游中的应用，为游客提供更具吸引力和互动性的文旅产品，增强游客的沉浸感和参与感；还要加强与文化企业的合作，共同策划城市的 ACGN 文化活动，形成良好的产业链，以促进文化旅游的可持续发展；同时，应积极征求居民的意见与建议，鼓励他们参与到 ACGN 文化的推广和组织中，从而提升社区对地方文化的认同与自豪感；最后，需要有意识地扩大文化交流的视野，尝试与海外 ACGN 文化相关的城市进行交流合作，共同吸引 ACGN 粉丝前来旅游。通过以上措施，ACGN 文化将会在地方旅游中发挥更大的作用，推动城市的文化发展与经济增长，同时增强当地居民的文化自豪感与认同感，形成良好的文化生态系统。

五　结语

"圣地巡礼"的核心在于结合虚拟与现实，为游客提供沉浸式的文化体验。在 ACGN 文化中，如《黑神话：悟空》《鬼灭之刃》等作品与特定城市的结合，使得这些地方不仅是故事发生的背景，更成为粉丝追忆与产生共鸣的实景。通过 GPS 定位和增强现实（AR）技术，游客可以在访问实际城市地标时，互动式获取与 ACGN 作品相关的内容。当大量 ACGN 文化爱好者分享他们在相关地标的"打卡"经历时，这些地点逐渐形成了共同的文化象征。

当前，越来越多的游客因对 ACGN 文化产品的热爱，选择前往与之相结合的城市进行实地考察、旅游和体验。然而，"圣地巡礼"的影响不仅仅体现在访客人数的增加上，更重要的是通过这样的探索，游客能够深度理解和体验地方文化。这种从虚拟世界到现实世界的迁徙，不仅更具文化深度，还让参与者通过与地方文化的互动，建立起与这座城市更深的情感联系。而地方政府和文化部门管理者通过整合各类资源，推出与 ACGN 文化相关的旅游活动，可以进一步提升城市的知名度与吸引力，最终实现对文化记忆的有效强化，提升地方认同感与归属感的同时，推动文化与经济的可持续发展。在这一趋势下，"圣地巡礼"不仅承载了过去的文化记忆，更塑造与深化了对未来城市文化的认同。

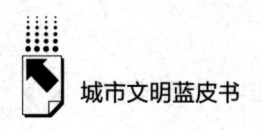

参考文献

[1] Nakamura, M., "Pilgrimage in the Age of Digital Media: A Study on Fans' Journeys to Animeru Locations", *Journal of Japanese Studies*, 2012, 38 (1).

[2] Takahashi, Y., "Cultivating Community Through Pilgrimage: A Study of Fan Identity in ACG Culture", *International Journal of Cultural Studies*, 2015, 18 (4).

[3] Kawakami, H., "Digital Pilgrimage: Social Media's Role in ACG Culture", *Media, Culture & Society*, 2018, 40 (2).

[4] Menon, L., "History first-hand: Memory, the player and the video game narrative in the Assassin's Creed games", *Rupk-atha Journal On Interdisciplinary Studies in Humanities* 2015, VII (1).

[5] Sakai, T., "Geographies of ACG Pilgrimages: Exploring Fan Practices in Spatial Contexts", *Journal of Cultural Geography*, 2019, 36 (1).

[6] Watanabe, K., "Spatial Engagement and Cultural Memory in ACG Pilgrimages", *Cultural Geographies*, 2016, 23 (3).

[7] Yoshida, S., "Collective Memories in ACG Pilgrimage: The Role of Fan Experiences in Shaping Cultural Identity", *Journal of Memory Studies*, 2020, 13 (2).

[8] Tsunoda, R., "Multimedia Narratives in ACG Pilgrimage: New Forms of Cultural Memory Creation", *Journal of Visual Culture*, 2018, 17 (4).

[9] Tanaka, M., "Digital Cultural Memory in ACG Pilgrimages: The Impact of Social Media on Fan Engagement", *International Journal of Cultural Studies*, 2021, 24 (1).

[10] Kobayashi, H., "Identity Formation in Cyber Spaces: ACG Pilgrimages and Community Dynamics", *New Media & Society*, 2020, 22 (5).

[11] Fujimoto, T., "Digital Pilgrimage: Transcending Geographic Boundaries in ACG Culture", *Journal of Digital Humanities*, 2019, 4 (1).

[12] Sato, R., "Digital Narratives in ACG Pilgrimages: Creating Collective Memory through Participatory Culture", *Journal of Cultural Memory Studies*, 2018, 11 (2).

[13] Wong, M. C. H., "The relationship between cultural memory and place: An essential component of cultural tourism", *Journal of Heritage Tourism*, 2018, 13 (2).

[14] Wong, P. L. H., "Digital interaction as a catalyst for cultural experience: Enhancing visitors' sense of place identity", *Tourism Management Perspectives*, 2021, 37.

[15] Cook, A., "The sustainability of cultural tourism: Balancing economic growth,

cultural heritage protection, and community engagement", *Journal of Sustainable Tourism*, 2020, 28(9).
[16] Lü, M. W. G., "The role of social media in promoting ACGN cultural sites: Transforming individual experiences into collective engagement", *Cultural Heritage and Tourism*, 2021, 15(3).
[17] 孙玮:《我拍故我在 我们打卡故城市在——短视频:赛博城市的大众影像实践》,《国际新闻界》2020年第6期。
[18] Hester, D. R., "Identity recognition and emotional connections to place: Foundations for the ongoing transmission of culture", *Journal of Cultural Geography*, 2019, 36(1).

B.5 文化编码与解码：中国电子游戏产业的城市特色及传播分析[*]

陈柏福　熊阳春[**]

摘　要： 广东、福建等传统侨乡地区与海外华侨的紧密联系推动了中华传统文化的延续与发展。为验证这一观点，本文收集并分析了电子游戏《黑神话：悟空》发行后中国各城市的评价文本数据，结果显示，广东、福建两省各城市对中华传统文化的情感认同明显强于其他地区，表明侨乡社会对传统文化的传承在现代化背景下依然具有显著影响。

关键词： 中华传统文化　城市文化　侨乡文化　电子游戏　文化情感

一　引言

当代文化最引人注目的现象之一是游戏化与美学化。随着信息技术的发展，电子游戏逐渐成为全球性的文化符号，它既是一种娱乐形式，也成为文化认同和表达的重要载体。鲍德里亚提出的"日常生活的美学呈现"理论，反映了现代社会中消费文化与审美体验的密切关系。电子游戏通过虚拟叙事和互动体验，使玩家在虚拟世界中得到情感的释放与文化认同的建构。近年

---

[*] 本文系南方科技大学全球城市文明典范研究院开放性课题"文化产业如何促进城市可持续发展——基于联合国创意城市网络的理论与实证分析"（项目编号：IGUC23C009）阶段性成果。
[**] 陈柏福，博士，南方科技大学全球城市文明典范研究院特约研究员，广东金融学院文化经济研究中心主任、教授，主要研究方向为文化经济与贸易、文化产业理论与政策；熊阳春（通讯作者），广州华商职业学院数字财经学院副教授、广东金融学院文化经济研究中心特约研究员，主要研究方向为数字文化产业、文化金融。

来，以中华传统文化为主题的电子游戏如《黑神话：悟空》等，不仅在游戏设计上大量注入了中华传统文化元素，还通过叙事模式和互动性激发了玩家对中华传统文化的兴趣和认同感。改革开放以来，侨乡地区与海外华侨的联系更加频繁，侨乡文化得到进一步的传承与更新。华侨的经济支持和文化回馈有助于侨乡地区赓续中华文化认同。然而，侨乡文化在现代化和全球化进程中如何适应并表现出对中华传统文化的延续，尤其是通过现代化的媒介，如电子游戏，尚未得到充分研究。

近年来，随着电子游戏产业的快速发展，学术界对游戏文化及其社会影响的研究也日益增多。最新研究强调了电子游戏在当代社会和文化中的重要性。电子游戏产业发展对人类社会各方面产生了显著影响，包括健康、心理、家庭、经济，甚至国际冲突。[1] 随着电子游戏在文化中的主导地位不断提升，它们为现代数字文化、消费模式和身份形成提供了抓手。[2] 游戏产业的发展反映了社会和技术的进步，游戏越来越多地被用于研发专业技术，并成为特殊时期的"减压器"。[3] 这些研究共同强调了电子游戏对当代文化和社会的多维影响，并凸显其在娱乐和社会发展中的潜力。电子游戏通过叙事和艺术设计，展现当代的价值观、生活方式和社会潮流，从而增强了与玩家的情感共鸣。[4] 数字音乐在增强沉浸感和情感影响方面也起着至关重要的作用，尤其是在虚拟现实和增强现实游戏中。[5] 沉浸式叙事技术使玩家能够与游戏主角产生深刻的情感联系，正如 VR 游戏 *Bury Me Here* 中所展示的那样。[6]

---

[1] Toapanta, C., Munoz, A., Arauz, A., Naranjo, S., & Carranza, M., "Technologies and Videogames: Influences on society", *Athenea Engineering Sciences Journal*, 2022, 3 (8), pp. 22-31.

[2] Muriel, D., & Crawford, G., *Video Games as Culture: Considering the Role and Importance of Video Games in Contemporary Society*, Routledge: London, UK, 2018.

[3] Zeiler, X., & Mukherjee, S., "Video game development in India: A cultural and creative industry embracing regional cultural heritage (s)", *Games and Culture*, 2022, 17 (4), pp. 509-527.

[4] Katherine Isbister., *How Games Move Us: Emotion by Design*, Cambridge, MA: The MIT Press, 2016.

[5] Zhang, S., "Analysis the Enhancement of User Game Experience Based on Digital Media Designing". *Lecture Notes in Education Psychology and Public Media*, 2024, 54, pp. 30-36.

[6] Li, Z., Li, W., & He, Y., "Bury Me Here-The New Genre of Narrative Design Game Based on Immersive Storytelling", 2024, *arXiv preprint*: 2403.08903.

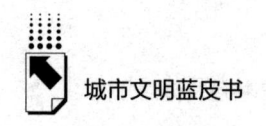

通过融入这些设计元素，游戏可以创造共情、社交联系和深刻的情感体验，挑战其使人孤立或情感疏离的观念。[1] 游戏设计的这一演变凸显了该媒介在探索人类体验和情感方面的潜力。

电子游戏不仅成为文化传播和全球交流的强大媒介，而且已发展成为全球文化产业的重要组成部分。作为一种创新的渠道，电子游戏有助于将中华传统文化推向国际市场。通过将文化元素融入游戏设计中，包括空间构建、角色发展和社区建设，游戏促进了跨文化交流。[2] 数字游戏从单纯的娱乐演变为互动视觉文化，对人类文化和国际交流产生了深远影响。[3] 电子游戏不仅丰富了文化内容，还提升了中国文化在全球的推广，为跨文化理解和欣赏作出了贡献。[4] 电子竞技作为一种竞争性电子游戏形式，已从小众聚会转变为拥有数百万美元奖金的主流赛事。[5] 电子竞技行业已形成了大规模的产业链，成为科技和文化中的重要领域。[6] 电子竞技行业的快速发展和经济潜力促进了全球文化交流。[7]

国内学者对于电子游戏的相关研究主要体现在三个方面：一是关于中国电子游戏文化的源流研究。邓剑考察了中国电子游戏文化的发展历程，探讨

---

[1] Katherine Isbister, *How Games Move Us*: *Emotion by Design*, Cambridge, MA: The MIT Press, 2016.

[2] Chang, X., Zhen, T., & Wang, Y., "Exploring the Innovative Pathways of Chinese Traditional Culture's Foreign Communication through 'Domestic Games Going Abroad': A Case Study of Genshin Impact", *International Journal of Education and Humanities*, 2023, 8 (1), pp. 147-150.

[3] Cui, C., "A study of digital games as a new media of cultural transmission", *Transactions on Edutainment* XII, 2016, pp. 48-52.

[4] Wang, Y., "The Globalization of Chinese Games from Perspective of Cross-Cultural Communication: Taking Genshin as an Example", *Transactions on Social Science, Education and Humanities Research*, 2024, 5, pp. 84-87.

[5] Chap, W. K., Rao, A. C., & Pandey, P. K., "A Technological Review on Rise of Esports in World Economy", 2022, pp. 1-8.

[6] Gong, X., Chen, Q., Chen, H., & Xu, G., "Research on virtual competitive form based on E-sports games". In 2021 *International Conference on Culture-oriented Science & Technology* (*ICCST*), 2021, pp. 58-62, IEEE.

[7] Cucuel, Q., "The video game industry: explaining the emergence of new markets", *Otago Management Graduate Review*, 2011, 9 (2), pp. 1-23.

了其起源和演变。① 李壮从叙事学和文化研究的角度分析了电子游戏的文化逻辑,认为电子游戏是一种新兴的叙事媒介和文化形式。② 沈松华则探讨了电子游戏与当代文化的关系,指出电子游戏已成为一种重要的文化现象。③ 二是关于电子游戏的情感传播研究。刘研系统分析了电子游戏的情感传播机制。④ 刘芳儒梳理了情感劳动(Affective Labor)理论在国外的研究进展,为理解电子游戏中的情感传播提供了理论视角。⑤ 三是关于电子游戏的媒体报道研究。何威和曹书乐对《人民日报》1981～2017 年的电子游戏报道进行了批判话语分析,揭示了主流媒体对电子游戏态度的历史变迁,其研究发现:电子游戏报道的框架经历了从"电子海洛因"到"中国创造"的转变,反映了意识形态的变化。⑥ 此外,单霁翔基于"城市文化"概念对电子游戏进行了探讨,为我们理解电子游戏与城市文化的关系提供了研究思路。⑦ 余定邦⑧和冉琰杰等⑨则分别探讨了中华文化、华侨文化与侨乡文化的关系,为分析电子游戏中的中华传统文化元素提供了文化学视角。

综上所述,现有研究从文化源流、情感传播、媒体报道等多个角度考察了电子游戏文化,为深入理解电子游戏与社会文化的互动关系奠定了基础。但目前仍缺乏将电子游戏文化与特定区域城市文化传统相联系的研究,这正是本研究试图作出的贡献。尽管已有文献提到侨乡城市对中华文化的传承和认同感增强起到很大作用,但缺乏在现代文化产品背景下的实证检验。本研究旨在利用电子游戏《黑神话:悟空》在新浪微博上中国各城市的评价文

---

① 邓剑:《中国电子游戏文化的源流与考辨》,《上海文化》2020 年第 12 期。
② 李壮:《论电子游戏的叙事和文化逻辑》,《南方文坛》2019 年第 1 期。
③ 沈松华:《电子游戏与当代文化》,《杭州师范学院学报》(社会科学版)2002 年第 5 期。
④ 刘研:《电子游戏的情感传播研究》,博士学位论文,浙江大学,2014 年。
⑤ 刘芳儒:《情感劳动(Affective labor)的理论来源及国外研究进展》,《新闻界》2019 年第 12 期。
⑥ 何威、曹书乐:《从"电子海洛因"到"中国创造":〈人民日报〉游戏报道(1981-2017)的话语变迁》,《国际新闻界》2018 年第 5 期。
⑦ 单霁翔:《关于"城市"、"文化"与"城市文化"的思考》,《文艺研究》2007 年第 5 期。
⑧ 余定邦:《中华文化、华侨文化与侨乡文化》,《八桂侨刊》2005 年第 4 期。
⑨ 冉琰杰、张国雄:《地域视野下的侨乡文化——以广东侨乡为例》,《广东社会科学》2020 年第 6 期。

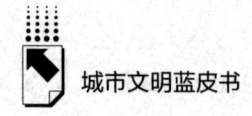

本，试图用文本分析和情感分析的方法，验证侨乡城市是否在现代文化媒介的影响下表现出对中华传统文化更强的情感认同，这也是本研究的重点。通过量化分析侨乡城市与非侨乡城市的玩家评价数据，本研究将检验侨乡文化在现代娱乐和技术文化中的独特性及其在传承中华优秀传统文化中的作用。侨乡作为中国独特的文化地域，在全球化和信息化背景下，通过现代媒介如电子游戏等传承和更新中华传统文化，既是对传统文化的延续，也是文化适应现代社会的表现。本研究不仅能为侨乡文化的现代传承提供数据支持，还能揭示中华传统文化在新兴媒介中的传播路径，同时也丰富了中国地域文化的多样性研究，为中华文化在全球范围内的传播提供了新的研究路径和实践形式。

二 研究方法与模型设定

（一）研究方法

本研究旨在通过定量方法分析社交媒体上关于电子游戏《黑神话：悟空》的评论，探讨侨乡城市（广东省、福建省各城市）是否表现出对中华传统文化更强的情感认同。研究采用以下具体步骤和方法。

1. 数据收集

数据来源：使用 Scrapy 工具，从主流社交媒体平台（新浪微博）抓取有关《黑神话：悟空》的用户评论文本。这些平台上汇集了大量用户对该游戏的讨论和评价。

内容提取：抓取的数据包括评论文本、评论发布者的地域信息、评论发表时间、是否包含图片或其他多媒体信息等。

2. 数据清洗

去重与无效数据清理：在数据收集后，首先去除重复评论以及无效评论（如仅包含表情符号、无实际意义的空白评论等），以确保数据的有效性和独立性。

评论文本规范化：清理文本中的噪声数据，如 URL 链接、@用户标签、表情符号等。同时，将繁体中文转化为简体中文，以便后续分析。

地域信息核对与映射：根据评论发布者的账号信息或内容附带的地理标注，将评论分配到相应的城市。对无法明确地区的评论进行剔除或标记为未知。

3. 自然语言处理（NLP）分析

目前主流的情感分析主要关注态度的效价（正面/负面），这种单一维度的分析是不完整的，因此有学者提出应该超越效价分析，将消费者态度的情感性（emotionality）和确定性（certainty）作为一个重要维度纳入考虑，并研究开发了一个新的语言确定性测量工具——Certainty Lexicon（CL），使用了大量数据（116 万名用户、数十亿个词语、数百万条在线评论等）进行开发和验证，相比现有工具（如 LIWC、DICTION），CL 更全面和准确。其主要优势是可以区分不同词语和短语表达的情感性和确定性程度，而不是简单地计数，并使用了 imputation 方法给每个词/短语赋予规范化分数。

情感分析：通过 Python 的自然语言处理库和 Certainty Lexicon 对评论文本进行情感分析，量化每条评论的情感度。情感度为被解释变量，数值范围从负值（表示负面情感）到正值（表示正面情感）。评论的情感倾向值越大，表示所表达情感越积极。

情感极端度与倾向程度：通过进一步分析，提取评论的极端情感度和情感倾向（如高度正面或高度负面的评论）作为控制变量之一，量化这些评论的极端性。

文本长度：对每条评论的长度进行计算，以字数为单位，作为控制变量之一。较长的评论通常包含更多的信息和情感表达，可能影响情感度分析。

4. 虚拟变量的构建

地域变量的设置：将评论发布的城市进行二分，使用虚拟变量来表示侨乡城市（广东省、福建省的城市）的评论。来自侨乡城市的评论标记为 1，来自其他城市的评论标记为 0。

105

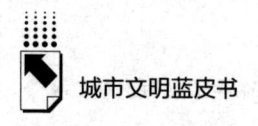

其他控制变量主要包括评论是否包含图片或视频、极端度与倾向性，具体情况如下。

评论是否包含图片或视频：使用一个虚拟变量表示评论中是否包含图片或视频等多媒体信息。包含图片的评论可能表明更强的互动性或情感表达，因此作为控制变量。

极端度与倾向性：通过对文本极端情感的度量（如高度正面或高度负面的评论），控制评论的情感强度对情感度的影响。

（二）模型构建

为了检验侨乡城市是否在《黑神话：悟空》的评论中表现出更强的对中华传统文化的情感认同，本研究使用多元线性回归模型进行实证检验。模型用于量化每条评论的情感度（被解释变量）与解释变量、控制变量之间的关系。统计模型如下：

$$Y_i = \beta_0 + \beta_1 \cdot X_1 + \beta_2 \cdot X_2 + \beta_3 \cdot X_3 + \beta_4 \cdot X_4 + \beta_5 \cdot X_5 + \epsilon_i$$

其中，Y_i 表示情感度（由自然语言处理得出，从负面到正面的数值）；X_1 表示侨乡城市虚拟变量（1=来自广东、福建的城市的评论，0=来自其他城市的评论）；X_2 代表控制变量，情感极端度（情感极端程度）；X_3 代表控制变量，情感倾向程度（积极或消极程度）；X_4 代表控制变量，评论文本长度；X_5 代表控制变量，评论是否包括图片（1=有图片，0=无图片）。

三 研究结果与分析

（一）基准回归分析

在基准回归分析中，模型的主要解释变量是来自侨乡城市的信息虚拟变量（是否为广东、福建的城市）。具体情况如表1所示。

文化编码与解码：中国电子游戏产业的城市特色及传播分析

表1 侨乡城市与情感度

变量	基准回归分析	控制变量分析
侨乡城市	0.094** (0.034)	0.068* (0.029)
情感倾向程度		−0.094*** (0.011)
情感极端度		0.541*** (0.011)
评论文本长度		−0.013 (0.010)
评论是否包含视频		−0.034 (0.027)
评论是否包含图片		0.067** (0.024)
时间固定效应	No	Yes
Adjusted R-squared	0.001	0.282
R-squared	0.001	0.285
评论数量	7285.000	7285.000

注：*表示 p<0.05 **表示 p<0.01 ***表示 p<0.005，括号内为标准误。
资料来源：作者自制。

表1的回归分析结果分为两个部分："基准回归分析"和"控制变量分析"。基准回归分析只包括解释变量（侨乡城市），而控制变量分析则进一步加入了多项控制变量（如情感倾向、情感极端度、评论文本长度等），以提高回归模型的准确性和解释力。

侨乡城市：回归系数为0.094，且在1%的显著性水平上显著（p<0.01）。这意味着广东省、福建省的城市的评论情感度平均比其他城市的评论高出0.094，即来自侨乡城市的评论对《黑神话：悟空》表现出更强的情感认同。这表明侨乡城市在中华文化认同方面可能确实更为积极。

（二）控制变量分析

在控制变量分析中，除侨乡城市外，本研究还加入了多个控制变量，如情感倾向程度、情感极端度、评论文本长度、评论是否含视频、评论是否含

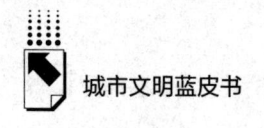

图片等。具体分析如下。

侨乡城市：回归系数为0.068，在5%的显著性水平（p<0.05）上显著。相比基准回归中的系数0.094，这里的系数有所减小，但依然保持显著性，说明即使控制了其他变量，侨乡城市对中华传统文化的情感认同仍然比其他城市高出0.068。虽然系数降低，但侨乡城市的影响仍然存在。

情感倾向程度：回归系数为-0.094，且在0.5%的显著性水平（p<0.005）上显著。这意味着，评论的情感倾向越负面，情感度越低，符合预期。每增加1单位的负面情感，情感度会下降0.094。

情感极端度：回归系数为0.541，且在0.5%的显著性水平（p<0.005）上显著。情感极端度的回归系数越大，表明评论的情感极端性（无论正面或负面）越强烈，情感度越高，情感表达越激烈对情感度的正向影响越大。

评论文本长度：回归系数为-0.013，但不显著（p>0.1）。这表明评论的字数对情感度没有显著影响，评论是否简短，并未明显影响其情感表达。

评论是否含视频：回归系数为-0.034，不显著（p>0.1）。评论是否包含视频对情感度没有显著影响。

评论是否含图片：回归系数为0.067，且在1%的显著性水平（p<0.01）上显著。这表明包含图片的评论比不包含图片的评论情感度要高，可能是因为图片增强了情感表达的效果。

时间固定效应：在控制变量分析中引入了时间固定效应（Yes），使得模型可以控制由于评论发布时间不同带来的潜在差异。时间因素的控制增加了模型的稳健性。

Adjusted R-squared为0.282，R-squared为0.285。相比基准回归分析，这里模型的解释力显著提高，控制变量的引入使模型能够解释约28.5%的情感度变化，表明模型的拟合效果有所改善。

（三）总结分析

1. 侨乡城市影响显著

无论是在基准回归分析还是控制变量分析中，侨乡城市的回归系数都表现出显著的正向影响。虽然控制变量分析中的系数有所降低，但侨乡城市对中华传统文化情感认同的影响依然存在且表现显著，支持了本研究中侨乡城市对中华传统文化认同较高的假设。

2. 情感极端度影响较大

情感极端度对评论情感度的影响最为显著，表明评论者表达的情感强烈与否对情感度有很大的影响。

3. 图片对情感度有显著影响

包含图片的评论情感度显著高于不包含图片的评论情感度，可能是因为图片增强了情感的表达。

通过这些回归分析结果，本研究可以验证侨乡城市的评论者在情感度上确实表现出更强的中华传统文化认同，同时情感倾向、情感极端度等控制变量也对评论的情感度产生了显著影响。

四 研究结论、局限性及未来展望分析

（一）研究发现及其意义

本研究通过 Python 收集社交媒体上关于电子游戏《黑神话：悟空》的评论文本数据，结合自然语言处理技术与多元线性回归模型，分析了侨乡城市（广东、福建的城市）与非侨乡城市在文化认同上的差异。研究发现，侨乡城市的用户在评论《黑神话：悟空》时，表现出更高的中华传统文化情感认同。即便在控制了评论文本长度、情感倾向程度、情感极端度、评论是否含图片等变量之后，侨乡城市的评论情感度仍然显著高于其他城市。

这一发现表明，侨乡城市不仅在经济上与海外华侨联系紧密，文化上也保持着对中华传统文化的高度认同与传承。特别是在全球化的现代背景下，侨乡城市通过新兴媒介如电子游戏，继续表现出对中华传统文化的情感认同与支持。电子游戏作为一种现代文化的表达形式，将中华传统文化中的经典故事与形象重新呈现，为传统文化在现代社会中的复兴提供了新的路径。侨

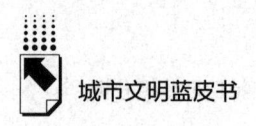

乡城市往往因为海外华侨的资金支持而在经济上保持活力，同时为这种文化认同提供了物质保障。经济的稳固增强了华侨对中华传统文化传承的投资意愿，使侨乡城市能够通过建设文化基础设施、举办传统节日和支持文化创意产业发展等方式，加深与中华传统文化的联系。电子游戏作为一种高投入的现代文化产品，得益于这种经济支持，从而能够吸引更多资源以创新的方式展现中华传统文化。这种互动不仅在城市内部产生了深远的文化影响，也通过电子游戏产品的出口和跨国传播使传统文化获得全球认可。

侨乡城市中的中华传统文化的认同不仅表现为对传统仪式和节日的坚持，也逐渐融合了当代社会的情感需求。电子游戏因其互动性、沉浸式体验和情感共鸣的特性，成为侨乡城市与海外华侨共享文化记忆、强化情感联结的有效工具。例如，一些具有中国特色的电子游戏将中国传统故事、历史事件或神话传说融入其中，让玩家在游戏过程中体验中华传统文化的精髓。这不仅满足了侨乡居民和海外华侨对祖籍文化的情感追求，还通过互动体验增强了他们对中华传统文化的归属感和认同感。

电子游戏作为一种全球化的新兴媒介，不仅能够通过视觉、音效和叙事向世界展示中国文化元素，还促进了跨文化交流。侨乡城市出品的电子游戏产品利用这种特性，逐步打破文化间的语言和地域障碍，将中华传统文化以更具吸引力的方式展示给全球玩家。特别是在具有中华传统文化元素的游戏中，常见的如儒家伦理、道教象征和民间传说等文化符号，使来自不同文化背景的玩家通过游戏逐步理解和接受中华传统文化。游戏中的社交功能和多语言设置还为不同文化的玩家提供了对话机会，有助于形成跨文化理解和尊重。

在数字化时代，传统文化的传承面临激烈的多元文化竞争和年青一代接受方式的转变。电子游戏作为一种数字文化产品，为传统文化复兴提供了新路径。一方面，电子游戏开发者可以通过结合经典的中国文学、戏曲、历史和艺术符号，使传统文化焕发新的生命力。另一方面，侨乡城市也能够通过电子游戏中的叙事与角色设定实现文化内涵的现代化表达，赋予传统文化新的时代意义。例如，以《西游记》等经典故事为背景的游戏不仅迎合了年青一代的喜好，还帮助玩家在娱乐中学习和理解这些经典作品的文化价值。

文化编码与解码：中国电子游戏产业的城市特色及传播分析

侨乡城市的这种文化输出不仅使华侨对中华传统文化广泛接受，也为国家的软实力输出和形象塑造作出贡献。电子游戏通过丰富的叙事与视觉艺术，使中华传统文化成为具有吸引力的软实力资源，促进了国际文化交流。特别是在共建"一带一路"的大背景下，电子游戏不仅作为文化商品出口海外，还代表了中国当代文化发展的新面貌。侨乡城市以其深厚的文化底蕴和对传统文化的坚持，通过这些游戏产品在国际舞台上增强了中国文化的可见性与影响力。

此外，评论中情感极端度的显著影响进一步表明，强烈的情感表达能够更有效地传播文化内容。包含图片的评论也表现出更高的情感度，这意味着视觉元素可能对增强中华传统文化的情感认同具有积极作用。因此，通过结合视觉与互动性的现代媒介，中华传统文化在全球化背景下不仅得以传承，还展现出其适应性和动态演化的创新潜力。

当评论中包含极端情感时，共情机制与受众建立更深的情感联系，使得中华传统文化的内容不仅被简单接受，更深入人心。此外，强烈的情感表达可以激发受众的积极反应，进而促进分享和讨论，从而扩大文化传播的范围。这种情感传递机制对于理解和接受中华文化尤为关键，尤其是在年轻人和海外华侨中。

在现代数字文化环境中，视觉元素的使用越来越频繁，并对文化认同产生深远影响。包含图片的评论表现出更高的情感度，说明视觉元素能够有效增强信息的传达和情感共鸣。图像不仅能够提供直观的文化符号和情感表达，还能通过色彩、构图和主题引导受众的情感反应。例如，使用中华传统艺术、节日庆典或历史文化遗址的图片，可以激发观众对中华传统文化的好奇心和认同感。结合图片和文本的方式，使得文化内容更具吸引力和互动性，有助于增强受众的参与感和文化归属感。

现代媒介的互动性为文化传播提供了新的维度。通过评论区、社交媒体和在线论坛等平台，受众不仅是被动的信息接收者，更是积极的参与者。这种互动性使得受众能够实时表达情感、分享观点，并与其他用户进行讨论。在这一过程中，中华传统文化的传播不仅是单向的，更是多维的。互动性使得

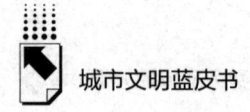

文化内容在不同文化背景下被再创造和再解读，从而丰富了文化传播的内涵。此外，通过互动，用户能够形成社区感，加深对中华传统文化的理解和认同。

在全球化背景下，中华传统文化面临多元文化的竞争与冲击。然而，通过结合视觉与互动性的现代媒介，中华传统文化不仅能够得以传承，更展现出适应性和发展潜力。文化适应不仅是对外部环境的回应，更是对自身文化内涵的再认识和再构建。例如，通过电子游戏、短视频和社交媒体等平台，中华传统文化可以以更符合现代受众需求的方式重新呈现，这不仅包括内容的创新，也包括表现形式的多样化。这种适应性使得中华文化能够在全球文化市场中占据一席之地，进一步提升其国际影响力。

综上所述，极端情感度、视觉元素和互动性在中华传统文化传播中扮演着重要的角色。强烈的情感表达增强了文化内容的吸引力，而视觉元素和互动性则促进了文化认同和参与感的提升。在全球化的背景下，通过现代媒介的创新结合，中华传统文化不仅能够实现传承，更能增强其适应性和创新发展，展现出强大的生命力与活力。这种文化的适应性与灵活性，不仅为中华传统文化的全球传播提供了新的路径，也为构建跨文化理解与交流的桥梁奠定了基础。

（二）研究局限性

尽管我们通过定量分析揭示了侨乡城市与非侨乡城市在中华传统文化认同上的显著差异，但本研究还存在诸多值得进一步完善之处。

1. 数据来源的局限性

本研究数据仅限于社交媒体上的用户评论，尽管代表了部分公众的情感认同，但未必能够完全反映整个社会对中华传统文化的态度。社交媒体用户的年龄、地域、兴趣等特征也可能会影响评论的倾向，导致样本的代表性不足。

2. 地域划分的简化

本研究使用了虚拟变量区分侨乡城市与非侨乡城市，但这可能忽略了不同侨乡城市内部的文化差异。广东、福建两省内部不同地区的中华传统文化认同程度可能有所不同，这些差异未在本研究中详细探讨。

3. 情感分析的局限性

尽管自然语言处理工具可以有效量化情感度，但评论中的情感表达复杂多样，可能受到语言习惯、个人情绪等因素的影响，情感分析的精度和解释力仍有改进空间。

（三）未来研究展望

未来研究可以从以下几个方面进行拓展和深化。

1. 数据多样化与代表性

未来的研究可以扩大数据来源，不仅限于社交媒体，还可以结合问卷调查、深度访谈等方式，获取更多样化的公众意见，以提高样本的代表性和数据的广泛性。此外，可以考虑引入更多来自其他文化产品（如电影、文学作品等）的评论数据，进一步探讨中华文化的传播途径。

2. 区域文化差异的深入分析

进一步研究侨乡城市内部的文化差异，探讨不同侨乡地区对中华传统文化的传承和认同程度，结合当地的历史文化背景，提供更细致的文化地图。同时，可以扩大研究范围，探讨其他可能对文化认同产生影响的变量，如教育水平、经济状况等。

3. 现代媒介对文化传承的作用机制

未来可以深入研究现代媒介（如电子游戏、社交媒体）如何在中华传统文化的传播与传承中发挥作用。通过更详细的用户行为分析与情感表达研究，可以更好地理解新兴媒介如何激发公众对中华文化的认同，进一步揭示互动性、视觉元素等媒介特征对文化认同的影响机制。

总之，本研究为中华传统文化在侨乡地区的现代传承提供了新的实证支持，展示了通过诸如电子游戏之类的现代文化媒介，中华传统文化可以在全球化进程中继续传承并焕发新的生机。未来的研究可以进一步深化这一领域，探索如何通过现代技术和媒介更好地传承和推广中华传统文化。

B.6
积极老龄化与数字连接：城市老年群体的数字接入建设与数字融入路径

勾云怡　张亦弛[*]

摘　要： 随着互联网的强势崛起与普及应用，数字化媒介产品大量涌现，重塑了社会各群体的生活方式，然而老年群体长期以来的生活习惯与生活特征，无法适应媒介技术的快速更迭，其已然成为"被遗弃的数字难民"。本研究针对陕西省西安市 A 区 60 岁及以上老年群体对于数字融入的态度倾向，从媒介设备的认知与接入态度的角度，发现城市老年群体对数字融入的态度可分为主动拥抱型、被动拥抱型、主动远离型、被动远离型，并表现为适应度高的积极者、暧昧性强的中立者、接受度差的抗拒者等类型。本研究从数字认同、数字反哺、数字赋权、数字包容等方面，提出促进老年群体数字融入的优化路径。

关键词： 城市老年群体　数字接入　数字融入

一　城市老年群体的数字接入背景

（一）积极老龄化：互联网时代的新诠释

2002 年，世界卫生组织在第二次老龄问题世界大会上正式提出"积极

---

[*] 勾云怡，北京师范大学首都文化创新与传播工程研究院博士研究生，主要研究方向为媒介与社会、文化传播；张亦弛，博士，北京航天长征科技信息研究所工程师，主要研究方向为人工智能与科技情报。

积极老龄化与数字连接：城市老年群体的数字接入建设与数字融入路径

老龄化（Active Ageing）"概念，这是对健康老龄化概念的升级，其基本含义是把老龄化过程看作一个正面的、有活力的过程，以"独立、参与、尊严、照料、自我实现"为基本原则，创造"健康、参与、保障"三大支柱。① 积极老龄化的核心意义在于让老年群体能够充分发挥自己的能力和价值，融入现代社会并成为宝贵的资源。"积极"不仅是身体层面的健康向上，也包括参与社会经济文化生活的热烈度，更强调老有所为、老有所用。"老龄化"不仅是老年群体人口占比逐渐增大的过程，更是老年群体生存发展权益逐步得到保障与肯定的过程。

近年来，人口老龄化和数字技术飞速发展间的矛盾逐步凸显，"积极老龄化"的内涵也在互联网时代得到更新诠释，数字媒介的应用能力成为评估积极老龄化程度的重要指标。作为在积极老龄化模型中重要的社会影响因素，媒介承担了引导健康、传播知识、参与社会、充实自我等方面的功能与责任。因此媒介技术的使用，对老年群体的社会交往以及数字融入而言尤为必要。对老年群体媒介使用现状进行研究，有助于探究提高老年群体生活质量的具体方法与路径，帮助老年群体积极地融入数字生活，从而缓和老龄化带来的个体价值缺失、社会互动减少等问题。本研究将积极老龄化的政策背景纳入城市老年群体的媒介使用现状的研究中，正是看到了二者之间的密切联系，同时体现了本研究对于老龄群体的关注。

除人口老龄化趋势外，我国还存在着另一种态势——媒介生态的变革，以数字化转型驱动生产方式、生活方式和治理方式变革的趋势正在不断加快。可以预见的是，以数字化转型为驱动的经济发展方式将成为引领中国经济高质量发展的重要方向。近年来，5G、VR/AR、人工智能、大数据等数字技术的广泛应用，正在逐渐模糊虚拟的媒介实践与现实日常生活的边界。

---

① *Active Ageing*: *A Policy Framework* 2002，世界卫生组织官网，https：//apps.who.int/iris/handle/10665/67215。

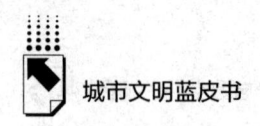

媒介技术的迭代虽为人们带来了智能化的便利，但为习惯使用传统媒介的老年群体带来了严峻的挑战。与年轻人相比，老年群体在使用智能设备的过程中，会遭遇更多的困难。他们缺乏足够的媒介使用经验，因此，他们无法平等、高效地享用媒介技术发展所带来的福利。网上挂号、医保认证、线上支付的应用并未改善老年群体数字生存的窘境，反而混淆了他们对于媒介使用的认知与批判能力。

随着我国人口老龄化的持续加速，在当前的老龄化和媒体化的双重社会背景下，老年群体的媒体使用与数字融入已经成为一个重大课题。同时，媒体化也为老年人提供了一个与社会发展同步的机会，帮助他们更好地融入现代社会。因此，老年人的数字融入不仅是一个技术问题，更是一个社会问题。老年群体绝不能是被抛弃的群体。以老年群体为核心和主体展开研究，有利于厘清老年人在数字化时代面临的各种困境和挑战，让其更好地融入社会发展之中。关注其媒介使用现状和遇到的问题，具有强烈的现实性和紧迫性。

（二）人口老龄化：社会结构的新变化

随着我国经济社会和医疗技术的快速发展，人口老龄化已成为发展中不可避免的现象。人口老龄化是指在总人口基数下，年轻人口比例逐渐减少、老年人口比例不断增加的一种人口年龄结构特征。第七次全国人口普查数据显示，2020年，国内60岁及以上的老年群体人口总量为2.64亿人，已占到总人口的18.7%。[1] 截至2022年末，全国60周岁及以上老年人口有28004万人，占总人口的19.8%；全国65周岁及以上老年人口达20978万人，占总人口的14.9%。已远远超出联合国教科文组织对于老龄化社会标准规定的，60岁及以上人口比例超过10%的占比要求。[2] 到2050年，发达地区及欠发达地区人口年龄结构底部将持续收缩，我国人口老龄化程度还将

---

[1] 《第七次全国人口普查公报（第五号）》，国家统计局官网，http://www.stats.gov.cn/sj/zxfb/202302/t20230203_1901085.html。

[2] 《2022年国民经济顶住压力再上新台阶》，国家统计局官网，http://www.stats.gov.cn/sj/zxfb/202302/t20230203_1901709.html。

进一步加深（见图1）。在人口老龄化加速发展的大背景下，如何应对老龄化挑战，实现积极、健康的老龄化，已成为社会各界关注的焦点。

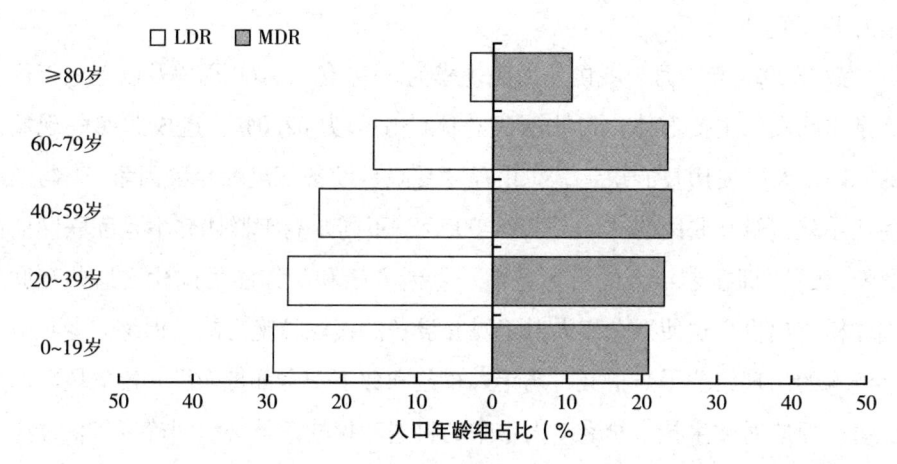

图 1　2050 年世界发达地区（MDR）与欠发达地区（LDR）简略人口年龄金字塔

资料来源：罗淳《关于人口年龄组的重新划分及其蕴意》，《人口研究》2017 年第 5 期，第 16~25 页。

（三）喜忧参半：老年群体的高触网

尼古拉·尼葛洛庞帝将"数字化生存"定义为，人类在数字化的虚拟场域里所从事的信息传播、交流等一系列活动，并提出"真正的数字鸿沟会出现在世代之间"。[①]"数字鸿沟"是一个广泛存在于社会系统中，反映信息技术使用过程中"数字不平等"的现象。"老年数字鸿沟"指老年人与年轻一代在信息资源获取、使用数字技术、实现社会参与等方面存在差别的现象，包括接入沟、使用沟、素养沟，即老年人在接入互联网和使用互联网过程中与年轻群体的差异。

随着互联网的强势崛起与普及应用，数字化媒介产品大量涌现，并重塑了各群体的社会生活方式，老年群体长期以来的生活习惯与生活特征，都与

---

① 〔美〕尼古拉·尼葛洛庞帝：《数字化生存》，胡泳、范海燕译，海南出版社，1997，第 2 页。

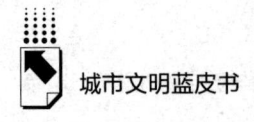

互联网时代快节奏、云端化的状态相去甚远。截至2024年6月，我国网民规模近11亿人，互联网普及率达78.0%。其中60周岁及以上的用户占总网民数量的14.3%。[1]

截至2024年6月，我国非网民规模为3.10亿人，60周岁及以上老年群体是非网民的主要群体，占非网民总体的比例为62.0%。造成非网民现象的原因主要是使用技能缺乏、文化程度受限、设备不足和年龄因素。[2]与那些从小就接触互联网的"90后""00后"不同，老年群体并不是互联网的"原住民"，即在老年人的行为习惯、生活方式和认知能力固化之后，互联网才横空出世，这使得老年人对于媒介设备的接触较晚且缺乏训练。老年数字鸿沟的出现给公平与正义、老年人权益和数字安全都带来了一定的风险和危害。要应对数字技术给老年人带来的机遇和挑战，就必须明确老年群体媒介使用的特征、分析其使用的问题，同时寻找弥合老年数字鸿沟的实践途径。这不仅是推进数字技术与养老服务体系深度融合的关键，也是数字社会公平正义推进的必然要求。

（四）使用困难：生活场景的数字化

媒介技术发展日新月异、快速更迭，老年群体原为经济社会发展的生力军，为社会发展作出巨大贡献，却在时代发展中落在了更新缓慢、不求多变的"边缘区"，他们已然成为"被遗弃的数字难民"。云办公、云社交、云课堂、云购物、网络文娱、在线医疗等从不同维度上弥补了年青一代人际交往、创作表达、归属认同等需求的线下缺失，已然成为社会文明新潮流。媒介技术看似增添了虚拟的连接，实则将每个人都变成了实在的"孤岛"。

老龄化和数字化的交织，看似带来了最美好的愿景——发展智能城市、智慧医疗，让老人看病、出行更加方便，但这背后却忽视了老年群体

---

[1] 第54次《中国互联网络发展状况统计报告》，中国互联网络信息中心官网，https://www.cnnic.cn/n4/2024/0828/c208-11063.html。

[2] 第54次《中国互联网络发展状况统计报告》，中国互联网络信息中心官网，https://www.cnnic.cn/n4/2024/0828/c208-11063.html。

在生理衰退和社会适应层面出现矛盾的事实，以及技术学习的时间成本和技术接受的理解壁垒。在长途汽车站，电子客票的使用虽然满足了年轻人的出行需求，但也让不会网上订票的老年人举步维艰。网上预约挂号节省了年轻人的时间，但不会使用手机预约的老年人只能站在挂号窗口前苦苦等待。面对纷繁复杂的互联网功能应用老年人往往手足无措。从微观来看，数字时代的到来，既给老年人带来了生活上的便利，也带来了一些新的壁垒。对老年群体而言，如何更好地使用媒介，满足他们在信息时代的价值需求，是需要关注和重视的问题。

二 研究设计与实施

（一）研究对象

经过综合考虑，本研究选取陕西省西安市A区的60周岁及以上老年居民为研究对象。西安市是中国西北地区最大的中心城市，是新一线省会城市，2022年末全市常住人口1299.59万人，其中城镇人口1034.34万人，城镇化率79.59%。[①]西安市60周岁及以上老龄人口占全市常住人口比重为16.02%，比2010年上升3.48个百分点。A区地处西安城南，是城市化发展较为完善，基础设施建设较为完备的老行政区。总面积152平方公里，现管辖8个街道办事处、265个社区、19个行政村。2022年末A区行政区划口径常住人口为210.93万人。[②]

对于研究对象的采样范围、地理位置选取等问题，本研究主要有以下几个方面的考虑：第一，省会城市的老龄化问题较为突出，其现代化的数字设施虽带来了智能化的便利，但也为城市老年群体的媒介使用带来了严峻的挑战。第二，省会城市的老年群体媒介接触机会较多，其媒

---

① 《人口状况》，西安市人民政府官网，http://www.xa.gov.cn/sq/csgk/rkzk/1.html。
② 《行政区概况》，西安市人民政府官网，http://www.xa.gov.cn/sq/csgk/qxgk/5e9ec8a2fd85080ad16338b6.html。

介使用行为较为活跃，更具有代表性和丰富性。第三，在城市化发展程度较高的行政区进行抽样调查，可避免城市发展水平差异较大，公共基础设施建设不完善等带来的衍生问题。第四，研究者从小在陕西省西安市A区生活成长，所以对当地的风土人情和老年群体的生活习惯有一定了解。尤其是从访谈实施的角度考虑，在研究者熟悉的环境中选取访谈对象，可以减少因当地口音带来的衍生问题，而且易取得受访者的信任，减少疏离感。在前期调查、中期研究、后期材料处理方面，也能够减少因方言表述带来的理解问题。

（二）研究问题

本研究遵循了以下几个步骤：以往研究问题确立→问卷设计分发→访谈设计调查→数据材料分析→研究发现与分析→研究结果与讨论，对城市老年群体媒介使用方面存在的问题提出了数字认同、数字反哺、数字包容、数字赋权的优化路径。

本文的研究问题主要有以下五个。

问题1. 智能设备的普遍使用，促使媒介技术与日常生活深度融合。在此背景下城市老年群体面临着什么样的数字生存困境？

问题2. 2023年之后城市老年群体的媒介使用基本状况是怎样的？拥有什么媒介设备？喜欢什么媒介设备？喜欢什么媒介内容？在什么时间段使用？使用频率如何？

问题3. 城市老年群体的媒介使用行为呈现出怎样的特征样态？其媒介接入倾向为消极还是积极？存在怎样的媒介使用动机？其动机在具体的媒介实践中呈现出哪些差异与共性？老年群体从哪里习得媒介知识？老年群体存在怎样的使用障碍？

问题4. 城市老年群体在媒介使用中存在哪些问题？

问题5. 如何在数字认同、数字包容、数字反哺、数字赋权层面，帮助城市老年群体重新在社会中找寻个人价值与社会价值？在数字化和老龄化之间，媒介技术可否成为一种积极老龄化的新桥梁？

（三）研究方法

1. 问卷调查法

本研究以半结构访谈法为主，问卷调查法为辅。为确保本次研究问题设置的科学性，本次研究将分为三个步骤：第一，先抽取3~5个样本对其进行半结构访谈，依据访谈结果，对问卷调查的问题设计进行调整。第二，借助问卷调查老年群体性别、年龄、教育程度、职业、收入、个人居住情况、身体健康情况、设备拥有情况等基本信息，以及探究媒介形式与内容、使用时段与时长、使用习惯与频率等媒介使用行为。第三，在问卷调查结果的分析基础上，通过半结构访谈、参与式观察等方式了解分析老年群体使用媒介的现状及存在问题，并对问卷调查收集的结果进行延伸性补充阐释。

（1）问卷内容

本次调研采用问卷调查方式，从人口统计学特征、媒介使用基本情况、媒介使用动机、媒介学习途径及其他使用障碍等方面，对生活在陕西省西安市A区的60周岁及以上老年群体的媒介使用情况进行调查。问卷设计包含以下内容：第一部分采集老年群体的基本信息，包括年龄、性别、文化程度、退休前职业、居住方式、身体健康状况、收入来源、子女陪伴情况，以及媒介设备使用障碍情况等。第二部分采集老年群体的媒介使用情况，包括媒介使用时长、媒介使用时段、媒介使用频率、媒介使用设备、常用的媒介软件、媒介内容选择、媒介使用动机以及媒介学习途径等。

（2）问卷样本量

在进行研究时，我们应该根据自己的研究需要，选择合适的研究对象，这样才能让我们的研究更有针对性，也更贴近实际生活，从而更具有典型意义。本研究收到了223份问卷。为了保证调查的准确性，在样本中，将19份填写不完全和逻辑冲突的无效问卷进行排除，最终只留下204份问卷作为有效样本，并将收回的有效样本进行编号，进行统计和分析，最终得出老年群体的媒体使用基本状况。

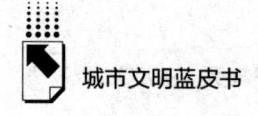

2. 半结构访谈法

尽管已有的调查问卷能在一定程度上反映出城市老年群体媒介使用的基本情况，但问卷中所涉及的内容，无法涵盖老年群体的所有媒介使用行为。故需要借助半结构访谈法，尽可能地对老年群体媒介使用行为背后的内在、外在影响因素进行较为细致的剖析，以增加研究的层次感和丰富度，保证建议的真实性、针对性、有效性。从半结构访谈中得到的个体感受和认知，结合问卷调查法得到的群体特征与趋势，管窥在人口老龄化与生活数字化之间，媒介技术有无可能成为积极老龄化的新桥梁？

（1）访谈内容

对城市老年人个人基本情况的访谈内容与本次问卷调查的内容一致，重点关注受访者的年龄、职业、居住情况、身体健康状况等方面。对城市老年群体媒介使用情况的访谈内容主要分为：关注受访者对媒介的使用频率、媒介接触时长，以及媒介接触途径，对媒介的认知水平、媒介批判能力、媒介应用服务的满意程度。

（2）访谈对象

本次研究在问卷调查结论分析的基础上，采用半结构访谈法，主要采用目的抽样方式、滚雪球方式邀请研究者在发放调查问卷过程中发现的交流意向较强、表达热情度高、媒介使用经验较为丰富的老年群体，进行时长为60分钟的访谈。受访者共12名，其中年龄最小的受访者为60岁，最大的为78岁，受访者最高学历为大学本科，最低学历为小学。

三 城市老年群体数字接入设备使用情况概述

（一）样本个体情况

1. 性别与年龄

本次调查回收的204份有效问卷中，男性有107人，女性有97人，分别占总数的52.45%和47.55%，男女比例大致均衡（见图2）。在年龄构成方面，

75~79岁年龄组人数占比最大，为110人；其次是70~74岁年龄组，为52人；再次是65~69岁年龄组，为29人；60~64岁年龄组的人数为5人；80岁及以上年龄组的人数为5人，55~59岁年龄组的人数为3人，占比最小（见图3）。

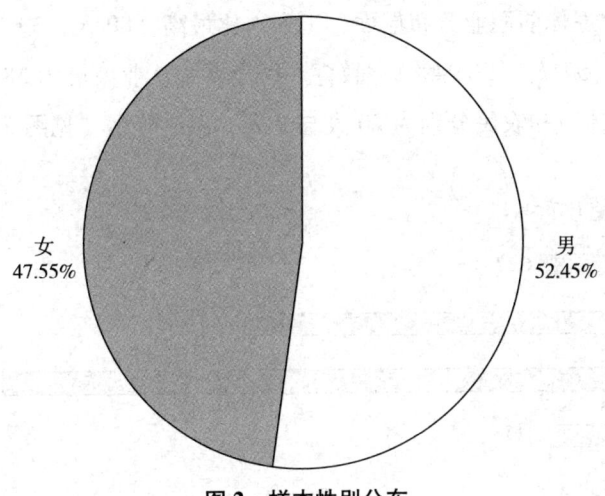

女 47.55%
男 52.45%

图2 样本性别分布

资料来源：作者自制。

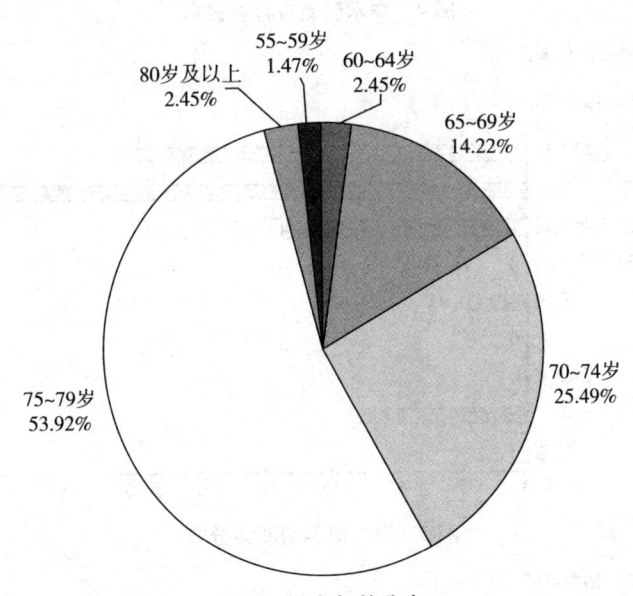

80岁及以上 2.45%
55~59岁 1.47%
60~64岁 2.45%
65~69岁 14.22%
70~74岁 25.49%
75~79岁 53.92%

图3 样本年龄分布

资料来源：作者自制。

2. 教育程度与职业情况

样本中大部分人的文化水平为高中或中专学历（112人，占54.90%）。初中学历次之（62人，占30.39%）；硕士及以上学历和没上过学的受访者最少（见图4）。在退休前职业分布层面，工人占比最高（80人，39.22%）；其次为公职人员（57人，27.94%）；教育、医疗系统从业人员为38人，占比为18.63%；个体户和农民分别为20人与9人，占比较小（见图5）。

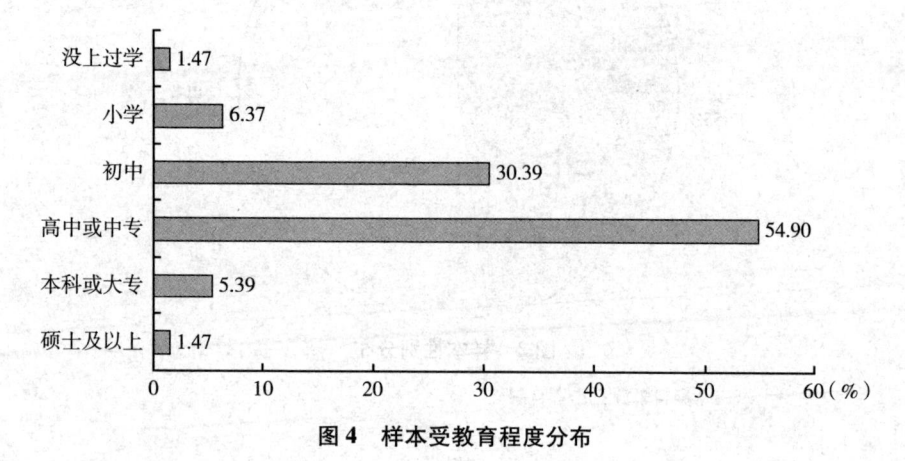

图4 样本受教育程度分布

资料来源：作者自制。

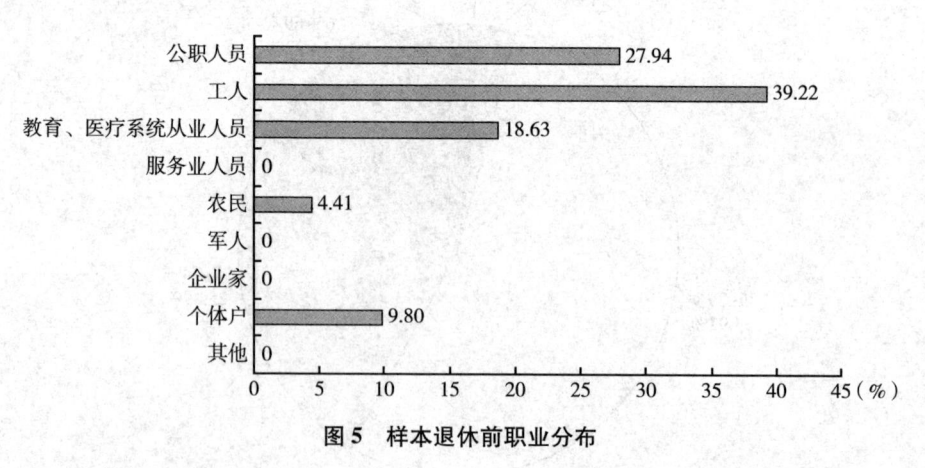

- 没上过学：1.47
- 小学：6.37
- 初中：30.39
- 高中或中专：54.90
- 本科或大专：5.39
- 硕士及以上：1.47

图5 样本退休前职业分布

- 公职人员：27.94
- 工人：39.22
- 教育、医疗系统从业人员：18.63
- 服务业人员：0
- 农民：4.41
- 军人：0
- 企业家：0
- 个体户：9.80
- 其他：0

资料来源：作者自制。

3. 收入来源与收入水平

在收入来源方面,城市老年群体以退休金、养老存款及子女或孙子女赡养费为主要收入来源(见图6)。样本的月收入水平主要集中在2001~4000元,其次是4001~6000元、1401~2000元(见图7)。

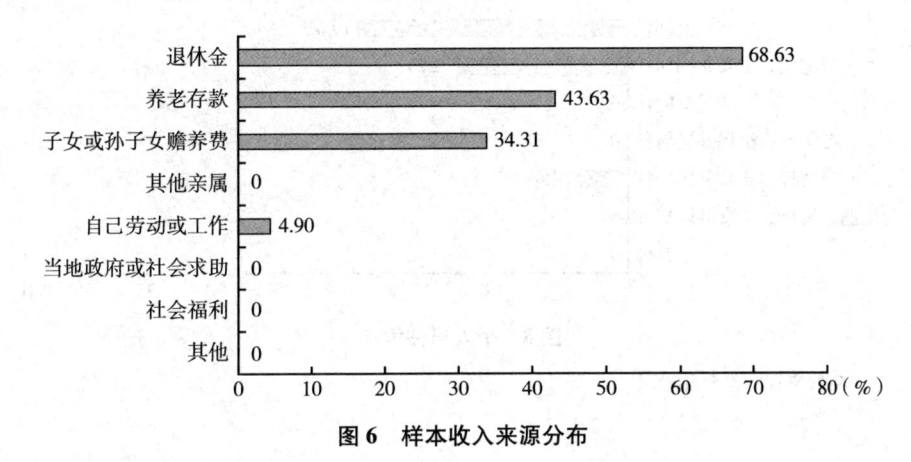

收入来源	百分比(%)
退休金	68.63
养老存款	43.63
子女或孙子女赡养费	34.31
其他亲属	0
自己劳动或工作	4.90
当地政府或社会求助	0
社会福利	0
其他	0

图6 样本收入来源分布

资料来源:作者自制。

月收入水平	百分比(%)
200元及以下	0.98
201~500元	1.96
501~800元	2.45
801~1100元	4.41
1101~1400元	8.82
1401~2000元	17.16
2001~4000元	33.82
4001~6000元	25.00
6001~8000元	4.41
8000元以上	0.98

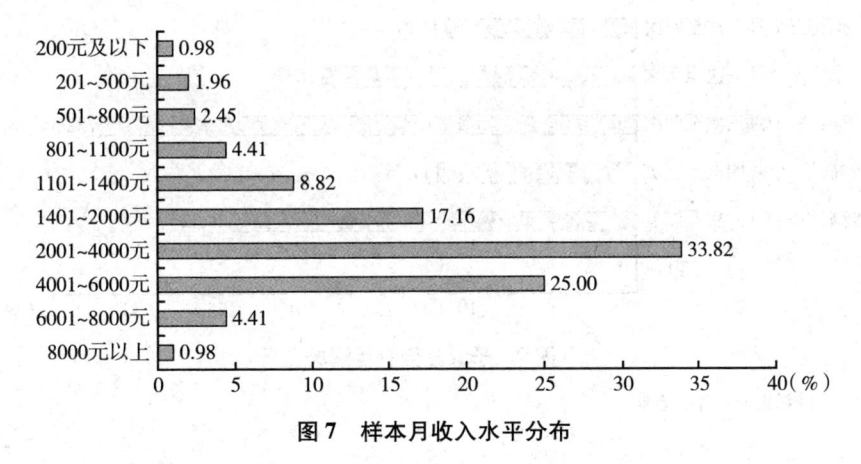

图7 样本月收入水平分布

资料来源:作者自制。

4. 个人居住与子女陪伴情况

在居住情况方面,夫妻同住的占35.29%;4.41%的被调查对象选择与父母、子女共同居住,原因是家里有长寿老人,需要照顾;28.43%的老年

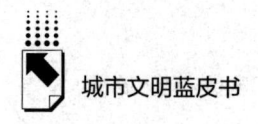

人独自居住（见图8）。在子女陪伴看望方面，32.35%的老年人的子女可以高频率（一个月三次至四次）到家看望或陪伴（见图9）。

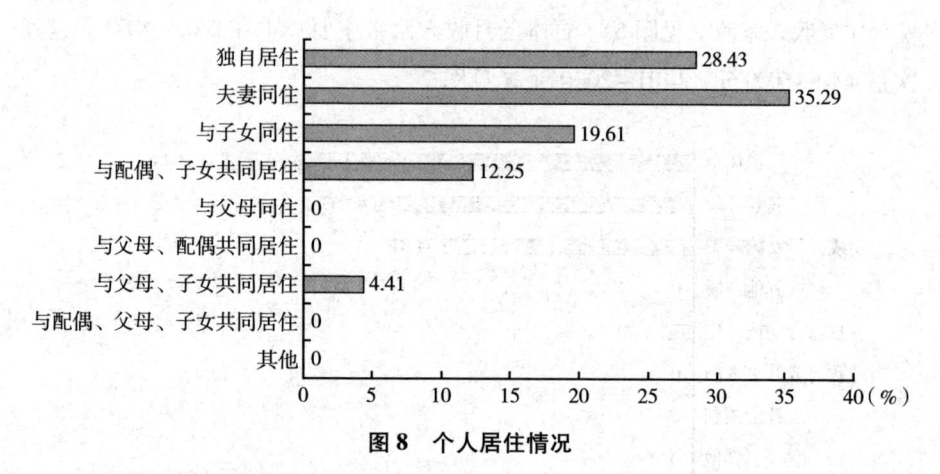

图8 个人居住情况

居住情况	百分比(%)
独自居住	28.43
夫妻同住	35.29
与子女同住	19.61
与配偶、子女共同居住	12.25
与父母同住	0
与父母、配偶共同居住	0
与父母、子女共同居住	4.41
与配偶、父母、子女共同居住	0
其他	0

资料来源：作者自制。

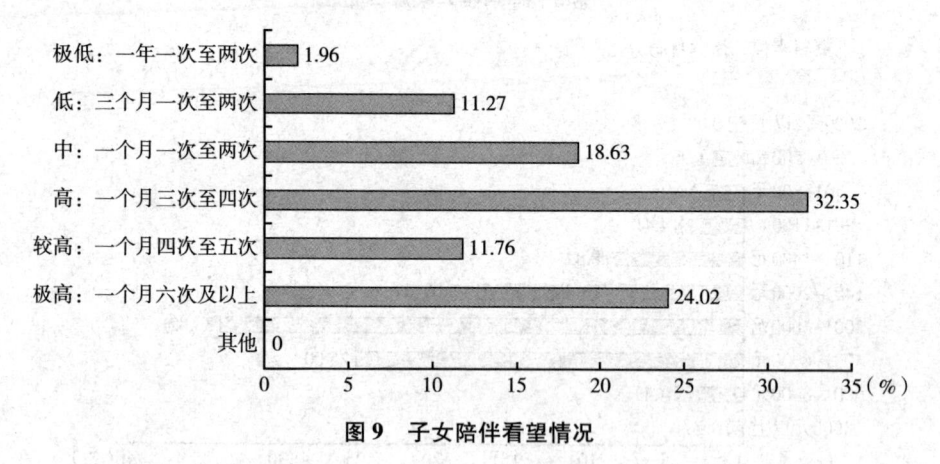

图9 子女陪伴看望情况

频率	百分比(%)
极低：一年一次至两次	1.96
低：三个月一次至两次	11.27
中：一个月一次至两次	18.63
高：一个月三次至四次	32.35
较高：一个月四次至五次	11.76
极高：一个月六次及以上	24.02
其他	0

资料来源：作者自制。

5. 身体健康情况

在样本自评身体健康状况方面，63.24%的老年人自我评价为"良好"，不会对媒介设备的使用产生负面影响；其中33.82%的被调查对象对自己的媒介设备使用顺畅度评价"一般"；只有2.94%的老年人感觉自己的健康状况"很差",对媒介设备的使用产生了很大的影响,甚至造成了他们对媒介设备的弃用(见图10)。

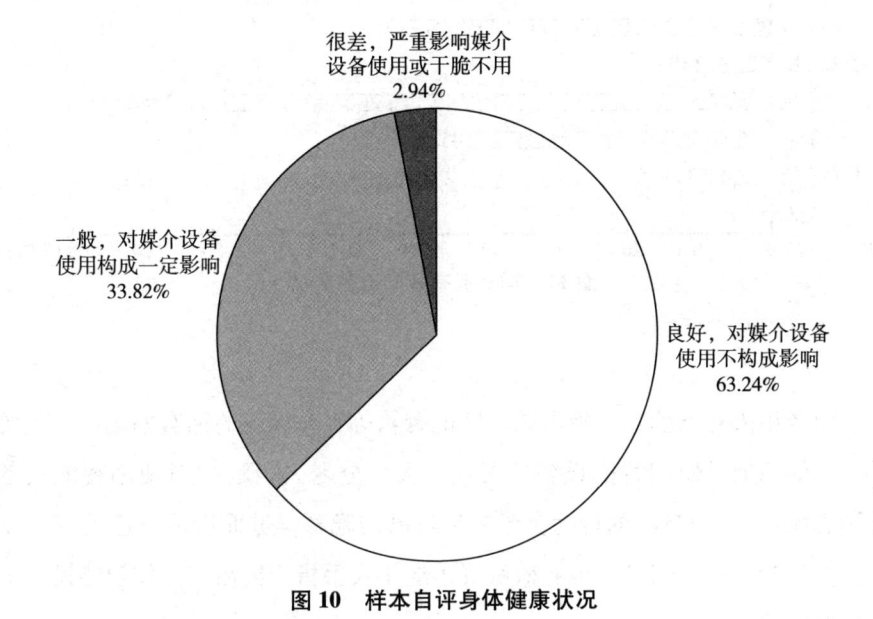

很差,严重影响媒介设备使用或干脆不用 2.94%

一般,对媒介设备使用构成一定影响 33.82%

良好,对媒介设备使用不构成影响 63.24%

图10　样本自评身体健康状况

资料来源:作者自制。

6. 媒介设备拥有情况

在媒介设备拥有方面,204位受访者都拥有电视和手机。其中,电视和手机的拥有率分别为71.57%和86.27%;报纸、书籍次之,拥有率为68.14%;平板电脑和智能音箱的拥有率最低,拥有率分别为10.78%和11.76%。从调查结果来看,电视有着强大的用户基础,对于老年群体的日常生活来说,电视不仅是他们获取信息的主要渠道,更多的是一种消遣与陪伴(见图11)。

对于老年群体而言,电视出现在他们生活中的时间较早,对其生活习惯的影响也较深。而手机本身体积小,便于携带,老人可以随时将手机揣在口袋里,想要联系谁就能随手拨打电话。此外,手机还能为老年人提供日常的娱乐消遣、新闻资讯,以及一些日常所需的信息。这些都在帮助老年人解决他们的生活难题。

127

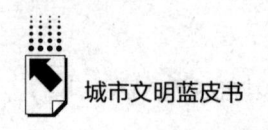

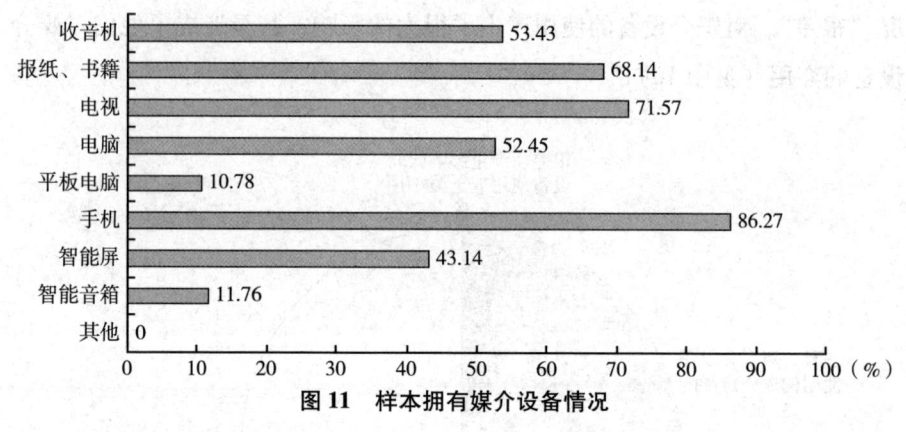

媒介设备	比例(%)
收音机	53.43
报纸、书籍	68.14
电视	71.57
电脑	52.45
平板电脑	10.78
手机	86.27
智能屏	43.14
智能音箱	11.76
其他	0

图 11　样本拥有媒介设备情况

资料来源：作者自制。

而老年人对电脑、平板电脑、智能音箱等媒介设备的拥有率偏低，主要是因为他们缺乏使用智能设备的习惯，大部分老人表示"对使用智能设备感到恐慌"，害怕自己的行为会影响到自己的隐私，进而影响自己的财产安全。但智能手机的问世，也有效解决了老年人手指不灵活、操作智能设备不方便等问题。

（二）样本媒介使用的形式内容

老年人是个体经验最为丰富的群体，老年群体有着对自身而言最有意义和价值的个体经验。在沿袭传统文化的规范训诫中，老年群体给人们留下了倾向保守、停滞的印象，而老年群体的此类特征也影响到了老年人传媒接触的内容选择与行为表现。[①] 现今的老年群体是亲眼见证了传统媒体向新媒体稳定发展的一代，但在媒介产品更新迭代速度飞快的今天，老年人却成了"数字难民"。与那些年轻的"数字原住民"和中年的"数字移民"不同，由于知识老化、身体机能下降等问题，老年人对于新事物的接受速度相对较慢，难以与时代的步伐保持同步，容易跟不上新媒体的潮流。

就媒介设备使用率而言，电视和手机是老年人使用最多的两种媒介设

---

① 陈勃：《老年人与传媒——互动关系的现状分析及前景预测》，江西人民出版社，2008。

备。在媒介设备利用场景上，老年人以家庭活动、文化活动及获取资讯为主。与之相对应的是，随着老年人的文化水平越来越高，智能手机、智能音箱、智能屏等新型媒介设备在社会中广泛应用，越来越多的老年人也会熟练掌握这些新型媒介设备。

1. 收音机

根据访谈结果，大多数老年人不使用收音机的原因有："内容无聊或广告过多""听后也无法记住""用智能手机更方便并且可以随意点播""手机上包含了丰富的资源，并不需要等待广播播出"。大部分受访者认为，收音机传递信息时缺少互动和娱乐性，相较其他媒介设备而言获取信息也不方便，另外收音机中包含商业广告太多，特别是医疗保健和商品推销类的广告，让老年人的收听体验受到了严重影响。另外，也有部分老年人习惯用收音机来获取信息，这种习惯与他们年轻时电视、手机等设备未普及有关。这部分老年人日均听广播的时长在 30 分钟至 1 小时，通常会集中在白天饭前饭后。听收音机不像阅读报纸等需要高度集中注意力，老年人可边做家务（比如做饭等）边收听。

2. 报纸、书籍

采访发现，大多数老年人现在都不看报纸和书籍。造成这一现象的主要原因有三个：第一，报纸、书籍主要是用文字来传达信息，所以老人在阅读的时候不能分心，也不能同步去做其他的事情，所以阅读的过程比较费时费力。第二，由于老人视力下降，报纸、书籍字体太小，排版太密集，很难看清。第三，老年人看纸质媒介太久，很容易导致视力下降，久坐不动还会对脊椎、颈椎等造成一定的负荷。这些因素会导致他们没有阅读纸质媒介的欲望，从而选择其他字体大、内容丰富、信息集合度高的非纸质媒介。

3. 电视

调查发现，老年人看电视的时间最长，一般为 2~3 个小时。与报纸、书籍和收音机相比，电视具有更好的视听体验。在收看电视时，人会处于相对放松的状态，疲劳感比较低。此外，许多电视节目都有较长的播出时间，如电视剧每集长约 40 分钟，有些节目时长甚至超过 1 个小时，这也增加了

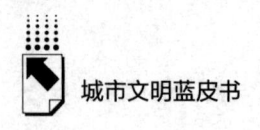

老年人看电视的时间。调查结果显示，90%的老年人选择在18点至22点收看电视，主要是这个时间段播出的地方新闻、新闻联播和影视剧集等是老年群体比较喜欢的内容。

娱乐节目和电视剧是老年人每天都会看的电视内容，虽然他们每天都在看，但是他们对节目的要求并不高，也没有太大的期望，他们的目标也不是很明确，许多老年人认为，看电视只是一种习惯性的选择。在内容的选择层面，老年人也更倾向于选择传统节目。访谈发现，老年女性多会选择观看电视剧，尤其是现实主义题材的电视作品，如《父母爱情》《人世间》《平凡的世界》《白鹿原》《狂飙》《人生之路》《向风而行》等，并且她们也存在"赶时髦、爱打卡、追明星"的现象。

老年人通常用电视来获取天气预报和新闻等信息，对于他们来说，这些信息往往具有明确的目的和功用。他们倾向于通过中央级媒体或本地卫视观看新闻节目，尤其是央视的《新闻联播》和《新闻30分》。除通过中央电视台播报的新闻来了解国家的政策外，他们还会通过地方电视台播报的新闻来了解当地的政策导向。除此之外，他们还会通过天气预报了解未来几天的天气情况，以做好增减衣物的准备。

4. 电脑

一部分受访老人出于退休前的工作需要，对电脑使用的熟悉度较高，故在退休后仍然坚持使用电脑。在使用时间上，主要集中在30分钟之内，并且这部分老人可以认识到使用电脑会对视力、颈椎等产生潜在影响，并且在使用时间上进行较为合理的控制。有一部分老年人会在9点至12点之间使用电脑，主要是为了了解股市行情。

5. 智能屏、智能音箱

事实上，智能音箱、智能屏在老年群体中的普及率仍处于较低状态。虽然使用智能屏的老年群体普遍满意度较高，但不可否认的是，在媒介接入方面，智能屏仍有先天劣势。访谈发现，使用智能屏的老年人，其媒介接触意愿较其他人更高，且乐于挖掘智能屏的衍生功能。这些老年人对智能屏的使用也呈现出了碎片化的趋势，并将之视作"可以语音点播的智能小电视"。

6. 智能手机

针对手机使用时长的调查发现，有两种显著的趋势：受访者智能手机的使用时长多在 3~4 个小时，且受访者没有固定的使用时间段。通过访谈得知，在受访老年群体中，他们会根据日常作息安排调整手机使用时间。特别是在饭前饭后等时间节点，老年人多会一边做家务一边使用手机，听一些不需要集中注意力的内容。一些老年人对手机甚至产生了严重的依赖心理，认为没有手机就不知道要做什么，生怕与外界失去联系。

四　城市老年群体数字融入的态度倾向

根据调查问卷收集到的城市老年群体个人身体健康情况、媒介设备拥有情况、媒介设备使用满意度、媒介设备使用形式与内容、媒介设备使用障碍等方面的数据与材料，关于媒介设备的认知与接入态度，本研究将城市老年群体分为主动拥抱型、被动拥抱型、主动远离型、被动远离型。

主动拥抱型城市老年人，收集信息能力强，触网表现活跃，该群体数字融入必要性感知力高。他们会积极学习网络操作技能，能够借助媒介设备在网络上找到志同道合的朋友，拓展人际交往的空间，满足个人的表达欲和消解孤独感。被动拥抱型城市老年人，收集信息能力较强，但对融入互联网社会、提高数字能力的必要性认知有限。他们能较好地利用互联网资源，但学习网络应用的主观意愿不强，体现出被动卷入网络社会的特征。

被动远离型城市老年人，收集信息能力低，但其数字融入必要性感知力高。他们虽然掌握的网络技能较少、数字生活范围有限，但认为老年人学会运用各种数字资源十分必要，主观上希望融入。相较于部分老年人反应能力、理解能力和肢体能力的退化，他们的手指、视力和理解能力都较好。主动远离型城市老年人，收集信息能力低，数字融入必要性感知力低。老年人因年龄大，感知器官老化，出现"眼花耳背"认知障碍，难以支撑其从事媒体行为，即使在媒体的刺激下，他们也难以迅速地作出响应。他们能够独

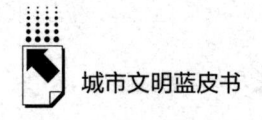

自进行的网络活动相对较少,对于是否能够利用这些数字资源也不是很关心,他们会主动地选择不参与到数字化的生活中。

(一)适应度高的积极者

随着时间的推移,老年群体在角色转换时面临着融入问题。这种问题主要表现在两个方面:首先,由于社会结构的变化,老年人因退休和养老等原因逐渐离开工作场所,他们的地位在社会、工作和家庭中也被日渐边缘化。这意味着老年人在角色的转换和调适中,容易产生心理和身体上的不适。其次,由于数字化社会的快速发展,生产和生活方式的数字化,线上和线下生活的融合也越来越深入,在这个社会变革的过程中,他们需要适应从现实社会向虚拟社会的转移。因此,"融入"这个词不仅仅是指身份的转变和调整,更包括了从现实世界到虚拟世界的完全过渡。

在智能终端设备逐渐普及的背景下,随着媒介设备的不断接入,老年群体在互联网"接入"上的设备拥有情况与其他年龄段群体之间的差距也在逐渐缩小。根据访谈得知,城市老年群体对数字化生活普遍持较为积极的态度,表示支持向数字化靠拢,愿意学习和融入其中。在学历差异方面,访谈发现,学历较高、退休前从事管理职业的老年人在使用媒介设备时具有更强的主动性,学习意愿表现得更强,媒介的使用行为也更加多样。

作为工农兵大学生,毕业于西安交通大学的李爷爷对于手机的使用表现出积极热情的态度,尤其是表达了用智能手机看新闻时事的强烈意愿:

> 我老看今日头条跟抖音,平常主要都是看时政、财经、体育新闻,还有都市的民生新闻。当前我主要看的是时政形势,比如说俄乌冲突,以及其他的国际政治新闻。此外还有国内的其他新闻动态等。

由中等师范职业学校毕业的段奶奶,退休前曾任西安市某小学校长,她使用的媒介设备主要是智能手机,因性格热情开朗,所以她会经常在社交媒体平台上发布动态,在抖音平台已有2.9万个点赞量:

每回一发朋友圈、抖音，朋友都给我点赞，咱就发些有意思的事情，像发些正能量内容，咱不发那些乱七八糟的，因为咱年龄也大，咱的身份也不一样。

在性别差异方面，女性老年人对于媒介实践方式的探索是抱有较为明显的开放性态度的，其媒介设备的使用频率最高，使用程度最深，使用形式最丰富：

我平常会下载一些 App，比如说爱奇艺、腾讯视频。我平时还爱唱歌，每天就用全民 K 歌应用唱，我们还有个唱歌爱好者群，我一唱就给我那几个群里面的老同学发过去。（常奶奶）

智能手机的使用会让更多的人在线共建内容社区，让人们在这个过程中感受到更多的网络文化。对于老年群体来说，积极拥抱线上生活也是他们个人成长的重要表现。B 站 UP 主"敏慈不老"发布了视频《我 90 岁了，可以来 B 站做 UP 主吗？》，主动拥抱互联网的她在家人的教授下，能用手机解决日常生活中的常见问题。热爱跳广场舞的龙姑姑将视频发到了抖音，收获了 400 万名粉丝，41 岁以上粉丝占比达到了 57%。68 岁的杨爷爷，喜好作诗，在自己孙子的帮助下，注册了抖音账号，发布自己对于生活的所思所想，目前已发布了 162 部短视频作品。在短视频平台上，老年群体可以通过输出自己擅长的内容来吸引关注，引发同龄群体的共鸣。在这种互动和拓展中，老年群体也将获得更多信息。

随着媒体技术在社会生活中的深入应用，很多被调查者都会用"方便"和"快捷"这样的正面性词语，来评价媒体技术给人们的日常生活带来的改变：

我觉得网上购物挺方便的，拼多多这种平台也有运费险，我现在就买有运费险的东西。因为一不合适，我马上就可以在网上退换货了。（明奶奶）

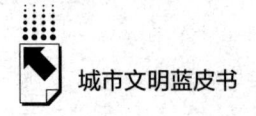

明奶奶在采访中感叹，智能媒体时代的来临使城市老年群体的生活场景发生了改变，也使人们足不出户就能获得生活所需的资讯，打破交友联系的空间限制：

> 现在微信挺方便的，视频语音功能还可以。过去没有手机时，打电话找个人都困难，你看我和你奶奶（研究者的祖母）那时候在医院的时候关系挺好的，都住隔壁，但是她到西安以后，我们就联系不上了。有手机以后，我们联系就很方便了。想打语音也行，想视频也行，我们这一代人还能用上微信是多好的事啊。

（二）暧昧性强的中立者

"融入"的过程需要一个过渡和中立的阶段。保持中立态度的老年人，虽已深刻意识到了数字化技术的发展对社会生活的影响，但在行为上仍表现为既不完全信任，也不完全抵触；既不积极主动融入数字社会，也不抗拒数字化对生活产生影响，并且能够借助媒介设备满足基础的生存需求。在具体的媒介使用上，这部分老年人仍有自己的坚持和习惯，对于新型的媒介设备或功能应用，他们学习的积极性与主动性不高，认为够用就行：

> 现在去银行办理理财业务时，我们就不在柜台上办理，也不在他们的机子上办理，柜员直接在你手机上操作，让你下个银行的App。但是我不想操作，就等着柜员帮我操作。因为我不想脑子里边记这些东西，我觉得这要记的太多了。而且这些东西不影响我的生活，所以不想记，懒得很。（张奶奶）

> 我这个人动手能力比较差，有时候也不想动脑筋，主要是太懒、不想学。看到人家自己做的动态相册，我就给点赞一下，最多转发一下。（芳奶奶）

持有中立态度的老人，通常拥有保障基础生活的能力和物资，或与家庭成员生活在一起。有社区后勤保障和儿女的物资补充，这部分对线上购物依赖性不强的老年群体，其日常生活也能得到基本保障：

> 我也不想加啥社区群，在群里买东西，我又不知道菜好不好。我是独居，又不是出不去。我儿子、女儿，都说让我不要下楼，基本上是一个礼拜就给我送一回菜和水果。我也不加物业的群，要是有事儿了，物业管家自己就上门寻我了。（文爷爷）

对于对数字融入持有中立态度的老年人来说，媒介设备的使用与功能拓展并不会对他们的生活产生很大影响，他们依然可以遵循原有的生活习惯和规律：

> 我感觉确实是有不太方便的地方，但是我也没觉着有什么大的问题，非要用手机就偶然用一次。偶然的情况是，要扫码了，必须得把手机天天揣在身上。我现在付款什么的也不靠扫码，也不用手机，其实也影响不大。（开爷爷）

持"中立"立场的人群，还有一个重要原因，就是他们缺乏数字素养。老年人的记忆力普遍下降，对于以年轻人为目标用户的媒介设备，他们常常会觉得不适应、用不惯。部分老年群体习惯在实体店购物，对于虚拟空间中的商品持怀疑态度和不安全感：

> 我还是觉得看得见摸得着的东西比网络上的那种图片看着更直观一些，比如在买件衣服时，我可以自己在店里试，要在网上买，要不适合，退起来麻烦得很，所以我买衣服还是到实体店去。（侯奶奶）

（三）接受度差的抗拒者

在数字鸿沟理论架构中，"接入"通常被简单地理解为设备的接入，但荷兰学者迪克等提出了"精神接入"这一概念，用以区分"接入沟"中的"物质接入"。"精神接入"指的是新技术缺乏吸引力、用户缺乏兴趣或数字焦虑等导致的基本数字经验缺乏。[1] 因此，首先需要解决的是人们的心理和物质问题。进入当代社会后，人们对传统的消解和生活方式的剧烈变化，对"实体性安全"（Ontological Security）进行了解构，这也不可避免地造成了信息收受者的"存在性焦虑或忧虑"。[2] 与收音机、电视代表的传统媒介不同，智能媒介设备构建了新的社会交往形态，形塑了新的人与媒介的连接形式。

老年人在使用数字产品和服务时遇到的问题中，最为突出的是高龄老年群体和部分残疾老年群体因身体原因或其他不可抗因素，无法快速融入数字社会。相较于许多年轻人能轻松使用各类设备，老年人则常感手足无措。虽然老年人的生活周遭有多种设备，但家中各大产品的设计并兼顾老年人的使用需求，如操作方式、屏幕和遥控器设计等，这导致老年人在面对繁杂的媒介设备时感到非常不适。根据南都大数据研究院关于"老年人融入数字时代现状"的一项调查，在中老年人群中，他们在使用智能手机软件的时候，面临的最大问题是：害怕被欺骗（50%）；有阅读障碍（42%）；无法输入文字，无法对声音进行识别（41%）。

"数字鸿沟"的本质是一种数字参与不平等，即不同人群在媒介使用过程中所处的地位不同，他们所拥有的信息技术能力和信息技术资源存在差异。[3] 随着年龄的增长，属于信息技术贫穷者的老年群体，其大脑功能出现了下降，从而造成了他们的记忆力显著下降，身边的人、事、信息也难以被他们准确地抓住，他们很难记住有意义和有价值的信息。此外，老年人的判断力也会下降。老年人对于自我的个人经验常常过于固执，难以接受新观

---

[1] Dijk j V, Hacker K, "The Digital Divide as a Complex and Dynamic Phenomenon", *Information Society*, 2003, 19 (4), pp. 315-326.
[2] 〔英〕安东尼·吉登斯：《现代性的后果》，田禾译，译林出版社，2000。
[3] 潘曙雅、邱月玲：《"银色数字鸿沟"的形成及弥合——基于2001—2019年的文献梳理和理论透视》，《新闻春秋》2021年第1期，第27~33页。

念,甚至信奉不科学的"老道理""老观念",无法适应当今社会的发展。脱离数字社会核心区域的老年人,无法跨越移动支付、数字医疗、在线交通等各种数字化壁垒,对数字化应用存在戒备、焦虑、警惕等心理。

五 城市老年群体数字融入的优化路径

(一)数字认同:个体接触与积极参与

1. 转变传统观念,增强媒介接触主动性

城市老年群体数字融入的程度,受到其生理和心理素质的影响。根据当代终身发展观,人步入老龄并不代表人的精神发展结束,人的精神发展贯穿一个人的整个生命周期,而有一些老年人的精神还处于发展时期。[①] 也就是说,老年群体仍能不断地完善自己、实现自己、超越自己。在这种积极老龄化的心态下,城市中的老年人应该接受智能手机这样的新事物,从而享受数字社会带来的好处。虽然改变生理条件是很困难的,但是通过积极的干预、刻意的练习等,老年人还是可以提高自己的认知等,从而建立积极的老龄化心态,积极地学习和尝试新事物。"人老无用、安于现状"的思维方式,在一定程度上成了老年人心理上的枷锁。在身体健康的同时,老年人应当尝试跳出传统观念的禁锢,向更深层次的文化与精神需求探索,追求高品质的媒介体验。

在访谈中部分老年人觉得自己已经老了,没有必要学习新事物,而且认为自己是家庭的负担,不想让子女再为自己花钱。因此,他们在心理上建立了一道隐形的屏障,不让自己接收数字社会的信息。老年人在媒介知识和技能的学习过程中,可能会产生使用恐慌的心理,从而导致问题堆积。这就要求我们的社会要尽最大努力克服老年人在这一过程中产生的恐慌,尽可能地

---

① 颜军梅:《老龄化时代老年人心理问题及健康生活模式探讨——对武汉市的案例分析》,《湖北经济学院学报》(人文社会科学版) 2013 年第 10 期,第 18~19+31 页。

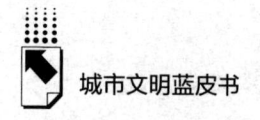

让老年人在遇到问题时能够及时寻求他人的帮助，从而避免问题的堆积，让老年人能够顺利地跨越"数字鸿沟"。

在"积极老龄化"的大环境中，国家与社会不断为老人重返数字社会提供良好的环境，同时为老人提供了更多的机会。在我国政府积极推行适老政策的背景下，数码器材将会逐渐适用于老年人，而老年人的学习困难将会显著减少。进而推动老年人媒介素养的提升，在媒介使用中形成良好的互动。

2. 提升素质素养，增强社会参与积极性

城市老年群体的媒介素养要以更为开放、交互的方式进行提升。就学问积累而言，人们的智力是随着岁月而成长的。所以，比起年轻人，老年人在新媒体面前，会显得更为沉稳，更为明智，更为理性。所以，在对老年人进行媒介素养教育时，不应只注重"防御和保护"手段（如网络安全、防诈骗）的传授和宣传，而应充分调动他们的参与积极性和主动性，通过不断地参与、接触（如网购、短视频、直播），不断地提升他们的素养，为新媒体与老年人建立良好的互动关系奠定基础。

从社会参与角度来讲，积极的社会参与不仅能够扩大老年群体参与社会生活的规模和领域，还能为其自我展示和实现价值提供良好的渠道和平台，而大众传播媒介无疑是实现社会参与的重要场域。从使用传统媒体的方式来说，老年群体可以通过拨打热线电话参与广播、电视节目中的话题讨论，或通过邮件等形式参与活动。从积极老龄化中提出的"保障"要义出发，老年群体还可以通过媒介投诉、媒介曝光等合法手段来督促相关部门加强监督，在合法权益获得保障的同时，这种监督有助于媒介公信力的进一步加强，从而形成一种良性循环。而新媒体信息发布相对公开自由，参与渠道和平台也较为丰富，与简单的文图交流相比，短视频在具有更好的感染力和吸睛度的同时，发布渠道也丰富多样，除了专业的短视频制作软件外，微博、微信等传统社交软件现如今都已具备短视频发布和转载的功能，老年群体可与其他群体通过短视频互动的方式满足自身社会参与的诉求，逐渐提升其社会参与度和影响力。

(二)数字反哺:家庭互动的代际激励

1. 老有所依,提高代际反哺意识

中国自古奉行的"父母对子女的教育"模式在快速变化的社会环境中被一次次地打破,父母以往的权力与传统正在逐步地被剥离与消解,子女必须"反客为主",扮演"父母"的角色,协助父母适应新的社会与文化环境。[①] 1988年,社会学家周晓虹提出了"文化反哺"概念,即从父代对子代的影响与教育转变为子代对父代的教育和影响,也就是从父代对子代的"单向灌输"到子代对父代的"教育",并指出新媒体社会中文化反哺的显著特点:第一,对新媒体的采纳与使用;第二,文化反哺来自下一代在新媒体中获得的信息优势与知识权威;第三,分散的新媒体为下一代挑战他们的父辈权威提供了可能性。[②]

数字反哺(Digital Feedback)是指在数字时代,年青一代向年长一代的"文化反哺",这种文化传承具有跨代际的特征。新一代数字原住民在接收到媒介信息的同时,也将互联网文化等信息传递给父辈。在这个过程中,新一代数字原住民对于互联网文化的理解与接收能力也能得以提升。在社会老龄化的过程中,媒介技术应该促进两代人之间的相互理解、相互沟通,并达成价值观的和谐,既要让年轻人了解老年人的生活状况和需求是什么,也要让老年人了解年轻人的生活、喜好、追求以及他们的新认识、新观念,进而达成相互理解与互助的目标。

为了方便老年人学习,子代可以直接让父辈群体操作,而不是去讲解系统的原理性内容。子代可以手把手教老年人使用手机支付、打网约车等生活化功能,同时让他们在实践中不断摸索和解决问题,这样可以获得最好的学习效果。假如有什么不明白的地方,可以即时回馈,重新做一遍实践练习,

---

① 周裕琼:《数字代沟与文化反哺:对家庭内"静悄悄的革命"的量化考察》,《现代传播》(中国传媒大学学报)2014年第2期,第117~123页。
② 周晓虹:《文化反哺:变迁社会中的亲子传承》,《社会学研究》2000年第2期,第51~66页。

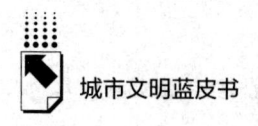

让老年人了解媒体的作用。

此外，老年人更愿意相信通过与别人沟通获得的亲身体验和实际经验。所以，子女们有必要跟长辈们主动地交流他们的学习过程和获得的成果，并将他们的经历进行共享，这既可以让年轻人建立起一种责任感和家庭意识，也可以让他们在亲子两代之间建立起一种情感上的联系。并且，子女在平时的媒介应用过程中，也要重视并加强对老年人的媒介批评能力的训练，让他们树立起积极的资讯辨别意识，教会他们辨别资讯的方式。老年人自己也要增强防范意识，在遇到一些不清楚的个人信息填写或账户登录的时候，应该首先询问自己的家庭成员或者向自己的家庭成员寻求帮助，避免个人信息的泄露或者自己的财产被骗。

2. 授之以渔，加强代际反哺深度

与老年群体相比，年青一代具有更多的数字资源、更多的媒介知识、更多的创意技能。在"以强济弱"思想的指导下，青年人有责任对随迁老年人进行数字教育，所以青年人不能再扮演数字教育的"代理"角色，而是要"授之以渔"，向老年人灌输正确的数字观念，向老年人解释一些常见的数字知识，引导老年人学习如何使用智能手机、网上冲浪等，为老年人提供更多的数字教育，帮助老年人更好地融入数字社会。在家庭内部进行更深层次的"数字反哺"，主要表现在以下几个方面。

一是以更主动的方式进行"数字反哺"，为城市老年人提供更多的代际支持，破除他们"不想麻烦孩子"的心理障碍；同时，应注意摆正观念，使城市老年人更好地适应城市生活。在传统社会，家庭成员之间的相互协作是生活中不可或缺的一部分，但在现代社会中，许多人都已经远离了这种协作方式。因此，在家庭内部进行更深层次的"数字反哺"可以为城市老年人提供更多的代际支持，让他们可以更好地适应数字生活。

二是积极鼓励城市老年人学习智能手机。这种鼓励可以肯定其在使用过程中所取得的阶段性进步，从而维护其作为家长的角色与权威。同时要看到老年人在学习智能手机过程中存在的许多困难与障碍，因此青年人需要积极地评价他们的学习成果，给予他们适当的鼓励与支持。

三是帮助城市老年人培养新的兴趣爱好。让他们学会用智能手机打游戏、看电视,丰富他们的业余生活。这不仅可以让他们学会用智能手机跟家人沟通交流,还可以培养他们的社交能力,让他们有更多的时间去做自己喜欢的事情。比如,我们可以鼓励他们打麻将、下棋等,让他们在娱乐中释放自己的压力。

四是不能把家务、带娃等重活都交给父母去做。父母也要有丰富的精神生活、娱乐活动,而不是"家庭保姆"。我们应该感谢父母为自己做了这么多的家务,并应主动承担起家务、带娃的责任。我们要鼓励父母多出去走走、玩玩,在家里营造一种温馨的养老氛围。

五是"数字反哺"是一种更"适老"的方式。城市里的一些老年人认为,他们的子女在教他们用手机的时候,语速太快了,他们记不住,经常忘,问来问去也很麻烦。因此,我们在进行数字教育时应该考虑到老年人的特点。可以将一些常用的功能用截图的方式打印出来,并制成图表给城市里的老年人看,让他们随时都能按照步骤来做。

(三)数字赋权:媒介产品的适老设计

1. 积极响应"适老"的政策号召

"数字赋权"(Digital Empowerment)这个词最早出现在尼古拉·尼葛洛庞帝所著的《数字化生存》一书中。他认为,"数字化"(Digital)一词具有双重含义:一方面指人类社会发展的本质,另一方面指"数字化"在现实世界中的实现方式。① 后来,随着人们对互联网认识的深化,数字赋权逐渐成为国际上共同关注的议题。联合国发布的《变革我们的世界:2030 年可持续发展议程(2015)》明确将"数字人权"列为"第四代人权",强调保障人民的数字权益,消弭数字鸿沟。②

当前,大多数的智能终端和软件都是面向年轻人的,它们操作复杂,功

---

① 〔美〕尼古拉·尼葛洛庞帝:《数字化生存》,胡泳、范海燕译,海南出版社,1997。
② 《变革我们的世界:2030 年可持续发展议程(2015)》,联合国官网,https://www.un.org/zh/documents/treaty/A-RES-70-1/。

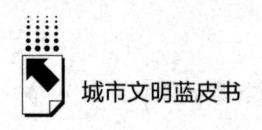

能丰富，并且在持续地升级换代。对于记忆力、视力和行动能力都不是很好的老人来说，这是个问题。"大而全"的应用设置也加重了老年人的使用负担。根据腾讯应用宝发布的《老年用户移动互联网报告》，有46.7%的老年人存在对手机软件的使用困难，41.2%的老年人在安装和维护手机软件上有困难，更有32.7%的老年人在手机上没有获取任何信息。①

目前，大部分的媒体产品都不具备符合老年人的体质和操作水平的装置和应用软件，这使得老年人媒体市场没有得到充分的开发和利用。因此，企业必须把握住老年人这个新的用户群体，并主动挖掘老年人所面临的现实问题，为其量身定制出操作方便、内容精简、字大图清的媒介产品。这样既可以减少老年群体在接入和使用数字媒介时出现的问题，又可以为企业创造良好的经济效益。

2. 主动研发"适老"的媒介产品

"智慧养老"对维护社会福利平等、促进"银发经济"发展具有重要意义。当前我国智慧健康养老产业仍处在市场开拓阶段，大多数项目还没有形成清晰的商业模式，但随着政策支持、技术革新以及消费观念的转变，未来5~10年智慧健康养老市场将迎来全面爆发。因此，位于产业链上中游的企业应该改变思维方式，承担起更多的社会责任，对老年人的数字需要和使用方式给予足够的重视，尽最大的努力创造出更多的适合老年人的产品与服务，把"鸿沟"变成"机遇"。要想实现媒介产品的人性化，就必须从文图设置、动态效果、页面操作三个角度出发，在每一个设计细节中体现出对老年人的关爱。

（1）文图设置

在界面设计中，视觉方面的设计是非常重要的。随着年龄的增长，老年人在视觉上存在一定的缺陷，尤其是视力与手指敏感度下降，使其对信息的分辨能力降低，所以在进行界面设计时，可以将文图适当扩大尺寸，让老年人轻松阅读；文字图标无须与文字精确对准，可以适当增加一些距离与留

---

① 《老年用户移动互联网报告》，搜狐网，https://www.sohu.com/a/231049569_115565。

白,让老年人轻松阅读;尽量使用高清晰度的图像,避免因图像放大而产生的画面模糊。

(2) 动态效果

动态效果能够增加界面的吸引力,让老年人从一开始就对界面所传递的信息产生好奇,便于老年人理解界面传达的内容。针对老年群体对色彩鲜艳、声音洪亮有追求的特点,设计出色彩鲜艳、声音洪亮、音乐节奏感强的界面。除此之外,长时间阅读对老年人来说也是个挑战,可能会导致其视觉疲劳,因此在设计时可以采用颜色柔和、背景简洁、无声音无震动感的方式来缓解视觉疲劳。

(3) 页面操作

相对于年轻人来说,老年人使用电脑的难度要大得多,原因在于老年人不熟悉电脑操作,有许多步骤需要反复多次才能完成。为此,有网友建议学习国外"Simplicity"电脑,在界面设计上仅设置常用的五个选项(电子邮件、浏览网页、在线聊天、个人信息、文件保存),在满足老年人基本使用需要的同时,尽可能简化操作步骤。

在今后的媒介产品研发中,可以将重点放在利用语音指令来完成对文字的输入和替代手指操作的功能设计上。比如,可以使用系统人声,将信息内容直接念给老年人听。老年人在使用电视、电脑、手机的时候,可以直接通过语音下达指令,就可以完成简单的操作。另外,媒介软件的功能设计也应该与老年人的身体状况相适应。比如通过智慧感知系统,调节文字的尺寸,或者通过手势控制等,帮助老年人更容易地获得媒介信息,这样就可以弥合老年人在媒介应用上的"技术鸿沟"。

(四) 数字包容:社会组织的温情氛围

1. 重视基层老年组织的扶持

老年人的数字排斥问题引发了全社会的广泛关注与反思。"数字化"是个人与计算机或网络等设备进行交互所形成的关系。"数字包容"强调的是个人只有在数字化生活中与其他所有人都保持一致,才能被视为一个完整的

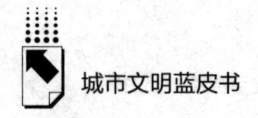

个体、社会的一部分。与此相对应的概念则是"数字排斥",而被"排斥"的个体则被视作不属于某个群体、缺乏某些权利或能力、没有被充分使用和利用的人。

"数字包容"(Digital Inclusion)又被称为"电子包容",是"数字排斥"(Digital Exclusion)的反义词,最初是为了应对"数字鸿沟"而在20世纪90年代提出的。① 2000年,日本发表了《全球信息社会冲绳宪章》,阐明了"人人参与,人人受益"的"数字融入"原则。"数字包容"在国际电讯联合会看来,具体是指所有社会成员都能充分享受到资讯和通信技术的权利。2006年,"数字包容"这一术语在欧洲大陆得到了广泛的应用,并在全球范围内引起了广泛关注。② 随着技术及其应用的不断发展,每个群体和个人对于数字技术及其应用的需求也会有所不同。在数字包容性方面,这些差异会对不同的群体和个人产生不同的影响,故需要从不同群体的具体媒介行为出发,探究可实行的、可普及的数字包容措施。③

对老年人而言,由于他们的生理、认知能力急剧下降,与原来的社会关系、工作环境逐渐脱离,他们心理上的落差很难在短时间内弥平,从而形成了"精神空虚",他们的社会地位越来越低,迫切需要社会、媒体、家庭等各个方面的帮助与鼓励。这些因素的共同作用,不但决定了老年人对媒体的依赖性,而且会对他们的自我认知产生潜在的影响。通过访谈,我们发现城市老年人在智能手机使用方面感受到更多的来自家庭社会的支持,家庭对老年人智能手机的使用持肯定态度,并在一定程度上实现了"数字反哺"。但也有一部分老年人表示,当子女、孙辈外出工作学习后,自己无法正常使用媒介设备。

《中国城市养老服务需求报告(2021)》显示,城市居民愿意选择居家

---

① Mark Warschauer, *Technology and Social Inclusion:Rethinkingthe Digital Divide*, London:The MIT Press, 2003, p. 1.
② 徐芳、马丽:《国外数字鸿沟研究综述》,《情报学报》2020年第11期,第1232~1244页。
③ 《数字包容》,联合国秘书长技术事务特使办公室官网,https://www.un.org/techenvoy/zh/content/digital-inclusion。

养老的占52.9%,有居家养老意愿的老年人占比已明显下降,社区养老和机构养老的需求比例则有所提升,分别为26.5%和20.6%。根据《老人报》的调查报告,老人们更愿意到社区、老年大学、社会福利机构去进修。但是,因为缺乏足够的社交学习平台,所以只有不到10%的老年人可以在社区中进行学习,55%的老年人的学习方式是通过向自己的儿孙或者周围的年轻人咨询,而将近40%的老年人选择了自己去探索。面对这些问题,我们亟须发动社区的基层组织,争取打通老年群体融入数字社会的"最后一公里"。

2. 开展公益性数字技能讲座

"连接"意味着提供更好的个人和社会福祉以及数字化生存环境。社区应开始尝试通过公益讲堂等方式对城市中的老年人进行数字化技术、智能手机应用等教育培训,帮助城市老年人更好地使用智能手机。在时间和课程设置上,要充分考虑城市老年人的特点,要与其休闲活动相结合,在进行课程宣传时,要走进其生活中,加入其微信群,以便针对目标群体,增强宣传效果。

(1) 上课时间

从课程时间安排上来看,大多数社区都是将课程安排在每周三上午,这与城市老年人的工作、生活安排相契合,也能够覆盖城市老年人的空闲时间。但是在具体课程设置上,有些社区可能还没有完全考虑到城市老年人的特性。例如有些社区每周仅开设一次关于智能手机操作、拍照功能等方面的培训;有些社区可能还没有将手机型号划分为不同等级,在课程内容上不能完全覆盖所有机型。

(2) 宣传方式

从宣传方式上来看,大部分社区在开展技能培训时都是以自己团队为主进行宣传,很少组织其他团队开展宣传活动。而在实际操作过程中,我们发现不少城市老年人并不愿意或者没有时间自己利用电脑学习智能手机的使用方法,这就要求我们必须采取更加灵活多样的方式来进行宣传。比如,可以针对不同机型开展多期培训,同时采用操作示范视频、图片和文字相结合的方式编写适合老年群体理解的使用说明,而且可以手把手指导老年群体进行

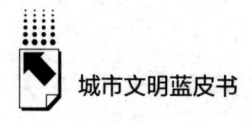

操作。此外，我们还可以采取多种方式来宣传技能培训，比如利用微信公众号、微信朋友圈等平台来进行宣传，或者组织其他团队到社区开展宣传活动等。

（3）教学理念

可以参考国外老年机构的"终身教育系统"，通过交流和共享来激发老年群体的潜能，促进他们的社会融合和人际交往，从而满足他们自力更生和相互帮助的需求。以老年群体的媒介诉求为依据，科学地设置授课内容，比如可以从手机支付、信息检索等生活辅助功能的具体操作，以及在遇到突发问题时该如何及时处理等方面来设置课程，从而帮助老年群体二次拓展媒介功能。此外，课程也应加入案例教学，以提升学员了解资讯、判断信息真伪的能力。

（4）电视课堂

老年群体是在传统媒介时代中成长的一代，对于传统媒介有着天然的信任感。因此，要发挥传统媒介的作用，在老年群体中普及对智能技术的了解与学习，例如上海多个电视频道联合上线 50 岁以上人群的专属学习平台——金色学堂，该平台已成为上海老年教育报名的入口之一，并且已实现全渠道覆盖。

六 结语

随着人口老龄化的不断加剧和数字技术的飞速发展，城市老年群体的数字接入与融入问题日益凸显。本研究深入探讨了城市老年人在数字接入设备使用、数字融入态度倾向以及所面临的数字生存困境等方面的现状，并在此基础上提出了数字认同、数字包容、数字反哺、数字赋权的优化路径，旨在帮助城市老年群体更好地融入数字社会，实现积极老龄化。研究发现，城市老年群体在数字接入设备使用上已具备一定的基础，但仍存在明显的数字鸿沟。部分老年人因生理、心理及社会经济因素的限制，难以充分享受数字技术带来的便利。同时，老年人在数字融入过程中表现出不同的态度倾向，他们可被分为主动拥抱型老年人、被动拥抱型老年人、主动远离型老年人和被动远离型老年人，这些态度倾向直接影响了他们的数字融入进程。

针对城市老年群体在数字融入过程中所面临的困境，本研究提出的优化路径具有重要的实践意义。通过增强老年人的数字认同，转变其传统观念，提高其媒介接触的主动性，可以有效促进老年人的数字融入。同时，数字包容和数字赋权政策的实施，能够为老年人提供更多的数字资源和支持，缩小数字鸿沟，保障其数字权益。而数字反哺作为一种跨代际的文化传承方式，不仅能够促进两代人之间的相互理解和沟通，还能够为老年人提供更多的代际支持，帮助他们更好地适应数字生活。

在未来，随着数字技术的不断发展和老龄化社会的深入发展，城市老年群体的数字接入与融入问题应得到更多关注。政府、社会、家庭以及老年人自身需要共同努力，推动数字技术与养老服务的深度融合，为老年人创造更加友好、包容、便捷的数字生活环境。只有这样，才能让老年人在数字化时代安享晚年，实现积极老龄化的美好愿景。

参考文献

［1］ *Active Ageing：A Policy Framework.* 2002，世界卫生组织官网，https：//apps.who.int/iris/handle/10665/67215。

［2］ Constança Paúl, Oscar Ribeiro, Laetitia Teixeira. Active Ageing, "An Empirical Approach to the WHO Mode", *Current Gerontology and Geriatrics Research*，2012.

［3］《第七次全国人口普查公报（第五号）》，国家统计局官网，http：//www.stats.gov.cn/sj/zxfb/202302/t20230203_1901085.html。

［4］《2022年国民经济顶住压力再上新台阶》，国家统计局官网，http：//www.stats.gov.cn/sj/zxfb/202302/t20230203_1901709.html。

［5］ 罗淳：《关于人口年龄组的重新划分及其蕴意》，《人口研究》2017年第5期。

［6］〔美〕尼古拉·尼葛洛庞帝：《数字化生存》，胡泳、范海燕译，海南出版社，1997。

［7］ 第54次《中国互联网络发展状况统计报告》，中国互联网络信息中心官网，https：//www.cnnic.cn/n4/2024/0828/c208-11063.html。

［8］《让老年人无"码"也能衡量社会温度》，人民网，http：//health.people.com.cn/n1/2021/0207/c14739-32024667.html。

［9］《人口状况》，西安市人民政府官网，http：//www.xa.gov.cn/sq/csgk/rkzk/1.html。

［10］《行政区概况》，西安市人民政府官网，http：//www.xa.gov.cn/sq/csgk/qxgk/5e9ec8a2fd85080ad16338b6.html。

［11］《西安市老年人生活状况及养老现状调查报告》，西安市统计局官网，http：//tjj.xa.gov.cn/tjsj/tjxx/619e21e3f8fd1c0bdc6da63f.html。

［12］陈勃：《老年人与传媒——互动关系的现状分析及前景预测》，江西人民出版社，2008。

［13］《2014-2023年全球智能屏幕预测按区域划分》，与非网，https：//www.eefocus.com/article/426797.html。

［14］Dijk J V，Hacker K，"The Digital Divide as a Complex and Dynamic Phenomenon"，*Information Society*，2003，19（4）．

［15］〔英〕安东尼·吉登斯：《现代性的后果》，田禾译，译林出版社，2000。

［16］潘曙雅、邱月玲：《"银色数字鸿沟"的形成及弥合——基于2001—2019年的文献梳理和理论透视》，《新闻春秋》2021年第1期。

［17］《中老年互联网生活研究报告（2018）》，中国社会科学院官网，http：//www.cass.cn/keyandongtai/baokanchuban/201803/t20180326_3887425.shtml。

［18］颜军梅：《老龄化时代老年人心理问题及健康生活模式探讨——对武汉市的案例分析》，《湖北经济学院学报》（人文社会科学版）2013年第10期。

［19］周裕琼：《数字代沟与文化反哺：对家庭内"静悄悄的革命"的量化考察》，《现代传播》（中国传媒大学学报）2014年第2期。

［20］周晓虹：《文化反哺：变迁社会中的亲子传承》，《社会学研究》2000年第2期。

［21］《变革我们的世界：2030年可持续发展议程（2015）》，联合国官网，https：//www.un.org/zh/documents/treaty/A-RES-70-1。

［22］《2022移动互联网蓝皮书：加快移动互联网适老化改造让老年人共享数字建设成果》，人民网，http：//finance.people.com.cn/n1/2022/0630/c1004-32461679.html。

［23］《老年用户移动互联网报告》，搜狐网，https：//www.sohu.com/a/231049569_115565。

［24］《2022年中国智能养老行业全景图谱》，前瞻产业研究院，https：//www.qianzhan.com/analyst/detail/220/220909-c4ab121c.html。

［25］Mark Warschauer，*Technology and Social Inclusion：Rethinkingthe Digital Divide*，London：The MIT Press，2003．

［26］徐芳、马丽：《国外数字鸿沟研究综述》，《情报学报》2020年第11期。

［27］《数字包容》，联合国秘书长技术事务特使办公室官网，https：//www.un.org/techenvoy/zh/content/digital-inclusion。

城市文化篇

B.7 新时代深圳城市文化研究

周礼红*

摘　要： 当人们谈及深圳文化时，往往只论及1980年以来的移民文化。依据习近平文化思想和参考法国年鉴学派历史学家费尔南·布罗代尔的长时段理论，深圳新时期的移民文化和深圳海洋文化传统有着内在的联系，深圳城市文化传承了传统海洋文化的敢闯敢试、兼容并蓄与商业性的基因。对这种传统海洋文化的探索有助于深圳在新时代培育城市文化底蕴，形成独特的城市文化精神标识，构建区别于其他城市的文化地标和圳派文化。

关键词： 海洋文化　移民文化　圳派文化　文化地标

深圳作为新兴一线城市，经常与北京、上海等传统一线城市相提并论，

---

* 周礼红，深圳市社会科学院国际化城市研究所研究员、中国传媒大学博士后，主要研究方向为城市文化。

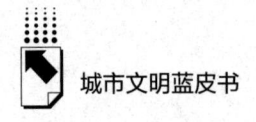

而当人们谈及深圳的城市文化时往往只论及1980年以来的移民文化，这样就与上海的移民文化雷同。这两座大城市的移民文化如何区分呢？上海的移民文化是建立在传统吴越文化的基础之上，和传统的吴越文化发生了深刻的联系，那么深圳的移民文化和传统海洋文化有没有内在的联系呢？这是建设深圳城市文化面临的深层次问题。对此，学习贯彻习近平文化思想，将为我们的研究提供新的研究视角。

一 研究的背景、价值与理论依据

习近平文化思想指出，着力赓续中华文脉、推动中华优秀传统文化创造性转化和创新性发展。在习近平文化思想的指引下，讨论深圳如何从中华优秀传统文化中提炼展示城市文明的精神标识和文化精髓具有理论与实践的价值。从理论价值来看，优秀的传统文化是一座城市文明的智慧结晶和精华所在，是城市的根和魂。研究习近平文化思想与深圳传统文化的关系可以提炼出城市文明的精神标识和城市的文化精神，从而培育城市文化底蕴，为深圳城市文化建设提供理论支持，破除"深圳文化沙漠"之说。从实践价值来看，研究习近平文化思想与深圳传统文化的关系可为深圳在实际文化工作中提出新思路、表达新话语、形成新机制、推出新形式，使中国特色社会主义先行示范区始终反映时代精神、引领时代潮流，赋予中华优秀传统文化新的时代内涵、新的旺盛活力，真正做到古为今用、辩证取舍、推陈出新，实现传统与现代的有机衔接。

二 深圳海洋城市形象的历史脉络

深圳是一座位于中国南部的海滨城市。地处广东省南部、珠江口东岸，东临大亚湾和大鹏湾；西接伶仃洋；南边隔深圳河与香港相望；北部与东莞、惠州两市接壤。1979年设市、1980年设置经济特区以来，深圳已是粤港澳大湾区四大中心城市之一,并在全力建设成为中国特色社会主义先行示范区、综合性国家科学中心和全球海洋中心城市。深圳有大约7000年的历史,是中国古代海洋文明重要参与城市,是我国对外开放的前沿阵地和重要门户。其海洋文化特质因历史阶段的不同而具有独特性质及发展脉络。

(一)深圳是古代海上丝绸之路的桥头堡

深圳因其独特的地理位置、海洋经济特色、海防重镇地位、对外贸易门户以及文化交流中心的角色,成为我国古代丝绸之路的桥头堡。一是地理位置优势。深圳地处珠江口东岸,濒临南海,控扼江海要道,是海上丝绸之路航线的重要节点。深圳赤湾因其天然的避风港位置使得深圳成为古代中外商船离岸的最后停泊地,是海船"辞沙"之地。明朝郑和的商船曾因巨大海风被迫停靠赤湾天然避风港,待海面风平浪静后船队继续航行。二是海洋经济特色鲜明。深圳地区海洋经济特色鲜明,海洋资源丰富,促进了中外商品交流。从隋唐时期开始,深圳地区就是海上丝绸之路沿线国家在经济、文化、军事、交通、人员往来等方面的重要联系点。三是海防重镇。深圳地区在历史上是海防重镇,为海上丝绸之路的交通提供了重要保障。洪武二十七年(1394年),明朝在今深圳境内设立了东莞守御千户所及大鹏守御千户所,距今已有600多年的海防史。深圳凭借其地理位置和地形条件,在抵御海盗、倭寇以及外敌入侵方面发挥了重要作用,确保了海上丝绸之路的畅通与安全。四是对外贸易重要门户。深圳与广州,在朝贡贸易和商舶贸易时期都是我国古代的重要门户。特别是到了宋朝时期,深圳是南方海路贸易的重要枢纽,随着海上丝绸之路的兴盛,深圳地区凭借其天然水路优势,成为广州与海外往来的必经之地,发挥着粤海交通重要门户的作用。古代丝绸之路主要出口茶叶、瓷器、铁器、漆器、食盐、香料和珍珠。其中,食盐、香料和珍珠就盛产于宋元时期的深圳。五是文化交流中心。深圳还是中外文化交流的重要节点。历史上,深圳地区与海上丝绸之路沿线国家在文化上进行了广泛的交流,包括佛教文

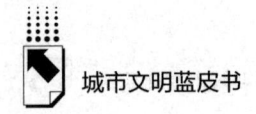

化的传播、华侨华人的迁徙等,这些都为深圳的文化底蕴增添了丰富的色彩。①

(二)深圳是近代中西方文明的"交汇地"

深圳是粤港澳大湾区重要节点城市,地处珠江口黄金内湾区,处在中华文明与西方文明"交汇""交融""交锋"的核心地带。作为粤海第一门户,深圳一直以来都是抵御西方殖民侵扰的前沿阵地。随着新大陆的发现及西方资本主义的发展,一些西方国家开始寻求更多的海外市场,多采取殖民扩张的形式。中国沿海地区经常受到侵扰和劫掠,广东深圳常遭海盗之患。

16世纪初,葡萄牙人来华,占领了宝安县下辖的屯门。1521年宝安县发生了与葡萄牙殖民者的战争——屯门海战。中英战争多发生在东莞县,东莞县因屡次遭到英国侵略给当时"隔壁"新安县带来巨大的影响。明崇祯十年(1637年),在东莞虎门海域发生了首次中英之战,这场历时五个月的战争以英商失败告终。自17世纪以来,英国人频繁来华,多次与我国军民在东莞发生冲突。清乾隆年间,东莞知县印光任曾两次妥善处理英国兵船挑衅事件,迫使英舰退出虎门。1839年9月4日英国和清朝当局在九龙半岛附近海域发生了一场"九龙海战"。九龙位于现今的香港(时属新安县)。这场战役也揭开了第一次鸦片战争的序幕。1842年7月至1898年4月期间,清政府与英国相继签订《南京条约》、《北京条约》和《展拓香港界址专条》,港岛、九龙和新界割让、租借给英国。至此,原属新安县的3076平方公里土地中,有1055.61平方公里脱离其管辖,深圳与香港从此划境分治。②

深圳之所以被称为近代中西方文明的交汇地,主要基于以下两个方面的原因:一是地理位置优越。深圳毗邻香港,地处珠江口东岸,是海上丝绸之路的重要节点。这种独特的地理位置使得深圳成为中外交流的重要窗口。二

---

① 深圳市史志办编著《嘉庆新安县志》,华南理工大学出版社,2021,第256页。
② 赵金阳、陈婕、张笑扬:《读懂东莞海洋文化 助推文化强市建设》,载《东莞文化发展报告(2023)》,社会科学文献出版社,2023,第57页。

是历史背景深厚。深圳自古以来就是中外交通与贸易的必经之地,历史上与海外有着密切的联系。特别是在近代,鸦片战争后,深圳逐渐成为西方文化和技术传入中国的重要门户。在 200 多年的时间里,中西方文化在此相互碰撞、交融,共同书写着人类海洋文明的新篇章。

(三)深圳是新时期海洋文化交流的重要窗口

自改革开放以来,深圳作为中国最早的经济特区之一,积极拥抱世界,对外开放程度不断提升,成为中国与外部世界交流的重要桥梁和纽带。深圳作为与海洋文化交流的重要窗口,其重要性主要体现在以下几个方面:一是经济特区地位。深圳作为经济特区,享有国家给予的特殊政策和灵活措施,吸引了大量外资和外国企业入驻。这些外资和外国企业的进入,不仅带来了先进的生产技术和管理经验,也促进了深圳经济的快速增长和产业升级。深圳的海洋经济和海洋活动基本围绕珠江口、深圳湾、大鹏湾和大亚湾四片海域展开,这些海域不仅承载了深圳的海洋产业,也形成了深圳地区的海洋文化。深圳的海洋产业包括渔业、海洋运输、海洋旅游等,这些产业的发展不仅推动了深圳的经济增长,也丰富了深圳的海洋文化内涵。二是对外贸易与合作。深圳凭借其优越的地理位置和便捷的交通条件,成为中国对外贸易的重要门户。深圳港是中国南方重要的海港之一,与世界多个国家和地区建立了贸易关系。同时,深圳还积极参与国际经济合作与竞争,推动了中国与世界经济的深度融合。三是文化交流与传播。深圳在对外开放的过程中,也注重文化的交流与传播。深圳经常举办各种国际文化交流活动,如国际文化节、艺术展览等,为市民提供了了解世界文化的机会。同时,深圳初步建设了十大海洋历史地标。这十大地标着重突出深圳海洋文化的海洋性与历史感,提升了城市的海洋文化软实力和国际影响力。四是科技创新与人才引进。深圳作为中国的科技创新中心之一,积极引进和培养高层次人才。深圳的科技创新环境优越,吸引了大量国内外优秀科研机构和人才。这些人才和机构在推动深圳科技创新和产业升级的同时,也促进了中国与世界的科技交流与合作。

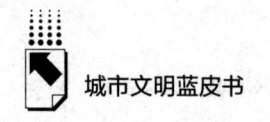

三 深圳城市文化与传统文化中海洋文化基因传承

（一）海洋文化主要特点

海洋文化从内质结构来讲，具备涉海性和包容性；海洋文化从价值取向来讲，具备商业性和牟利性；海洋文化从历史形态来讲，具备开放性和拓展性；海洋文化从哲学与审美来讲，具备生命的冒险性和创新性。深圳，这座充满活力的现代都市，不仅在经济和科技方面取得了显著成就，还具有丰富的传统文化，其中海洋文化尤为突出。

（二）深圳传统文化中海洋文化主要表现

深圳传统文化中的海洋文化主要体现在以下几个方面。

第一，深圳的海洋文化体现在其悠久的捕鱼、航海传统中。自古以来，深圳地区就是海洋文化的重要发源地之一。当地居民以捕鱼、航海为生，形成了独特的海洋生活方式和习俗。这些习俗和文化传统在深圳的日常生活中得以保留和传承，成为深圳海洋文化的重要组成部分。

第二，深圳的海洋文化还体现在其丰富多彩的非物质文化遗产中。例如，沙头角鱼灯舞是南粤农耕文明和海洋文化相融合的艺术结晶，该舞以鱼灯为主要道具，通过舞蹈形式展现海洋生物的灵动和渔民的劳作与生活，是深圳海洋文化的典型代表。此外，大鹏新区南澳街道的舞草龙活动，也是深圳海洋文化的重要体现，这一自清朝以来就形成的文化活动，展现了渔民对海洋的敬畏和感恩。

第三，深圳的海洋文化还体现在其独特的饮食文化中。深圳的海鲜美食种类繁多，如南澳海胆粽，其制作手法传承了近200年，是疍家饮食文化的代表。这种美食以海胆为主要食材，结合糯米的软糯和芒叶的清香，味道独特，深受人们喜爱。

第四，深圳还有代表海洋文化的十大历史地标。截至 2023 年底，深圳拥有南头古城、大鹿湾海域界碑、南山大铲岛、大鹏所城、沙井江氏大宗祠、赤湾左炮台、中英街、赤湾天后庙、鲨鱼涌古港及内伶仃岛十大海洋项目，① 这十大地标着重突出深圳海洋文化的海洋性与历史感。

（三）深圳城市文化传承了海洋文化基因

在市场经济环境下，深圳将资本、劳动、技术、土地等要素聚集在一起，激发出巨大的城市发展动能，形成深圳充满活力、动态、促成改变的特质。人是文化的基本载体，流动着的人群代表着流动着的文化。每个人在成长和生活过程中既是文化的"作品"，又是文化的创造者。作为特定文化的"作品"，他们有着鲜明而不同的文化基因和文化习俗，带着不同的文化底色在城市间流动穿梭，互相碰撞、影响和融合。作为文化的创造者，他们必须形成一种大家都能适应的文化环境。这种环境既要适应他们各自的文化习惯，保留文化的多样化，如饮食、风俗等，又要能使他们拥有共同的价值准则、思想观念乃至文化习俗。这些都为深圳生机勃勃的文化形成提供了肥沃土壤。深圳是一座典型的移民城市，改革开放以来，从四面八方涌入深圳的大量人口，带来了各自的文化，使得各种文化在这里交融、碰撞，而各种文化的交融必然会产生一种新的文化格局，这种文化格局可以自发形成，也可以自觉建构。

深圳作为中国最大和最活跃的外来人口流入城市，人口流动与文化流动的互动显著。1979 年，深圳市常住人口 31.41 万人，到 1985 年，常住人口达到 88.15 万人。2012 年，深圳常住人口 1054.74 万人；2018 年，深圳常住人口为 1302.66 万人。2019 年，深圳常住人口达到 1343.88 万人，其中户籍人口 494.78 万人，比上年增加 40.08 万人，占常住人口的比重为 36.8%；非户籍人口 849.10 万人，占常住人口的 63.2%（见表1）。深圳的外来人口来自全国各地。

---

① 《市级以上文物保护单位名录一览表》，深圳市文化广电旅游体育局官网，http://wtl.sz.gov.cn/ggfw/whl/shwhttylb/index.html。

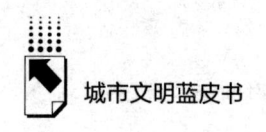

表1　深圳市2012~2019年末人口统计

单位：万人

序号	统计时间	年末常住人口	户籍人口	非户籍人口
1	2012年	1054.74	287.61	767.13
2	2013年	1062.89	310.47	752.42
3	2014年	1077.89	332.21	745.68
4	2015年	1137.87	354.99	782.88
5	2016年	1190.84	384.52	806.32
6	2017年	1252.83	434.72	818.11
7	2018年	1302.66	454.70	847.96
8	2019年	1343.88	494.78	849.10

资料来源：周建新等《深圳文化创新研究》，中国社会科学出版社，2022，第87页。

作为典型的移民城市，深圳市外来人口占比高。"来了就是深圳人"的口号也代表深圳的开放、包容、激情，吸引着众多年轻人前往。数据显示，2017年，深圳外来人口中以广东人居多。其中以潮汕人和客家人为主；在深圳的外省人口中以湖南人为首，多达192万人；其次是湖北人、广西人、四川人（见图1）。深圳置业者的户籍调查中，广东人遥遥领先于其他省份，占到25.2%。但是，外省人比例接近八成，达到74.8%，其中占比较高的分别是湖南人14.1%、湖北人12.8%、江西人11.4%。湖南和广东接壤，距离较近，改革开放初期，大量的湖南人涌入广东打工、创业，其中大部分人都来到深圳，为深圳初期的建设作出了重大的贡献。这部分常住人口购房成家落户于此。购房者的家人成为深圳流入人口的主力军，不断为这个城市注入新鲜的"血液"。

据不完全统计，20世纪80年代到深圳创立民营企业的人大多数是广东潮汕人和深圳当地居民，他们（包括大学毕业生）继承了敢为天下先、包容、重商的海洋文化传统，从卖菜、卖烟酒、卖五金、卖茶叶、卖杂货做起，他们的理想是先做打工仔后当老板。他们克勤克俭，生活极其简单，把节省下来的钱再投入企业发展。

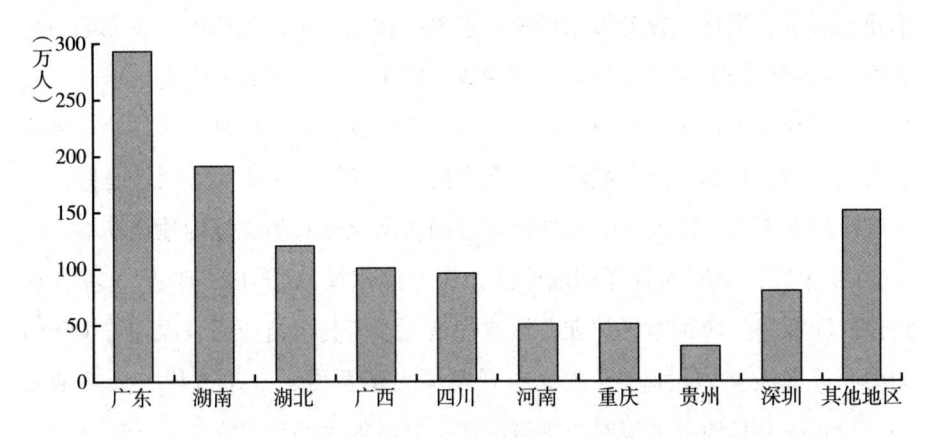

图1　2017年深圳市户籍人口及置业者户籍人口分布统计

资料来源：周建新等《深圳文化创新研究》，中国社会科学出版社，2022，第89页。

综上所述，如果将深圳文化比作一棵大树，树干是移民文化，枝叶则包括中原文化、湘楚文化、巴蜀文化、香港文化，而埋在土壤中的"根茎"一定是以海洋文化为基础的岭南文化。

深圳虽然是一座年轻的城市，但是对深圳历史文化进行深挖后可以发现，深圳不是"文化沙漠"，它原本就是一座具有海洋文化精神的海滨之城。深圳移民突出的特点是敢为天下先、开放、包容、重商、尚法。深圳移民文化创新性地继承了海洋文化中的敢为天下先的精神，深圳移民文化的包容性也遗传了海洋文化中兼容并蓄的精神，深圳移民文化中的重商传承自岭南海洋文化中的商业精神。2019年发布的《中共中央　国务院关于支持深圳建设中国特色社会主义先行示范区的意见》再度明确提出，支持深圳加快建设全球海洋中心城市，也从另一个侧面说明深圳移民文化与岭南海洋文化的传承关系。

四　深圳城市文化建设存在的问题

（一）代表城市文化精神的文化地标仍未形成

最能体现城市文化传承和创意精神的是该城市的文化地标，文化地标对构建、展示、强化、提升城市形象有着重要作用。文化地标的建设和创新是城市文化创新的重要组成部分。就像故宫之于北京，东方明珠电视塔之于上海，解放碑之于重庆，天津广播电视塔之于天津，布达拉宫之于拉萨，雷峰塔之于杭州，黄鹤楼之于武汉，岳麓书院之于长沙，中银大厦之于香港，八一英雄纪念碑之于南昌等。深圳市有过两次文化体育类设施的建设高潮，截至2024年底，深圳拥有深圳歌剧院、深圳国家博物馆（深圳馆）、深圳科技馆、深圳海洋博物馆、深圳自然博物馆、深圳美术馆新馆、深圳青少年活动中心等十大文体设施，[①] 并集中开发了大鹏所城、南头古城、大芬油画村、观澜版画基地、大浪时尚创意小镇、甘坑客家小镇等文化街区或文化小镇。这些文化设施或者文化街区的打造意味着深圳文化地标建设已经取得了一定成就，但是已有的文化地标和文化设施的国际影响力还较为有限，深圳市文化地标的影响力和知名度还有待提高。

（二）代表城市文化派别的"圳"派文化尚未建成

文化派别在城市文化中具有举足轻重的地位，并对城市文化的塑造与发展发挥着关键作用。一是文化派别组成城市文化的核心部分。文化派别是城市文化的重要组成部分，它们代表着城市内不同群体的价值观、生活方式和艺术表现。这些派别之间的交流与碰撞，为城市文化注入了丰富的内涵和活力。二是文化派别承担着塑造城市形象的重要功能。不同的文化派别以其独特的艺术风格和文化特征，成为塑造城市形象的重要力量。它们通过各种文化活动、艺术展览和表演等形式，向外界展示城市的独特魅力和文化底蕴。三是文化派别成为推动城市文化创新的重要动力。文化派别之间的交流与融合，能够激发新的文化创意和灵感，推动城市文化的创新与发展。这种创新不仅体现在艺术领域，还涉及科技、教育、经济等多个方面。就像京派之于北京，海派之于上海。近年来，深圳致力于"深圳学派"的打造，例如，每年深圳市社会科学联合都会推出深圳学派丛书，但"圳"派文化尚未建成。

---

① 《深圳各大博物馆进入"奇妙"时间》，《深圳晚报》2024年5月16日。

（三）深圳海洋故事的讲述能力不足

深圳海洋故事的讲述能力不足的原因主要有以下几个：一是海洋意识觉醒较晚。在过去，深圳的快速发展主要集中在经济领域，而海洋文化的传承与发展相对滞后。近年来，随着海洋意识的逐渐觉醒，深圳开始重视海洋文化的挖掘与传播，但这一过程的发展仍需时间和努力。二是海洋文化研究与传播力量不足。深圳在海洋文化研究方面的投入相对较少，导致对海洋文化的深入挖掘和系统性研究不足。同时，海洋文化的传播渠道和平台也相对有限，难以将深圳的海洋文化故事广泛传播出去。这在一定程度上限制了深圳海洋故事讲述能力的提升。三是缺乏具有影响力的海洋文化品牌。深圳在海洋文化品牌建设方面相对滞后，缺乏具有影响力的海洋文化品牌。这使得深圳的海洋文化故事在传播过程中缺乏足够的吸引力和辨识度，难以引起广泛的关注和共鸣。

五　建设以海洋文化为基础的移民文化思考

深圳要着力赓续岭南文脉、推动深圳优秀传统海洋文化创造性转化和创新性发展，要高度重视传统海洋文化的保护和传承，通过制定和实施一系列政策，为海洋传统文化的创造性转化和创新性发展提供有力支持。

（一）打造代表深圳城市文化精神的地标

代表北京城市文化精神的地标是故宫，代表上海城市文化精神的地标是东方明珠电视塔，而深圳尚未有明确代表城市文化精神的地标。打造代表深圳城市文化精神地标的主要措施有以下几个方面。

第一，明确以海洋文化为基础的移民文化精神。深圳作为中国的经济特区之一，具有独特的城市精神和文化特色。这包括深圳的开放包容、创新进取、务实高效等精神特质，以及深圳的现代化、国际化、科技化等文化特征，这种多元的移民文化是建立在传统海洋文化基础之上的。

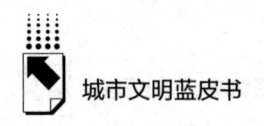

第二，融入城市文化元素。在打造深圳地标时我们需要将城市文化元素融入其中。这可以通过以下方式实现：地标的建筑风格应该体现深圳的现代化和国际化特色，同时要融入传统海洋文化元素，如妈祖、龙、海船等，以展现深圳的开放包容和多元文化交流；地标的景观设计应该考虑与周围环境相协调，同时要体现深圳的自然景观和人文景观。例如，可以在地标周围设置绿地、公园等，以展现深圳的生态文明和绿色生活。

第三，强化地标功能性和互动性。地标不仅仅是城市的象征，更是市民和游客的公共空间和交流平台。在打造深圳地标时要注重其功能性和互动性。地标应该具备多种功能，如观光、文化展示、商业服务等，以满足市民和游客的多样化需求。地标应具备互动性，鼓励市民和游客参与其中，如设置互动展览、文化体验等，以增强市民和游客的参与感、归属感。

第四，结合现代科技手段。现代科技手段可以为地标的打造提供新的可能性和创意。例如，可以利用虚拟现实、增强现实等技术手段，为市民和游客提供沉浸式的文化体验；可以利用大数据分析等技术手段，对地标的使用情况进行监测和分析，以优化地标的运营和管理。建议以南头古城为中心建立赵佗岭南海洋文化博物馆和潮汕人创业博物馆，再与蛇口的海洋博物馆和赤湾的妈祖庙形成三角海洋文化旅游带，将南头古城打造成为以海洋文化为基础的深圳城市文化新地标。

（二）培育代表开放性、创新性的文化艺术流派

第一，促进城市文化的多元发展。文化派别的存在使得城市文化呈现出多元化的特点。不同的文化派别之间互相借鉴、互相融合，共同推动城市文化的繁荣与发展。

第二，增强城市凝聚力和归属感。文化派别能够激发市民对城市的热爱和认同感，增强城市的凝聚力和归属感。市民通过参与各种文化活动，了解城市的历史和文化传统，从而更加珍惜和爱护自己的家园。

第三，提升城市的文化软实力。文化派别通过推广和传播优秀的文化艺术作品，提升了城市的文化软实力。这些作品不仅能够吸引国内外的观众和

游客，还能够提高城市的知名度和美誉度。随着城市化的快速发展，各城市都在积极打造具有自身特色的城市文化。例如，北京作为古都，拥有丰富的历史文化遗产和多元的文化派别，这些派别共同构成了北京独特的城市文化风貌。同时，北京还通过举办各种国际性的文化活动，如奥运会、电影节等，进一步提升了其文化软实力和国际影响力。文化派别在城市文化中具有重要地位，并对城市文化的塑造与发展发挥着关键作用。深圳应充分利用自身的文化资源，打造具有特色的城市文化品牌，推动城市文化的繁荣与发展。打造代表海洋文化精神具有开放性、创新性的"圳派美学"。

（三）设立粤港澳大湾区华侨海洋文化论坛共商深圳海洋文化发展

设立粤港澳大湾区华侨海洋文化论坛，旨在共商共议海洋文化发展，这是一个促进以深圳海洋文化为中心的区域文化合作与交流的重要平台。

第一，明确论坛定位与目标。一是明确论坛定位。将论坛定位为粤港澳大湾区乃至全球华侨海洋文化交流的高端平台，旨在挖掘、传承与创新海洋文化，推动深圳乃至湾区文化共同体的构建。二是明确论坛目标。通过论坛的举办，增进粤港澳大湾区各城市及华侨之间的文化认同与理解，促进海洋文化遗产的保护与利用，推动海洋文化产业的创新与发展。

第二，精心策划与组织。一是成立粤港澳大湾区华侨海洋文化论坛筹备委员会。由粤港澳大湾区各城市的文化部门、华侨组织、学术界及企业界代表组成，负责论坛的整体策划与组织协调。二是确定粤港澳大湾区华侨海洋文化论坛主题与议题。结合大湾区海洋文化的特色与华侨的实际情况，设定具有前瞻性、针对性和可操作性的主题与议题，如海洋文化遗产的保护与传承、海洋文化产业的创新发展、华侨在海洋文化传播中的角色与贡献等。三是邀请嘉宾与参会者。广泛邀请国内外知名的海洋文化学者、华侨领袖、企业家及政府官员等作为嘉宾，同时邀请粤港澳大湾区各城市的相关部门、企业、学术界及民间组织代表参会。

第三，丰富论坛内容与形式。一是组织主题演讲与圆桌对话。邀请嘉宾就论坛主题与议题进行主题演讲与圆桌对话，分享观点与经验，探讨合作与

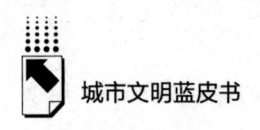

发展机遇。二是举办文化展览与展示。举办海洋文化展览，展示大湾区各城市及华侨在海洋文化方面的成就与特色，如海洋文化遗产、海洋艺术作品、海洋科技产品等。三是进行实地考察与交流。组织参会者参观大湾区内的海洋文化遗产地、海洋产业园区、华侨社区等，增进对大湾区海洋文化的直观认识与了解。四是举办文化沙龙与工作坊。举办文化沙龙与工作坊，为参会者提供自由交流与合作的平台，探讨海洋文化产业的创新与发展路径。

第四，加强宣传推广与合作。一是加强媒体宣传。利用电视、广播、报纸、网络等媒体平台，对论坛进行广泛宣传，提高论坛的知名度与影响力。二是加强社交媒体传播。利用微博、微信、抖音等社交媒体平台，发布论坛相关信息，吸引更多年轻人关注与参与。三是建立合作机制。与粤港澳大湾区各城市政府、高校、研究机构及企业等建立长期合作关系，共同推动海洋文化的发展与创新。同时，寻求与国内外相关机构与组织的合作和交流机会，拓宽论坛的国际视野与影响力。

第五，注重后续跟进与成果应用。一是整理会议资料。将论坛期间的演讲、对话、考察及展览等资料进行整理与归档，形成会议报告或论文集等成果，供参会者及社会各界参考。二是推动项目落地。对论坛期间达成的合作意向或项目建议进行跟踪与推动，确保项目能够落地实施并取得实效。同时，建立项目评估机制，对项目的实施效果进行定期评估与反馈。三是建立长效机制。将论坛作为大湾区海洋文化交流与合作的重要平台，定期举办并不断完善其运作机制与功能。同时，探索建立大湾区海洋文化联盟等机制，为大湾区海洋文化的持续交流与合作提供有力保障。

参考文献

[1]《习近平著作选读》（第一卷），人民出版社，2023。
[2]《习近平著作选读》（第二卷），人民出版社，2023。
[3] 王京生主编《深圳十大观念》，深圳报业集团出版社，2011。
[4] 李凤亮主编《文化科技创新发展报告》，社会科学文献出版社，2020。

［5］李小甘主编《深圳文化创新之路》，中国社会科学出版社，2018。
［6］〔法〕费尔南·布罗代尔：《地中海与菲利普二世时代的地中海世界》，商务印书馆，2013。
［7］吴定海等：《城市文明论》，商务印书馆，2022。
［8］周建新等：《深圳文化创新研究》，中国社会科学出版社，2022。
［9］〔美〕丝奇雅·沙森：《全球城市：纽约 东京 伦敦》，周振华等译，上海社会科学院出版社，2005。
［10］〔法〕莫里斯·哈布瓦赫：《论集体记忆》，毕然、郭金华译，上海人民出版社，2002。
［11］钱穆：《中华文化之特质》，世界书局，1969。

B.8 以名牌培育推动高质量发展

——以现代时尚产业为视角*

方映灵**

摘　要： 高质量发展是中国式现代化的本质要求，是新时代各领域建设发展的核心主题。本文从现代时尚产业视角，考察探析了香奈儿、爱马仕等国际名牌不断创新、品质卓越、引领时尚等特质，这些特质与深圳"创意深圳、时尚之都"的城市形象和未来高质量发展的城市定位十分契合。应该以名牌培育推动深圳时尚产业的高质量发展，使其成为"20+8"产业集群的重要组成部分，让享誉世界的时尚国际名牌成为深圳城市形象标识。名牌培育需要秉持一种长期主义品牌文化，以工匠精神专注锻造。目前深圳时尚产业虽然没有跻身《财富》世界500强和《世界品牌500强》的名牌企业，但良好的发展态势与集群体量，加上深圳全球"设计之都"和创新型城市以及良好营商环境等城市特色优势，将使未来深圳能够培育造就大批具有国际影响力、竞争力的时尚名牌，实现打造新兴时尚产业高地和全球知名新锐时尚产业之都的目标。

关键词： 高质量发展　深圳时尚产业　名牌培育　国际名牌　品牌文化

---

* 本文系深圳市社会科学院专项课题（项目编号：2023AB003）研究成果。
** 方映灵，南方科技大学全球城市文明典范研究院高级研究学者、深圳市社会科学院研究员，主要研究方向为香港商业、思想文化、深圳研究等。

党的二十大报告明确指出，高质量发展是中国式现代化的本质要求，[①]是全面建设社会主义现代化国家的首要任务。[②] 培育品牌、打造名牌就是扎实推动高质量发展。所谓名牌，就是知名品牌、驰名商标。名牌产品是同行业中的佼佼者，是高质量的代名词，是业界的标杆和样板。名牌以极强的竞争力、创新力、传播力与引领力，既体现一个国家和地区的经济实力、创新实力以及文化实力，也体现一个国家和地区的经济开放程度与国际化程度。

深圳是因改革开放而生、以开放创新为特质的现代化国际化城市，打造高质量发展高地是深圳建设中国特色社会主义先行示范区五大战略定位和目标之一，培育、造就大批具有国际影响力、竞争力的名牌，将扎实有力地推动深圳实现高质量发展。深圳也是被联合国教科文组织授予"设计之都"称号的创新创意城市，2022年出台的《深圳市人民政府关于发展壮大战略性新兴产业集群和培育发展未来产业的意见》中明确培育发展壮大的"20+8"产业集群中，现代时尚产业集群是其中之一。本文拟从现代时尚产业视角，考察探析多个国际经典时尚名牌成长发展所呈现出来的共同特质，从而为深圳培育品牌、打造名牌寻找可资借鉴可复制的经验；由此出发观照目前深圳国际名牌，特别是时尚产业发展现状与名牌培育基础，进而探究深圳时尚产业，以名牌培育推动高质量发展问题。

一　名牌的特质

名牌往往具有相当高的知名度、美誉度与信誉度，也可以说，名牌是知名度、美誉度和信誉度的高度统一。通过考察研究多个国际名牌的成长发展之路，我们可以看到，名牌都具有不断创新、品质卓越、引领时尚三个方面的突出特质。

[①] 习近平：《高举中国特色社会主义伟大旗帜　为全面建设社会主义现代化国家而团结奋斗：在中国共产党第二十次全国代表大会上的报告》，人民出版社，2022，第23页。

[②] 习近平：《高举中国特色社会主义伟大旗帜　为全面建设社会主义现代化国家而团结奋斗：在中国共产党第二十次全国代表大会上的报告》，人民出版社，2022，第28页。

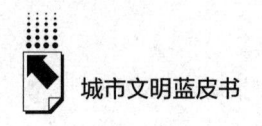

（一）不断创新

一个名牌从创立至成名，离不开创新。创新既是名牌创立的理由，也是名牌成名的关键，更是名牌继续生存发展的制胜法宝。创新是名牌的根和魂。正如华为、苹果等时下热门名牌自问世以来不断创新、推出新品，许多经典国际名牌自创立以来也正是靠不断创新才发展至今。下面本文以国际顶级名牌香奈儿和古驰为例，通过分析考察它们的品牌发展之路，可以发现不断创新对于名牌的重要意义。

法国的国际名牌香奈儿（Chanel）创立于1910年，至今已超过百年。[①] 香奈儿自创立之日起，便围绕现代独立女性的品牌形象进行不断创新。1910年，创立人香奈儿一反传统欧洲女性服饰"可笑的装饰和累赘的花边"的格调，以简约脱俗的创新风格设计制作女式帽子，并在巴黎开店取得成功。1914年，香奈儿针对当时第一次世界大战后妇女解放需求，继续创新设计推出样式简单大方、清新高雅的时装，又受到了空前欢迎。1921年，香奈儿迎合20世纪现代女性摒弃传统追求独立的社会文化心理，以"女人不是花，不应有花香"的革命性文化理念弃用传统香水的花香味，创新推出不带花香的5号香水（Chanel No.5），又引起了轰动，直至今日该款香水的销售量仍然十分可观。此外，其颇具创新独特艺术设计的香水瓶还被作为20世纪现代艺术的象征之一，1959年被纽约现代艺术博物馆列为永久藏品。1926年，香奈儿又继续创新设计制作出被誉为永恒经典时装的"小黑裙"。这款摒弃欧洲传统女装强调纤腰线条及繁复装饰元素、无曲线且全素面的黑色及膝连衣裙，迎合了第一次世界大战后经济不景气的简约风格，推出后被法国主流媒体视为"现代女性新制服"，其在时尚圈的地位及意义已超越了作为一件裙装本身，而成为一种时装态度。1955年，香奈儿又以解放女性双手为理念创新设计出一款以推出日期命名的手袋——2.55，新颖便利的设

[①] 方映灵：《现代商业与社会生活——以香港商业为中心》，广东人民出版社，2023，第93~94页。

计和独特考究的用料工艺，使其在推出后就成为香奈儿的品牌经典和标志性产品。1970年，香奈儿又专门为现代年轻独立女性研创推出香味独具一格、清新自然并以自己生日命名的19号香水，同样，这款香水也成为香奈儿的经典产品。1985年，香奈儿集团为了纪念创立人可可·香奈儿（Coco Chanel），又以其小名Coco为名创新推出韵味独特、高雅脱俗的香奈儿可可（Chanel Coco）香水，同样成为香奈儿的经典产品。

香奈儿除了将品牌与创立人的人生故事搬上银幕外，还被戴高乐时代的法国文化部部长、著名作家安德烈·马尔罗（Andre Malraux）认为是20世纪法国留给世人的三个名字（戴高乐、毕加索和香奈儿）之一，可见香奈儿品牌的文化价值与经典地位之高。在市场价值和全球引领力方面，香奈儿在2020年世界品牌实验室编制的《世界品牌500强》中排名第34位，2023年也仍排第38位[①]，不断创新使香奈儿这个百年名牌至今仍位居世界500强前列。

创立于1921年的国际名牌古驰（Gucci）也是如此。古驰创自享有"艺术之都"美称的意大利佛罗伦萨，拥有精湛手工制作工艺和精致设计，但古驰品牌的独特创新最主要体现在产品材料上。首先，古驰皮件采用的材料不是其他品牌所采用的牛皮而是猪皮，通过一系列独特细致的鞣制技术处理之后呈现出高雅精致的品质。其次，第二次世界大战后，由于皮革原料缺乏，古驰采用优质棉纱创新生产出的布制包，大受欢迎，这种布因此也被称作古驰布。再次，1947年，古驰又创新设计出以竹节替代皮手柄的提包，这些从中国及越南进口的天然竹子，通过独特的手工技术处理之后具有不易断裂的特点，竹节手柄包至今仍为古驰最具创意的经典标志性产品。20世纪50年代，古驰又从马肚带中得到创意，创新推出以红绿、红蓝色的条纹织带作为产品配件的装饰，成为品牌又一经典独特标志。最后，20世纪60年代，古驰再次从马具中得到灵感，创新设计出马术链作为产品的配件装

---

① 《2023年（第二十届）〈世界品牌500强〉隆重揭晓》，世界品牌实验室官网，https://brand.icxo.com/world/2023/。

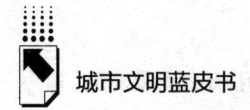

饰，又成为品牌的创意经典，镶有马术链的麂皮休闲鞋成为鞋类典范，被美国的大都会博物馆收藏。一系列独特创新使古驰发展成为常被仿冒的国际时尚大品牌。在2023年世界品牌实验室编制的《世界品牌500强》中，古驰排名第140位，充分表明了这个百年名牌的市场价值和全球引领力。

（二）品质卓越

名牌意味着高质量，是业界的标杆和样板，卓越的品质是名牌的应有之义。名牌的名字甚至成为高品质的代名词，比如爱马仕。品质卓越是名牌的核心竞争力，也自然赢得了消费者的高度信赖，从而拥有极高的美誉度和市场占有率。下面我们通过考察爱马仕、路易·威登及百达翡丽的品牌发展与特色，可以看到，品质卓越就是这些超级名牌的核心竞争力。正是在工艺设计、选材制作及售后服务等环节中全面秉持精雕细琢、卓越精致的高品质，这些超级名牌才发展成为享誉全球的经典名牌和以质取胜的典型范例。

作为人们口中高品质代名词的爱马仕（Hermes），是创自法国的国际名牌，自1837年创立至今已将近200年。[1] 1837年创立之初，爱马仕主要为当时的贵族马车提供精制皮革马具。凭着完美精湛的工艺和设计，爱马仕马具在业界极具声望，1867年在世界皮革展览中获得一等奖，并由此奠定了其在行业内的地位。进入20世纪，由于汽车逐渐取代了马车，马具市场需求逐渐萎缩，爱马仕及时转向制造各类皮件，但仍以精湛技术和高品质，使各类皮制品保持着精致的手工质感。由于精美的手工和贵族式的设计风格，爱马仕成为欧洲各国皇室的御用珍品。爱马仕的皮件不但充分发挥了其制作马具时精雕细琢的传统技术，而且在使用时还显得格外坚固。首先在质料选择上，爱马仕大多精心选用各种珍贵皮料，金属配件则由K金打制而成；其次在染色工艺上，爱马仕的皮件不但色彩亮丽，而且永不褪色；再次，爱马仕手袋自始至终由一个师傅手工制作而成，每一个手袋都是精工细作、独

---

[1] 方映灵：《现代商业与社会生活——以香港商业为中心》，广东人民出版社，2023，第77~79页。

一无二；最后，在手袋的内衬、螺丝、扣环等材料上都会记录匠人的编号和制作年份，日后这名工匠会全权负责这款皮包的维修、保养等一切问题，真正做到"一对一"服务。

除了皮件，爱马仕最著名、最畅销的代表性产品还有丝巾。1937年，为庆祝一百周年店庆，爱马仕充分运用其绝妙的染色技术，秉承精雕细琢的品牌传统开始设计制作丝巾。爱马仕丝巾有两个重要特色：一是全人工制作，从设计图案、印刷上色到卷边缝制，全由手工精制而成；二是图案设计有含义、有根据、有出处、有故事，并且每年都有特定的主题，如1937年以城市巴士为主题，1992年以海为主题，1993年则以马为主题等。图案设计则每一年有两个系列问世，每个系列有12种不同的设计款式，其中6款是全新款式，其余6款是基于原有设计而作的重新搭配，做到既有创新又有传承。在丝巾编织过程中，工匠们会加上蜜蜂、马等暗花图案，使丝巾更具特色；丝巾调色一般达12种至36种甚至37种；每一方丝巾必须经过严谨细致的7道手工工序，费时18个月才得以制作完成，真正做到颜色、图案含义和制作工艺的完美统一。爱马仕丝巾质地华美，带有细细的直纹从而不易起褶皱。由于飘逸出众、精美绝伦，爱马仕丝巾一直是馈赠女士的首选礼物。英国邮票上伊丽莎白女王所系丝巾，就是爱马仕的杰作。虽然价格不菲，但爱马仕丝巾历来备受追捧。据说，全世界平均每38秒就会卖出一条爱马仕丝巾，而在巴黎爱马仕总店，圣诞期间更是门庭若市，顾客排长龙等候，平均每20秒卖出一条，可见其市场受欢迎程度和品牌影响力。

由于卓越的品质、典雅尊贵的品牌特色及精美实用的使用价值，爱马仕成为盛行不衰、享有盛誉的经典国际名牌，并成为世人口中极致高品质的代名词。在市场价值和全球引领力上，2020年在世界品牌实验室编制的《世界品牌500强》中，爱马仕排名第72位，2023年更以质取胜地排在第69位[①]，

[①]《2023年（第二十届）〈世界品牌500强〉隆重揭晓》，世界品牌实验室官网，https://brand.icxo.com/world/2023/。

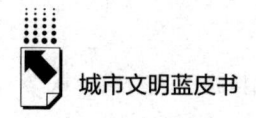

一个将近两百年的名牌至今仍保持如此强劲的生命力、竞争力与影响力，充分说明了卓越品质对于名牌生存与发展的重要性。

1854年创自法国的路易·威登（Louis Vuitton，LV），秉持精致、品质、舒适的"旅行哲学"，其箱包以轻巧典雅的风格特色，被视为旅行用品中最精致的象征。①路易·威登箱包的最大特点是它的耐用性与防水耐火性。它使用的制作材料，不是皮革和皮料，而是一种油画用的独特帆布材料，该材料轻巧柔软，外加一层防水的PVC，后由一系列精湛工艺制作而成，这使路易·威登箱包能够拥有历久弥新、不易磨损、经久耐用的高品质。一件路易·威登手包用了十几年后不仅可以完好如初，而且由于与人的肌肤长期接触反而变成自然典雅的颜色。这也是它广受人们追捧的重要原因。在2023年世界品牌实验室编制的《世界品牌500强》中，LV排名第30位。②一个近两百年的时尚名牌在世界500强中排名如此靠前，足见其品牌价值和全球引领力。

被誉为"表中劳斯莱斯"的百达翡丽（Patek Philippe），作为世界四大名表之一，始创于1839年的瑞士。秉持珍贵恒久、工艺美学、情感传递等理念，百达翡丽表是精美设计、精雕细琢加上宝石镶嵌等手工润饰后的艺术精品，它的品质标准，被业界公认为严谨完美。此外，在售后服务方面，百达翡丽在瑞士总店及世界各大都市代理店中，还备有半世纪前的产品零件供维修之用，充分表现出服务的高品质。在2023年世界品牌实验室编制的《世界品牌500强》中，百达翡丽排名第237位。③高品质使这个近两百年的超级名牌具有恒久的市场价值和全球引领力。

（三）引领时尚

名牌是社会时尚的风向标，是时代潮流的引领者。引领时尚是名牌名扬

---

① 方映灵：《现代商业与社会生活——以香港商业为中心》，广东人民出版社，2023，第79~81页。
② 《2023年（第二十届）〈世界品牌500强〉隆重揭晓》，世界品牌实验室官网，https：//brand. icxo. com/world/2023/。
③ 《2023年（第二十届）〈世界品牌500强〉隆重揭晓》，世界品牌实验室官网，https：//brand. icxo. com/world/2023/。

四海并持续发展的重要因素。由于对社会时尚潮流的引领和改变,名牌有力地推动了社会文明、生活方式与生活品质的进步、改变和提高。关于这一点,我们除了可以从上面所考察的名牌中领略到之外,还可以从其他国际名牌,如巴黎世家、迪奥、资生堂等的发展中看到。

许多名牌就是以标榜引领时尚而创立成功的。被赞为"时尚革新者"的国际名牌巴黎世家(Balenciaga)就是突出代表。[1] 始创于1937年的巴黎世家,推出的第一个女装系列是以高腰娃娃裙(Baby Doll Dress)、茧形大衣(Cocoon Coat)、蓬蓬裙(Balloon Skirt)等"革命性"线条廓形设计,闪亮于当时的时尚界,因此被赞为"时尚革新者",引领女装新潮流。其独特之处在于采用一种斜裁的精致剪裁方式:运用此起彼伏的流动线条与廓形设计,在塑造服饰立体感与设计美感的同时,从根本上解放了传统服饰对身体的束缚,将宽松舒适感与独特时尚美感结合在一起。由于在时尚界的突出成就与贡献,1958年,创始人克里斯托巴尔·巴黎世家被法国政府授予"荣誉军团勋章"。

同样成功的还有克里斯汀·迪奥(Christian Dior,简称迪奥、Dior或CD)。[2] 1947年,法国服装设计师克里斯汀·迪奥在巴黎举办了一场为改变女性着装形态、带给女性全新面貌的"新风貌"(New Look)时装发布会,并一举成名。该时装发布会上推出的时装系列以黑色"花冠"裙为主打,一扫当时第二次世界大战后女装保守呆板的形象,展现了女性曲线之美,在惊艳世人之后成为时尚潮流。由于这一时装系列的成功,当时完全不被欣赏的黑色也随之成为一种时代流行色系。

名牌引领时尚改变了人们的生活方式,也提高了人们的生活品质。这一点我们也可以从日本的国际名牌资生堂中看到。资生堂(Shiseido)始创于1872年,原本是一家西式药房,至今已有150多年的历史。[3] 1888年,资

---

[1] 方映灵:《现代商业与社会生活——以香港商业为中心》,广东人民出版社,2023,第99~100页。

[2] 方映灵:《现代商业与社会生活——以香港商业为中心》,广东人民出版社,2023,第95~97页。

[3] 方映灵:《现代商业与社会生活——以香港商业为中心》,广东人民出版社,2023,第86~88页。

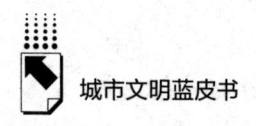

生堂以"提倡美的生活方式"为宗旨，成功研制出日本第一支牙膏"福原卫生牙膏"，从而取代了当时颗粒粗糙、极易损伤牙齿的洁牙粉。牙膏推出后，即使定价为洁牙粉的十倍，也很快被市民抢购。此后，资生堂陆续研制出一系列生活用品，包括护肤、彩妆、香水、护发美发产品等，均取得成功，其中尤以保养系列化妆品著名，资生堂的出现极大地改变了人们的生活方式。

名牌除了以极具创意的产品引领时尚，有些名牌的品牌文化甚至成为美学艺术领域的引领者。资生堂就是一个突出的例子。根据"提倡美的生活方式"的品牌宗旨，资生堂以极具创意感和时尚感的装饰艺术形成精致优美的品牌风格，在日本人心目中成为美的代名词。不仅如此，1937年，资生堂还以"引导帮助人们想象美的生活"为理念，推出了品牌营销内刊《花椿》。由于汇集了如"日本商业美术之父"山名文夫等众多杰出艺术家，《花椿》在诠释资生堂品牌之美的同时，也使资生堂在产品包装、广告设计、企业形象等方面成为日本美学的领导者。由于率先引领日本时代艺术风尚，也见证了日本现代设计的发展和时代潮流的变迁，《花椿》被视为日本时尚杂志先驱，并被称为"一部日本视觉设计史"，成为日本很多设计类专业学生必看的权威基础学习资料。《花椿》在国际上也享有极高的美誉度与影响力，被誉为20世纪"日本最美杂志"。一个名牌以及所衍生出来的品牌文化对社会文明进步发展的推动影响可见一斑。

二 名牌培育与高质量发展

以上考察分析了名牌不断创新、品质卓越、引领时尚等特质，而我们又发现，这几个特质恰恰与深圳的城市特质十分契合。深圳的城市形象宣传口号就是"创意深圳、时尚之都"，追求高品质、高质量的"深圳质量""圳品"历来有口皆碑，而打造高质量发展高地更是深圳城市发展的未来定位和目标。因此，培育名牌、打造更多名牌对于深圳来说已具备良好的基础条件，也十分契合深圳未来高质量发展的城市定位目标。

（一）深圳的国际名牌

由于名牌体现了一个国家和地区的经济实力、创新实力、文化实力以及竞争力、影响力，所以，业界历来高度重视每年的《财富》世界500强排行榜与《世界品牌500强》排名榜；这两个榜单虽然有重合之处，但考察核心维度还是各有侧重，它们分别是从营业收入与品牌影响力两个主要方面做出排名。据2024年最新发布的《财富》世界500强排行榜，中国（含台湾地区）共有国家电网、中国石油、中国平安、阿里巴巴等133家品牌企业进入世界500强，其中深圳共有10家，分别是中国平安（第53位）、华为（第103位）、腾讯（第141位）、比亚迪（第143位）、招商银行（第179位）、万科（第206位）、深投控（第370位）、顺丰（第415位）、中国电子（第435位）、立讯精密（第488位）。而在2023年世界品牌实验室发布的《世界品牌500强》排名榜中，入选的中国品牌共有国家电网、腾讯、华为、海尔、中央电视台等48个，其中深圳共有3个，分别是腾讯（第34位）、华为（第55位）、中国平安（第143位）。

可以看到，在众多深圳本土名牌中，只有腾讯、华为、中国平安3个企业既入选了《财富》世界500强排行榜，也入选了《世界品牌500强》排名榜，而且在两个榜单中位置都很靠前，它们是居于世界领先地位的国际名牌。这3个分属互联网、计算机与通信、多元化金融3个行业的深圳本土品牌成为国际名牌，可以说从一定程度上反映了深圳作为举世闻名的经济特区以及享有"中国硅谷"美誉的城市特质。

深圳的城市形象宣传口号是"创意深圳、时尚之都"，但从上可见，深圳本土品牌中并没有真正属于现代时尚产业的钟表与珠宝、日化、服饰等行业的国际名牌。深圳借改革开放之便，又毗邻港澳，由此涌现出飞亚达钟表、罗湖水贝珠宝、深圳女装（如玛丝菲尔、歌力思、影儿时尚）等多个行业的著名品牌，这些品牌由于源自外向型企业率先与国际接轨而颇具现代国际特色；但是，要真正发展成为具有世界引领力和影响力的国际名牌甚至像腾讯、华为、中国平安那样进入世界500强，仍需付出相当大的努力；至

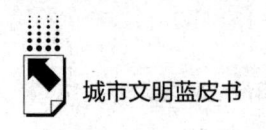

于要发展成为像香奈儿、爱马仕那样极具文化艺术创意和独特历史底蕴的时尚经典奢侈品国际名牌，则还需要秉持一种"做百年老店"的长期主义理念和耐心。

（二）深圳时尚产业发展现状

尽管还没有国际名牌，但深圳的现代时尚产业目前已具备培育名牌的良好基础和发展态势。经过改革开放40多年现代化国际化的发展，深圳的现代时尚产业被认为是国内行业门类最齐全、原创品牌最集中、产业配套最完善、规模集聚效应最显著的基地之一。目前深圳全市钟表行业的手表产量占全球手表产量的40%；黄金珠宝行业方面，全市制造企业超过2000家，交易中心和批发市场超过30家，产业队伍超过20万人，行业全年黄金提货量占上海黄金交易所的70%；服装行业方面，全市拥有上市企业近10家、品牌企业2500多家，深圳品牌服装在全国大中城市一线商场占有率超过60%，市场占有率位居全国第一；产业规模集群方面，除了有罗湖水贝黄金珠宝产业园、龙岗李朗国际珠宝产业园与盛世珠宝文化产业园，还有南山华侨城原创设计师集群、龙岗横岗眼镜产业集群、龙华大浪时尚小镇等。

除了具备良好的时尚产业基础，深圳还参照巴黎、米兰等国际著名时尚之都的做法，陆续培植搭建与时尚产业相匹配的传播交流平台与活动。鉴于时装周是最具宣传效应的时尚产业展示交流平台，深圳依托本地品牌服装在时尚界的优势地位，借鉴巴黎、米兰、伦敦、纽约四大国际著名时装周的做法，2015年正式创设深圳国际时装周。经过10年的探索发展，深圳国际时装周的影响力越来越大，已成为"创意深圳、时尚之都"城市形象的重要展示窗口与最佳平台。以此为发端，深圳还陆续开展"原创时装周""国际时装节"等各种多元化时尚节庆活动，包括举办时尚前沿论坛、时装设计创新作品大赛、国际时尚潮流趋势以及全球时尚指数发布等，一方面赋能原创设计师及时尚创新设计并致力于服务时尚品牌商业落地，另一方面则努力为深圳时尚产业发展打造资讯发布平台、产学研平台、国际交流平台、人才培育竞技平台及服饰文化传播平台。丰富多样的时尚文化活动，有力推动了深圳时尚产业的蓬勃发展，进一步夯实了深圳时尚产业名牌培育的基础。

深圳时尚产业良好的现状基础和发展需求，吸引了世界三大知名时尚设计院校之一——意大利米兰马兰戈尼学院落户深圳。2016年，经过精心选址，马兰戈尼学院在深圳华侨城OCT-loft创意园开办了全球第六个校区。作为华南地区首家世界级时装与设计专业院校，马兰戈尼学院深圳分校的设立，将培养具有世界视野和国际标准的时尚专业人才，在为南山华侨原创设计城市集群注入新元素新活力的同时，也将对深圳时尚产业的名牌培育和未来发展产生深远影响。

（三）以名牌培育推动深圳时尚产业高质量发展

基于深圳时尚产业良好的产业基础和发展态势，又恰逢深圳城市新发展契机，2020年，深圳发布了《深圳市时尚产业高质量发展行动计划（2020—2024年）》。该计划明确提出，在未来的5年中，深圳时尚产业将紧跟深圳的粤港澳大湾区核心城市和中国特色社会主义先行示范区"双区驱动"的历史发展机遇，围绕深圳建设"具有世界影响力的创新创意之都"的城市发展定位，在新一轮科技革命和消费变革中加快时尚产业的转型升级与高质量发展，努力把深圳建成国际化区域性时尚产品制造与消费聚集区，建成亚洲领先、全球知名的新锐时尚产业之都。这一发展计划把深圳时尚产业与深圳城市发展定位紧密相连，并凸显了对打造深圳城市形象的主动担当。该行动计划扎实有力地推动了深圳时尚产业的发展，2021年，深圳时尚产业实现产业增加值377亿元，预计到2025年将达到420亿元。

面对数字化时代的到来，2023年，深圳又出台了《深圳市现代时尚产业集群数字化转型实施方案（2023—2025年）》，其中提出，到2025年深圳将推动超过480家、覆盖50%以上经济规模的集群企业实施数字化转型，促进深圳时尚产业向高端化、数字化、品牌化发展。可以说，该方案希望充分利用数字化转型契机，借助数字化技术手段，赋能培育时尚产业名牌。

良好的发展态势与集群体量，充满现代创意、引领时尚的特质，让时尚产业与深圳作为现代化国际化创新创意城市的建设定位和发展方向十分契

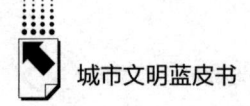

合，因此，2022年，深圳为构建新发展格局出台了《深圳市人民政府关于发展壮大战略性新兴产业集群和培育发展未来产业的意见》，倾力培育发展壮大"20+8"产业集群，推动高质量发展，现代时尚产业集群也被列入其中。该意见明确提出，要推动深圳时尚产业中服装、黄金珠宝、钟表、家具等优势传统产业的时尚化、品牌化升级，加强服装功能面料、家具智能芯片、钟表机芯等技术攻关，建设时尚产业互联网平台和珠宝玉石综合贸易平台，并培育若干国际知名展会，支持全市各区建设时尚产业集聚区，打造新兴时尚产业高地、国际时尚消费中心城市和国际会展之都。应该说，该意见精准把握了深圳时尚产业的发展现状与传统优势，并整合深圳在科技、互联网、会展业的领先特色优势，为时尚产业赋能，从而扎实推动优势传统产业的时尚化、品牌化升级，使深圳时尚产业与其他"20+8"产业集群一起成为推动深圳经济社会高质量发展的主引擎。

由上可见，围绕高质量发展，深圳时尚产业从提出高端化、数字化到时尚化、品牌化，其实归结起来就是要培育名牌。也可以说，培育名牌，特别是培育国际名牌是深圳时尚产业界当下及今后相当长一段时间的中心任务与目标。

应该以名牌培育推动深圳时尚产业的高质量发展，使其成为新兴产业集群的重要组成部分，并让享誉世界的时尚国际名牌形塑"创意深圳、时尚之都"的形象标识。综观当今世界各大著名时尚之都，均拥有多个时尚国际名牌，这些国际名牌，在收获丰厚经济效益的同时，也彰显了各自国家及城市的文化创新力、国际影响力和国际引领力。

三 结语

名牌的形成不是一蹴而就的，而是需要秉持一种长期主义的品牌文化，以工匠精神持续发力、专注锻造。深圳是拥有联合国教科文组织授予的"设计之都"称号的创新创意之城，又有"中国硅谷"的美誉，在科技创新、互联网及会展业等方面也具有领先优势，因此，无论是时尚产业所需要的创新人才、创新技术、创新理念、创新质料,还是时尚品牌的商业落地、传播交流营销及所需的氛围环境等,深圳均能切实提供。假以时日,深圳时尚界将培育出一个个享誉国际、具有国际影响力和竞争力的名牌,实现打造新兴时尚产业高地和全球知名新锐时尚产业之都的发展目标。

B.9 基于深圳经验的粤港澳大湾区全民阅读协同发展机制研究[*]

严诗喆 王凯正[**]

摘 要： 全民阅读是文化强国建设的重要组成部分，对提升国民素质、促进社会文明进步具有重要意义。粤港澳大湾区作为国家战略发展区域，通过全民阅读提升区域文化软实力、促进人文湾区建设显得尤为必要。深圳作为"全球全民阅读典范城市"，其丰富的实践经验为大湾区全民阅读协同发展提供了宝贵借鉴。本研究在区域协同发展的语境和全民阅读作为跨领域综合性学科的理论框架下，基于对深圳全民阅读模式的经验提炼和把握，结合粤港澳大湾区发展实际，探讨构建大湾区全民阅读协同发展机制的路径，提出促进大湾区全民阅读高质量发展的对策建议。

关键词： 全民阅读 协同发展 深圳经验 粤港澳大湾区

一 研究背景

全民阅读不仅是提升个体知识水平和文化素养的途径，更是衡量一个国

---

[*] 本文系研究阐释党的二十大精神国家社科基金重大项目"推进文化自信自强的时代背景与现实途径研究"（项目编号：23ZDA081）；广东省普通高校特色新型智库"南方科技大学文化新质生产力研究中心"（2024TSZK011）研究成果。

[**] 严诗喆，南方科技大学全球城市文明典范研究院研究助理教授（副研究员），主要研究方向为城市文明、文化研究、阅读社会学、思想文化史等；王凯正，暨南大学文学院博士研究生，主要研究方向为文化产业与传媒艺术。

家文化软实力和综合国力的重要指标。在全球化和信息化时代背景下,全民阅读的社会意义和国家战略意义愈发凸显。粤港澳大湾区作为国家战略发展区域,其文化发展对整个国家的软实力提升具有示范和引领作用。作为改革开放的前沿城市,深圳在全民阅读方面的成功实践为大湾区乃至全国提供了可借鉴的经验。

二 研究意义

(一)全民阅读是跨领域综合性学科

全民阅读已成为一个跨学科研究领域,涵盖社会学、文化学、传播学、教育学、图书馆学以及公共管理等多个学科。从社会学视角看,全民阅读能够促进社会整合和文化认同;① 从文化学视角看,全民阅读是文化传承和创新的重要途径;② 从传播学视角看,全民阅读的推广机制和媒介使用对阅读效果有重要影响。③ 在区域协同发展方面,文化领域的协同发展对于区域一

---

① 阅读作为一种资本,如何改变人与人、人与社会、人与民族国家的关系和想象,可以参考借鉴下列经典著作:Putnam, R. D., *Bowling Alone: The Collapse and Revival of American Community*, New York: Simon and Schuster, 2000. Bourdieu, P., *Distinction: A Social Critique of the Judgement of Taste*, Cambridge, MA: Harvard University Press, 1984. Anderson, B., *Imagined Communities: Reflections on the Origin and Spread of Nationalism*, London: Verso, 1983.
② 杜维明:《关于传统文化创造性转化的几点思考》,《中央社会主义学院学报》2019年第4期,第101~108页;彼得·伯克探讨了印刷文化对知识传播和文化发展的影响,阅读是文化传承的重要载体,参见 Burke, Peter., *A Social History of Knowledge: From Gutenberg to Diderot*, Cambridge, UK: Polity Press, 2000.
③ 关于媒介对阅读的影响,Livingstone 探讨了新媒体对年轻人的影响,其中包括对阅读习惯和阅读理解的影响;Kress 分析了新媒体时代下读写能力的变化,并探讨了不同媒介形式对读写能力发展的影响。详见 Livingstone, Sonia M., *Young People and New Media Childhood and the Changing Media Environment*, London: SAGE, 2002. Kress, Gunther R., *Literacy in the New Media Age.*, London: Routledge, 2003. 张晗等在2024年出版的英文论著中揭示新媒体时代阅读行为的变化机制,为阅读推广和文化政策制定提供了参考,详见 Zhang Han & Lu Jiajie, *Digital Reading of Net Generation in China*, New York: Routledge, 2024。

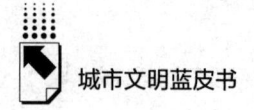

体化进程具有推动作用。① 深圳全民阅读的成功经验,如政府主导、社会共建的模式,创新机制和多元发展,以及文化品牌的辐射效应,为其他城市提供了借鉴。

(二)社会学方法介入阅读文化研究

全民阅读概念的提出和推广,正是看到社会学方法、从整体上观察"图书传播循环圈"的必要性与价值。图书史专家罗伯特·达恩顿认为,除非从整体上把握这个循环(从作者到出版社、印刷厂、运输商、书商、读者),否则单独分析各部分并不会体现它们的完整意义。② 有鉴于此,黄晓新从中国全民阅读的实践经验出发,明确以"阅读社会学"立论,指出全民阅读需要全社会各行各业共同推动,如此方能真正实现阅读资源的普惠均衡。③ 通过构建关于知识生产与传播的全局观,政府、学界、媒体、企业、社会大众可以就与利益相关的共同议题,展开跨越"精英与大众""理论与实践""传统出版与新兴媒介"等各类边界的交流互鉴与通力合作。

(三)全民阅读促进社会整合与文化认同

在文化治理的宏观视角下,全民阅读是公民参与社会生活、推动实现公平正义的重要途径。罗伯特·帕特南(Robert Putnam)探讨了社会资本与公民参与之间的联系,指出阅读对于拓宽个人视野、理解社会问题、促进公民参与、积累社会资本发挥着重要作用。④ 皮埃尔·布迪厄(Pierre Bourdieu)认为,文化资本、经济资本和社会资本可以相互转化并影响个体

---

① Storper, M., *The Regional World: Territorial Development in a Global Economy*. New York: Guilford Press, 1997. Florida, R., *The Rise of the Creative Class, Revisited*, New York: Basic Books, 2012. Scott, A. J., "Creative cities: Conceptual Issues and Policy Questions", *Journal of Urban Affairs*, 2006, 28 (1), pp.1-17.
② 〔美〕罗伯特·达恩顿:《阅读的未来》,熊祥译,中信出版社,2011,第182~185页。
③ 黄晓新:《阅读社会学——基于全民阅读的研究》,人民出版社,2019。
④ Putnam, R. D., *Bowling Alone: The Collapse and Revival of American Community*, New York: Simon and Schuster, 2000. 本书关于社会资本与阅读之间关系的讨论,散见于多处,例如,第9章对读书会的讨论体现了阅读促进社会交流与合作的作用。

在社会等级秩序中的位置和流动。拥有良好阅读习惯和较高阅读素养的个体,更有可能通过提升受教育水平,获得更好的职业发展和更高的社会地位。阅读作为积累文化资本的关键手段,对于实现阶层流动与社会公平意义重大。①

在城市文化建设方面,深圳以"阅读"IP化为路径,通过举办全民阅读品牌活动,将公共文化活动有效地融入公共图书馆和书城的文化基础设施建设之中,致力于公共阅读产品及文化服务的深层对接。② 在国际文化交流方面,深圳积极融入全球公共文化领域,参与联合国教科文组织倡导的"新人文主义"地方实践,构建了具有"全球视野、国家立场、深圳表达"特色的文化生产机制,为探讨全球与地方、现代与传统之间的关系提供了独特视角和研究路径。③ 尽管如此,全民阅读在促进城际交流、区域联动以及共同体意识构建方面的潜力尚未得到充分重视,其作用有待进一步发挥。

全民阅读通过共享阅读文本和文化体验,能够塑造共同的文化记忆,从而增强社会凝聚力和文化认同。本尼迪·安德森(Benedict Anderson)将民族视为一种"被想象出来的政治共同体",其成员之间可能互不相识,但在心中共享着归属感和认同感。④ 同理,区域文化共同体如"人文湾区"亦可通过引导来塑造。"共读"作为城市间交流互鉴的隐喻,对于培养"人文湾区共同体"意识具有潜移默化的作用。因此,全民阅读在"共建人文湾区"或区域融合发展过程中的功能和价值有待进一步深挖并善用。

---

① Bourdieu, P., *Distinction: A Social Critique of the Judgement of Taste*, Cambridge, MA: Harvard University Press, 1984.
② 李丹舟:《城市文化治理的深圳经验:以"图书馆之城"建设为例》,《深圳社会科学》2019年第1期,第111~120+160页。
③ 任珺:《文化流动与文化公共领域治理模式转型》,《中国文化产业评论》2015年第2期,第59~69页。
④ Anderson, Benedict R. O'G. (Benedict Richard O'Gorman), *Imagined Communities: Reflections on the Origin and Spread of Nationalism*. Rev. ed., London: Verso, 2006.

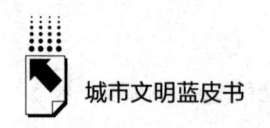

三 粤港澳大湾区全民阅读协同发展的机遇和挑战

在全球化浪潮的推动下,区域协同发展已然成为提升区域竞争力的重要途径。然而,协同发展并非简单的趋同,而是在保留城市个性的基础上实现区域整体的和谐发展。对于粤港澳大湾区而言,如何在特殊制度安排下实现协同发展,是一个极具挑战性的课题。值得留意的是,《粤港澳大湾区发展规划纲要》已对此提出明确指示和引导。如"大力发展特色金融产业""支持香港、澳门、广州、佛山(顺德)弘扬特色饮食文化,共建世界美食之都""支持珠三角九市发挥各自优势,与港澳共建各类合作园区,拓展经济合作空间,实现互利共赢"等措施,都体现了这一精神,旨在通过发挥各城市的比较优势,促进差异化发展和互补合作,最终实现区域的整体繁荣。

粤港澳大湾区的协同发展模式致力于构建一个多元共生、优势互补的区域共同体。这为《粤港澳大湾区全民阅读共同宣言》的发布和实施创造了条件、营造了氛围、奠定了基础。2024年4月23日,正值第29个世界读书日暨首个"香港全民阅读日",联合出版集团、广东省出版集团、澳门出版协会发起成立"粤港澳大湾区全民阅读促进会",发布《粤港澳大湾区全民阅读共同宣言》(以下简称"共同宣言"),为大湾区建设"人文湾区"和"国际文化交往中心"注入新的活力,为区域协同发展和城市个性化发展提供了新的契机。

《粤港澳大湾区发展规划纲要》明确提出"建设人文湾区",《共同宣言》的发布正是对该目标的积极响应,倡导形成"大湾区阅读文化",主张构建"书香湾区",赋能助推"人文湾区"建设。从这层意义上看,《共同宣言》的发布为大湾区协同发展和软实力提升提供了"全民阅读"方案。全民阅读作为一种跨地域、跨阶层的文化活动,具有强大的社会动员力和文化凝聚力,能为文化认同、城市个性和区域协同发展三者的有机结合带来理论、方法和路径启发。另外,各城市在历史、文化、制度、科技等方面的差异为全民阅读在大湾区的协同发展带来了挑战。本文接下来将以深圳全民阅读推广经验为参照，就粤港澳大湾区全民阅读协同发展议题展开进一步探讨。

四 基于深圳经验的粤港澳大湾区全民阅读协同发展机制构建

经长期探索实践，深圳在全民阅读推广方面积累了大量经验。作为联合国教科文组织授予的"全球全民阅读典范城市"，深圳在促进粤港澳大湾区全民阅读推广与协同发展方面能发挥怎样的作用？深圳的全民阅读经验能带来哪些助力区域文化软实力提升的方法路径？粤港澳大湾区如何以全民阅读为着力点，创新构建区域合作机制、带动多领域协同发展？这一小节将重点围绕这些问题展开论述。

（一）构建权责明确的区域协同治理机制

根据《深圳经济特区全民阅读促进条例》（以下简称"促进条例"），深圳全民阅读促进工作遵循政府引导和社会参与相结合的原则，由政府与社会各界协同提供全民阅读服务。《促进条例》要求市、区政府将全民阅读促进工作纳入本级文化事业发展规划范畴；设立由市级相关政府部门及群团组织构成的深圳市全民阅读指导委员会，由市文化部门主管并负责相关工作的有序开展；组织拟定全市全民阅读发展纲要，广泛征求意见，接受社会监督。这与阅读社会学强调的全方位调动与整合社会资源的观点相契合，[1] 为构建全民阅读区域协同发展机制提供了重要参考。

1. 建立大湾区全民阅读联席会议制度

建议成立大湾区全民阅读联席会议，吸纳大湾区各城市文化部门、图书馆、出版机构、阅读推广组织等相关单位代表参与。设立轮值主席单位，负

---

[1] 黄晓新：《"阅读产业"的由来及意义》，《新阅读》2019年第8期，第13~14页。

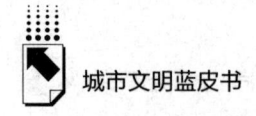

责组织协调联席会议的各项工作。组织架构由主席单位和成员单位组成，主席单位由各城市轮流担任，负责组织和协调联席会议的各项工作。其工作机制包括定期召开联席会议，共同商讨大湾区全民阅读协同发展的重大议题，如阅读资源共享、品牌活动策划、人才培养、阅读推广政策制定、跨区域合作项目等。会议决策机制建议采用民主协商、投票表决等方式，确保决策的科学性与合理性。建立信息共享平台，及时发布各城市全民阅读工作的进展情况、经验做法和问题需求，促进各城市间的经验交流与合作互鉴。

2. 制定大湾区全民阅读发展规划

大湾区全民阅读发展规划是"共建人文湾区"战略的重要组成部分，助力提升大湾区的文化软实力和国际竞争力，服务于共建"国际文化交往中心"的目标。值得留意的是，为响应国家"十四五"规划明确支持香港建设中外文化艺术交流中心的战略部署，香港特别行政区行政长官在2023年的施政报告中明确提出"鼓励全民阅读"，以此作为建设中外文化艺术交流中心的政策措施之一。同年11月、次年4月，《深港"共读双城"共识》《粤港澳大湾区全民阅读共同宣言》相继发布。因此，在讨论粤港澳大湾区全民阅读协同发展议题时，深圳的作用与香港的角色尤其值得关注。大湾区全民阅读发展规划应包括以下几个方面。

一是加强阅读基础设施建设，统筹规划图书馆、书店、阅读空间等建设，实现资源的合理布局和优化配置。例如，根据各城市的人口密度和阅读需求，合理确定图书馆和书店的数量和规模，提高阅读设施的覆盖率和服务质量。探索建设新型阅读空间，如24小时自助图书馆、主题阅读馆等，以满足多元化阅读需求。

二是推动阅读品牌活动创新，整合各城市的阅读资源和文化特色，打造一批具有大湾区特色的品牌活动，如"大湾区阅读节"、"书香湾区"评选活动、"湾区青年阅读论坛"等。鼓励跨城市合作举办主题阅读活动，吸引更多市民参与阅读，营造浓厚的阅读氛围。

三是加强数字阅读平台建设，推动各城市数字阅读平台的互联互通，实现资源共享和服务协同。探索开发统一的大湾区数字阅读平台，整合各城市数字图书馆资源，提供电子书、有声读物、期刊数据库等丰富的数字资源，并提供个性化推荐、在线阅读、学习交流等功能，方便读者随时随地获取阅读资源。

四是培养阅读推广人才队伍，建立健全阅读推广人才培养和交流机制，加强专业培训，提升阅读推广人员的专业素质、策划能力、数字素养和服务水平。鼓励开展跨城市人才交流与合作，分享经验，共同提升大湾区阅读推广的整体水平。

五是促进文化交流与融合，通过举办城际阅读活动、文化展览等，加强各城市间的文化交流与合作，提升区域文化认同感和凝聚力。

（二）创新多元化阅读服务供给模式

深圳在全民阅读促进工作中，创新多元化阅读服务供给模式，从阅读空间、阅读活动、阅读媒介、阅读品牌等方面着手，包括积极探索"城市公共文化空间+"的全新模式，开展深港"共读双城"、深杭文化对视等跨地域阅读文化交流活动，推出"名家荐书马拉松""云上读书月"数字化阅读品牌活动等。

基于深圳经验，大湾区各城市可以在拓展阅读空间、丰富阅读活动、强化数字阅读、加强合作交流等方面积极探索和实践，为市民提供更加优质、便捷、多元化的阅读服务，促进大湾区文化的繁荣和发展。一是打造多元化阅读场所。借鉴深圳"城市公共文化空间+"模式，充分利用公园、广场、购物中心等公共空间，打造特色书吧、文化驿站等阅读场所，为市民提供更加便捷、舒适的阅读环境。二是提升阅读活动参与度。建议各城市结合自身文化特色和城市发展需要，策划丰富多彩的阅读活动，鼓励社会力量参与阅读活动的组织和举办，如企业、社会组织、志愿者团队等，形成政府主导、社会参与、全民共享的阅读活动格局。三是推动阅读服务智能化。开展数字阅读推广活动，如数字阅读培训、数字阅读体验周等，提升市民使用数字媒介获取所需信息、进行深度阅读的能力。四是培育湾区阅读品牌。整合大湾区各城市的阅读资源和文化特色，打造一批具有国

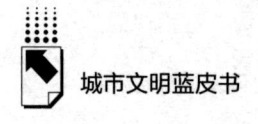

际影响力的阅读文化品牌活动，将大湾区建设成为世界级文旅休闲目的地和国际文化交往中心。

（三）打造大湾区阅读文化品牌

"深圳读书月"作为深圳全民阅读的重要品牌活动，为大湾区打造阅读文化品牌提供了宝贵经验。更重要的是，合办大湾区阅读节、评选年度好书等文化盛会，可以作为提升湾区文化软实力、促进中外文明互鉴的契机和路径，具有不可忽视的战略意义。以跨界合作为方法，将阅读文化与各行各业深度联动、融合，打造湾区阅读文化品牌，建议从以下几个方面着手。

1. 跨界融合，赋能产业发展

将阅读与创意产业、教育行业、科技产业、旅游产业等深度融合。举办以文学作品为主题的创意设计大赛，开发基于阅读的跨文化教育课程，举办科技主题阅读活动，打造主题阅读之旅等。这将有效促进文化创意、教育、科技、旅游等产业的创新发展，形成新的文化消费模式和经济增长点。整合大湾区各城市的特色文化资源，开展具有地方特色的阅读文化活动，如武术主题书画展、粤剧剧本创作工作坊、航海故事分享会等。策划大湾区主题阅读文旅观光线路，如名人故居探访之旅、岭南古建筑探秘之旅、少年湾区阅读探险等。

2. 搭建平台，促进文明互鉴

将阅读作为中外文化交流的重要载体，打造国际文化交流中心。举办国际性的阅读论坛、读书会、文化节等活动，邀请各国作家、学者、艺术家参与，促进不同文明间的对话和互鉴。设立国际阅读奖项，表彰在推广图书阅读、促进文明对话方面做出突出贡献的个人和机构。设立专项基金，支持中外各领域优秀作品的翻译和出版，鼓励多语种阅读资源的创作和传播。搭建国际数字阅读平台，提供多语种阅读资源的在线交流平台，为来自不同文化背景的读者创造共读与对话的机会。

3. 深化合作，构建人类命运共同体

以阅读为桥梁，促进跨文化理解。通过举办以文化遗产为主题的阅读活

动，如体验古代书院文化、戏曲文化、武术文化，参与广彩、剪纸、陶艺等传统手工艺制作等，增强参与者对文化遗产的保护意识。将阅读与全人类共同关注的核心议题相结合，为构建人类命运共同体奠定文化基础。鼓励阅读活动的参与者从不同的文明视角深入探讨共同关注的全球性议题，如气候变化、环境污染、公共卫生、文化遗产保育等，在相互理解尊重的基础上达成共情与共识，建立并提升"国际公民"的身份认同感与责任感，为和平、繁荣、可持续的人类文明及命运共同体贡献力量。

（四）加强阅读推广人才队伍建设

大湾区全民阅读协同发展离不开专业的阅读推广人才队伍。深圳在全国率先推出"阅读推广人"培育计划，能为大湾区提供涵盖计划制定、培训实施、活动开展、合作交流、监督激励和实践锻炼等多个环节的有益经验。其中更值得留意的是，深圳以阅读为媒介开展城际联动的宝贵经验，能为大湾区阅读推广人才的交流互鉴带来思路启发。

1. 建立阅读推广人才交流机制

人才交流对大湾区全民阅读协同发展具有重要的促进作用。建立人才交流机制，能有效促进城际阅读推广的经验分享与交流合作。如深圳阅读推广人可以前往香港、澳门等地，分享所在城市的数字阅读推广、阅读空间建设等方面的经验。相应地，香港、澳门的阅读推广人可以带来国际范围内优秀的阅读推广理念和方法，为大湾区的阅读推广工作带来新思路、注入新活力。不同城市的阅读推广人通过城际交流能够获得相互了解各自文化背景和阅读习惯的机会，有助于区域阅读推广活动的合作举办，促进文化融合。

2. 拓展阅读推广人才培养途径

深圳在阅读推广人培养过程中注重整合企业、社会组织、文化机构等各方资源。建议大湾区借鉴这一经验，建立政府、企业、社会组织、文化机构等多方合作机制，共同投入资源，为培育阅读推广人提供资金、场地、师资等方面的支持；加强与高校、科研机构合作，开设全民阅读相关专业课程和

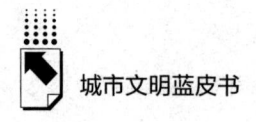

培训项目，培养具有专业知识和实践技能的阅读推广人才。创造实践机会，组织阅读推广人参与社区阅读活动、学校阅读课程、图书馆阅读推广项目等，在实际工作中积累经验，提升阅读推广的实际效果。建立阅读推广实践基地，如社区阅读中心、学校图书馆、文化场馆等，组织定期实习、实地考察不同场所的阅读需求和特点，有针对性地开展阅读推广工作，相应地，实践基地为阅读推广人提供所需支持、引导和解决方案。

五 总结与展望

（一）研究结论

全民阅读不仅能够提升个体的知识水平和文化素养，而且在区域文化发展战略中扮演着至关重要的角色。作为一项跨领域、跨地域的文化工程，全民阅读对于提升区域文化软实力、促进社会整合与文化认同、推动区域协同发展具有重要意义。粤港澳大湾区的特殊制度安排，在为全民阅读协同发展带来挑战的同时，也为区域打造国际文化交往中心提供了必备条件。

借鉴深圳经验，构建大湾区全民阅读协同发展机制，需要重点关注以下几个方面：第一，建立健全区域协同治理机制。通过设立大湾区全民阅读联席会议制度、制定中长期发展规划等举措，强化区域统筹协调，确保各项工作有序推进，形成合力。第二，创新多元化阅读服务供给模式。从拓展阅读空间、丰富阅读活动内容、强化数字阅读平台建设等方面入手，满足居民日益增长的多元化阅读需求，提升阅读体验，营造浓厚的阅读氛围。第三，打造具有湾区特色的阅读文化品牌。积极探索跨界融合发展模式，搭建国际交流平台，扩大湾区阅读文化影响力，促进中外文明互学互鉴，提升湾区文化软实力。第四，持续推动全民阅读发展，需要重视阅读推广人才队伍建设。培养和引进具备深厚文化素养，同时掌握现代传播技能的综合型人才，是保障全民阅读事业可持续发展的关键。

（二）研究展望

展望未来，粤港澳大湾区全民阅读协同发展前景广阔。关于粤港澳大湾区全民阅读协同发展机制的研究或许可以从以下几个方面再深入探讨。

1. 深化体制机制融合研究

深入研究大湾区各地体制机制差异的具体表现和影响因素，探索更加有效的融合路径。如比较研究不同地区行政管理模式对全民阅读政策执行的影响，寻找优化协调的方法。探讨如何进一步完善跨区域协同治理机制，提高决策效率和执行力度。另外，不妨借鉴国际上关于区域一体化发展的成功案例，如欧盟在文化领域的合作模式，为大湾区体制机制融合发展打开新思路、新视野。

2. 加强文化融合策略研究

研究大湾区各地文化融合的有效策略，针对不同年龄、职业和文化背景的群体制订个性化的文化融合方案。比如，开展面向青少年群体的区域文化体验活动，包括参观历史文化遗迹、参加传统文化工作坊等，增强年青一代对大湾区多元文化传统的认知和认同。面向职场人士则可以举办大湾区行业论坛和文化交流活动，促进不同城市的职业文化交流与互鉴。

3. 优化资源配置方法研究

深入研究如何更加科学合理地配置大湾区阅读资源，提高资源利用效率。运用大数据分析和人工智能技术，精准把握读者需求，实现阅读资源的个性化推荐和精准投放。研究如何鼓励社会力量参与阅读资源建设和管理，探索多元化的资源供给模式。通过政府购买服务、企业赞助、社会组织捐赠等方式，吸引更多资金和资源投入全民阅读领域。

B.10
创意城市视角下"媒体艺术之都"的建设实践与思考

——以长沙为例*

蒋海军**

摘　要： 本文基于中国城市数字文明转型发展背景和文化创意产业发展趋势，立足于创意城市的视角，以我国首个入选"媒体艺术之都"的创意城市——长沙为观察案例，多维度探讨长沙"媒体艺术之都"的建设实践和发展思路，提出应从媒体艺术的文化创意定位和产业横向关联、文化与科技融合发展战略、深入推进文化体制改革创新、以新质生产力赋能媒体艺术发展、提升湖湘文化国际传播效能、打造世界媒体艺术人才集聚地等方面推进"媒体艺术之都"创意城市建设，以期为中国更多依托特色文化资源和创新的城市创意发展提供借鉴。

关键词： 创意城市　全球创意城市网络　媒体艺术之都　长沙

城市是人类发展的未来，正如彼德·霍尔在《城市文明》一书中写道："五千年来城市一直是技术创新和经济增长的引擎，是人类在艺术、医药、

---

* 本文系南方科技大学全球文明城市典范研究院开放性课题"基于数字文明视角下大数据产业高质量发展研究"（项目编号：IGU23C010）成果。
** 蒋海军，博士，南方科技大学全球文明城市典范研究院特约研究员，中组部第21批"西部之光"访问学者，国家公派美国纽约州立大学布法罗分校传播系访问学者，贵州日报报刊社媒体融合发展研究部副主任，复旦大学博士后，主要研究方向为文化资源与文化产业。

文学、政治，乃至科技、商业上进步的摇篮。"①

全球创意城市网络（Creative Cities Network）是联合国教科文组织于2004年推出的一个项目，旨在对成员城市在促进当地文化发展方面的经验进行认可和交流，从而达到在全球化背景下倡导和维护文化多样性的目标。若某个城市被列入全球创意城市网络，意味着联合国对该城市在国际化中保持和发扬自身特色的工作表示认可。自2004年联合国教科文组织发起"全球创意城市网络"活动以来，截至2023年底，全世界有超过100个国家的350座城市入选全球创意城市网络，获得"创意之都"的称号，涵盖了文学、音乐、电影、美食、设计、手工艺和民间艺术、媒体艺术七大创意领域。

目前，我国共有19个创意之都，数量位居世界前列，覆盖了创意城市的7个类别，分别分布在3个直辖市、1个特别行政区，以及9个省域。包括"设计之都"深圳（2008年）、上海（2010年）、北京（2012年）、武汉（2017年）、重庆（2023年），"民间手工艺之都"杭州（2012年）、苏州（2014年）、景德镇（2014年）和潍坊（2021年），以及"美食之都"成都（2010年）、顺德（2014年）、澳门特别行政区（2017年）、扬州（2019年）、淮安（2021年）和潮州（2023年），"媒体艺术之都"长沙（2017年）、"电影艺术之都"青岛（2017年），"文学之都"南京（2019年）和"音乐之都"哈尔滨（2021年）。创意驱动城市转型和升级在信息技术高速发展的今天不仅成为理论共识，而且已成为驱动城市发展和经济增长的核心动力。"全球创意城市网络"的七大主题为中国众多资源型城市尤其是文化资源积淀深厚的城市提供了新的发展思路。长沙代表中国获评"媒体艺术之都"，有着深厚的历史文化渊源，有着坚实的现实能力基础。长沙市于2017年11月1日成为中国首座获评"媒体艺术之都"称号的城市，这意味着长沙在自主创新、文化创意、传媒艺术等方面的努力，得到了国际社会和文化创意界的高度评价与认可。为此，立足于

---

① Peter Hall, *Cities in Civilaization*, New York: Pantheon Books, 1998.

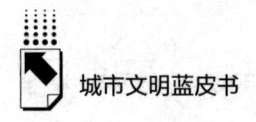

创意城市视角，本文选取"全球创意城市网络"中的最具城市特色和人文气息的文化创意元素之一——媒体艺术为研究对象，以中国首个入选"媒体艺术之都"的城市——长沙为观察案例，通过剖析和探讨其"媒体艺术之都"的建设实践和发展思路，以期为中国更多依托科技和创新的城市创意发展提供借鉴。

一 创意城市与全球创意城市网络

创意城市，作为21世纪城市发展的新范式，正逐渐成为推动全球经济、社会、文化和生态环境可持续发展的重要力量。这一概念并非凭空产生，而是基于对城市历史演变和当代发展趋势的深刻洞察。创意城市古已有之，它们随着时代的发展而不断展现出新的形式和特征，成为城市转型和升级的关键驱动力。[1] 从理论层面来看，创意城市并非一个严格的学术概念，而是一种融合了经济、文化、社会和技术等多个维度的综合性发展模式。厉无畏明确提出，创意城市的核心在于通过创新和创意活动，促进城市产业结构的优化升级，提升城市的竞争力和吸引力。[2] 兰德利（Landry）进一步拓展了"创意城市"的概念和建设思路，为理解创意城市的内涵提供了重要的理论框架。[3]

与此同时，城市创意阶层是由从事工业设计、博物展览、广告营销、教育传播、文化艺术、音乐娱乐等行业的人群构成，美国学者理查德·佛罗里达认为，城市创意阶层往往出现在"3T"（Technology, Talent, Tolerance）指数较高的区域，即城市环境是开放的、多样的、有活力的，这些区域可以引发更多的创意交流和思想碰撞。[4] 这一理论强调了创意城市建设中人才的

---

[1] 张京成主编《中国创意产业发展报告2011》，中国经济出版社，2011，第27页。
[2] 厉无畏：《迈向创意城市》，《理论前沿》2009年第4期，第5~7页。
[3] Landry C., *The Creative City: A Toolkit for Urban In-novators*, Earthscan Publications, 2000, pp. 54–56.
[4] 〔美〕理查德·佛罗里达：《创意阶层的崛起》，司徒爱勤译，中信出版社，2010，第31页。

重要性，以及营造开放、包容的社会环境对于吸引和留住人才的关键作用。

在全球化的背景下，创意城市的概念逐渐超越国界，形成了全球创意城市网络。联合国教科文组织于2004年创建的"全球创意城市网络"，旨在通过促进全球城市间的合作与交流，以文化和创意为载体，推动实现可持续发展。该网络涵盖了设计、文学、音乐、手工艺和民间艺术、电影、媒体艺术、美食七大创意领域，为成员城市提供了展示自身特色、交流创意经验和推动城市发展的平台。

从实践层面来看，全球创意城市网络在推动创意城市发展中发挥了重要作用。一方面，它肯定了创意城市理念在全球化和工业化进程中对于城市转型发展的重要性；另一方面，它也通过创意城市实践来展示、尊重、传承和保护文化多样性。[①] 例如，杭州作为中国的一个代表性城市，通过打造城西科创大走廊等创新区域，成功实现了从传统产业向高新技术产业的转型，成为一个典型的创意城市。然而，创意城市的建设并非一蹴而就，而是需要长期的努力和持续的投入。

"全球创意城市网络"的出发点是生产力的再解放，落脚点是人类的回归。[②] 在引领创意城市发展理念上，其重点突出以下两个方面：一是倡导城市营造文化多样性的氛围；二是倡导城市文化利用的思维创新。[③]

综上所述，创意城市与全球创意城市网络是当代城市发展的重要趋势和方向。通过加强理论研究和实践探索，我们可以更好地理解创意城市的内涵和特征，推动创意城市在全球范围内的广泛应用和发展。同时，我们也需要认识到创意城市建设的复杂性和长期性，以更加科学、务实和开放的态度来面对未来的挑战和机遇。

[①] 程小敏、詹一虹：《创意城市视角下"美食之都"的建设实践与思考——以成都为例》，《美食研究》2017年第2期，第22~28页。

[②] 李成彬、罗守贵：《创意城市与人类福祉——一个经济哲学的视角》，《上海财经大学学报》2016年第4期，第17~26页。

[③] 程小敏、詹一虹：《创意城市视角下"美食之都"的建设实践与思考——以成都为例》，《美食研究》2017年第2期，第22~28页。

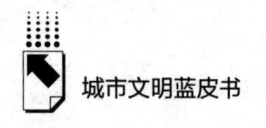

二 全球创意城市网络"媒体艺术之都"的实践探索

"媒体艺术之都"是联合国教科文组织于2004年推出的"全球创意城市网络"项目中的七大门类之一,是全球文化创意产业领域级别最高、范围最广、影响力最大的文化旗舰项目之一。入选该项目的城市媒体艺术氛围浓厚,拥有众多艺术家、设计师和媒体从业者,他们致力于创作具有独特魅力和创新精神的媒体艺术作品。这些城市在媒体艺术领域不断创新,推动数字影像、虚拟现实、互动装置等新型艺术形式的发展,展现了强大的创新能力和技术实力。这些城市历史悠久,孕育了丰富的文化遗产和艺术资源,为媒体艺术的发展提供了丰富的素材和灵感。

媒体艺术是一种以光学媒介和电子媒介为基本语言的新艺术学科门类。国际上的媒体艺术形态并没有统一的标准,其外延还在不断地拓展中。从已入选该项目的城市来看,它们普遍将媒体视为艺术载体和呈现手段,媒体艺术的呈现形式多种多样,比如以数字灯光著称的里昂,走在科技和艺术前沿的奥地利林茨和法国昂吉安莱班,注重发展数字媒体的特拉维夫等。长沙的文化创意产业中,媒体占据首要位置,拥有骄人的发展成绩。3000多家互联网企业落户长沙,其中,新媒体、视觉特效、数字媒体制作是长沙媒体艺术行业的重要组成部分,而数字技术与传统产业的结合孵化出了数字烟花、数字灯光等新兴创意产业,与数字媒体一起构成了长沙媒体艺术的发展矩阵,在推动传统行业转型升级的同时,也逐渐成为长沙经济发展中最具活力的部分。从文化创意产业的高科技创新设计,到为传承"非遗"文化而打造的民俗艺术特色街区,长沙已成为文化创意与媒体艺术发展的热土,成为一座极具综合实力、发展活力、独特魅力和广泛影响力的城市。长沙的加入,无疑将为"媒体艺术之都"提供新的视角和发展方向。[①]

---

① 钱娟:《世界"媒体艺术之都"花落长沙》,搜狐网,https://www.sohu.com/a/201745669_114731。

创意城市视角下"媒体艺术之都"的建设实践与思考

随着信息技术和人工智能的发展,媒体艺术成为彰显城市特色和文化创意的重要元素。"媒体艺术之都"作为创意城市的一种主要模式的定位、作用及内涵正处于逐步被广泛认同的阶段。目前共有15个国家的16座城市入选"媒体艺术之都"(见表1)。

表1 全球创意城市网络"媒体艺术之都"基本情况

加入网络时间	国家	城市
2008年6月	法国	里昂
2013年11月	日本	札幌
2013年11月	法国	昂吉安莱班
2014年12月	塞内加尔	达喀尔
2014年12月	韩国	光州
2014年12月	奥地利	林茨
2014年12月	以色列	特拉维夫
2014年12月	美国	奥斯汀
2014年12月	英国	约克
2017年11月	中国	长沙
2017年11月	加拿大	多伦多
2017年11月	墨西哥	瓜达拉哈拉
2017年11月	葡萄牙	布拉加
2017年11月	斯洛伐克	科希策
2019年11月	德国	卡尔斯鲁厄
2019年11月	丹麦	维堡

资料来源:根据联合国教科文组织网站(http://en.unesco.org/creative-cities/)资料翻译整理;国家分组系根据联合国开发计划署(UNDP)对世界各国的分组。

(一)"媒体艺术之都"成为全球数字技术创新城市数字文明创意发展的典型模式

媒体艺术属于当代艺术的一种新型表现形式,主要利用现代科技、新媒体形式和新的观看方式表现作品主题。[①]"媒体艺术之都"的评选标准包括

---

① 张利娟:《长沙:为世界媒体艺术产业注入鲜明东方活力》,《中国报道》2020年第Z2期合刊。

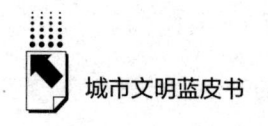

五个方面：数字技术助力文化和创新产业的发展；媒体艺术融合促进城市生活改善；媒体艺术与社会参与的互动发展；数字技术发展所带来的文化发展；推动手工艺和民间艺术发展。

举例而言，法国里昂有着丰富的历史文化，不仅是法国重要的文化与艺术中心，更是凭借对媒体艺术发展的精准把握，将"媒体艺术之都"作为城市名片推向全世界。里昂注重媒体艺术产业的发展，将艺术与生活巧妙结合，着力推进城市数字发展。里昂灯光节是其媒体艺术的重要体现，已成为融合当代艺术、光影表演和数字媒体的大型国际艺术活动节日。日本札幌是亚洲第一个被联合国教科文组织评为"媒体艺术之都"的城市。该城市通过市民智慧与外界的互动创造新的产业和文化，积极打造创意城市。札幌的媒体艺术建设体现在多个方面，如札幌国际艺术节、媒体艺术国际研讨会等交流平台，以及"夕阳花街""迷你映射"等活动。札幌还作为国际流行的VOCALOID系列虚拟歌手合成软件"初音未来"的诞生地，展示了其在媒体艺术生产方面的实力。塞内加尔达喀尔是非洲大陆上唯一入选"媒体艺术之都"的城市。达喀尔举办的"当代非洲艺术双年展"享誉全球，展示了非洲艺术的多样性。该城市的艺术家们还积极探索用数字化手段推动艺术创新和城市发展。长沙是中国首座被评为"媒体艺术之都"的城市。该城市在媒体艺术方面有着丰富的资源，如湖南广播电视台等重要的媒体机构。长沙还注重媒体艺术与科技的融合，积极推动数字媒体艺术的发展。

此外，其他"媒体艺术之都"城市如奥地利林茨、以色列特拉维夫、美国奥斯汀、英国约克、加拿大多伦多等，也各自具有独特的媒体艺术特征和发展方向。这些城市普遍将媒体视为艺术载体和呈现手段，通过多样化的媒体艺术形式展现城市的魅力和文化内涵。

综上所述，"媒体艺术之都"城市的特征主要体现在以下几个方面：丰富的历史文化积淀、对媒体艺术发展的精准把握和积极推动、多样化的媒体艺术形式和创新性的艺术活动，以及媒体艺术与科技的深度融合。这些特征共同构成了这些城市独特的媒体艺术风貌和文化内涵。长沙坚持在转型中发展文化产业，推进文化产业供给侧结构性改革，以影视、出版、演艺、动漫为代表的媒体艺术产业集群迅速崛起。创意烟花、数字视频、动漫游戏、创意设计四大领域与媒体艺术密切相关,它们的融合发展将带领长沙文化创意产业实现可持续发展。[①]

(二)媒体艺术创意产业正在成为全球创意产业重要组成部分

21世纪以来,世界各国对媒体艺术创意产业的认可度呈现出显著的增长趋势,这主要体现在政策扶持、资金投入、市场发展和国际交流多个方面。在政策扶持层面,许多国家和地区都出台了旨在促进媒体艺术创意产业发展的政策和法规。这些政策和法规不仅为媒体艺术创意产业提供了制度保障,还通过税收优惠、资金补贴等方式鼓励企业和个人投身于此领域。例如,英国政府通过制定创意产业政策,为创意产业的发展营造了一个公平竞争的外部环境和适宜发展的社会基础。在资金投入方面,世界各国对媒体艺术创意产业的投资力度也在不断加大。政府、企业和私人投资者纷纷涌入这一领域,为媒体艺术创意产业提供了充足的资金支持。这些资金不仅用于支持媒体艺术作品的创作和生产,还用于推动技术创新和产业升级。在市场发展方面,随着数字媒体技术的飞速发展和互联网的普及,媒体艺术创意产业的市场规模不断扩大。各国媒体艺术创意产业在市场需求、产品供给和产业链建设等方面都取得了显著进展。同时,国际交流合作也日益频繁,这为媒体艺术创意产业的国际化发展提供了广阔空间。

(三)媒体艺术之都成为创意城市实践的重要内容

近年来,"媒体艺术之都"的申报在全球范围内逐渐成为一股潮流。这一现象不仅反映了各国对媒体艺术创意产业的重视,也体现了城市文化软实力竞争的新趋势。

媒体艺术作为新兴的艺术形式,融合了传统艺术与现代科技的精髓,具

[①] 张利娟:《长沙:为世界媒体艺术产业注入鲜明东方活力》,《中国报道》2020年Z2期合刊。

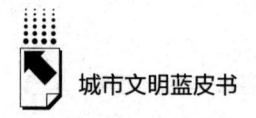

有极高的创新性和观赏性。随着数字媒体技术的飞速发展，媒体艺术已成为城市文化的重要组成部分，对于提升城市形象、增强城市文化软实力具有重要意义。申报"媒体艺术之都"，意味着城市将在政策、资金、人才等方面给予媒体艺术创意产业更多的支持。这不仅有助于推动媒体艺术创意产业的繁荣发展，还能促进城市经济结构的优化升级，提高城市的综合竞争力。

此外，"媒体艺术之都"的申报也是城市文化自信的体现。通过申报，城市能够向世界展示其在媒体艺术领域的成就和特色，增强国际影响力。同时，这也为城市提供了一个与国际媒体艺术界交流合作的平台，有助于引进先进的创作理念和技术手段，推动媒体艺术的创新与发展。

然而，申报"媒体艺术之都"并非易事。城市需要在媒体艺术创意产业的发展规划、产业布局、人才培养等方面作出全面而深入的布局。同时，还需要加强与国际媒体艺术界的交流与合作，不断提升自身的创作水平和国际影响力。媒体艺术之都的申报已成为全球城市文化软实力竞争的新趋势。各城市应抓住这一机遇，加强媒体艺术创意产业的发展与规划，提升城市文化软实力和国际影响力。

三 中国媒体艺术之都——长沙的建设实践

长沙作为中国首个"媒体艺术之都"城市，将为正在蓬勃发展中的世界媒体艺术创意产业注入东方活力。同时，在提升城市品质和国际影响力、增进国际合作交流、增强文化自信、促进中国文化繁荣发展等方面，长沙的建设实践具有重要意义。[①] 结合长沙的实践，以全球创意城市网络所倡导的政府主导支持为线索，本研究重点梳理长沙作为"媒体艺术之都"如何通过政策支持、产业发展、文化创新、国际交流等举措，积极推动媒体艺术与城市文化的深度融合，为城市的可持续发展注入新的活力。

---

① 《号外！长沙通过联合国认证，获评"媒体艺术之都"》，星辰在线百家号，https：//baijiahao.baidu.com/s?id=1582849031073890672&wfr=spider&for=pc。

（一）政策支持与战略规划：奠定坚实基础

长沙市政府深刻认识到媒体艺术在提升城市文化软实力、促进经济转型升级中的重要作用，因此，从战略高度出发，制定了一系列支持媒体艺术创意产业发展的政策和规划。

首先，《长沙建设国际文化名城战略纲要》的出台，为长沙媒体艺术创意产业的发展提供了宏观指导。该纲要明确提出，要依托长沙丰富的文化资源和良好的产业基础，打造具有国际影响力的文化名城。其中，媒体艺术创意产业作为文化产业的重要组成部分，被赋予了重要使命。

其次，2022年8月26日，长沙市政府市长办公会议审议通过了《长沙市建设"媒体艺术之都"三年行动计划（2022—2024年）》。会上，讨论通过将建设"媒体艺术之都"工作纳入绩效考核指标体系中。《长沙市建设"媒体艺术之都"三年行动计划（2022—2024年）》进一步细化了媒体艺术创意产业的发展路径。该计划从硬件设施建设、软件配套服务、政策扶持措施等多个方面进行了全面规划，旨在通过三年的努力，将长沙打造成为具有全球影响力的媒体艺术之都。

此外，长沙市政府还出台了一系列具体的政策措施，如税收优惠、资金补贴、人才引进等，为媒体艺术创意产业的发展提供了强有力的支持。这些政策的出台，不仅激发了企业和个人的创新活力，还吸引了大量国内外优秀媒体艺术人才和项目的集聚。

（二）产业发展与集聚区建设：打造核心引擎

媒体艺术创意产业的发展离不开集聚区的建设。长沙以马栏山视频文创产业园为核心，打造了一个集视频文创、技术研发、人才培养、交流展示等功能于一体的媒体艺术创意产业集聚区。马栏山视频文创产业园自成立以来，便以其独特的定位和优势，吸引了大量媒体艺术企业和人才的入驻。园区内不仅拥有湖南卫视、芒果TV等国内知名的媒体机构，还吸引了众多新兴媒体艺术企业和创意团队。这些企业和团队在园区内形成了良好的产业生

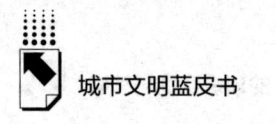

态，共同推动了长沙媒体艺术创意产业的繁荣发展。

同时，马栏山视频文创产业园还注重技术创新和研发。园区内设立了多个技术研发中心和实验室，致力于媒体艺术技术的创新和突破。这些创新成果不仅提升了长沙媒体艺术创意产业的竞争力，还为城市的可持续发展提供了有力的技术支撑。

此外，园区还积极搭建交流平台，举办各类媒体艺术节、创意展览、文化论坛等活动，为媒体艺术企业和人才提供了展示和交流的舞台。这些活动的举办，不仅提升了长沙媒体艺术的知名度和影响力，还促进了国内外媒体艺术界的交流与合作。

（三）文化创新与艺术普及：激发创意灵感

文化创新与艺术普及是长沙建设"媒体艺术之都"的重要支撑。长沙注重挖掘和传承本土文化资源，通过创新手段将其转化为具有时代特色的媒体艺术作品。一方面，长沙积极举办各类媒体艺术节和创意展览。这些活动不仅展示了国内外优秀的媒体艺术作品，还为本土艺术家提供了展示才华的舞台。通过这些活动，长沙不仅提升了自身的文化影响力，还吸引了大量游客前来参观和体验。另一方面，长沙注重艺术普及和教育工作。通过举办艺术讲座、工作坊、创意比赛等活动，长沙拉近了青年与媒体艺术的距离，激发了他们的创意灵感。同时，长沙还积极推动媒体艺术进校园、进社区，让更多人了解和接触媒体艺术，为城市的可持续发展培养新的创新人才。

（四）国际交流与合作：拓宽国际视野

长沙积极加强与国际媒体艺术界的交流与合作，通过举办国际展览、引进国外优秀艺术项目等方式，扩大长沙媒体艺术的国际影响力。一方面，长沙积极引进国外优秀的媒体艺术项目和人才。通过与国际知名媒体艺术机构建立合作关系，长沙成功引进了一批具有国际影响力的媒体艺术展览和项目。这些展览和项目的举办,不仅丰富了长沙市民的文化生活,还提升了长沙媒体艺术的国际知名度。2017年以来,在长沙持续多年举办的"一带一路"青年创意与遗产论坛暨长沙媒体艺术节,成为世界媒体艺术交流的盛会。长沙以"媒体艺术之都"的形象向"一带一路"沿线国家与地区的青年代表生动展示长沙深厚的文化底蕴和风采,向世界宣传推介长沙的美好形象。另一方面,长沙也积极推动本土媒体艺术走向世界。通过参加国际展览、举办文化交流活动等方式,长沙的媒体艺术作品和艺术家也在国际舞台上崭露头角。这些交流活动的举办,不仅为长沙媒体艺术的发展提供了新的机遇和挑战,还促进了国内外媒体艺术界的相互了解和合作。例如2019年起中非经贸博览会永久落户长沙。中南传媒、青苹果数据、蓝猫动漫、芒果国际等本地文化企业先后获评国家重点文化出口企业,"山猫吉咪"原创动漫节目远销"一带一路"沿线71个国家。

（五）城市品质提升与市民生活改善：共享发展成果

长沙以"媒体艺术之都"建设为牵引,积极推动城市品质提升和市民生活改善。通过媒体艺术赋能产业发展、城市更新和文化旅游等方面,长沙打造了一系列具有特色的文化地标和旅游景点。一方面,长沙注重历史文化资源的保护与利用。通过有机更新等方式,长沙为老旧街区、传统建筑等历史文化资源赋予了新的生机和活力。这些文化地标不仅成为长沙独特的城市风景线,还为市民提供了丰富的文化体验和生活空间。另一方面,长沙积极推动媒体艺术与旅游产业的融合发展。通过打造媒体艺术旅游线路、开发媒体艺术旅游产品等方式,长沙吸引了大量游客前来参观和体验。这些旅游产品的推出,不仅提升了长沙的旅游品质和国际知名度,还为市民提供了更多的就业机会和收入来源。此外,长沙还注重提升市民的文化素养和审美能力。通过举办各类文化讲座、艺术展览等活动,不仅提升了市民的文化素养和审美能力,还促进了城市文化的多元化和包容性发展。

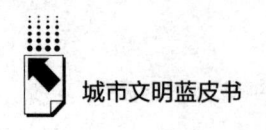

四 长沙"媒体艺术之都"面临的挑战和未来发展策略

长沙是中国首个获评"媒体艺术之都"的城市，这一荣誉不仅是对其深厚文化底蕴和创意产业实力的认可，也为城市的未来发展带来了新的机遇和挑战。

（一）面临的挑战

1. 城市综合实力与国际影响力有待提升

"媒体艺术之都"建设需要强大的城市综合实力和国际影响力作为支撑。综观法国昂吉安莱班和里昂、奥地利林茨、美国奥斯汀、日本札幌、韩国光州、以色列特拉维夫等城市，它们无疑都具有强大的经济实力、文化软实力与较高的世界知名度。例如奥斯汀享有"世界现场音乐之都"的美誉，有许多著名音乐人、音乐场所和音乐盛事，该市人均音乐场所占有率在美国位居前列。此外，奥斯汀市还具有众多先进的剧院、博物馆等文化设施。[①]

尽管长沙的文化创意产业发展迅速，但在国际上的知名度和影响力仍有待提升。例如，与其他媒体艺术之都相比，长沙的代表性品牌节会和活动在国际上的影响力相对较小，难以吸引大量国际游客和艺术家。浙江大学发布的2024年中国城市国际传播影响力榜单中，长沙作为著名的网红城市和媒体艺术之都，在国际影响力榜单中仅排名第26，排名之低，出人意料。全球管理咨询公司科尔尼发布的2024年"全球城市综合排名"中，中国共有31个城市上榜，长沙排名全球第104位，国内第15位。[②]

2. 国际一流媒体艺术企业与品牌较少

"媒体艺术之都"需要构建具有世界影响力的媒体艺术话语体系，深度

[①] 《长沙建设世界"媒体艺术之都"对策研究》，长沙市统计局官网，http://tjj.changsha.gov.cn/tjxx/tjfx/202006/t20200619_8453922.html。

[②] 姚超宇：《全球排名上升！长沙缘何"得分"？》，红网百家号，https://baijiahao.baidu.com/s?id=18138508461367180758wfr=spider&for=pc。

融入全球发展生态圈。特拉维夫、多伦多等城市拥有世界著名的媒体艺术企业或者品牌。作为以色列最国际化的经济中心，特拉维夫市具有活跃、现代等特征，被公认为是以色列的文化之都，其建筑、音乐等艺术享誉世界。多伦多是仅次于旧金山和纽约的北美第三大信息服务业集群地，是加拿大的技术心脏，为全球信息开发商和制造商提供软件、硬件、新媒体、通信设备、半导体等方面的服务。相比之下，长沙具有国际标识的媒体艺术企业和品牌较少，难以形成规模效应。在媒体艺术企业"走出去"方面，长沙还有很长的路要走。①

3. 城市创意人才教育体系有待完善

媒体艺术行业的发展需要高素质的人才和持续的创新能力。长沙虽然拥有多所高校和科研机构，但在城市创意人才教育体系建设方面，相对于其他一线城市和全球创意城市仍有提升空间。特别是在新媒体、视觉特效、数字媒体制作等领域，长沙需要更多具有国际视野和创新能力的人才。

首先，长沙数字创意产业人才主要集中在游戏、动漫、影视、广告等领域，而在虚拟现实、增强现实、人工智能等方面，新型艺术传媒人才储备相对较少。市场营销、品牌推广、版权运营等方面的人才不仅少，而且人才结构较为单一。其次，由于数字创意产业是新兴产业，人才培养体系尚不完善，缺乏系统性和长期性。在人才引进方面，长沙相比其他城市缺乏竞争力，对国际传媒和艺术高端人才的吸引力不足。再次，领军型、创新型人才不足。数字和人工智能创意产业需要持续的技术创新和思维创新，且急需顶尖人才和领军型人才，具有创新思维和创新能力的领军型人才相对较少，这也限制了产业的创新发展。最后，人才流动大，内生动力不足。长沙数字创意产业的人才流动较大，且本土人才的内生力量不强，每年留在省内工作的大学毕业生占比不足30%，一些优秀的数字创意人才可能因为更好的发展

---

① 《长沙建设世界"媒体艺术之都"对策研究》，长沙市统计局官网，http://tjj.changsha.gov.cn/tjxx/tjfx/202006/t20200619_8453922.html。

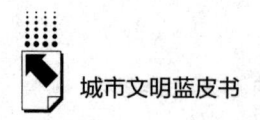

机会而离开长沙，这也给产业的持久发展带来了一定的影响。[①] 长沙的产业结构总体仍以传统制造业为主，文化创意产业虽然发展迅速，但在整体经济中的比重仍有待提升。

现代媒体艺术是高科技、跨领域的各种文化要素的整合，其核心是传播。最大限度传播、最大限度参与、艺术表达大众化是"媒体艺术之都"所要展示和建设的重要内容。虽然长沙获评中国首个"媒体艺术之都"，但是由于联合国教科文组织的"全球创意城市网络"在中国的知名度并不太高，社会公众对于什么是"媒体艺术之都"，如何建设"媒体艺术之都"的观念淡薄，对建设"媒体艺术之都"的参与积极性有待提升。

（二）未来发展策略

建设"媒体艺术之都"，长沙要找准着力点，进而规划现实路径，构建媒体艺术生态体系，夯实文化创意发展基础，培育城市文化创意氛围，满足市民对创意生活的美好期待，努力将长沙打造成中国创新创意新高地和世界媒体艺术新坐标。

1. 坚持以人为本、导向为先、合作共赢

坚持以人民为中心的发展思想，是我们推动文化建设的历史经验和重要法宝，也是更好担负起新的文化使命必须坚持的原则要求。要以习近平文化思想为指导，统一思想认识，提高政治站位，增强"四个意识"，坚定"四个自信"，体现政治意识和文化担当。建设"媒体艺术之都"的根本目的在于为人民打造理想的媒体艺术生活环境和丰富的媒体艺术精神产品。习近平主席提出构建人类命运共同体理念，强调共商共建共享的全球治理观，这是长沙建设"媒体艺术之都"应该遵循的原则。要加强与其他"媒体艺术之都"和共建"一带一路"国家在媒体艺术领域的合作，推进中外媒体艺术智库合作。要支持民间力量参与对外媒体艺术交流，鼓励社会组织、中资机

[①] 丁妍：《长沙数字创意产业人才培育的现状与建议》，长沙市商业经济学会官网，https://www.cssxh.org/plus/view.php? aid=1547。

构等参与海外媒体艺术交流。应厘清建设思路,优化产业布局,走可持续发展之路,要坚持以人为本的原则,以共商共建共享为方法,以创新为动力,坚持传承中华优秀传统文化,吸收世界优秀文化,汇聚全球智慧,汇集全民力量,让"媒体艺术之花"在长沙夺目绽放。

2. 进一步深入推进文化制度改革创新,创建一流媒体艺术产业营商环境

建议尽快在省级层面建立"媒体艺术之都"建设工作机制,联动全球"媒体艺术之都"城市建立发展联盟,及时掌握全球"媒体艺术之都"城市建设动态,探索建立长沙市建设"媒体艺术之都"工作推进委员会,负责"媒体艺术之都"建设的重大事项决策和重要项目安排。着手制定"媒体艺术之都"新一轮规划纲要,建立健全工作机制,制定具体政策措施,推动行动计划具体落实;完善"媒体艺术之都"扶持政策,设立"媒体艺术之都"专项基金,构建多元化投融资体系,鼓励社会资本参与图书馆、文化馆、博物馆、剧院等媒体艺术设施建设和运营。创新"媒体艺术之都"管理机制,健全知识产权保护体系,加大文创领域知识产权保护和宣传力度,重视精品原创,增强知识产权保护能力,尊重并保护媒体艺术原创性设计成果,为"媒体艺术之都"营造良好法治环境。[①] 做好一揽子政策联动。梳理市区两级项目支持、人才支持、知识产权保护等政策服务包,形成支持合力。引育一批媒体艺术市场主体。推动国家级媒体艺术中心培育,推动央媒央企和世界一流艺术机构在长沙建立相关研究院,中小企业设立设计中心,打造全球媒体艺术研发中心。加大国际国内一流媒体艺术企业和团队引进力度。

3. 以新质生产力赋能媒体艺术市场化发展

新质生产力中掌握前沿知识与技能的劳动者,以创新理念重塑了媒体艺术发展新格局。新型劳动对象如海量数字文化资源,极大拓宽了文化创作边界。先进劳动资料如智能创作工具与高效传播平台,深刻变革了文化传播路

---

① 《长沙建设世界"媒体艺术之都"对策研究》,长沙市统计局官网,http://tjj.changsha.gov.cn/tjxx/tjfx/202006/t20200619_8453922.html。

径。三者的有机结合,有力推动了文化生产方式革新和生产水平跃升。因此一是要积极推进媒体艺术市场建设,培育一批具有国际先进水平的文化中介机构和行业组织,提高媒体艺术产品和服务的市场化程度。二是要发展壮大媒体艺术市场主体。打造一批具有国际影响力的长沙媒体艺术产业品牌,搭建一批具有较强辐射力的国际文化贸易平台。三是要优化媒体艺术产业结构布局,围绕共建"一带一路"、长江经济带等发展战略,加强重点媒体艺术文化产业带建设,加快马栏山视频文创产业园建设,利用"全球创意城市网络"资源吸引全球媒体艺术人才和国际著名研究机构等高端资源入驻,加快建设具有全球影响力的"中国V谷"。①

4. 挖掘艺术产业发展潜力,提升湖湘文化国际传播效能

湖湘文化源远流长,是中华优秀传统文化的重要组成部分,是构建中华文化软实力的宝贵资源。② 推进传统文化的保护传承和现代文化的创新发展,利用长沙深厚的历史文化底蕴、丰富的名人文化资源、独有的山水文化特色、繁荣的娱乐文化市场,推进传统文化与现代媒体艺术的有机融合,彰显城市媒体艺术魅力。利用区块链、云计算、人工智能等新的科技传播手段,为湖湘文化IP开发提供更大空间,为湖湘文化资源的创新融合插上了腾飞的翅膀。在文化与科技深度融合的背景下,把湖湘文化作为一个大的IP进行开发和传播,将使其释放出多彩魅力。加快全球数字烟花创意产业的建设,利用数字烟花独特的"世界语言"特性,培育世界级文化创意团队,对外统一打造具有国际影响力的长沙数字烟花创意品牌。要推动特色与重点文创领域转型升级,推进陶瓷、菊花石、夏布、蜡染、古山贡纸、浏阳蒸菜、木活字印刷、浏阳茴饼等产业研发新工艺、新品种、新服务,鼓励建立产学研合作的创意设计品牌传播联合体。长沙在讲好中国故事、传播好中国好声音中要担当作为,推动理论创新、学术创新和表达创新,把话语体系

---

① 《长沙建设世界"媒体艺术之都"对策研究》,长沙市统计局官网,http://tjj.changsha.gov.cn/tjxx/tjfx/202006/t20200619_8453922.html。
② 蒋海军:《文化与科技融合背景下湖湘文化IP开发的机遇与挑战》,《采写编》2022年第10期,第164~165页。

建设的研究成果转化为国际传播效能。加强与共建"一带一路"国家的媒体艺术交流与合作,力争每年在境外举办1~2次大型媒体艺术活动。大力引进国外优秀媒体艺术成果,鼓励开展国际顶尖艺术演出和展览活动。积极申办联合国教科文组织"全球创意城市网络年会",增强城市在全球媒体艺术发展战略及创新创意产业政策制定中的国际话语权。组织中国媒体艺术人才及文化创意企业全面参与联合国教科文组织"全球创意城市网络"和七大类别创意城市的各项活动。推出一批代表长沙"媒体艺术之都"形象的优秀企业和拳头产品,进行全球巡展。努力吸引国际媒体艺术机构、研发中心和境外著名媒体艺术企业来长沙设立分中心、分支机构和工作室。支持世界知名媒体艺术机构在长沙开办媒体艺术精品展演。[1]

5. 文创育才引智计划,打造世界媒体艺术人才集聚高地

继续优化培养媒体艺术创新创业人才的若干措施,聚焦核心人才梯队建设,引聚高端人才、紧缺人才,增强创新动力,培育特色产业人才,增强生产动力。一是搭建媒体艺术人才实践交流桥梁。探索成立世界一流的媒体艺术联合实验室。设立媒体艺术各学科门类的业内标准,整合国内外传媒资源,搭建具有全球影响力的传播体系,提升长沙媒体艺术发展的国际化水平。二是引导高校搭建产学研一体的媒体艺术教育培养体系,推动创意设计人才的集聚以及创意设计人才培养平台的建设,加快培养高层次、复合型、具备人工智能思维的新质人才。三是拓宽媒体艺术人才培育引进渠道,完善媒体艺术人才评价体系。加大对文化创意、媒体艺术领域专门人才、高技能人才和国际化人才的引进力度。实施文化名家工程、高层次国际传播人才培养计划等建设项目,支持国际化媒体艺术高端智库建设,将长沙打造为全球城市文明典范城市,推动"文化湘军""媒体艺术湘军"走向世界。

---

[1]《长沙建设世界"媒体艺术之都"对策研究》,长沙市统计局官网,http://tjj.changsha.gov.cn/tjxx/tjfx/202006/t20200619_8453922.html。

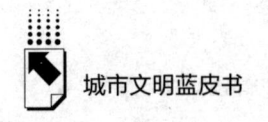

五 结语

长沙作为中国首个获评"媒体艺术之都"的城市，拥有深厚的文化底蕴和丰富的创意产业资源。然而，在建设"媒体艺术之都"的过程中，长沙仍面临诸多挑战。通过加强国际交流与合作、打造具有国际影响力的品牌节会、深化历史文化资源的挖掘与活化、加强人才储备和创新能力培养、优化产业结构和经济发展环境、推动媒体艺术与科技融合、提升市民的文化素养和审美水平、建立媒体艺术产业生态系统、加强知识产权保护以及推动媒体艺术与文化旅游的融合发展等措施，长沙可以克服这些挑战，实现媒体艺术创意产业的持续发展和繁荣。未来，面对风起云涌的文化产业发展大势，长沙一定能在百舸争流的国际竞争中抢占制高点，为蓬勃发展的世界媒体艺术创意产业提供新的发展视角，作为中国创新创意新高地和世界媒体艺术新坐标耀眼于世界之林。

B.11 深圳时尚文化与时尚消费培育现状及推进"时尚之都"发展建议[*]

袁 园[**]

摘　要： 深圳时尚产业在过去40多年的自然发展中拥有了较为可观的国内市场份额、形成了较为明显的产业优势，但从打造"时尚之都"的视角来看，深圳的不足之处也较为明显。本研究从产业和城市两个维度出发，分析了深圳目前时尚文化和时尚消费培育的现状、特点以及不足，进而以推进时尚产业高质量发展以及打造"时尚之都"的城市定位为目标，从政府作为管理者和推手的角度，提出一系列政策建议，包括支持龙头企业打造国际精品品牌，建设有世界影响力的时尚文化街区，增设与时尚相关的高等院校或科系以及大力推进市内免税店建设等。

关键词： 时尚文化　时尚消费　时尚集聚　时尚街区　时尚之都

深圳时尚产业经过40多年的发展，已成为国内行业门类最齐全、原创品牌最集中、产业配套最完善、规模集聚效应最显著的基地之一。2021年实现产业增加值377亿元，预计到2025年，增加值将达到420亿元。其中，黄金珠宝行业全年的黄金提货量占上海黄金交易所的70%；钟表行业的手表产量占据全球手表产量的40%；服装行业拥有近10家上市企业，2500多

---

[*] 本文系2024年深圳市哲学社会科学规划课题"中国式现代化视角下深圳建设世界级旅游目的地城市研究"（项目编号：SZ2024D023）阶段性成果。
[**] 袁园，博士，深圳市文化广电旅游体育研究中心学术总监、副研究员，主要研究方向为城市文化、文化产业、文化研究。

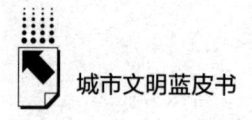

家品牌企业,在全国大中城市一线商场占有率超过60%,市场占有率居全国第一位,2021年年销售总额近2700亿元,占据全国销售总额的10%。[①]可以说,深圳的时尚产业自改革开放以来不断发展,取得了累累硕果,成为深圳奇迹的一种见证。

然而,在新的时代语境下放眼未来,深圳无论从城市定位还是发展阶段上都被赋予了全新的定义。2020年3月,深圳发布了《深圳市时尚产业高质量发展行动计划(2020—2024年)》,明确提出在未来的五年,深圳的时尚产业将紧跟粤港澳大湾区核心城市和中国特色社会主义先行示范区"双区驱动"的历史发展机遇,围绕深圳建设"具有世界影响力的创新创意之都"的发展定位,在新一轮科技革命和消费变革的语境下加快时尚产业的转型升级,致力于把深圳建成国际化区域性时尚产品制造与消费聚集区,建成亚洲领先、全球知名的新锐时尚产业之都。这不仅对深圳时尚产业发展的质量提出了更高的要求,也将时尚产业、时尚文化和时尚消费的发展与深圳这座城市的全新定位联系在一起。本文将从产业和城市两个维度出发,从论述深圳时尚文化和时尚消费培育的现有状况入手,指出国际视野下深圳在时尚文化和时尚消费发展方面的不足,并提出相应的建议。

一 深圳时尚文化和时尚消费培育的现状和特色

深圳的时尚产业在改革开放的40多年中经历了由小到大、由弱到强的发展过程,但时尚文化和时尚消费的培育起步较晚。这与深圳的时尚产业起步于"三来一补"企业的现实情况有关。深圳时尚产业的制造、加工标准很早就与国际接轨,这拓展了深圳时尚产业在"生产端"的国际视野;但正是由于早期只负责生产,没有涉足境外销售和品牌的国际市场运营,深圳的时尚文化氛围整体较弱,加上靠近香港,深圳的时尚文化基本是以对港风

[①] 刘琼、李佳佳:《高端化 多元化 国际化 智能化 深圳现代时尚产业究竟有多强?》,深圳新闻网,https://www.sznews.com/news/content/2022-07-26/content_25270454.htm。

演绎的国际范进行模仿借鉴为主要特色。

时尚文化的主体性意识背后是文化自信，只有当国家强大了、城市强大了，并开始寻求世界舞台独特位置的时候，人们才会主动形塑以时尚"符号"为代表的文化表征和城市主体文化的传播。与此同时，城市时尚文化和时尚消费的有意识培育，也将大大提升城市的形象和魅力，在全球范围内吸引更多的优质企业、优秀人才和创业者，从而促进时尚产业的高质量发展。深圳为推动国际时尚之都建设，在城市层面配合产业发展作出一系列努力。主要特色可以概括为以下几点。

（一）众多国际时尚文化盛事塑造深圳时尚都市形象

时装周是一座城市最具宣传效果的城市文化名片，也是聚合时尚文化产业圈内重要参与者、展示创意成果的舞台。城市因时装周而闻名，时装周也因城市而得到产业支撑，并进一步助推产业发展。巴黎、米兰、伦敦、纽约四大著名时装周概莫能外。2015年3月，深圳时装周在市政府的主导下正式诞生，从2020年开始，由一年一季改为一年两季。2020年深圳时装周将实体走秀搬到了"云"上，成为科学应变、主动求变的创新之举，同时也为时尚品牌和产业链企业在危机中探索数字化转型升级提供了契机。2022年4月深圳时装周一举推出了"元宇宙"概念，通过数字体验空间、时尚虚拟人天团以及数字订货平台，实现线下秀场与现场直播同步，新季成衣与虚拟服饰共展，真人模特与虚拟偶像互动。元宇宙作为数字经济的新形态，与深圳时装周的结合充分体现了深圳这座城市的科技基因和科技气质，也是深圳城市文化和时尚文化未来性的很好注解。

另外，深圳还有举办了10届的深圳原创时装周，其定位是"商业落地"与"设计创新"。依托深圳国际服装供应链博览会和品锐至尚深圳展两大成熟平台，深圳原创时装周为原创时尚设计赋能，致力于为商业品牌及设计师提供凝聚创新设计力量、提升品牌美誉度及实现商业落地的平台。其独特精准的定位深受众多品牌、设计师及买手的一致好评。该原创时装周同样为城市带来了多元化的时尚活动、具有前瞻性的论坛和潮流趋势发布会，成

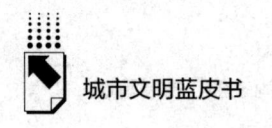

为深圳时尚文化的重要组成部分。

除此之外，由深圳市时装设计师协会牵头主办的中国（深圳）国际时装节到2022年也举办了八届。作为深圳标志性的时尚节庆活动，该时装节致力于打造资讯发布平台、产学研平台、国际交流平台、人才培育竞技平台、服饰文化传播平台。其丰富的活动内容包括联合中国纺织服装教育学会等多家机构共同发布全球时尚指数、举办金顶奖中国时装名师开幕大秀、举办时装设计创新作品大赛和中国大学生服装模特大赛、探究国际流行趋势以及开办产学研论坛等。

丰富多样且侧重不同的时尚文化活动，构成了深圳时尚文化培育的基石。它们不仅为时尚产业的蓬勃发展提供了舞台和合作的机会，更为城市的时尚文化发展构建了基本的场域。

（二）时尚产业集群助力时尚文化集聚

深圳时尚产业的发展在空间上主要表现为众多时尚产业集群的形成。这些时尚产业集群有不少是因产业发展而自发形成的，例如水贝黄金产业集群，横岗眼镜产业集群；有在既有基础上进行更新换代的，例如李朗国际珠宝园，南山原创设计师集群，IBC珠宝文化产业园等；有由政府规划后期发展起来的，例如大浪时尚小镇。这些不同种类的时尚产业集群分别代表着深圳时尚产业不同发展阶段的特征和时尚文化特质。

这些时尚产业集群中，尤其以大浪时尚小镇最为国内外时尚界所关注。大浪时尚小镇总体规划面积为11.97平方公里，位于龙华区，北邻东莞市和光明区，东连龙岗区，南接福田区、罗湖区、南山区，西靠宝安区，是龙华区西部产业走廊核心，也是深圳中轴上的重要产业节点。自2003年筹建以来，该小镇由原外贸出口贴牌加工工厂区整体转型为拥有众多自主品牌的总部企业集聚区；原以产业工人为主的人才结构转型为以时尚创意人才为主的人才结构。目前已入驻时尚企业613家，超过八成拥有自有品牌，并拥有玛丝菲尔、华兴、范思诺、艺之卉、卡尔丹顿、爱特爱等11家总部企业。其中，中国驰名商标6个，广东省名牌产品17个，广东省著名商标9个。另

深圳时尚文化与时尚消费培育现状及推进"时尚之都"发展建议

外还吸引了意大利品牌 Krizia、英国品牌 L. K. Bennett、德国品牌 Laurel 等国际奢侈品企业入驻。经过近 20 年的发展，在时尚界形成了"全国女装看深圳，深圳女装看大浪"的独特产业地位。该小镇已获得"国家资助创新示范区""国家外贸转型升级示范基地""全国时尚服饰产业知名品牌示范区""时尚产业集群区域品牌建设试点""中国服装分区域品牌试点地区""广东省首批特色小镇创建示范点""大浪·中国服装区域品牌试点"等国家级和省级荣誉称号。2021 年，深圳市委大湾区办发布了《粤港澳大湾区建设深圳指引》，大浪时尚小镇作为龙华区六大重点产业片区之一，成为大湾区唯一特色时尚小镇，它将在未来深圳和大湾区时尚文化的打造和培育上发挥更重要的引领作用。

在黄金珠宝首饰领域，深圳有大小珠宝交易中心和批发市场 30 余家，产业队伍超过 20 万人，全市珠宝制造企业超过 2000 家。水贝片区是深圳黄金珠宝首饰的主要展示和交易聚集地，制造业园区则有李朗国际珠宝产业园、盛世珠宝文化产业园。其中，位于水贝片区的 IBC 珠宝文化产业园在黄金珠宝文化建设上作出了新的探索。IBC 珠宝文化产业园打造的 2.0 版本的珠宝集聚区有着非常丰富、多元的产业服务空间和文化展示空间，除了会议室、公寓、商场等配套设施之外，还特别打造了珠宝文化图书馆、时尚发布中心、高端珠宝展厅等独特的时尚文化空间。其中时尚发布中心还拥有一件珠宝杰作——令人震撼的、计入吉尼斯世界纪录的宝石墙。该宝石墙总重达 15 吨，采用了各类水晶、碧玺、坦桑石、翡翠、和田玉等 170 余种宝石原石，成功创下世界"面积最大、珠宝种类最丰富"的宝石壁画纪录。IBC 珠宝文化产业园有意以此件令人震惊的宝石墙作为载体来传播珠宝文化，进而打造以场景为基础、以文化为核心、以推动产业升级为目的的产业文化旅游平台——IBC 珠宝艺术世界，让珠宝文化的体验在此基础上更加立体丰富。

另外，在以设计、当代艺术和先锋音乐为主题的华侨城 OCT-loft 创意园内，世界三大知名时尚设计院校之一的马兰戈尼学院经过精心选址，于 2016 年在园区内开办了马兰戈尼学院的深圳校区，成为马兰戈尼学院全球第六个校区。作为华南地区首家，也是唯一一家世界级时装与设计培训中心，深圳

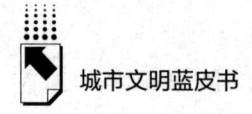

市马兰戈尼时尚与设计培训中心入驻充满创意氛围的园区，不仅为深圳持续培养具有国际视野的时尚人才提供了平台，而且为园区和城市的时尚文化创造、时尚产业发展提供了源头活水。例如，马兰戈尼学院深圳校区的第一届毕业秀就以"星际Cosmic"为主题在2019年的深圳原创设计时装周上举办；2020~2022年马兰戈尼深圳校区的毕业秀则持续装点了深圳时装周的舞台，在这个国际性的时尚盛会上，展现了深圳新生代设计师蓬勃的时尚力量。

（三）市区两级打造各类时尚消费节促进时尚消费

"深圳时尚消费节"是深圳市政府主办的"2021深圳购物季"系列活动之一，由深圳市商务局指导、深圳市服务行业协会主办。时尚消费节协同上百家深圳知名时装品牌和原创设计师，联动深圳各大商圈购物中心，以3~5折的折扣价和高品质的产品，增强消费者对时尚产品的消费动力，进而也宣传深圳年轻、个性、绿色、时尚的潮流文化。时尚消费节举办了一系列的活动来引导市民对时尚的消费热情，包括100场走秀、时尚打卡、网红直播、品牌闪购、时尚派对等，众多时尚界设计师、明星、名模、各界嘉宾与市民一道，联动营造"全城联动、全民时尚"的节庆氛围。深圳时尚消费节的一大亮点是，将"深圳时装周"与"深圳购物节"两大IP进行深度结合，借助深圳时装周的专业平台，联动各大旗舰商圈，举办"时尚嘉年华""服装商贸展""国际时尚论坛""时尚趋势发布"等一系列丰富的高水准时尚活动，在传播时尚产业界潮流趋势的同时，将多元的产品展示给消费者，以各种科技手段赋能体验式消费，以创意、跨界等形式激发大众对美好生活的追求和向往，从而成就城市级的消费盛事。

2022年12月，由深圳市商务局、罗湖区人民政府指导，罗湖区工业和信息化局支持，深圳市商品交易市场联合会主办，深圳市时装设计师协会、深圳市黄金珠宝首饰行业协会、深圳市水贝壹号投资有限公司共同承办的2022年深圳时尚全球行之深圳时尚消费周启动。此次活动以"时尚无界·乐购全球"为主题，通过珠宝与服装的时尚跨界联动，开启四天不间断的线上线下时尚促消费活动，包括珠宝和服装新品跨界联展、时尚名牌联合发布会、千万补贴促消费活动、珠宝汽车时尚联展等,打造时尚品牌发布、产业交流对接、时尚生活体验等一体联动的时尚嘉年华。除了深圳时尚全球行的时尚消费节,罗湖区还在东门举办了2023年罗湖新春时尚街区消费节,围绕时尚消费主题,推出"1+4+N"系列时尚主题活动,推出超过1亿元补贴,推动消费场景与文化、时尚潮流、深港、科技等元素融合。

福田区从2013年开始,就围绕服装、电子等重点产业,联动辖区各大购物中心、商业品牌开展福田区各项商业品牌推广主题活动,促进商圈商业繁荣,打造福田购物节品牌,以此推动福田区商业品牌建设。2022年福田区在深圳市政府的指导下,以时尚为媒,利用意大利时尚文化产业优势与重要国际高端商业资源,打造了"深圳·意大利时尚文化节"。该活动由深业商业管理有限公司携手中国意大利商会共同举办,旨在挖掘时尚文化消费增长点,建设国际一流时尚文化交流平台、打造多元时尚消费新场景,激发消费内生动力。除此之外,福田区"向上而生"潮流文化节也于每年12月在岗厦北·深圳之眼商圈开幕,该文化节通过向广大市民提供免费的音乐娱乐演出、街舞展演、创意正能量涂鸦、知名IP美术陈列、创意市集等潮流玩法,积极打造区内主力商圈的文化消费高地形象,丰富市民的精神文化生活,进而鼓励社会公众积极参与及消费。

二 深圳时尚文化与时尚消费培育的阶段性不足

现代时尚产业是深圳"20+8"产业集群之一,时尚消费是深圳城市能级和核心竞争力持续提升的重要支撑。近年来,我们可以看到深圳市、区各级政府为抓好时尚产业的发展,通过各种手段扩大时尚文化传播、时尚消费和深圳时尚影响力,应该说成效斐然。然而,考虑到从产业发展到文化沉淀再到时尚消费内生意识的确立,确实有阶段性的发展规律,我们在看到成绩的同时,还要看到深圳目前阶段与国际性时尚都市和国际消费中心城市的差距。

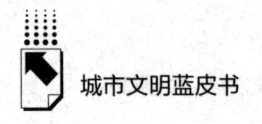

（一）时尚品牌的国际影响力不足

世界知名的时尚之都无不拥有享誉世界的时尚品牌，例如巴黎拥有Chanel、Dior、Hermes、LV、YSL等，米兰拥有Prada、Amani、Gucci、Versace等，纽约拥有Coach、Kate Spade、Donna Karan、Calvin Klein等，伦敦拥有Burberry、Dunhill、Paul Smith、Jimmy Choo、Vivienne Westwood等。这些具有国际知名度的时尚品牌对于其所在城市来说，本身就是最好的宣传名片，是检验一座城市时尚知名度、时尚影响力的重要指标。而这些在时尚领域占据核心位置的时尚大牌几乎都是以明星设计师自己名字命名的、带有充满时尚个性的品牌。正是这些时尚设计师独一无二的设计理念、个性特征、创意魅力使得时尚品牌拥有经久不衰的人格魅力。这尤其表现为经时间考验的时尚品牌都有其经典代表作或经典元素，在岁月的冲刷和重塑中永不过时，历久弥新，成为对品牌内在核心品格、个性和气质的最好代言。

深圳目前虽然已经拥有玛丝菲尔、歌力思、影儿时尚等在国内具有市场号召力的头部品牌，但这些品牌的主要特征还是属于以迎合市场需求为目标的商业品牌，是世界时尚潮流的追随者和中国语境中的"翻译者"，并非世界时尚潮流的引领者和时尚创意、创新的定义者。这就使其很难在世界时尚品牌界占有一席之地，很难拥有时尚圈内的话语权，也就不可能拥有世界级的影响力。深圳时尚产业已经完成了从最初的为国际大牌代工到创建自己品牌，再到开设自己品牌店的第一个阶段的转型，但是如何完成从拥有商业品牌到拥有独特个性的、具有时尚话语引领能力的时尚名牌第二个阶段的转型，对于深圳的时尚产业持续蓬勃发展和时尚之都建设至关重要。

（二）时尚消费街区的文化氛围不够

对于时尚之都而言，国际化的时尚商业街区是这座城市时尚度的外在体现，是聚合众多国际时尚品牌、知名设计师、消费者、游客的独特空间，是城市繁盛的象征，也是城市时尚气息的"点睛之笔"。例如，巴黎有香榭丽舍大街、纽约有第五大道、米兰有蒙特拿破仑大街、伦敦有牛津街等，而境内城市香港有广东道、上海有南京路步行街等。时尚名牌在城市大街两旁开设的独立精品店往往是品牌设计感和艺术风格的独特表达，能给消费者带来最直观的品牌文化宣传，吸引游览者随时入店进行购物，同时在空间上起到装点城市的作用，增添城市的魅力。

深圳的城市空间相对来说比较狭小，因此很少有一定长度的，可供游人自由行走、随意闲逛的林荫大街。时尚品牌基本上簇拥在购物中心内，很少具有临街开放的门面。这就限制了城市在物理空间上的时尚表达，时尚所代表的那种开放、创意、想象力与文化的氛围感、人情温度感就无法发挥出来。作为一个时尚之都，如果连一条代表性的时尚大街都没有，城市的创意、创新活力则很难自发地传播开来，时尚消费也很难被激发。时尚产业的发展，需要源源不断的新生力量、创意人才作为源头活水，他们在城市中闲逛时获取对这座城市的感知，在不同的时尚品牌文化的碰撞中汲取灵感。只有无数创意者带着情感设计和创建新品牌，才能不断推动这座城市的时尚产业和时尚文化发展。这样的时尚之都才充满可持续发展的活力、拥有无限惊喜和未来。

（三）时尚媒体传播力和影响力缺乏

时尚媒体是一座城市对外发声的重要阵地，是宣传城市时尚品牌、时尚文化、时尚人物的"利器"，也是对外界产生时尚文化影响力的重要指标。而深圳在传统时尚媒体领域没有足够的传播、报道和关注，因此时尚文化的影响力较弱。因此，深圳很难在大众心中真正建立起"时尚"的形象。

虽然深圳的科技和数字文化产业发达，但新媒体的意见领袖和MCN机构也都希望能离时尚资源聚集的北京、上海近一点，这就导致有影响力的意见领袖和MCN机构也会扎堆在这两个城市。另外，以社交媒体作为主要传播渠道的新媒体从业者主要为年轻人，他们当中多为设计院校、美术院校的年轻大学生，而深圳的设计院校和美术院校并不多，这使得深圳的时尚新媒体很难产生优质的内容生产者和庞大的时尚博主队伍。

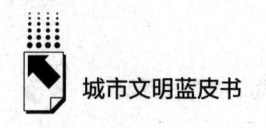

（四）时尚消费力不够

中国连锁经营协会发布的《2021城市时尚消费力指数报告》显示，中国各城市时尚消费力排名中，上海以100分荣登榜首，第二名是85.98分的北京，深圳则仅以61.29分排名第三。另外，根据上海消费研究机构iziRetail逸芮在2022年8月发布的《8大城市的10个商业维度解读》报告，上海在奢侈品门店数量方面遥遥领先，以220家位列第一，北京有183家，而深圳则仅有55家。在设计师门店方面，上海有32家，北京有15家，深圳仅有13家。

世界名品店的开设都是以充分的消费数据作为支撑的，深圳的时尚消费力不足一直是个老问题。其中最主要的原因是，深圳地区消费者的时尚消费习惯主要是去香港购物或者去国外旅游购物。香港和国外著名旅游城市除了品牌选择更多更国际化之外，还享有免税价格的吸引力。而深圳消费者不在深圳本地进行时尚和奢侈品消费的事实又导致国际名品店不会把难得的限量款或者受欢迎的热门款式发往深圳门店，这就进一步导致深圳有能力进行奢侈品消费的顾客不愿在同一品牌的深圳门店消费。因此，能否持续提升市内的奢侈品消费份额，持续扩大时尚潮流品牌的消费势能，将是深圳能否打造国际时尚之都的重要挑战。

三 深圳时尚文化与时尚消费培育的未来建议

深圳的时尚产业起步于大牌代工，拥有特定的供应链和生产制造优势，但在时尚文化、时尚品牌化运作、时尚消费的发展上存在一些明显的弱势和不足。打造国际时尚之都的定位，是深圳对自己在已有时尚产业基础上进行提升的必然发展趋势。但文化和消费的培育属于产业中的软实力，是一个长期建设的过程。而且已有的掌握时尚话语权、具有时尚文化优势的城市并不会轻易放弃自己的优势位置，这就更加需要作为后起之秀的时尚之都巧妙开辟自己的差异化发展路径，在现有的时尚产业格局中另辟蹊径，在现有的政策中作出相应调整，以符合时尚产业、时尚文化发展规律的方式正确行动。

（一）支持企业打造具有国际影响力的时尚精品品牌

中国的市场体量足够大，对于时尚品牌的诞生来说既是好事，又是限制。因为市场大，所以时尚企业一旦规模化之后，就很容易存活；但对于开拓国际市场，打造国际高端时尚品牌来说，它们的迫切性就不强。例如一个时尚品牌要获得国际上的认可就需要进入世界四大时装周的秀场，要被全世界的粉丝接受还需要国际化的时尚博主为品牌带货或者获得传统强势时尚媒体的报道，这都需要大量投入。虽然深圳也有不少优秀成熟的设计师，例如赵卉洲、罗峥、杨子多次前往米兰、纽约时装周秀场办秀，但如何把秀场话题转化成销量，把设计师知名度转化成品牌号召力，就需要政府成立专门的机构给予专业、精准的扶持。例如，意大利时尚产业在大众眼中已经非常发达了，其时尚产业占整个欧洲时尚产业的份额达41%，但意大利时装商会仍然积极行动，因为，时尚业需要政府的资金支持，这不是一项支出，而是一笔用于维持意大利经济增长及树立其全球时尚龙头形象的投资，商会向意大利政府提交的计划要求政府采取具体措施和战略帮助意大利时尚产业发展，包括启动一系列有关环境和社会可持续发展、数字化、国际化和人员培训方面的具体项目，确保新一代时尚品牌在未来市场上的专业性和竞争力。因此，时尚产业在当今的国际市场竞争中，获得国家的资助和扶持无论在什么阶段都是必要的。

打造具有国际影响力的时尚品牌虽非易事，但并非遥不可及。时尚大牌的知名度除了来自设计之外，还来自精品化的品牌运营和系统化的品牌体系建构方法。由于深圳时尚产业开始为大牌代工生产，这导致深圳大多数的时尚企业在品牌营销和品牌体系建构上意识不强，对于品牌的认知还停留在做广告和区分客群的阶段。

深圳打造具有国际影响力的时尚品牌需要完整的精品品牌理论体系的支撑，政府可以拨出一定的经费委托相关专业机构，聘请国内外专业人士，对

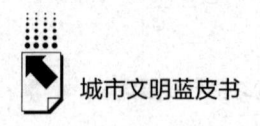

有资质的时尚品牌企业进行精品品牌建构、管理的培训、辅导；对特别有希望成长为国际知名品牌的设计师出海开设门店进行适当补助。

（二）积极打造具有国际知名度的时尚街区

时尚购物街区既是消费者进行时尚消费的商业集聚区，也是城市潮流文化的汇聚展示之所，还是城市中供市民和游客进行休闲、聚会和游览的代表性场所，集中体现着城市的繁华程度和时尚文化氛围。因此，地标性的时尚购物街区对城市的时尚形象和时尚文化的塑造具有举足轻重的作用，其形成并不完全是自发的，还牵涉人为规划管理。例如，纽约第五大道、法国香榭丽舍等街区都有自己的协会，负责对街区的整体形象和商业配置进行规划和引导，对每家在街区内开设的新店设计方案都有审核流程，尤其看重新店如何与隔壁店铺进行协调，如何与整条街区和商圈融入，并为此定下详细的规则。此外，不少时尚街区还涉及对街头艺人的管理，街头艺人的表演能够为街区增添独特的热闹氛围和节日休闲气息，是吸引人群的重要文化元素，但如果放任自流则容易引发混乱和街区拥堵。国外的街区艺人表演有专门的才艺许可证，相关部门还会为其配置表演所需的灯光和电源，为表演增色。但街头艺术的表演地点和时间都是要经有关部门许可的，例如时间要在上午10点以后，表演地点只能在商场门口3米的范围内等。经过有组织的规划管理之后，消费者在这条街区或商圈所获得的感官体验、游览路线都会得到很好的照顾和合理考量，以确保他们在此获得独一无二的完美购物体验和时尚观感。

时尚购物街区为消费者提供的时尚文化体验很大程度上来自街区中包括店面设计在内的空间文化符号的设计。后工业社会的文化是一种符号经济的文化，因此政府在打造国际化标准的时尚购物街区的政策上，除了有专门的管理部门之外，不妨为一些有特色的、经过遴选的时尚文化小店提供一定的店铺设计补贴等经费，使时尚街区的商业元素和特色小店的文化元素相得益彰，提升街区时尚文化的丰富度。

（三）增设时尚创意类院校或科系

时尚潮流文化的主要推动者和传播者还是年轻人，深圳的年轻人不少，但大多数所从事的行业还是集中在计算机、互联网等科技领域。另外，深圳时尚产业的发展也需要完整的生态系统和创新体系的支撑，因此依托高等院校的教育为深圳吸纳时尚产业所需的年轻人和后备人才，将是推进深圳时尚之都建设的重要举措。深圳的高校资源原本就不足，与时尚类相关的专门院校更是缺乏。而国际上知名的时尚之都都拥有与该城市时尚产业和时尚都市地位匹配的知名时尚类学府，例如，纽约有帕森斯设计学院、纽约时装学院；伦敦有中央圣马丁艺术与设计学院、英国皇家艺术学院；米兰有马兰戈尼学院、米兰理工大学；巴黎有巴黎时装工会学校、法国高级时装学院。深圳目前仅拥有马兰戈尼学院的深圳分校和正在筹建的深圳创新创意设计学院两所专门的时尚创意类学校。其中，深圳创新创意设计学院仍然是以较为广泛的创意设计教育为主，深圳还是缺乏专门针对时尚产业尤其是时装产业的专业院校。

目前深圳的时尚产业优势主要依托于曾经的代工生产制造和既有商业品牌。但要打造国际时尚之都，深圳势必要在品牌、科技和数字化转型等时尚产业发展中获得重新定位自身的能力。而这一切离不开创新生态和创新体系的建构，尤其少不了大学和研究所的助力。时装产业是包括纺织工艺、材料研发、染印工艺、版型设计、品牌运营、模特走秀等较长链条的产业部门，靠单个企业进行全链条的研发很难在国际竞争中占有优势。如果深圳本地有专门的时装类高校或时尚院校，就能为时尚产业提供复合型的优势，不仅能在研发上走在前列，也能凭借已有的生产优势，加速转化研究成果，更能为时尚产业提供源源不断的年轻人队伍。一批批的毕业生将在这里沉淀下来，成为带动城市时尚文化、时尚产业持续更新的重要新生力量。

（四）加快推进市内免税店建设

深圳的时尚消费，尤其是对国际时尚精品的消费，长期以来集中在香港

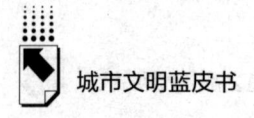

和境外其他地区，这对于深圳建设国际消费中心城市来说是很大的挑战。而中国消费者实际上已经成为全球免税品消费主力，根据麦肯锡预测，到2025年，中国消费者将贡献全球近40%的免税消费总额。

海南自2020年7月1日实施海南离岛免税新政以来，海南免税市场实现了快速增长。据海关统计，2020年海南离岛免税全年总销售额274.8亿元，比2019年增长了103.7%，免税购物实际人次448.4万人次，比上一年增长了19.2%。2022年2月，深圳正式发布了《深圳市关于加快建设国际消费中心城市的若干措施》，重点提到深圳市将争取国家政策支持，推动建设具有深圳特色的市内免税店，引导消费回流。目前国内仅有8家企业拥有免税经营牌照，深圳免税集团是其中之一。据相关业内专家测算，如果深圳能开设市内免税店，经市场培育，未来有望能贡献数十亿元的免税销售额。除了深圳，北京、上海、成都、武汉、青岛等各大城市都在加速推进市内免税和口岸免税产业。

从2020年开始深圳各区就积极布局市内免税店，前海、盐田、罗湖等区纷纷提出市内免税城建设计划。加快推动市内免税店或免税城的建设对于深圳的时尚消费和时尚产业发展有重要的意义，不仅可以将一部分境外消费和跨境电商的消费留在实体免税店，促进消费中心城市的发展，而且会倒逼国内消费厂商和时尚品牌提升产品质量和品牌优势，更快更好地完成产品和品牌的升级。

参考文献

［1］刘晓喆、熊兴、纪怡：《消费升级与时尚产业发展研究》，《价格理论与实践》2018年第6期。

［2］苏禹含、张振鹏：《元宇宙语境下时尚产业的新格局》，《经济师》2022年第4期。

［3］凌春杰：《深圳时尚产业高质量发展的着力点》，《开放导报》2022年第5期。

［4］肖意：《深圳服装业是转型升级典范》，《深圳特区报》2010年7月10日，第

A01 版。

[5] 侯萱、张振鹏:《时尚产业科技赋能的路径选择》,《中国国情国力》2021 年第 6 期。

[6] 蒋春忠、林二伟、张雄化:《数字经济背景下时尚创意产业创新发展研究——以深圳大浪时尚小镇为例》,《企业科技与发展》2020 年第 12 期。

[7] 宣柱锡:《建设"时尚之都" 打造"深圳质量"》,《特区实践与理论》2011 年第 2 期。

[8]《全力打造全球知名的新锐时尚产业之都》,《深圳特区报》2020 年 4 月 11 日,第 A03 版。

[9] 易芳:《深圳服装的设计峥嵘与智能跨界》,《中国纺织》2016 年第 8 期。

[10] 贾荣林、陈文晖:《数字时尚产业特点及其发展战略研究——兼析国内外数字技术与时尚产业深度融合的发展经验与路径选择》,《价格理论与实践》2022 年第 6 期。

[11] 刘嘉:《深圳:下一个世界级时尚产业集群》,《纺织服装周刊》2018 年第 11 期。

B.12
深圳文博会：新质生产力赋能城市文化产业繁荣发展

方石玉[*]

摘　要： 基于全球城市文明发展建设的语境，本研究深入分析中国（深圳）国际文化产业博览交易会如何通过成功展示文化新质生产力，有效赋能城市文明建设。深圳文博会作为展示中国文化产业繁荣发展的重要窗口，通过呈现产业跨界融合激发新模式、数字文化引领发展新业态、创新文化产品拉动新消费等实践成果，成功展示了新质生产力对文化产业赋能所激发的创新与活力。通过总结这一成功经验，能够为全球城市文明的发展提供借鉴与参考价值。

关键词： 全球城市文明发展　深圳文博会　新质生产力　文化产业

近年来，随着全球城市文明的快速演进，文化产业成为城市文明建设的关键要素，其繁荣程度已逐渐成为衡量城市综合竞争力的重要指标。建设社会主义文化强国，是全面建设社会主义现代化国家、实现中华民族伟大复兴的重要基础和前提。在这一背景下，中国（深圳）国际文化产业博览交易会（以下简称"文博会"）作为中国唯一一个国家级、国际化、综合性的文化产业博览交易会，近年来在推动文化产业创新发展方面取得了显著进展。展会通过汇聚新质生产力，促进了中国文化产业的繁荣发展，展现了全球城市文明与文化产业融合发展的新特点，充分

---
[*] 方石玉，博士，高级经济师，深圳国际文化产业博览交易会有限公司总经理。

证明了深圳文博会在新质生产力赋能城市文化产业繁荣发展方面的独特价值和广阔前景。

一 文博会汇聚新质生产力承担推动中国文化产业繁荣发展的责任使命

文博会是中国唯一一个国家级、国际化、综合性的文化产业博览交易会，是获得全球展览业协会（UFI）认证的综合性文化产业博览交易会，也是中国最早、创办规模最大的文博会。文博会坚持"市场化、国际化、专业化、精品化、规范化"的办展方针，截至2024年已成功举办二十届，并创新性地打造了"云上文博会"线上展览平台。文博会始终秉持守正创新的理念，全力服务国家文化产业发展战略，积极推进文化产业创新发展，见证了中国文化产业取得的历史性成就、发生的历史性变革，也彰显了中华文化的独特魅力和世界文明的多姿多彩。

文博会的发展壮大始终受到党中央的高度重视，中央宣传部的协调指导。各省、区、市和有关部门的大力支持，国内外展商的积极参与，也为文博会可持续发展注入强劲动力。首届文博会以来，多位党和国家领导人先后多次视察文博会主展馆。2021年，文博会被写入文化和旅游部《"十四五"文化产业发展规划》；2022年，文博会被写入《中国共产党宣传工作简史》，同年，国家版权局首次列入文博会主办单位，文博会国家级地位进一步深化，品牌影响力不断提升；2023年6月7日，首届文化强国建设高峰论坛安排在第十九届文博会期间举办，习近平总书记特地发来贺信，代表党中央表示热烈祝贺，再次强调要更好担负起新的文化使命，为强国建设、民族复兴注入强大精神力量。①

2024年5月举办的第二十届文博会是文博会创办二十周年之际举办的

---

① 《习近平致信祝贺首届文化强国建设高峰论坛开幕强调 更好担负起新的文化使命 为强国建设民族复兴注入强大精神力量》，《人民日报》2023年6月8日，第1版。

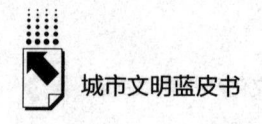

一届重要展会，也是文博会迈入新发展阶段、履行新时代新的文化使命、具有里程碑意义的一届展会。本届文博会以线下为主，线上同步展示交易的方式举办。主会场设在深圳国际会展中心，展览面积为16万平方米，共有6015家政府组团、文化机构和企业线上线下参展。其中，3076家线下参展，2939家线上参展。第十五次实现31个省、自治区、直辖市及港澳台地区全部参展，第十一次实现广东省21个地市全部参展。展会还吸引了来自60个国家和地区、302家海外展商线上线下参展；组织邀请108个国家和地区、3万余名海外专业观众线上线下参会。展会展出文化产品超过12万件，4000多个文化产业投融资项目在现场进行展示与交易。除主会场外，还在全市各区设立52个分会场，共开展近400项产业特色鲜明、文化内涵丰富、交易功能突出、公众参与度较高的展示交易活动。主会场、分会场、各相关活动参与人数创新高，主会场单日参观人数首次突破14万人次。中共中央政治局委员、中央宣传部部长李书磊亲临展会现场考察指导，充分肯定文博会取得的成绩，寄望文博会在推动中国文化产业高质量发展方面发挥更大作用。

二十年来，文博会始终以博览与交易为核心，全力打造中国文化产品与项目交易平台，促进中国文化产业发展，现已成长为中国文化产业领域规格最高、规模最大、最具实效和影响力的展会，成为助推中国文化产业发展的重要引擎，推动中华文化走出去的重要平台，扩大文化对外开放的重要窗口，被誉为"中国文化产业第一展"。

二 文博会展现新质生产力赋能文化产业繁荣发展的创新实践

（一）产业跨界融合激发新模式

文博会作为文化产业发展的重要平台，不断推动"文化+"产业跨界融合形成的新模式，特别是以"文化+艺术"、"文化+科技"以及"文化+金融"为代表的跨界融合，成功地展示了新质生产力对文化产业赋能所激发

深圳文博会：新质生产力赋能城市文化产业繁荣发展

的创新活力。

1. "文化+艺术"模式

"文化+艺术"的模式在文博会上得到了淋漓尽致的展现。通过艺术的介入，文化产业被赋予了更为深厚的文化内涵以及更高的审美价值。以第二十届文博会大芬油画村分会场为例，该分会场以"凝聚产业创新活力，打造文旅国际街区"为主题，通过举办当代美术精品展、美术产业座谈会等活动，[①] 不仅促进了艺术与市场的对接，还推动了艺术创意与文化产业的深度融合。在这种模式下，艺术不再是独立的创作活动，而成为文化产业发展的重要支撑和引领力量。大芬油画村作为全国最大的油画生产交易基地，在文博会的舞台上成功转型，展现了创新"文化+艺术"模式为文化产业发展提供的新视角，赋予文化产业新的生命力和时代价值。"文化+艺术"模式构建起文化与艺术协同发展的桥梁，将艺术的审美与文化内涵注入产业，通过搭建合作平台促进跨界交流，提升了文化产品的附加值与竞争力。

2. "文化+科技"模式

科技与文化的碰撞为文博会带来了全新的活力与风貌，成为展会中的一大亮点。在第二十届文博会上，数字化、虚拟现实、增强现实等先进技术被广泛应用，为观众带来了前所未有的沉浸式体验。例如，北京展区通过"5G+XR"技术将废弃的首钢高炉改造成元宇宙乐园，让市民在"高炉乐园"里体验炫酷的全息影像等前沿技术，实现了传统工业遗迹与现代科技的完美结合；四川展区让观众在VR环境下沉浸式体验四川的熊猫乐园，歌尔集团带来自主研发的VR动物仿真体验设备，观众在动感恐龙上可沉浸式感受穿越侏罗纪的奇妙探险；深圳展区南山区的电竞社交体验区、宝安区的"数字智造湾"等，都展现了科技赋能文化产业的最新成果。"文化+科技"模式通过VR、AR、AI、大数据等先进技术，推动文化生产方式发生变革，创新文化传播与体验形式，展现了从传统模式向数字化、智能化的转型成

[①]《聚焦文博会——深圳大芬油画村以艺术创新引领文旅融合新潮》，龙岗政府在线，http://www.lg.gov.cn/gab/bmdt/content/post_11308265.html。

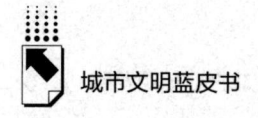

果，开拓了文化产业发展的新蓝海。

3. "文化+金融"模式

"文化+金融"模式为文化产业的发展提供了强有力的资金支持和风险保障。在文博会上，文化与金融的深度融合成为文博会一大亮点。第二十届文博会设立文化投融资展区，邀请中国文化产业投资基金、商业银行、风险投资机构等金融机构参展，打造文化投融资服务平台，为文化资源的有效配置和项目交易提供专业金融服务。同时，文博会为推进文化产业发展与金融创新深度融合，积极举办招商会、推介会及订货会等系列活动，以多元的金融服务和创新的融合模式，充分发挥金融在文化产业中的支撑作用，把展览资源变成"订单"，释放以"展"带商的强大实力。"文化+金融"模式为文化产业注入资本活力，金融机构的深度参与优化了文化资源配置，完善了产业链条，在提供资金支持与风险保障的同时，加快了文化产业的市场化、专业化进程，助力产业向高质量、可持续发展迈进。

（二）数字文化引领发展新业态

文化数字化正成为深圳文化产业高质量发展的关键引擎。2023年，深圳文化新业态特征明显的16个行业实现营业收入高达5063.46亿元，占全省比重接近65%。其中，互联网信息服务、广告服务、多媒体与游戏动漫、数字出版及游戏服务等成为数字文化发展的核心驱动力，而数字文化生产力的效应在文博会上得以充分显现。

1. 技术创新推动文化传播新范式

技术创新成为鲜明主题，展会汇聚了人工智能、高清视频、新型显示、数字交互、数字孪生、大数据、3D扫描及游戏引擎等前沿技术，生动展现了数字文化新业态的繁荣景象与产业链的持续拓展。在展会现场，各展区聚焦于"数字技术深度赋能文化产业"的主题，广泛运用区块链、元宇宙等尖端科技，推出众多AI创新文化展品，深刻体现了科技与文化在深度交融中相互促进、共同发展的良好态势。例如三七互娱公司在文博会上展示了将数字技术与传统文化进行创新结合后所发展出的新质生产力成果。通过打造沉浸式元宇宙虚拟营地，展现新质生产力创新融合的魅力。① 数字技术赋能产业提质升级，推动文化产业朝着智能化、精准化的方向发展。

2. 内容型文化新业态成为新引擎

动漫游戏与互联网结合的内容型文化新业态成为文化产业发展的新引擎。2023年，深圳文化新业态中，互联网信息服务和游戏服务等领域表现尤为突出，营收占比高达83.35%，其中互联网信息服务业以41.9%的份额引领增长。② 文博会上，众多动漫游戏企业及机构携带它们的新作品和技术成果参展，加快了动漫和游戏产业的前进脚步，为文化产业的多元化形态注入了新的活力，更为游戏玩家带来更加多元、便捷和沉浸式的娱乐体验。例如深圳国家动漫画产业基地分会场展示了一种全新的互动体验，将高科技显示技术与数字影像相结合，创造了一个三维影像包围的虚拟环境。参观者可以通过触摸、体感控制、声控等多种交互模式与虚拟世界中的元素进行互动，游客获得了一种仿佛置身于魔幻世界中的体验。在融合背景下，文化业态多元化发展成为趋势，数字内容产业蓬勃兴起，体验式文化产品不断涌现，不仅拓宽了文化产业边界，还促进了跨产业融合，创造出更多消费热点与市场机遇，彰显出文化产业强大的创新活力与发展韧性。

3. 沉浸式体验设备不断更新升级

粤港澳大湾区文化产业创新展馆成为数字文化引领发展新业态的生动写照。展馆以展示数字新技术在文化场景的应用为特征，充分发挥AI、AR等现代多媒体技术优势，全面呈现实施国家文化数字化战略和科技赋能文化产业的卓越成果。在广东大模型产业应用展位上，鹏城实验室"鹏城·脑海"、腾讯混元大模型、云天励飞"云天天书"等8个具有代表性的大模型集中亮相，这些大模型在文旅、文娱、数字创意生产等领域各有所长。甘肃展区则携手腾讯，以"寻境敦煌"数字展惊艳众人，1∶1复刻敦煌285窟，

---

① 《第二十届深圳文博会：文化与科技相遇 激发澎湃动力》，中国文化报微信公众号，https://mp.weixin.qq.com/s/28Wj0EuLsDDRtPHlws64ZA。

② 《深圳规上文化企业营收首破万亿》，深圳政府在线，https://www.sz.gov.cn/cn/xxgk/zfxxgj/zwdt/content/post_11305187.html。

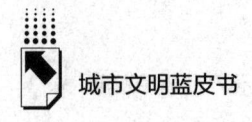

高清色彩与保真模型让游客仿佛置身千年洞窟，感受古文明的辉煌。沉浸式体验设备的不断更新升级，推动着文化体验设备朝着多样数字交互的方向发展，极大地丰富了文化体验形式，使文化设备成为文化传播与情感共鸣的有力载体，进一步深化了文化与技术的融合深度，为文化产业发展注入新的动力源泉。

（三）创新文化产品拉动新消费

文博会通过展示创新文化产品、创新文化服务和创新消费模式等方面的实践成果，成功展现了新质生产力赋能文化产业繁荣发展的生动图景。通过文博会的平台提升了城市文化产业的附加值和竞争力，也满足了消费者对美好生活的追求和期待。

1. 创新文化产品引领潮流，满足多元需求

在文博会上，创新文化产品成为吸引眼球的焦点。这些产品不仅在设计上追求新颖独特，更在文化内涵和创意表达上实现了突破。它们融合了传统与现代、东方与西方的元素，通过新颖的材料、工艺和技术，创造出既具有文化深度又符合现代审美的产品。这些创新文化产品不仅满足了消费者对美好生活的追求，也推动了文化产业的转型升级，以独特的魅力和价值，引领文化消费潮流，为文化产业的发展注入了新的活力。例如，文博会上展示的大理白族的扎染挂件、融合维西傈僳族非遗服饰元素的麻布笔记本以及融合佛山醒狮元素的狮头等产品，保留了传统文化精髓，在进行本土文创产品研发，活化传承非遗文化的同时，通过现代设计手法使其成为消费者日常生活中的一部分，兼顾实用性和美观性，推动文化消费增长。现代融合创新文化产品，通过文化元素的巧妙融合与工艺技术的创新应用，实现了文化内涵与现代审美的有机统一，不仅满足了消费者多样化需求，更推动文化产业在传承中创新，在创新中升级，成为文化产业可持续发展的核心动力。

2. 创新文化服务提升体验，拓展消费场景

文博会还展示了创新文化服务在文化产业中的应用。这些服务通过科技赋能和文化创新，为消费者提供了更加丰富、便捷、个性化的文化体验。文博会上，利用 VR、AR 等技术打造的沉浸式文化体验项目，让消费者能够身临其境地感受文化的魅力；大数据分析和智能推荐系统，可为消费者提供个性化的文化产品和服务选择；线上线下融合的方式，可拓展文化消费场景，让消费者在更多元化的场景中享受文化带来的乐趣。例如，在北京展区，观众可通过屏幕"畅游"于数字版《北京大运河览胜图》中，一河两岸的新时代胜景一览无余；在四川展区，金沙遗址的"太阳神鸟"绽放在脚下，来自三星堆遗址的青铜器、黄金器物等文物在眼前漂浮，裸眼 3D 式展现着瑰丽灿烂的古蜀往事；在湖南展区，《浯溪碑林》前人头攒动，通过高新技术，可以实现痕迹辨识度 0.01 毫米的高精度数字成像，湘江边历经风雨侵蚀的摩崖石刻焕发新生。这些创新文化服务不仅提升了消费者的文化体验，也促进了文化产业与科技的跨界融合，为产业的发展开辟了更广阔的空间。

3. 创新消费模式激发潜力，开拓消费方式

文博会在推动文化产品创新和文化服务升级的同时，也促进了消费模式的创新。随着互联网的普及和电子商务的发展，文化产品的销售渠道和消费方式发生了深刻变化。文博会通过搭建线上线下融合的交易平台，运用大数据、云计算等现代信息技术升级营销模式，在"文博会消费季"期间，创新"展会+直播+电商"的消费模式，打破了传统文化产品销售的时空限制，让消费者能够更加便捷地获得心仪的文化产品。同时，文博会还通过举办各类文化活动、论坛和展览，例如举办"文博会礼物"甄选大赛活动，全力推介"文博会网红产品""文博会时尚品牌"，激发消费者的文化消费热情。此外，文博会自建电商商城"文博购"，全程为展商、展品提供进驻和云端交易等一站式服务，观众通过云上扫码，可一键填满文化购物车，引导观众形成新的消费习惯和消费观念。这些创新消费模式不仅激发了文化市场的潜力，也拉动了新消费的增长，为文化产业的发展注入了强劲的动力。

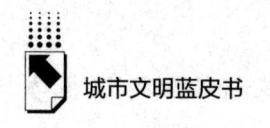

三 文博会展现新质生产力赋能文化产业繁荣发展的经验总结

文博会的舞台深刻展现了新质生产力赋能文化产业繁荣发展的最新成果。文博会作为推动文化产业创新发展的重要平台，通过产业融合、技术创新、业态创新、模式创新，不断激发文化创新活力，为文化产业的高质量发展提供有力支撑，进而助推城市文明建设。

（一）探索产业融合，激发新发展模式

1. 深化产业内涵，探索"文化+艺术"模式

文博会的成功实践表明，艺术的融入能够显著提升文化产业的内涵和审美价值，以促进产业的多样化。文化与艺术的融合有利于提升文化产业的市场竞争力，同时能够展现独特的文化魅力和艺术价值。有效的艺术与文化结合需要建立系统的创新流程，如建立大型合作交流平台，促进艺术家、设计师与文化从业者的跨界合作，通过将艺术创意、设计理念与文化内容相结合，提升文化产品和服务的吸引力和竞争力，形成协同效应。"文化+艺术"模式引领文化产业的未来发展趋势，推动文化产业向更高层次迈进。

2. 创新文化体验，培育"文化+科技"模式

文博会深刻展示了科技的迭代进步对文化产业形态、内容和传播方式产生的深远影响，先进文化理念能够从主导价值取向、激发创新活力、提高思维水平等方面对科技创新发挥引领作用。文化与科技融合是促进科技创新发展的关键路径，也是提升文化软实力、增强社会凝聚力、推动文化产业发展的重要途径。"文化+科技"模式由点到线、由线到面、由面到体的发展过程，促进科技充分赋能文化产业，推动文化生产与科技创新的双向互动，推动科技和文化产业共同繁荣，推进文化产业发展动能的转换升级。

3. 促进产业发展，构建"文化+金融"模式

文博会的实践经验表明，文化产业发展为推进金融创新开辟广阔空间，

金融创新为文化产业发展提供强大动力。高度重视文化与金融合作，积极推动金融支持文化产业创新发展，可以为文化项目提供多样化的资金支持和金融解决方案，帮助文化企业进行扩展、提升创作能力，并推动高品质文化产品的开发。同时，金融机构与文化产业的合作促进产业链的完善和优化，通过对文化产业的投资和风险管理，金融机构能够参与文化产业的各个环节。"文化+金融"模式提升文化产业整体的运行效率和市场表现，推动文化产业向专业化、规模化方向发展，为文化产业持续高质量发展提供坚实基础。

（二）数字技术融合，催生文化新业态

1.数字技术赋能产业实现提质升级

文博会的实践经验表明，数字技术创新是推动文化产业高质量发展的关键。数字化转型与科技创新也是文博会的亮点之一，通过前沿技术，文博会展示了数字化转型的最新成果。全息投影技术让观众仿佛置身于历史场景之中，与古代文化遗产近距离互动；数字孪生技术则通过构建虚拟与现实相融合的世界，为观众提供了沉浸式体验，极大地丰富了文化感知的广度和深度；人工智能技术的应用使得文化内容的创作更加智能化和个性化，大数据分析帮助文化企业更准确地把握市场趋势和消费者需求；而云计算技术则为文化产品的存储、处理和分发提供了强大的支持。这些技术的应用不仅提高了文化产品的生产效率和质量，也为消费者带来了更加丰富和便捷的文化体验。

2.融合背景下文化业态多元化发展

文博会的实践揭示了数字技术与文化新业态融合的多元化趋势。在数字技术的推动下，文化产业的边界不断扩展，新的文化业态层出不穷。这些新业态不仅包括数字游戏、在线音乐、网络文学等数字内容产业，也涵盖了虚拟现实、增强现实、全息投影等体验式文化产品。文化新业态的出现丰富了文化产业的内涵，也为文化产业的发展提供了新的动力。同时，文化新业态的多元化发展也在一定程度上促进了文化产业与其他产业的跨界融合发展，如文化与旅游、教育、体育等领域的结合，产生了新的消费模式与市场机

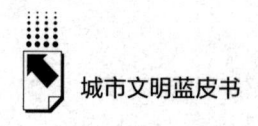

会,促进文化产业繁荣发展。

3. 文化体验设备实现多样数字交互

文博会展示了文化体验设备朝着多样化的数字交互体验趋势发展,从VR头盔到全息投影,从智能观影眼镜到数字互动屏,各种设备纷纷亮相,为观众带来了多元的文化体验。这些设备的应用,不仅丰富了文化体验的形式,也为文化产品的创新提供了更多可能性。文化体验设备的创新不仅限于技术层面,更在于其与文化内容的深度融合。文博会上展示的设备不仅仅是技术的展示,更是文化故事叙述的媒介。通过这些设备,传统文化得以以新颖的形式呈现,增强了观众的文化认知和情感共鸣。

(三)创新供给形态,释放消费新动能

1. 现代融合创新文化产品

文博会的成功实践表明,创新文化产品需要在设计上追求新颖独特,更重要的是要在文化内涵和创意表达上实现突破。将传统与现代、东方与西方的文化元素进行巧妙融合,并运用新颖的材料、工艺和技术,可以创造出既富有文化底蕴又能满足现代审美需求的产品。这不仅有助于提升产品的市场竞争力,还能促进文化产业的转型升级,使其更具吸引力和生命力。因此,持续挖掘文化内涵,结合时代特色,发展新质生产力,进行创新是文化产业可持续发展的关键。

2. 科技赋能创新文化服务

在创新文化服务方面,文博会的成功实践表明,新型生产工具的应用,可以极大地提升消费者的体验感,同时大数据分析和智能推荐系统,能够实现更为精准的服务匹配。此外,线上线下的融合发展模式不仅扩大了服务范围,还让文化消费变得更加便捷。因此,在文化产业中,利用科技手段不断创新服务形式,可以有效地增强用户体验,同时也促进了文化产业与其他行业的跨界合作,为文化产业的发展提供了新的发展机遇。

3. 技术升级创新消费模式

文博会通过搭建线上线下融合的交易平台,不仅打破了传统文化产品销售的时间和空间限制，同时通过举办多样化的文化活动，成功地激发了消费者的购买欲望。因此，在互联网和电子商务日益普及的背景下，创新消费模式对于激活文化市场至关重要。构建多元化消费场景，可以引导消费者形成新的消费习惯，从而拉动整个文化产业的新消费增长，为文化产业的长远发展提供持续的动力。

四 结语

深圳文博会在新质生产力赋能文化产业繁荣发展方面积累了丰富且宝贵的成功经验。通过产业跨界融合，"文化+艺术"模式丰富了产业内涵，提升了文化产品的审美与市场竞争力；"文化+科技"模式创新了文化体验，推动了文化产业动能转换；"文化+金融"模式为产业发展提供了资金与风险管理支持，促进其专业化、规模化发展。在数字技术融合方面，数字技术赋能使文化产业提质升级，文化业态呈现多元化发展趋势，文化体验设备实现多样性数字交互，极大丰富了文化产业的内涵。同时，创新供给形态，现代融合创新文化产品，科技赋能创新文化服务，技术升级创新消费模式，释放了消费新动能，推动文化产业可持续发展。

深圳文博会对全球城市文明发展作出了卓越贡献。它作为展示中国文化产业的重要窗口，将中国文化产业的创新成果与发展模式向世界展示，促进了全球文化的交流与互鉴。其汇聚的多元文化元素与创新实践，为全球城市文明发展提供了新的思路与借鉴范例，有助于推动全球城市在文化建设中探索适合自身的发展路径，提升全球城市文明的整体水平。

未来，全球文化产业将朝着更加数字化、融合化、创新化的方向发展。深圳文博会在推动全球文化产业高质量发展方面潜力巨大、前景广阔。它将继续发挥平台优势，汇聚各方资源，促进文化产业的交流与合作。具体而言，其可能在以下几个方面持续发力：一是引领文化产业数字化转型。随着数字技术的不断进步，文博会有望进一步推动数字技术在文化产业中的深度应用，催生更多具有创新性和吸引力的数字文化产品和服务。二是加强产业

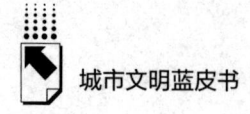

融合与创新。文博会将进一步促进文化与其他领域的跨界合作，激发更多新业态、新模式的出现，为文化产业的发展提供更广阔的空间和机遇。三是助力文化企业拓展国际市场。凭借其国际影响力和资源优势，文博会将帮助更多中国文化企业走向世界，提升中国文化在全球的影响力和传播力。四是推动文化创新与创意发展。文博会将持续通过展示最新的文化创意成果和趋势，激发文化产业的创新活力，鼓励企业不断推陈出新，满足消费者日益多样化和个性化的需求。综上，深圳文博会将在未来继续引领文化产业发展潮流，为全球文化产业的繁荣发展注入源源不断的动力。

参考文献

［1］庄宇辉、李萍、何凡：《以新质生产力赋能文化产业繁荣发展》，《深圳特区报》2024年5月28日。

［2］《聚焦文博会——深圳大芬油画村以艺术创新引领文旅融合新潮》，龙岗政府在线，http：//www.lg.gov.cn/gab/bmdt/content/post_11308265.html。

［3］《第二十届深圳文博会：文化与科技相遇激发澎湃动力》，中国文化报微信公众号，https：//mp.weixin.qq.com/s/28Wj0EuLsDDRtPHlws64ZA。

［4］《深圳规上文化企业营收首破万亿》，深圳政府在线，https：//www.sz.gov.cn/cn/xxgk/zfxxgj/zwdt/content/post_11305187.html。

B.13
当建筑与媒介相遇：粤港澳大湾区城市形象传播研究

王晶莹 汪 妍*

摘 要： 随着经济社会的快速发展，城市问题愈发引人关注，城市形象传播与城市发展有着最直接的关联，城市知名度的提升与塑造独特的城市形象密不可分。为了与城市发展趋势相协调，城市中涌现出越来越多的建筑形态，它们或以高度成为地标，或以独特的造型吸引大众目光。作为现代城市公共空间的重要组成部分，城市建筑不仅受到公众的直接审视，还通过媒介的中介化被多样地再现和广泛地讨论。粤港澳大湾区文化丰富多彩，建筑形态各异，因此，本文以粤港澳大湾区的建筑为研究对象，对城市建筑的现实空间呈现和媒介空间再现进行研究与分析，探讨信息化时代城市建筑设计和宣传的关键要素和潜在不足，以期推动城市形象与城市发展相协调，对于解决城市建筑设计和城市形象传播面临的问题具有重要意义。

关键词： 建筑 媒介空间 城市形象

随着人类社会的发展，人们不仅探索群居社会的生存之道，也一直在追求如何在日复一日的生活中增添所居之地的美丽，从而形成了各地独特的风貌。随着城市的规模不断扩大，现代化进程使得各地城市形象逐渐趋同，当下，城市的发展重点已经从单纯的形态建设转向了更深层次的功能

---

* 王晶莹，北京师范大学艺术与传媒学院博士研究生，主要研究方向为文化传播、媒介文化；汪妍，博士，南方科技大学全球城市文明典范研究院博士后，主要研究方向为数字文化产业、国际传播。

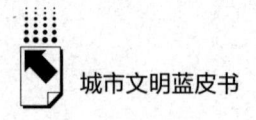

和文化建设，如何塑造并展示一个城市独特的形象，成为我们亟须解答的关键问题。

对于许多新兴城市而言，彰显城市个性和文化变得尤为关键。而其中的建筑不再仅是提供空间的功能体，而是逐渐演变为传递文化的重要载体。建筑设计中实用性与审美性构成了一种相互依存的关系。实用性是建筑的根基，而审美性则赋予建筑灵魂。只有在设计中实现实用性与审美性的和谐统一，才能打造出既实用又富有艺术感的杰出建筑。在现代社会中，作为城市特色展现的载体，城市建筑在形态和形象上呈现出多样化的发展趋势。

粤港澳大湾区是中国最具经济活力的地带。大湾区不仅外表现代，更是一个历史悠久、特色鲜明的区域，这片区域的城市文化丰富多彩，这里有中华传统文化的根基、有岭南文化的"在地经验"，还有现代市场经济的深刻烙印。这些源自不同地区、不同民族、不同时代的文化潮流在大湾区汇聚一堂，既相互碰撞又相互融合，形成独特的建筑风格与城市形象。得益于这样的历史、地理和文化优势，该地区的建筑设计产业蓬勃发展，当地居民的建筑设计理念也较为超前。

一 城市形象的定义

城市形象作为外界对一个城市整体印象的集合，涵盖了城市的地理位置、历史文化、内在特质和外在展现等多个方面。在城市发展和建设过程中，每个城市都会塑造出自己独特的风貌，这种独一无二的特色正是城市形象的体现，城市是人类所创造的最美妙、最高级、最复杂而又最深刻的产物。尽管20世纪的"国际风格"在很大程度上抹杀了城市的特色，但是，每个城市仍然由于它独特的自然、人文和历史背景而各不相同。[①] 城市形象不仅通过对城市本质、功能等艺术化的展现反映城市的总体特性和风格，也

---

① 文爱平：《张钦楠：行行重行行》，《北京规划建设》2007年第1期，第174~178页。

形成了城市宝贵的非物质财富与核心竞争能力,彰显了城市的价值。城市形象不单是一个客观存在的实体,它同样包含了人们对城市的主观感知和情感体验。美国学者凯文·林奇(Kevin Lynch)在其著作《城市意象》中首次提出了"城市形象"(City Image)的概念:城市形象是人对城市环境的认知与感受,是城市要素在人心中形成的心理意象。[1] 提升和传播城市形象对于促进当地的旅游业发展、吸引投资以及引进人才等具有显著影响,改善城市形象不仅是公众的期望,也是城市规划者肩负的重要职责。

城市的人文底蕴与历史文化需要借助具体的如建筑、街道、空间格局等外在形式展现出来,建筑与空间设计自然扮演着塑造城市形象的媒介角色。而这种展现出来的形象又时刻受到公众的评价与影响,城市形象的当下状态与未来发展都离不开生活在其中的人的作用。事实上,媒介的发展一直为城市形象提供一个可以传播、供人评价的方式,传播媒介对空间的吸收与融合开辟了一个充满活力的新领域,媒介在传播与诠释城市形象中的作用日益凸显。当今,低门槛高弥散的媒介技术已经深刻渗透到人们的日常生活中,受到移动互联网、虚拟现实等技术的影响,公众的生活空间逐渐向媒介转移,地方性的内容嵌入媒介空间的讨论中,媒介与城市之间逐渐形成了一种虚实结合的"媒介—建筑复合体"(Media-Architecture Complex)[2],媒介的空间化与城市的媒介化最终促成了"媒体城市"的形成。

二 建筑——城市的皮肤

建筑作为城市映入人眼的第一要素,是城市对外展示的第一张名片,也是城市与世界沟通交流的桥梁。建筑以实在的质感、鲜明的形态和丰富的生命痕迹将城市的历史文化精髓镌刻在建筑外观上,除了本身的实用价值外,

---

[1] Kevin Lynch, *The Image of The City*, Cambridge, MA, US: The MIT Press, 1960, p.7.
[2] 〔澳〕斯科特·麦奎尔:《媒体城市:媒体、建筑与都市空间》,邵文实译,江苏教育出版社,2013,第1页。

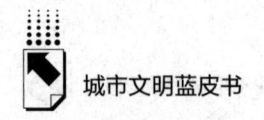

建筑的外观造型也对城市形象起到了传播作用，人们在想到一座城市的时候，第一时间出现在脑海中的往往是当地独具特色的标志性建筑，比如，埃及的金字塔、印度的泰姬陵、法国的埃菲尔铁塔以及中国的故宫等。建筑的存在本身就是一种符号、一种媒介，默默矗立在城市中，向每一位观察者和使用者展示着视觉上的美感和精神上的思想内涵，帮助人们了解城市。

（一）建筑的时间空间隐喻

建筑作为一种媒介，是建筑界对其物理属性和传播作用的广泛认同。然而，建筑本身在物理层面并不具备传播功能，真正对城市形象构建起关键作用的是建筑所隐含的社会空间意义，以及所表达的历史文化意义。黑格尔将建筑视作一种通过建筑材料的有机组合来表达象征性的符号，城市建筑的整体风貌能够映射出城市的地理区位、发展程度，并且成为城市独特性的标志。粤港澳大湾区内众多城市拥有众多历史悠久的建筑遗产，这些建筑不仅是城市发展历史的见证，也蕴含着丰富的文化价值，在表现时间、空间含义中都具备一定的优势，例如，江门开平碉楼与村落、惠州的水东街、澳门的大三巴牌坊等作为媒介都承载了大湾区城市的历史记忆。

综观大湾区的建筑，从时间维度和历史文化上可以划分为四类，第一类是古典岭南时期建筑，以文氏大宗祠、西关大屋、曾大屋等为代表的传统建筑景观展现了岭南装饰技艺之精湛，体现了激励读书入仕、重视宗族、注重务实创新等文化内涵；第二类是近代民国时期建筑，如广州沙面建筑群、香港蓝屋建筑群、澳门玫瑰堂、江门开平碉楼与村落、东莞中兴路与大西路沿街骑楼建筑群等中西式风格混合的建筑，彰显着大湾区地区对外开放、多元交流的历史；第三类是现代主义建筑时期，一方面，随着技术的进步，大湾区地区的建筑开始采用更先进的建筑工艺，如用钢架、钢筋混凝土、玻璃幕墙等建成的高楼大厦，另一方面是崇尚经济实用，出现了如香港益昌大厦这样人口密集的公屋住宅楼；第四类是近期建设或建成的港珠澳大桥、白鹅潭大湾区艺术中心、深圳湾超级总部基地、深圳歌剧院等建筑，它们在大湾区同气连枝、一脉相承的文化渊源，人文精神，风俗习惯的基础上，应用创新要素促进大湾区协同发展。这些建筑通过历史文化、政治话语、经济发展、国家战略等多个维度的叙事,赋予了自身丰富的隐喻意义,从而为大湾区的城市形象增添了许多独特的色彩。

(二)地标建筑生产公共空间

无论是从现代都市的信息互动角度出发,还是从城市空间的基本象征意义来考量,"公共空间"构成了城市空间的核心,并且是城市形象传播的关键领域。在城市中,公共空间通常指的是那些供大众频繁出入、交流信息的公共区域,它们是人们交换思想和情感的平台,而地标性建筑往往扮演着这样的角色。

城市建筑的高辨识度对于提高城市的知名度至关重要,但建筑的真正核心在于"人",建筑是为了满足人们居住需求而特别组建起来的空间。段义孚(Yi-Fu Tuan)认为"地方"不仅仅是物理空间,更是个体和集体记忆、经验与情感的载体。个体与这些文化和情感层面的地方相联系,形成了地方感(Sense of Place),这种感觉超越了物理空间的边界,触及文化、历史和个人记忆的深层。[①] 地方感是人与环境互动的结果,它既是由地方激发的,也是由人赋予的一种感受。在一定程度上,是人塑造了地方,地方无法脱离人而单独存在。例如,巴黎的埃菲尔铁塔、纽约的时代广场、台北的101大厦等地标性建筑都具有一个共同点:它们吸引了众多游客的目光,并通过个性化的表现使感知的主体——人——体会到异于其他空间的特殊感受,从而产生空间认同感。

香港就很重视公共空间的建设,维多利亚港就是一个典型的公共空间,它不仅以独特的充满高楼大厦的建筑海岸线作为这座城市的象征,也是市民和游客共同享受的区域。广州塔(小蛮腰)作为广州的地标性建筑,给人们的印象也更像是一个文化空间和公共空间,这里提供了尽览城市全景的观赏点,是游客必到的打卡地。塔顶摩天轮、塔里、地面、周边常常聚集了大量游客,而且不定期地举办各种公共活动,空间叙述的都是大众的故事。空

---

① 〔美〕段义孚:《空间与地方经验的视角》,王志标译,中国人民大学出版社,2017,第60页。

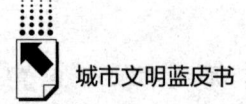

间认同感是人们对空间感知后产生的归属感和友好感,而一个空间能否使人们产生归属感取决于环境的设计好坏,而地标建筑设计转变观念的关键在于重视"人"的存在,而非单纯追求建筑的奢华。只有打造包容人的空间,市民休闲和文化活动的平台,这些城市建筑才能发展成为充满人文气息的场所,而促进交流和构建公共空间,则成为塑造城市形象的关键要素之一。

(三)建筑作为生活理念的载体

全球各个文化圣地都有其独特的建筑符号,这些建筑符号的独特之处体现在两个维度:一是物质层面,即建筑外观形态所带来的影响;二是精神层面,即建筑所传达的深层文化理念。通常情况下,建筑的设计者通过作品来表达他们对于理想生活方式的理解和对美的感知,因此建筑是特定社会文化的反映。勒内·格鲁塞(R. Grousset)在《从希腊到中国》一书中提出,西方美学传统上更关注艺术本身,而东方美学则始终聚焦于生活,倡导一种"自然"的生活美学,这同样体现在中国人长久以来追求的"忧乐圆融"的生活艺术中。设计艺术与施工技术的无缝结合,使得建筑艺术得以完美呈现,展现出人文关怀和建筑哲学。随着时代的进步,建筑设计已经超越了依靠夸张吸引注意的阶段,人们逐渐摒弃了过度炫耀的审美,转而回归到东方美学文化的内涵表达。

"跨界、整合和创新"是大湾区作为区域性经济中心的关键词和特色,也是对于该区域建筑设计的要求。"淡定、生猛和务实"是对大湾区城市奇观背后的人文气质风貌的概括。[①] 传统岭南建筑园林布局讲究天人合一,注重建筑与自然环境的浑然融合、人与建筑的高度和谐,随着新科技的发展与应用,建筑与传统文化意涵、生活理念结合的模式更加多样。2024年2月被选定为"广州十大文化地标"的白鹅潭大湾区艺术中心坐落在三江交汇处,以"文化巨轮、时光拱廊、鹅潭写意、云山艺境"为核心设计理念,

---

① 《激进畅想和设计本质:大湾区建筑师的淡定、生猛和务实》,澎湃新闻,https://www.thepaper.cn/newsDetail_forward_16852469。

通过错落有致、层次分明、逐级上升的建筑设计，巧妙地融合了广东美术馆、广东省非物质文化遗产馆和广东文学馆，形似一艘停泊在江边的"文化巨轮"，象征着岭南文化的蓬勃发展。它在功能上汇集了岭南文化的多个主要领域和内容，在建筑风格上广泛融入了岭南建筑的特色，实现了自然与文化的融合、功能与美学的协调以及历史与发展的和谐统一。

因为岭南地区日晒时易下雨，下雨时又会降温，因此不管是南粤传统建筑的大挑檐，还是近代融合了南洋风格的骑楼，都体现出为了适应当地气候而产生的一脉相承的建筑特色。由马岩松设计的佛山南海艺术中心也出于对当地自然气候和居民生活方式的关注，继承了这种遮阳避雨的空间结构，以半透明的白色 ETFE 膜结构屋盖为市民提供了大量可遮阳避雨、模糊室内外界限的城市灰空间，极大地提升了南方城市居民夏日出行的舒适度，为南海文化片区的市民提供了享受文娱生活和自然风光的多功能空间。该建筑还融入了光伏发电、雨水收集与灌溉、垂直绿化等节能环保技术，在实现绿色减碳的同时，探索将自然和谐的生活理念应用于建筑的新模式。

三 建筑与媒介相遇

建筑是一种典型的空间媒介，承载着丰富的意义系统与海量的空间文本。[①] 然而，城市形象的塑造并不只依赖于具体的物理空间，还依靠人们心中的想象空间。在信息传播高度发达的当下，无论是物质的城市空间还是文化的象征空间，都离不开现代媒介的传播。人们对城市形象的感知，越来越多地依赖于现代媒介的描述，而非直接的个人体验。现代媒介作为信息流通的主要阵地，成为人们与城市互动的桥梁，通过事件、图像、视频等手段持续塑造和刷新人们对城市的认识和理解，影响个体和集体对地方的情感和认同，甚至引发"媒介朝圣"。媒介构建的虚拟城市空间开始改变甚至取代现

[①] 毛万熙:《"空间"如何进入媒介研究：理论源流、研究路径与问题域》，《新闻与写作》2024 年第 7 期，第 5~19 页。

实城市空间，城市形象也在这种复合作用中被生成和传播。保罗·亚当斯（Paul Adams）在《媒介与传播地理学》中明确提出了地理学的"传播转向"，并总结出人文地理学与传播学交叉的四象限，其中"媒介中的地方"专注于探讨媒介如何通过展示特定地方来塑造人们对这些地方的认知和情感联系；而"地方中的媒介"则关注媒介如何参与到地方的构建过程中，成为地方社会结构的一个重要部分，① 我们也可以从这两个方向入手，分析媒介中的大湾区建筑以及由此生成的城市形象。

（一）影视剧中的建筑再现

城市形象的塑造和传播依赖于多样化的媒介形式，它们不断地展示城市的风貌、居民生活和文化特色，对人们的城市认同感产生直接影响。讨论媒介对于大湾区城市建筑空间的再现就不得不提到大湾区电影，粤港澳大湾区影视作品作为中国区域性影视空间研究的重要组成部分，② 在对建筑的呈现背后映射着社会矛盾、价值取向和在地情感。

大湾区的地理、历史和区域特性孕育了其包容和多元的社会文化特色。大湾区影视作品在塑造地域性建筑特点中主要有三个方向：首先是借由现代化的摩天大楼、灯红酒绿的街道来承载一场场酣畅淋漓的武术打斗和缠绵悱恻的爱情故事，维多利亚港、海港政府大楼、中银大厦等在影视作品中的频繁出现展现了大湾区繁荣璀璨的都市风貌和快节奏的都市动感。其次是对"夹层空间"的呈现，"夹层空间"是介于现代都市与自然村落之间的一种空间类型，例如香港的公屋、广东的城中村等，呈现出建筑密度大、人口拥挤、大批低收入人群聚集的特点。③ 不管是《风中有朵雨做的云》中的广州城中村、《奇迹·笨小孩》《亲爱的》中的深圳城中村，还是《天水围的日

---

① 〔美〕保罗·亚当斯：《媒介与传播地理学》，袁艳译，中国传媒大学出版社，2020，第4~10页。
② 庄君、杨蕊茗：《寻根·反思·认同：粤港澳大湾区电影地域空间的文化表征》，《辽宁师范大学学报》（社会科学版）2024年第4期，第106~111页。
③ 段婷婷、海洋：《"夹层空间"在粤港澳大湾区电影中的呈现及运用》，《贵州大学学报》（艺术版）2021年第6期，第60~65页。

与夜》《天水围的夜与雾》中的香港公共屋村都展现了大都市的另一面，也反映出主角身上由时代造就或奋斗向上、或混乱迷失的地缘文化品格，如蜂巢般堆叠、纵向生长、破败潮湿的建筑成了都市中的一大奇观。最后是对于已经消失或将要消失建筑的呈现，通过建筑在媒介空间的残留唤起观众广泛而深刻的集体记忆，引起大众的情感共鸣和文化认同。正如阿莱达·阿斯曼（Aleida Assmann）所言："当一个地点被遗弃或遭到破坏时，它的历史并未随之消逝；它留下了物质的遗迹，这些遗迹能够转化为故事的组成部分，并因此成为新文化记忆的连接点。然而，这些地方需要被解读；它们的意义必须通过语言的传递来赋予和保障。"[1] 例如《我爱你！》中象岗山社区高低错落的廊桥、难以区分楼层的结构体现了最具烟火气的广州老城区生活气息，《岁月神偷》中充满青砖斜瓦、木质唐楼的永利街唤醒了20世纪六七十年代香港温暖友善的旧城生活和港人积极向上的精神面貌，《九龙城寨之围城》则通过描绘居民曾经的日常生活，以及港英政府管制时代"三不管"地带的情况，将已经消失的九龙城寨变为富含文化象征意义的记忆之地，承担修复集体记忆和塑造身份认同的重要功能。

本尼迪克特·安德森（Benedict Anderson）提出了"想象的共同体"（Imagined Community），认为民族等共同体是一种"特殊文化的人造物"，是人们通过中介化的交流想象而构成的，人们并非真实地互动，而是通过阅读报纸等仪式性的媒介活动获得共同感受，并对其他有着相同体验的人有所感知，在想象中形成超越直接经验的整体意识。建筑空间本身蕴含着强大的记忆潜能，一旦被唤醒，就能与想象和记忆产生共鸣。[2] 因此影视作品中对建筑空间的再现、剪辑、拼贴、挪用对于生成城市形象的想象有着重要影响。但是也要注意到粤港澳地区的文化常常被粗暴直接地使用，这种直接性有时会导致文化误读和传播不足的问题，比如有些商业电影在呈现粤港澳地

---

[1] 〔德〕阿莱达·阿斯曼：《回忆空间：文化记忆的形式和变迁》，潘璐译，北京大学出版社，2016，第357页。

[2] 〔美〕本尼迪克特·安德森：《想象的共同体：民族主义的起源与散布》，吴叡人译，上海人民出版社，2016，第6页。

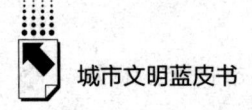

区的建筑空间时突出呈现纸醉金迷的一面,《澳门风云》《妈阁是座城》《逆鳞》等涉及澳门的影片就往往脱离不了赌博元素,将澳门描绘成一座欲望和财富纠葛的"黄金之城"或"东方赌城",造成失衡的城市形象传播。大湾区影视作品如何塑造地域影像空间、构建共同的精神文化领域以及增强大湾区居民的文化认同,是区域影视发展的一个关键方向。

(二)互联网造就网红建筑

标志性建筑拥有巨大的经济潜力,是城市活化的重要力量,往往能够刺激城市经济的迅速增长,带动整个区域的发展。1997年落成的古根海姆博物馆就以极富流动性与设计感的建筑风格转变了西班牙毕尔巴鄂的城市形象,极大地推动了当地经济增长,提升了当地文化品格,使之从工业衰落性城市迅速转变为欧洲最负盛名的建筑圣地与艺术殿堂,由此,以标志性建筑提升城市经济效益、传播城市形象的现象被称为"古根海姆效应"。

城市地标性建筑往往以其独特的地理特征而著称,不仅是外来游客和本地居民识别位置的重要标志,在现实中吸引了大量人流,也是信息化时代城市公共讨论中的新领域。移动互联网的发展使得媒介中出现了更多风格多样、特色鲜明的地区景观,建筑与传播的关系变得更加紧密,不再是简单的现实与再现的关系,而是现实与虚拟的融合。作为实体空间的建筑在虚拟空间中被展现、模仿和扩散,被赋予了更多重的含义,催生了"网红建筑"现象。

随着社交媒体平台的影响力日益增强,对于"Instagrammable"——那些能够吸引眼球、易于分享并在社交媒体上获得高点赞和评论内容的追求已经渗透到各个领域,建筑领域也不例外,建筑本身成为视觉消费的一部分。网红建筑的兴起,体现了社交媒体时代下的新行为模式、新美学观念、新文化现象。香港的彩虹邨就是典型案例,作为香港早期兴建的公共屋村之一,彩虹邨曾获得香港建筑师学会银牌奖,因其独特的造型、清新的色彩、迥然如钢铁森林的气质被誉为"香港最美屋村",在互联网时代,它成为Instagram等社交平台上热门的打卡地、"好拍""出片"的代名词。

网红建筑的出现,多主体的协同参与功不可没,从客体的建筑到具有主体性的网红建筑的变化是多主体经过社交媒体沟通、推动的结果。网红建筑有美、有丑,中国建筑师集聚的畅言网每年会进行"中国十大丑陋建筑"评选,从评选投票到评选结果都受到广大网友的密切关注,其中不乏大湾区建筑。从"铜钱"形的广州圆大厦到神似"红色棉被"的广州融创大剧院,再到广州恒大足球场最初的"金色荷花"效果图,丑建筑对于形式寓意的牵强附会、创意元素的胡乱拼凑和透露出的拜金倾向,破坏了周围的公共环境和城市形象。网红建筑作为城市新地标,既是城市形象的广告,也体现了城市发展水平与市民的精神面貌,因此,正确的价值观念对于网红建筑来说不可或缺。

(三)媒介带动的漫游与打卡

互联网时代,传播模式已从传统的自上而下的单向传播转向多元传播主体共建的渗透式传播,不仅催生了网红建筑,还出现了新型的城市游览与空间体验的方式,如"citywalk""线下打卡"等。这种城市漫游可以是外地游客探索了解陌生城市的方式,也可以是本地居民重新认识自己长期居住的地方的方式。对于外来游客来说,旅行意味着踏入一个全新的环境,城市漫游使这种"踏入"嵌入城市脉络,更能够加深人们对城市的印象和理解。而对于本地居民而言,城市漫步是日常工作生活轨迹之外的一种体验,它能够让人重新发现日常生活中的场景变化,重新建立人与城市之间的联系,重新发现消失的"附近"。通过社交媒体的推动引导,城市打卡与漫游成为人们热衷追逐的时尚,参与"citywalk"的人们带着相机穿梭在城市街头,以漫步的方式,静下心来细细观察城市的隐秘角落,通过瞬间的"打卡"行为捕捉社会的变迁。

2024年,清华大学国家形象传播研究中心发布的《短视频时代的大众文旅生活白皮书》显示,在抖音用户打卡最多的前20座城市中粤港澳大湾区入围4城,其中广州名列抖音用户打卡最多的城市第3位,深圳名列第5位,东莞、佛山分别名列第11位和第17位。[①] 在大湾区发展的大背景下,以年轻人为主体的短视频用户群体通过短视频平台,以普通人的视角深入大

---

① 范德全:《东莞位列抖音用户打卡城市第11位》,《东莞日报》2024年8月2日,第A05版。

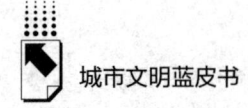

湾区的每一个角落，记录和表达他们的生活体验，例如，香港的 UP 主陈珈羲独自从香港来到广州，她的足迹遍布佛山、肇庆、江门、中山等大湾区内地城市，以及粤东、粤西、粤北等地。她通过镜头记录自己在内地的日常生活，帮助香港同胞重新认识内地，了解粤港澳大湾区。

"打卡流程的格式化与程式化，使其成为一个稳定且具有延续性的媒介仪式"。① 社交媒体上不少年轻人在维多利亚港模仿李嘉诚同款照片、在澳门新葡京门口拍赌王同款照片，在玩梗式打卡中获得另类的游玩体验。在"打卡"行为中，公众的审美倾向与城市景观的联系变得更加紧密，人体验空间的过程，也是建构空间的过程。"打卡"不仅激发了公众进行文化消费的行为，而且在消费的过程中构建了一个与实体空间迥异的虚拟数字城市景观。这个虚拟空间无须顾及道路规划、交流距离和空间舒适度等现实因素，可以完全忽略建筑的硬性结构和城市规划的严格规则。只需从视觉体验和多维想象出发，就能打造一个数字城市，建筑在这样的情境之下真正地流动、自由起来。这种趋势影响了人们对建筑的感知和体验，也反向推动建筑师在设计时考虑建筑的"自拍友好性"，更加注重建筑的外观和视觉冲击力，使用独特的造型、鲜明的色彩、创新的材料，或者增添光影效果、增加空间的可变性等来激发人们分享和讨论的欲望。社交媒体上的打卡行为能够提高人们对建筑艺术的关注，为城市想象提供了展示的舞台，促进旅游业和城市经济的发展，但是，过于追求视觉奇观和网感也有可能造成对于建筑本质功能和深层文化价值的忽视。

四 以媒介—建筑为载体的城市形象传播建议

（一）加强规划设计，建筑外表融入城市景观

建筑的外观对于界定和塑造城市空间环境具有重要作用，它不仅赋予周

---

① 孙文峥：《任务导向型网络打卡：新媒体时代的数据化生活与自我管理》，《南京社会科学》2020 年第 6 期，第 100~107 页。

围环境意义和氛围,①而且常常决定了人们对该建筑的直接和主要的印象。建筑的外立面与其所处的环境共同作用,影响着人们对建筑的感知体验。在社交媒体盛行的今天,人们通过拍照和视频记录生活已成为常态,大众普遍通过互联网上的图片和影像对建筑形成第一印象。

随着公众审美的提高,许多受欢迎的建筑在保持其理性设计逻辑的同时,与其所在场地环境一起构成了一幅美丽的画卷。具有强烈识别性的外观造型的建筑能够迅速吸引公众的注意,使公众集中关注建筑本身所传达的信息。这也是许多地标性建筑之所以广为人知并代表一部分城市文化形象的重要原因。这种视觉信息的刺激促使人们停下来拍照,并将照片上传到社交平台,把建筑信息扩散给更多人,建立起人与建筑的初步联系。在这个过程中,建筑所承载的城市文化和功能信息得到了更广泛的传播。例如著名的"海边贝壳"——悉尼歌剧院,已成为悉尼最具代表性的城市文化象征,成为陌生的大众想起悉尼时脑海中出现的第一幅图景。当一些建筑与极具特色的周围环境相融合时,它们成为人们在环境中取景的焦点,建筑作为自然中与人体尺度最接近的存在,就像天地间的点睛之笔,这种建筑与环境的对话令人难忘。在城市规划和发展中,为了维护城市形象的统一性和秩序性,对建筑进行适当的管理、引导和控制是不可或缺的。因此,在建筑设计与规划时,不能单单考虑建筑自身的风格和功能,还应考虑如何与环境特色相协调,使建筑在具有独特造型的同时,又能与周围景观相得益彰。

(二)立足当地文化资源,唤起公众共同记忆

除是城市中重要的文化地标外,建筑也应侧重对城市内在精神的剖析与体现。历史建筑作为文化传承的重要媒介,在人文湾区建设中扮演着关键角色。在城市更新过程中,政府对于各个时期的历史建筑要积极进行保育、活化,通过翻阅书籍、档案、地图等历史资料与口述访谈资料,最大限度地还

---

① 张鹏举:《界面——从城市空间环境看建筑形态构成》,《新建筑》1997年第1期,第13~16页。

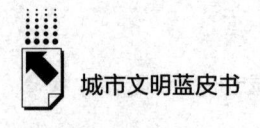

原其历史风貌。

此外，现代建筑也应融入地方文化元素和传统建筑特色。地方文化是历经数百年沉淀，融合了自然和人文信息的独特存在，它所传递的信息能够引起大众共鸣。将地方文化符号融入现代城市建筑，可以让人们在建筑符号的隐喻下，受到文化潜移默化的影响。在现代城市形象设计中运用地方文化符号和视觉元素时，首先应深入理解这些元素在传统应用中所传达的信息，提炼其精髓，并在设计应用中使人们能够理解这些经过升华和改造的符号。将地方文化符号、传统建筑元素与现代科技相结合，使它们以全新的面貌呈现，而不是简单地复制，从而建造出兼具传统与时尚的经典建筑。

除具体的建筑符号元素外，设计者还可以从传统建筑的神韵中汲取灵感。广府民居清旷大气，注重山水布局，将对于美好寓意的追求巧妙地内化在建筑之中的特点，正是现代快节奏城市生活所需要的气韵，其自然的建造理念也与现代城市形象的需求相契合，让人们获得"家"的感觉。在大湾区的"大都会"氛围之外，也存在一种廉价、拥挤、无序但生猛的现实生活景象。设计是建筑的语言，通过建筑空间，这种语言展现出城市的精神风貌。将地方文化符号整合到建筑中，进而融入现今的城市形象之中，既能够保持城市的地域特色，也能丰富其文化内涵。

（三）尊重贴近公众需求，创新建筑设计与传播

建筑不仅是城市的名片，也是城市文化特征和公众审美水平的直观反映。因此，提升公众的审美意识至关重要。教育部门可与城市文化机构合作，将城市文化和建筑美学融入课程和实践活动，以此培育和提高大众对建筑美学的整体鉴赏力。

公众的积极体验对于建筑和城市形象的传播也至关重要。在建筑设计和传播中，应重视人的感受，利用多维空间感知和多感官体验来激发人文想象，唤起人们内心对地方的情感。针对年青一代热衷于城市漫游和线下打卡的趋势，城市建筑应注重外观设计的吸引力、内部动线的合理性、漫游路径的连贯性、主题文化氛围的营造、空间信息的数字化展示以及视觉导视的精细化

设计。不能仅仅吸引人们在社交媒体上对建筑图像的"点赞",更要激发他们亲自参观建筑的欲望,从而产生打卡行为。能够为公众提供美好空间体验的建筑,应具备一定的开放性和公共性,满足公众在建筑内部的自由活动和多样化需求。建筑师在设计时,应重视人与环境、建筑空间的互动,积极寻求公众参与,使不同背景的人都能体验到空间带来的惊喜,并参与其中,获得满足感。在漫游路径方面,广东省自2019年起推出了八大主题共44条粤港澳大湾区文化遗产游览路径,覆盖广州、深圳、珠海、佛山、惠州、东莞、中山、江门、肇庆等多个城市,将散落岭南大地的珍贵历史文化遗产"串珠成链",其中包括了丰富的历史文化建筑。① 这一思路可以拓展应用到其他建筑游览中,针对大湾区各城市不同时期的建筑资源打造不同种类和主题的游览路径,利用智慧导览系统,以图文、视频等形式介绍游览路径的历史、线路、建筑点及相关信息和故事,为人们的打卡活动提供参考。同时开发相关文创产品,如建筑手绘等城市文创产品,记录大湾区的建筑历史,人们可了解大湾区的历史文化,推动大湾区的文化传播。

（四）积极利用数字技术,保护与激活城市建筑

"媒体城市"概念为城市形象的传播带来了新的视角和挑战,公众对城市的印象不再仅限于直接体验,而是越来越多地通过媒介构建的城市形象来感知。因此,城市的建筑不仅要融入文化元素,提高其外观识别度和空间的人文性,还要适应并预见媒体传播的新趋势。可以利用数字平台建立大湾区建筑资源库,将媒体与城市文化相结合,融合新媒体与旧媒体共同推动城市形象的宣传。通过VR全景技术展示城市街区和建筑,对保存完好的城市建筑进行全景拍摄,对现存不完整的老建筑进行数字建模。通过VR全景和细节解读,人们可深入了解建筑及其周边的人文环境,实现传播渠道立体化、

---

① 《文化中国行｜循此游径 品读文化遗产中的湾区文脉》,新华社百家号,https：//baijiahao.baidu.com/s? id=1811419486555387083&wfr=spider&for=pc。

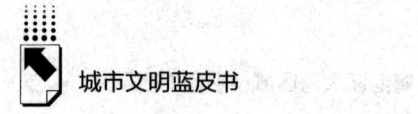

传播方式多元化,以及民众的互动与参与。[1]

数字技术同样可以用于现实建筑的创意激活和更新。建筑投影就是一种新兴的数字展示方式,将投影的介质从屏幕转变为建筑表面,为建筑的展示和传播提供了更大的创作空间和更佳的视觉效果。例如,2020年5月,韩国创意公司d'strict为SM大楼定制的艺术作品Wave,以其巨大的尺寸和逼真的"海浪鱼缸"视觉效果,以及仿真的海浪音效,为观众带来了震撼的视觉体验,极大地拓展了商业建筑外立面的表现力,使同质化的玻璃幕墙焕发新的活力。Studio NOWHERE也曾在上海将20世纪80年代的经典游戏IP"Pac-Man"(吃豆人)通过3D Projection Mapping技术投影到建筑外立面,其投影内容能够与建筑实际场景相结合,增强虚拟与现实的交互体验,结合实时物理摇杆,创造了一个巨大的"游戏机",带领观众跳出日常体验模式。这种视听景观非常适合拍照打卡并在社交媒体上传播,通过线上"种草"实现线下"引流",为建筑的传播创造了新的特点和吸引力。

如果将城市视作一个"媒介—建筑复合体",那么人对于空间的感知将在建筑结构与都市领地、社会实践和媒体反馈之间错综复杂的相互构造过程中被形塑。[2] 城市既是一个物理空间,更是一个情感空间,人们与城市之间不断互动、共生的关系赋予了城市独特的"灵魂"。未来大湾区城市的建筑设计在追求商业价值的同时,也应更加重视其对公众生活的积极影响,更多地考虑到城市居民的感受和需求,确保建筑既具有功能性、美观性,也具有人文关怀,不仅能够满足居民的日常需求,还能够提升他们的生活品质,这不仅展现了人文湾区的形象,也切实增加了人们对于大湾区的归属感和认同感。

---

[1] 潘娜娜:《全媒体时代青岛城市形象对外传播的策略》,《中国石油大学学报》(社会科学版)2017年第6期,第35~40页。

[2] 〔澳〕斯科特·麦奎尔:《媒体城市:媒体、建筑与都市空间》,邵文实译,江苏教育出版社,2013,第287页。

参考文献

[1] 文爱平：《张钦楠：行行重行行》，《北京规划建设》2007 年第 1 期。
[2] Kevin Lynch, *The Image of The City*, Cambridge, MA, US: The MIT Press, 1960.
[3] 〔澳〕斯科特·麦奎尔：《媒体城市：媒体、建筑与都市空间》，邵文实译，江苏教育出版社，2013。
[4] 〔美〕段义孚：《空间与地方经验的视角》，王志标译，中国人民大学出版社，2017。
[5] 《激进畅想和设计本质：大湾区建筑师的淡定、生猛和务实》，澎湃新闻，https://www.thepaper.cn/newsDetail_forward_16852469。
[6] 毛万熙：《"空间"如何进入媒介研究：理论源流、研究路径与问题域》，《新闻与写作》2024 年第 7 期。
[7] 〔美〕保罗·亚当斯：《媒介与传播地理学》，袁艳译，中国传媒大学出版社，2020。
[8] 庄君、杨蕊茗：《寻根·反思·认同：粤港澳大湾区电影地域空间的文化表征》，《辽宁师范大学学报》（社会科学版）2024 年第 4 期。
[9] 段婷婷、海洋：《"夹层空间"在粤港澳大湾区电影中的呈现及运用》，《贵州大学学报》（艺术版）2021 年第 6 期。
[10] 〔德〕阿莱达·阿斯曼：《回忆空间：文化记忆的形式和变迁》，潘璐译，北京大学出版社，2016。
[11] 〔美〕本尼迪克特·安德森：《想象的共同体：民族主义的起源与散布》，吴叡人译，上海人民出版社，2016。
[12] 范德全：《东莞位列抖音用户打卡城市第 11 位》，《东莞日报》2024 年 8 月 2 日，第 A05 版。
[13] 孙文峥：《任务导向型网络打卡：新媒体时代的数据化生活与自我管理》，《南京社会科学》2020 年第 6 期。
[14] 张鹏举：《界面——从城市空间环境看建筑形态构成》，《新建筑》1997 年第 1 期。
[15] 《文化中国行 | 循此游径 品读文化遗产中的湾区文脉》，新华社百家号，https://baijiahao.baidu.com/s?id=1811419486555387083&wfr=spider&for=pc。
[16] 潘娜娜：《全媒体时代青岛城市形象对外传播的策略》，《中国石油大学学报》（社会科学版）2017 年第 6 期。

B.14
新时代深港文化融合发展研究报告[*]

郭正林 韩雪娇[**]

摘　要： 随着粤港澳大湾区建设的深入推进，深港两地文化的深入交流已成为不可逆转的时代潮流。新时代推动深港文化的融合发展，是助力"一国两制"实践行稳致远、粤港澳大湾区深度融合发展以及深港两地新阶段高质量发展的关键举措。因此，聚焦重点领域，部署深港之间先进文化的融合发展、中华优秀传统文化的融合发展、文化艺术和文化产业的融合发展、生态文明的融合发展以及红色文化的融合发展五大路径，通过加强政府引导和政策支持、创设交流合作的重要活动、开展深入群众的社会宣传以及储备推动融合的人才资源等实践措施，可为深港文化融合的深入发展提供目标指向与实践路径。

关键词： 新时代　深港文化融合　湾区文化

在全球化和融合发展的大背景下，文化作为国家软实力的重要组成部分，对于促进地区经济和社会的发展具有不可替代的作用。深圳与香港，作为中国改革开放的前沿和特区，不仅在经济发展上取得了举世瞩目的成就，

---

[*] 本文系2022年深圳市哲学社会科学规划重点课题"新时代深港融合发展研究"（项目编号：SZ2022A006）、2024年广东省普通高校青年创新人才类项目"改革开放以来香港青年政治认同的演进历程及强化策略研究"（项目编号：2024WQNCX021）、中国博士后科学基金第75批面上资助（项目编号：2024M754106）阶段性成果。

[**] 郭正林，深圳北理莫斯科大学教授，深港融合发展研究中心负责人，主要研究方向为习近平新时代中国特色社会主义思想、深港关系、港澳台青年政治思想研究；韩雪娇，深圳北理莫斯科大学马克思主义学院、深港融合发展研究中心博士后研究员，主要研究方向为香港青年政治认同、深港融合发展研究。

更在文化交流与融合方面展现出独特的魅力与活力。随着粤港澳大湾区建设的深入推进，深港两地文化的融合发展已成为不可逆转的时代潮流。习近平总书记指出："祖国日益繁荣昌盛，不仅是香港抵御风浪、战胜挑战的底气所在，也是香港探索发展新路向、寻找发展新动力、开拓发展新空间的机遇所在。"① 新时代是深港文化融合新的历史机遇，明确深港文化融合发展的目标方向、探索深港文化融合发展的实践路径，对实现两地文化的深度融合与创新发展，进而推动粤港澳大湾区深度融合及"一国两制"行稳致远，具有重要意义。

一 新时代深港文化融合发展的战略意义

深港两地，作为粤港澳大湾区的核心城市，不仅在经济领域有着紧密的联系，其文化交流与融合也日益成为推动"一国两制"向前发展的关键力量。新时代，深港文化融合发展不仅是两地经济社会发展的内在需求，也是"一国两制"行稳致远的应有之义，更是助力粤港澳大湾区深度融合发展和深港两地新阶段高质量发展的重要战略举措。

（一）助力"一国两制"实践行稳致远

"一国两制"，"一国"是根，根深才能叶茂；"一国"是本，本固才能枝荣。深港两地虽在政治制度上有所差异，但在文化上却有着深厚的渊源与联系。新时代，推动深港文化的融合发展，不仅有助于增进两地群众的文化认同与情感联系，更是"一国两制"实践不断深化的具体表现。

一方面，深港文化的融合发展是强化思想引领、凝聚社会共识、加深制度认同、筑牢"一国两制"民心基础的有力举措。"一国两制"是中国特色社会主义的伟大创举，是香港、澳门回归后保持长期繁荣稳定的最佳制度安

---

① 习近平：《在香港特别行政区政府欢迎晚宴上的致辞》，《人民日报》2017年7月1日，第2版。

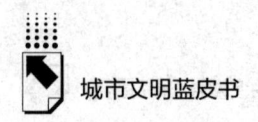

排，必须长期坚持。文化是民族的精神命脉。深港两地作为中国改革开放的前沿阵地，拥有丰富的文化底蕴和独特的地域特色。通过加强两地优秀思想文化的交流互鉴、合作互通，能够进一步增加两地群众对彼此制度的理解与尊重，激发他们对国家的认同感和民族自豪感，形成更加稳固的制度互信和更加深刻的国家认同。由此形成的文化共鸣和价值共识，不断滋养和筑牢深港两地共同的文化根基，为"一国两制"实践提供强大的精神支撑，促进深港两地社会的和谐稳定。

另一方面，在新时代背景下，深港两地文化的融合发展不仅是提升两地文化软实力、增强文化自信的关键途径，也是促进区域经济社会协调发展的重要动力。"实现中国梦，是物质文明和精神文明均衡发展、相互促进的结果。没有文明的继承和发展，没有文化的弘扬和繁荣，就没有中国梦的实现。"[1] 深港文化融合是深港经济协同发展的重要驱动力。两地通过文化产业合作、旅游资源共享等方式，不仅提升了各自的文化软实力，也为经济发展注入了新的活力。这种基于文化认同的经济合作，有助于构建更加紧密的经济联系，为"一国两制"实践提供更加稳固的经济基础。同时，深港两地的文化融合也为"一国两制"提供了新的内容和形式，使得这一政策在实践中更加生动活泼，更易被民众接受和理解。尤其是凸显深港科技创新优势又兼具中国特色的文化活动或产品，能够帮助深港群众在日常生活中感受中华文化的独特魅力，增强文化自信，提升双城的文化软实力，进一步丰富"一国两制"行稳致远的实践内涵。

（二）助力粤港澳大湾区深度融合发展

深港两地作为粤港澳大湾区的核心城市，其文化融合不仅是两地自身发展的需要，更是推动整个大湾区文化融合的重要支点。共同的文化根基和价值观念能够增强区域内城市的凝聚力，形成共同的身份认同，这对于构建高质量的城市共同体至关重要。香港的前途同祖国的命运休戚与共，作为民族

---

[1] 习近平：《在联合国教科文组织总部的演讲》，《人民日报》2014年3月28日，第3版。

根基的中华文化,亦是香港同胞始终珍爱、一脉相承的精神脐带。[①] 粤港澳大湾区作为中国开放程度最高、经济活力最强的区域之一,其深度融合发展离不开文化的支撑与引领。深港文化融合作为根基,将为粤港澳大湾区深度融合提供强大的内在动力。

首先,深港文化融合推动区域协同发展。文化融合是推动区域协同发展的重要途径。深港两地文化的融合发展,可以带动周边城市的文化交流与合作,形成区域性的文化协同发展格局。这种协同发展不仅有助于提升区域整体的文化水平,也为区域经济、社会等各个方面的协同发展提供了有力的文化支撑。习近平总书记在考察香港科学园时指出:"希望香港发挥自身优势,汇聚全球创新资源,与粤港澳大湾区内地城市珠联璧合,强化产学研创新协同,着力建设全球科技创新高地。"[②] 深港文化的融合发展加深了粤港澳大湾区区域内部的文明互鉴与交往合作,为区域内各城市发挥自身优势、凝聚发展合力、促进区域协同注入了精神力量。除此之外,深港文化融合带动相关文化产业发展的集聚效应,也逐渐辐射至整个大湾区,不仅提升了粤港澳大湾区整体的经济实力,也进一步增强了文化软实力和国际竞争力。其次,深港文化融合打造文化创新高地。《粤港澳大湾区发展规划纲要》指出,到2035年,大湾区社会文明程度达到新高度,文化软实力显著增强,中华文化影响更加广泛深入,多元文化进一步交流融合,为将粤港澳大湾区打造成为具有国际影响力的文化创新高地提供了目标指向。推动粤港澳大湾区走向高度融合发展,形成独具特色的湾区文化,深港两地不仅拥有深厚的历史文化根基,还拥有丰富多元的文化资源和创新能力。深港文化的融合发展实际是两地优势资源不断汇集的整合过程,在提升大湾区整体文化实力的基础上,也为区域的文化产业和创意经济发展提供了新的增长点。深港文化融合的成功实践也将为其他城市的协同发展提供可借鉴的经验与模式,进一步促进大湾区文化的整体繁荣。

---

① 霍小光、陈键兴、牛琪:《"香港发展一直牵动着我的心"——习近平主席视察香港特别行政区纪实》,《人民日报》2017年7月2日,第3版。
② 《习近平考察香港科学园》,《人民日报》2022年7月1日,第1版。

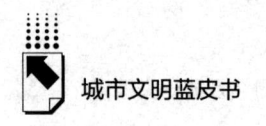

（三）助力深港两地新阶段高质量发展

深港文化的融合发展，是两地在新阶段迈向高质量发展的具体表现。它既是社会融合的产物，也发挥着黏合剂的作用，促进着双城的友好协作。新时代，香港不断巩固和提升自身的国际金融、航运、贸易中心和国际航空枢纽地位，深圳不断发挥作为经济特区、全国性经济中心城市和国家创新型城市的引领作用。两地在推进高质量发展协作方面潜力巨大。

深港文化的交流融合在增进两地群众了解与信任、亲密与认同的基础上，进一步加强了两地政府、企业、民间组织等各方力量的沟通协作，共同推动双城在经贸、科技、教育等领域的纵深合作，为深港两地在新阶段实现高质量发展提供了文化支撑。具体表现为：第一，提升深港两地文化软实力。文化是城市软实力的重要体现。深港文化的融合发展，不仅有助于提升各自城市的文化品位和形象，还能够带动两地共同打造具有国际影响力的文化品牌，增强城市的吸引力、提升城市的软实力、树立具有国际影响力的全球文明形象。第二，促进深港两地产业升级转型。文化的创新发展能够带动产业结构的优化升级，特别是在创意设计、数字媒体等领域，文化与科技的结合为产业转型升级提供了新的动力。深港两地作为先进生产力和创新产业发展的代表性城市，充分发挥双城科技创新优势，以点促面推动传统产业的升级和新兴产业的发展。第三，提高深港两地居民生活质量。深港文化融合能够带动一系列高品质公共空间的扩展，丰富多样和包容共享的文化帮助双城构筑起更加开放和包容的社会环境，提高两地居民的生活质量和幸福指数。第四，带动深港两地人才流动与合作。文化融合为人才的流动与合作提供了更加广阔的空间。深港两地的文化融合发展，可以吸引更多的人才汇聚于此，形成人才集聚效应。同时，基于共同的文化背景和认同感，两地人才之间的合作也将更加顺畅和高效，为各自城市的发展注入新的动力。

二　新时代深港文化融合发展的五大路径

深港文化融合具有助力"一国两制"行稳致远、粤港澳大湾区深度融合以及深港两地新阶段高质量发展等重大战略意义。新时代，推动深港文化的融合发展，要瞄准两地文化可融合、易融合、应融合的重点领域。根据双城双向互动中呈现出的先进性、社会性、艺术性、生态性以及革命性等特征，部署新时代深港文化融合发展的五大路径。

（一）深港之间先进文化的融合发展

深圳和香港作为我国的经济特区和特别行政区，虽在教育、科技、人才以及制度方面有其各自的优势和特征，但两地同属先进生产力的代表。深港两地在科技创新、教育发展、人才支撑、体制机制建设等先进文化上的融合，具备丰富的资源条件。

科技是第一生产力、人才是第一资源、创新是第一动力。香港多元文化并存，作为东西方交流的文化纽带，向来以其国际化的教育体系和科研环境著称。深圳作为中国的科技创新中心，同样拥有雄厚的科技实力和丰富的人才资源。通过加强科技合作与交流，深港可以共同探索文化与科技深度融合的新模式；通过加强教育合作，深港可以共同培养具有国际视野和创新能力的文化人才。从前海深港现代服务业合作区到落马洲河套地区的港深创新及科技园，深港两地在教育、科技与人才领域的深度合作，将为先进文化的交流交融提供有力支撑。

习近平总书记强调："促进香港同内地加强科技合作，支持香港成为国际创新科技中心，发挥内地和香港各自的科技优势，为香港和内地经济发展、民生改善作出贡献，是在香港实行'一国两制'的题中应有之义。"[1]

---

[1]《习近平对在港两院院士来信作出重要指示强调 促进香港同内地加强科技合作 支持香港为建设科技强国贡献力量 有关部门迅速做好贯彻落实工作 有序推进内地与香港科技合作》，《人民日报》2018年5月15日，第1版。

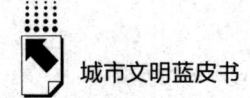

在"一国两制"的伟大构想下，深圳作为改革开放的前沿阵地，要建设好这一中国特色社会主义先行示范区，首要的是保持特区制度的先进性。马克思指出："人们在自己生活的社会生产中发生一定的、必然的、不以他们的意志为转移的关系，即同他们的物质生产力的一定发展阶段相适合的生产关系。"[1] 深港两地先进的生产力，要有与之适配的先进生产关系，即实现先进制度优势的对接，才能激发深港两地社会生产生活的高质量发展。深港双城要在坚定不移贯彻"一国两制"的基础上，在城市管理、公共卫生、社会义工、福利救助、金融市场、国际仲裁等可操作迁移的体制机制方面互学互鉴，这种制度优势与文化之间的融合发展，将形成"1+1>2"的协同效应，推动深港文化迈向新的高度。

（二）中华优秀传统文化的融合发展

随着时代的发展，深圳摆脱了"文化沙漠"的刻板印象，摇身一变成为兼容并包的文化"大熔炉"。广义上深港两地都是以广府文化、潮汕文化、客家文化为底色，并不断融合其他外来文化，其中社会和民间文化的融合最为广阔，本质上是中华优秀传统文化的时代化发展在两地融合中的具体体现。

习近平总书记强调："中华优秀传统文化是中华民族的精神命脉，是涵养社会主义核心价值观的重要源泉，也是我们在世界文化激荡中站稳脚跟的坚实根基。"[2] 深港两地中华优秀传统文化的融合发展，是赓续两地精神命脉、立足两地发展文化根基的重中之重。显而易见的是，中华优秀传统文化在深港两地的社会中得到了传承。中华优秀传统文化中的仁、义、礼、智、信等核心价值观念，在深港居民的生活追求中保持一致。这些传统美德宛如一条纽带，紧密连接着两地人民的心，共同维护着文化的连续性和生命力。例如，对红白喜事的尊重敬畏、礼尚往来的人情维系、家庭伦理道德和传统

---

[1] 中共中央马克思恩格斯列宁斯大林著作编译局：《马克思恩格斯选集（第二卷）》，人民出版社，2012，第2页。
[2] 习近平：《在文艺工作座谈会上的讲话》，《人民日报》2015年10月15日，第2版。

美德的传承、婚配嫁娶的习俗和美好期许等，无一不体现着中华优秀传统文化深深根植于深港两地居民的日常生活之中。它们不仅塑造了两地人民相似的性格和价值观念，也为两地的社会和谐与稳定提供了坚实的基础。通过这些传统的习俗与美德，深港人民能够更好地理解和尊重彼此的文化差异，促进两地之间的交流与合作，共同推动中华优秀传统文化在新时代的创新和繁荣发展。

在此基础上，深港两地还通过多种形式的文化活动，进一步弘扬和传承中华优秀传统文化。比如，定期举办的传统文化节庆活动、非物质文化遗产项目的展示与传承，以及各类文化讲座和研讨会等，都在不断加深两地居民对中华优秀传统文化的认同感和归属感。这种文化的传承并非一成不变，而是在不断地与现代文明相融合，展现出新的活力。深港两地的居民在享受现代生活便利的同时，依然保持着对传统文化的尊重和热爱。他们通过各种方式，如社区活动、教育课程、媒体传播等，积极地将这些传统美德和文化特色传递给下一代。这种文化的自觉传承，不仅让深港两地的居民在精神上有所依托，也为整个中华民族的文化自信和文化复兴贡献了力量。

（三）文化艺术和文化产业的融合发展

"文艺深深融入人民生活，事业和生活、顺境和逆境、梦想和期望、爱和恨、存在和死亡，人类生活的一切方面，都可以在文艺作品中找到启迪。"[1] 近年来，深港两地在文化艺术领域和文化产业的交流合作日益频繁，诸多形式的艺术节和展演等活动，不仅丰富了两地群众的文化生活，更加深了双城之间的文化记忆和时代印记。

第一，非物质文化遗产的保护。深港两地拥有丰富的非物质文化遗产资源，如粤剧、潮剧、舞龙、舞狮、广绣、金漆木雕等。这些非物质文化遗产虽分布在深港两座城市，但在文化上是同宗同源，具有重要的历史和文化价值。两地在非物质文化遗产保护方面的协同发展，不仅能够增进两地人民的

---

[1] 习近平：《在文艺工作座谈会上的讲话》，《人民日报》2015年10月15日，第2版。

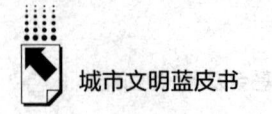

文化认同感和归属感，也将有助于传承和弘扬中华优秀传统文化。第二，影视艺术的合作创新。香港作为亚洲影视制作中心之一，拥有成熟的电影市场、人才机制和电影工业管理体系，能为深港两地影视产业合作聚力赋能。深港两地在电影产业方面存在广阔的合作空间。通过加强电影创作、制作、发行等方面的合作，深港两地可共同打造具有国际影响力的电影作品，促进深港电影艺术的繁荣发展，并推动两地文化产业的深度融合。第三，音乐的融合借鉴。音乐作为文化的载体，蕴含着丰富的地域特色与民族情感。深圳的流行音乐与香港的粤语歌曲各具魅力，那些经久不衰、世代传唱的如《我的中国心》《东方之珠》等经典歌曲，其核心内容都是爱国主义精神的深情流露。深港音乐的融合互鉴重在弘扬两地民众共同接受的主旋律，创作两地听众接受和振奋人心的共同旋律，在唱响爱国之声的同时，唱响流行音乐的创新之声、中华文化的传承之声。第四，体育产业的协同发展。体育产业作为文化产业的重要组成部分，对于提升城市文化软实力具有重要意义。深港两地在体育产业方面各有优势，可以通过联合举办体育赛事、共建体育设施等方式实现协同发展，例如第十五届全国运动会将于2025年在粤港澳大湾区举办。这不仅有助于推动粤港澳大湾区体育产业的繁荣与发展，还有助于增进大湾区人民之间的交流与友谊。

（四）生态文明的融合发展

生态文明建设是新时代中国特色社会主义事业的重要组成部分。深港两地作为现代城市文明的代表，共同面临着快速现代化与生态环境保护的双重挑战。加强生态文明的互学互鉴，是深港两地可持续发展的必然选择，助推两地经济、社会与生态文明的协调发展。

习近平总书记在全国生态环境保护大会上强调："今后5年是美丽中国建设的重要时期，要深入贯彻新时代中国特色社会主义生态文明思想，坚持以人民为中心，牢固树立和践行绿水青山就是金山银山的理念，把建设美丽中国摆在强国建设、民族复兴的突出位置，推动城乡人居环境明显改善、美丽中国建设取得显著成效，以高品质生态环境支撑高质量发展，加快推进人与自然和谐共生的现代化。"[①] 深港两地，作为中国经济最为活跃的区域之一，其现代化程度在中国乃至全球都名列前茅。飞快的生活节奏、高效的出行方式、高度发达的社会结构，构成了这两座城市的独特风貌。然而，在追求现代化的同时，两地也深刻意识到保护生态环境的紧迫性。建设美丽香港、美丽深圳，进而推动美丽中国的建设，已成为两地共同的愿景与责任。生态文明建设的融合发展，不仅是深港经济可持续发展的基础，更是双城文化繁荣与社会和谐的保障。

共同面对快速现代化的挑战，两地可以携手并进，共同探索生态治理与文化传承的新模式。深港生态文明建设的融合发展，不仅能够促进两地生态环境的持续改善，更能够为文化融合提供新的动力与空间。值得一提的是，两地同属海洋文化圈，这一共同的文化基因为深港的交流与合作奠定了深厚的基础。深港两地通过共建、共商、共享的协作机制，不断探索海洋文化与现代文明相结合的新路径，让生态文明建设与文化融合相互促进、相得益彰。其中，前海湿地作为深圳重要的生态资源，与香港在生物多样性保护方面存在广阔的合作空间。同时，两地在建筑风格上的相互学习借鉴也将为城市生态文明建设增添新的亮点。

（五）红色文化的融合发展

深港两地红色文化的融合发展，是历史与现实交织的必然结果，也是两地文化融合发展的重要标志。新时代传承和弘扬深港红色文化，激发两地人民的爱国热情和民族自豪感，成为红色基因融入深港文化融合发展全过程、推动深港文化融合向更高水平发展的重要路径。

深圳与香港的红色文化，共同根植于中国近代史的沧桑巨变之中。鸦片战争时期，深港两地人民共同抵抗外敌侵略的英勇事迹形成了深厚的红色文化底蕴；土地革命时期，深圳地区轰轰烈烈的农民运动和中共党组织的建

[①] 《习近平在全国生态环境保护大会上强调 全面推进美丽中国建设 加快推进人与自然和谐共生的现代化 李强主持 赵乐际王沪宁蔡奇李希出席 丁薛祥讲话》，《人民日报》2023年7月19日第1版。

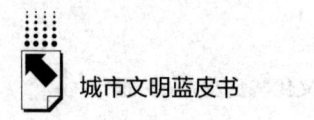

立，使宝安成为省港大罢工的坚强后方。抗日战争期间，东江纵队在党中央领导下，转战东江两岸、港九敌后等地，活动范围横跨深港两地，深圳成为重要通道，香港则作为红色枢纽。香港沦陷后，在延安的中共中央直接部署下，东江纵队成功秘密转移数百名在港从事抗日救国运动的文化人士和民主人士，如何香凝、柳亚子、邹韬奋、梁漱溟等。这次文化名人大营救，既保留了中华民族的文脉，也展示了中国共产党人对中华文化真心守护和对民主进步人士的博大胸怀。解放战争时期，香港进步力量从各方面声援和支持中国共产党，揭露国民党蒋介石的独裁专制和腐败无能。从1948年8月起，在中国共产党部署和亲自安排下，李济深、沈钧儒、谭平山、蔡廷锴、章伯钧、郭沫若、马叙伦、茅盾、马寅初等民主人士从香港和国民党统治区秘密前往解放区，先后共20多批，1000多名民主人士从香港进入解放区。这些民主人士穿越的地区大多数还在国民党控制之下，能够安全抵达北平，也是历史上的一次壮举，体现中国共产党对待民主人士的真诚和倚重。

在香港这片土地上生长和生活的中华儿女，与内地人民有着共同的国恨家仇和报国情怀，在国家民族危难的紧要关头，深港两地涌现出了大量仁人志士，他们为民族救亡、民族尊严而舍生忘死、奔走呼唤。香港爱国志士和香港社会对中国革命和民族解放事业所作出的历史贡献，成为深港两地红色文化的历史来源和现实基础，复活这些历史记忆，既是对香港再认识的重要史实，也是深港文化融合发展的历史基因。

香港回归祖国近30年以来，深港两地在经济、社会、文化等各个领域的交流合作日益密切。在红色文化的传承与发展上，两地也呈现出共同寻访、共同激活、共同弘扬的良好态势。红色文化就像一条历史锦带，把香港和深圳紧紧地联系在一起。一方面，深圳利用改革开放先行一步的优势，不断探索红色文化创新发展的新模式、新路径，使红色文化更鲜活；另一方面，香港以红色文化底色、中西文化荟萃特征和中体西用的文化本质，为深港红色文化融合发展注入活力。

总之，深港在先进文化、中华优秀传统文化、文化艺术和文化产业、生态文明、红色文化的全面融合发展，就是人类文明新形态的建设过程，也是香港和深圳借助"一国两制"这一制度优势对中国式现代化发展的独特贡献。

三 新时代深港文化融合发展的实践举措

深港文化在新时代的融合发展，不仅是助推粤港澳大湾区乃至全国文化繁荣的重要力量，更是惠及深港两地群众、实现深港两地群众对美好生活向往的重要途径。推动深港文化融合发展的不断深入，要秉持共建、共享的原则，着眼于"有人干""有事做""有支持""有效果"，从顶层设计到分步实施，从平台机制到人才人力，要进行战略谋划、系统部署，制定和实施一整套旨在促进深港两地文化繁荣、社会和谐、宜居宜业的政策举措。

（一）谋篇布局，总体规划：加强政府引导和政策支持

新时代，深港文化融合发展仍面临诸多挑战。一方面，两地文化差异与制度差异在一定程度上制约了文化融合的深度与广度；另一方面，文化融合发展的政策体系尚不完善，缺乏系统性、前瞻性的规划与引导。因此，加强战略规划与顶层设计，发挥两地政府的引领和主导作用，强化中央在政治上的指导，争取政府在政策上的支持，成为推动新时代深港文化融合发展的关键所在。

深港两地，一个经济特区，一个特别行政区，各自拥有独特的政治经济地位和文化资源。为促进两地文化融合发展，首先，两地政府应在总体上进行科学规划，明确文化融合发展的目标、路径和重点领域。通过制定长远发展规划，明确阶段性目标和任务，确保深港文化融合发展有章可循、有序推进。争取中央在先进文化、中华优秀传统文化、文化艺术与文化产业、生态文明、红色文化等重点领域，加大对深港文化融合发展的政策扶持力度，包括但不限于以下几个方面：提供财政补贴和税收优惠，降低文化企业的运营成本；简化行政审批流程，提高办事效率；加强知识产权保护，维护创作者的合法权益；加大对文化产业的投入力度，支持重点项目和优秀作品的创作

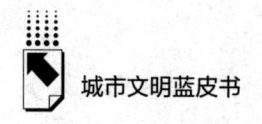

生产。通过政策引导，鼓励社会资本投入文化融合项目，促进深港文化产业的繁荣发展。

其次，深港两地亟须构建长效合作机制，以深化政策沟通、促进信息共享及强化合作联动。通过定期举办联席会议、签署合作协议等举措，确保文化融合发展的各项政策措施得以切实执行。同时，设立政府间协调机构，共同制定文化发展规划，并设立专项基金以支持文化项目，为两地文化融合提供坚实的政策与资金支撑，保障各项合作项目的顺畅推进。此外，还应积极促进民间组织的参与，鼓励企业、非营利组织及个人踊跃投身于文化交流与合作之中，共同营造全社会推动文化融合的良好氛围。

（二）搭建平台，丰富载体：创设文化交流合作的重要活动

深港文化融合所需要的平台载体，是具有国际影响力的文化艺术活动，包括国际文展、国际艺展、国际书展、国际影展及其评奖、杰出文化名人评选等活动。在粤港澳大湾区，深港双城无疑是拥有最佳条件的区域。深港两地携手，依托各自优势，共同创设国际级文化展示和赛事活动，共促深港双城文化的交流融合。

两地共创国际性文化品牌。深港两地拥有丰富的历史文化遗产与现代文化创新资源，应充分挖掘这些资源，共同策划具有鲜明地域特色和国际视野的文化品牌。品牌定位上，可聚焦"创新、融合、开放"等核心理念，旨在打造既能展现中华优秀传统文化精髓，又能体现现代文明成果的文化名片。具体如定期举办深港文化节，通过艺术展览、音乐演出、戏剧表演等形式，展现两地文化的独特魅力，吸引国内外游客及文化爱好者。设立深港文化创意市集，汇集两地设计师、艺术家及手工艺人的原创作品，促进文化产品与服务的交流互鉴。构建深港数字文化平台，利用互联网、大数据等技术手段，实现文化资源的数字化展示与共享，拓宽文化传播渠道。

两地共办国际性文化赛事。深港两地可联合举办一系列国际性文化赛事，激发文化创新活力，推动文化产业高质量发展。如围绕"未来城市""智慧城市"等主题，邀请全球设计师参与，展示深港在城市规划、建筑设

计、工业设计等领域的最新成果。举办深港国际电影节和国际音乐节，在质量上对标世界一流水准，逐渐形成"深港国际"的文化效应，设立具备行业权威性的文化大奖，进而增强深港文化的国际知名度与影响力。在执行方面，可实施双城轮流举办文化活动的制度，即单数年在深圳、双数年在香港举办各类文化活动，提升深港两地的国际知名度与美誉度，有效促进文化产业的集聚与升级。同时，赛事的举办将吸引大量国内外文化人才与资本的流入，为深港文化产业的发展注入新的活力与动力。

（三）广泛宣传，深化影响：开展深入群众的社会宣传

深港文化的融合发展不能是象牙塔里的自导自演，要通过媒体宣传、社交平台推广等多种方式，加深双城群众对文化交流活动的认识。在宣传过程中，凸显文化活动的社会性、人民性和可及性，使文化活动贴近人民群众的生活实际，满足他们的文化需求，让更多人能够享受到深港文化融合发展的成果。

首先，可以将深港两座城市的节庆活动有效结合起来。例如，在春节、中秋节等传统节日期间举办特色文化展览或演出活动；在国庆、劳动节等长假期间推出系列文化旅游产品等。这样不仅可以吸引更多游客和市民参与其中，形成浓厚的文化氛围，还能够增进两地人民之间的情感联系与身份认同，增强两地人民的凝聚力和向心力。其次，充分利用传统媒体和新媒体平台，加大对深港文化融合发展的宣传力度。通过发布新闻稿、制作宣传片、开设专题栏目等方式，广泛传播深港文化融合发展的理念、举措和成果，提高公众对文化融合发展的关注度和参与度。再次，定期举办深港文化融合发展论坛与研讨会，邀请国内外专家学者、政府官员、企业代表等参加。通过论坛与研讨会的举办，交流思想、分享经验、探讨问题，为文化融合发展提供智力支持和理论支撑。最后，鼓励社会各界积极参与深港文化融合发展的实践活动。通过举办文化志愿者招募、文化公益活动等方式，吸引更多群众参与到文化融合发展的进程中来。同时，加强对社会参与力量的引导和支持，形成全社会共同推动文化融合发展的良好氛围。

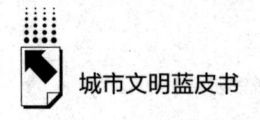

除此之外，深港两地也可以利用大数据、云计算、人工智能等现代信息技术，推动文化产业的数字化转型和智能化升级。例如，通过大数据分析，可以更准确地了解市场需求和消费趋势，从而开发出更符合市场需求的文化产品；通过云计算技术，可以实现文化资源的共享和优化配置；通过人工智能技术，可以提高文化产品的生产效率和质量。此外，还可以利用虚拟现实（VR）和增强现实（AR）技术，创造出沉浸式的文化体验，吸引更多年轻观众的关注。广泛的宣传可以让更多的人了解和认识深港文化融合的重要性和意义，增强公众对文化融合的支持和参与度。

（四）强化教育，培植人才：储备推动融合的人才资源

人才是文化发展的关键因素。强化教育，培植人才，储备能够持续推动深港两地融合发展的人才资源，是新时代推动深港文化融合发展的动力保障。深港两地应加强在人才培养方面合作，共同培养具有国际视野和创新能力的文化人才。

教育是培养人才的基础。深港两地应加强在教育领域的合作，共同培养具有国际视野和创新能力的文化人才。可通过多种方式实现：一是互认学分和学位证书，使学生在两地的学习经历得到认可；二是开展联合培养项目，如双学位项目、交换生项目等；三是共同举办学术研讨会和工作坊，促进教师和学生的学术交流，提高专业人才的技能和素质；四是设立奖学金，鼓励学生参与国际比赛和项目，提升其实践能力和创新精神；五是鼓励两地高校和研究机构开展合作研究，促进科研成果的转化和应用；六是建立文化人才交流机制，为两地学生提供更多的学习和发展机会，鼓励两地的文化人才相互学习和交流。同时，可以引进国际优秀的文化人才，提升两地文化融合的水平。共同培养文化人才，可以为深港文化的深度融合提供源源不断的人才，支持两地文化繁荣。

参考文献

[1] 中共中央马克思恩格斯列宁斯大林著作编译局：《马克思恩格斯选集（第二卷）》，人民出版社，2012。

[2] 习近平：《高举中国特色社会主义伟大旗帜 为全面建设社会主义现代化国家而团结奋斗：在中国共产党第二十次全国代表大会上的报告》，人民出版社，2022。

[3] 习近平：《在联合国教科文组织总部的演讲》，《人民日报》2014年3月28日第3版。

[4] 习近平：《在香港特别行政区政府欢迎晚宴上的致辞》，《人民日报》2017年7月1日第2版。

[5] 习近平：《在文艺工作座谈会上的讲话》，《人民日报》2015年10月15日，第2版。

[6] 《习近平对在港两院院士来信作出重要指示强调 促进香港同内地加强科技合作 支持香港为建设科技强国贡献力量 有关部门迅速做好贯彻落实工作 有序推进内地与香港科技合作》，《人民日报》2018年5月15日，第1版。

[7] 《习近平考察香港科学园》，《人民日报》2022年7月1日，第1版。

[8] 《习近平在全国生态环境保护大会上强调 全面推进美丽中国建设 加快推进人与自然和谐共生的现代化 李强主持 赵乐际王沪宁蔡奇李希出席 丁薛祥讲话》，《人民日报》2023年7月19日，第1版。

[9] 霍小光、陈键兴、牛琪：《"香港发展一直牵动着我的心"——习近平主席视察香港特别行政区纪实》，《人民日报》2017年7月2日第3版。

[10] 赖明明、陈能军等：《深港合作40年》，中国社会科学出版社，2020。

[11] 魏达志、张显未、裴茜：《未来之路 粤港澳大湾区发展研究》，中国社会科学出版社，2018。

[12] 高建军：《大湾区中的小港湾——从居深港人看深港融合发展》，《文化纵横》2021年第1期。

案例篇

B.15
珠三角城市绿色环境建设研究

高云庭*

摘　要： 本文以珠三角城市绿色发展理念和环境特征为切入点，从目标、理念、体制、技术四个层面对珠三角城市未来的绿色环境建设和发展进行了研究和论述，并对珠三角城市的绿色环境建设与发展的思路和战略进行了研究探讨。本研究结合国内外城市绿色环境建设经验，运用案例实证和数据分析方法，以技术策略为基础，以实施方法为手段，以保障体制为依托，对珠三角城市环境绿色化建设与发展的方向进行了探索，为珠三角城市建设绿色环境提供了一定的理论依据和实践参考。

关键词： 珠三角城市　绿色环境　生态文明

---

* 高云庭，东南大学艺术学院博士研究生，广东白云学院环境设计研究院院长、讲师，主要研究方向为可持续环境设计理论。

珠三角城市绿色环境建设研究

在全球环境布局有所优化但整体仍面临挑战的背景下，城市环境的绿色转型已成为全球共识。中国珠三角地区①的城市发展战略，在人口城市化背景下，总体目标已经明确，区域规划也已经基本明晰。珠三角城市因其独特的地理位置，具有气候温润、植被茂盛的区域特色，并以其开放包容、务实进取的形象著称，其中部分区域的经济和社会发展水平相对较高。这使得珠三角城市在绿色环境②建设方面，拥有比其他地区更为优越的生态基础和发展条件。珠三角各城市应当围绕建设发展的目标、理念、体制和技术四个方面逐步推进绿色环境的规划、设计与实施，积极探索符合自身特点与利益需求的绿色环境建设路径。

一 目标导向——珠三角城市绿色环境建设的价值预设

"十三五"规划纲要关于城市环境发展的指导性意见，明确阐述了城市绿色环境建设的广泛要求，并提出了若干阶段需要达成的具体量化考核标准。2016年2月6日发布的《关于进一步加强城市规划建设管理工作的若干意见》明确指出，要根据资源环境承载力调节城市规模，实行绿色规划、设计、施工标准，实施生态廊道建设和生态系统修复工程，建设绿色城市。由此可知，国家将加大各城市的绿色环境建设力度，加快城市绿色环境建设的步伐，开创绿色城市发展的新局面。城市工作会议的要求是对全国城市的普遍要求，部分量化要求包括装配式建筑占新建筑的比例，超大、特大城

---

① 在地理科学意义上，我国珠江三角洲地区系指广东省中南部、珠江入海口处，面积约为4.22万平方千米，以亚热带区域为主体，与绝大部分据此以北地区的区别在于全年气温同比较高，水资源相对丰富，植物品种丰富且覆盖率相对较高。就经济区域界定和文化习惯认知而言，珠三角地区系指由广州、深圳、佛山、东莞、惠州、中山、珠海、江门、肇庆、汕尾（深汕特别合作区）、清远、云浮、河源、韶关、香港、澳门所形成的珠三角城市群。本研究中的"珠三角"地域概念是从经济区域和文化习惯认知的意义上来界定的。

② "绿色"最初作为一个环保概念，发展至今已是具有了全方位的泛文化含义，是当代城市环境建设的根本宗旨，它产生了广义、狭义之分，就广义而言，"绿色"一词还包含了绿色生活、绿色社会、绿色经济、绿色政治、绿色文化、绿色美学等内容。本研究的"绿色"仅限于狭义范围，就城市生活的物质环境本体绿色化进行研究，其含义可解释为健康、安全、舒适、平衡、生态、自然、和谐等内容。

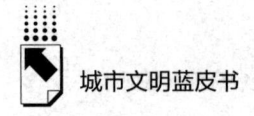

市公共交通分担率，地级以上城市建成区力争实现污水全收集、全处理，缺水城市再生水利用率，垃圾回收利用率等。

环境比较优越的珠三角地区城市，应当制定更高水平的绿色建设目标，以各自所处的环境条件、发展阶段、地理位置、文化优势、人才结构和经济实力为基础，力求在能源消耗和温室气体排放方面早日达到零增长，为城市空间创造一个功能完备的宜居环境。这些城市的总体规划应有助于提升地区环境整体承载能力、资源供给支持效力和促进城市多维服务功能的平衡，实现城市绿色环境的可持续发展。在保证城区人群与自然环境、日常交往与工作生产、城市建设与社会发展的和谐统一中，构建城市生活、环境科技与自然要素相融合的最佳绿色城市环境，实现各类资源的合理高效利用、城区环境的清洁健康、基础设施的完备以及市民生活的方便舒适。

二 理念指引——珠三角城市绿色环境建设的本体思路

城市环境的物理形态和功能类目繁多，所构成的是一个错综复杂的巨型人造"物—信息"生态系统，在其规划建设中，城市自身的正向发展潜力必须被置于全局来深度挖掘，这样才能稳步促进城市环境发展模式向着分散而紧凑、独立又互融、多样且共生的绿色形态过渡。

首先，城市子系统应当与自然界这一大系统保持紧密相连、和谐共生的关系，在人工自然生态系统建设中，需要对内容与环境之间的整体关联性、当前建设与未来发展的连贯性等综合考虑。为此，应当结合政策引导、社会机制和评价体系，统筹规划布局基础设施建设、多元技术集成体系和生态服务项目，平衡各方利益，推动城市环境系统高效自主运行。

其次，实现环境可持续发展的核心路径是充分利用城市和人的内在资源。今后城市绿色环境的发展应致力于降低对外部自然资源的依赖，转而追求自给自足及可持续发展的模式。通过挖掘人的潜力，整合社会资源，彰显文化特色，聚集智慧资本并优化设施配置，从而增强城市环境建设的内在驱动力，确保城市环境形成类似于"欧伯罗斯式"的闭环系统，在内部实现资源与能源的高效循环利用。

最后，当前珠三角地区的产业转型尚未完成，同时面临城镇化加速的态势，人口激增、城市扩容以及工业发展有可能造成碳排放量的增加。绿色转型的城市环境涵盖生态、经济、社会等多重维度，是一场深刻变革，其过程充满挑战，需要长期坚持并逐步推进。因此，我们需要保持冷静和耐心，稳扎稳打，坚持不懈地向着城市绿色发展目标前行。

三 体制保障——珠三角城市绿色环境建设的软质推手

城市环境绿色化的关键在于组织制度这一内在驱动因素。明确城市规划与发展的绿色化导向，严格确保发展思路、考核标准、技术准则、决策流程等管理制度在城市规划制定、政策导向、法律法规以及管理体制中的准确实施，为城市绿色环境的构建及其可持续发展奠定完善、合理的体制基础。

（一）政府引导

政府在城市建设和发展城市绿色环境中要发挥核心协调的作用，在很多层面上都要体现其主导和支撑作用，包括政策规划的制定、资金的分配、社会力量调动和有效的监督管理等。要明确树立绿色环境优先目标，在激发社会各界和公众积极参与热情的同时，出台鼓励环保创新、合理规划城镇布局与产业结构、引导企业转型升级的有效政策措施和环境标准。[1] 此外，充分利用珠三角地区开放包容的文化特色，通过展览展示、合作项目、甄选优秀实践案例，打造一批示范性项目，树立标杆，以点带面，大力推广绿色技

---

[1] Garcia-Lamarca, M., Anguelovski, L., et al., "Urban Green Boosterism and City Affordability: for Whom is the 'Branded' Green City?", *Urban Studies*, 2019, 58 (1), pp. 90-112.

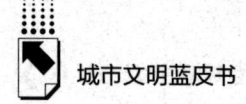

术,积极搭建各种交流平台,借鉴全球领先的绿色技术和经验,[①] 推进城市绿色环境的全面发展。

(二)法规管控

城市绿色环境建设需要运用环境法律法规约束和引导社会经济活动,从顶层规划到具体实施细节,都应当全面遵循法治化、规范化原则。环境考核、监管及污染防治工作应确立清晰的量化标准,确保执行有力。秉承"谁污染谁治理"和"受益者补偿"两个原则,明确要求环境开发、利用、损害、污染所造成的直接和间接环境问题,必须由破坏者来负责,并承担相应的赔偿。特别是涉及有害气体排放、土壤无机化、水质降低,以及重金属、危险化学品、长期性有机污染物(POPs)侵蚀等破坏环境的情形时,要依法从严惩治破坏环境者。同时,应对产生污染的源头企业加大征税和管理力度,对高效或新兴的绿色产业则应实施减少或免除税收的奖励政策,以经济管理手段激励城市绿色转型与发展。

(三)环境指标

众多发达国家视独立的自然环境评价体系和整体全面的环境效益评估为提升城市环境质量的关键措施。[②] 早在2020年前,欧盟就已明确要求其成员国对城市环境进行全面、深入且系统化的生态评估。[③] 对于土地、建筑、交通、材料、能源、给排水系统以及废气、废水和固体废弃物处理等各环境控制领域,都需要制定出规范、详细的环境指标,在设计、建设、评价、预

[①] 新加坡、加拿大、美国等世界发达国家的城市绿色环境建设经验表明,在城市间分享建设经验、专业技术,相互学习,将国际高水平专家、先进绿色技术,其他城市的成功经验请进来,是一种投资少、见效快的方法。近年来,我国部分城市与新加坡、芬兰、瑞典的城市绿色环境建设合作发展项目也正在证明这一点。参见李迅、刘琰《中国低碳生态城市发展的现状、问题与对策》,《城市规划学刊》2011年第4期,第29页。

[②] 蔡云楠、李晓晖、吴丽娟:《广州生态城市规划建设的困境与创新》,《规划师》2015年第8期,第87~92页。

[③] Bertram C., Rehdanz K., "The Role of Urban Green Space for Human Well-being", *Ecological Economics*, 2015, 12, pp. 139-152.

测等工作中做到有的放矢（见表1）。在指标的设定时，设计者需要在环境污染防治指标和建设引导指标的基础上尽可能采用具体、细化的结果性单项指标，以保证评估结果的科学性、时效性、易得性、可比性、敏感性和可操作性。这些指标是城市绿色环境建设整体指标体系的主要部分，是其他城市建设指标的基础参考，能够帮助我们清晰认识当前城市环境的发展状况，明确与城市绿色环境建设目标之间的差距，并对城市建设中的不足之处和可能存在的其他相关问题进行有效的呈现、阐释。

表1 珠三角城市绿色环境建设的参考指标体系

目标	类别	专项	指标参考值
节约资源	能源	可再生能源使用比例	≥35%
		公共建筑的单位建筑面积能耗	<90kWh/(m^2·年)
		单位GDP能耗	≤0.83t 标煤/万元
	水资源	再生水利用率	≥30%
		工业用水重复利用率	≥90%
		单位GDP取水量	≤70m^3/万元
	土地资源	人均建设用地面积	≤120m^2/人
		城市建设用地的市域面积比	≤30%
环境友好	空气质量	空气污染指数	≤100的天数；≥全年的85%
		可吸入颗粒物(PM10)日均浓度二级达标天数	≥347天
		SO_2日均浓度达二级标准天数	≥347天
	废物管理	NO_2日均浓度达二级标准天数	≥347天
		烟尘控制区覆盖率	≥90%
		规定禁烟的公共场所抽查合格率	≥90%
	水质	单位GDP主要工业污染物排放强度	COD<4kg/万元；SO_2<5kg/万元
		城市生活污水处理率	≥70%
		生活垃圾资源化处理率	≥70%
	物种多样性	工业固体废物综合利用率	≥95%
		集中式饮用水水源地水质达标率	100%
		城市水环境功能区水质达标率	100%
	声环境	综合物种指数	≥0.5
		生物防治推广率	≥50%
		环境噪声达标区覆盖率	≥95%

续表

目标	类别	专项	指标参考值
城市绿化	绿地	城市森林覆盖率	≥35%
		公园绿地500m服务半径覆盖率	≥80%
		城市公共设施绿地达标率	≥95%
		城市道路绿地达标率	≥80%
		节约型绿地建设率	≥60%
		本地植物采用率	≥80%
		水岸绿化率	≥80%
		受损弃置地生态与景观恢复率	≥80%
	基建绿化	建成区绿化率	≥40%
		建成区人均公共绿地	≥12m^2
		城市道路绿化普及率	≥95%
		林荫路推广率	≥70%
		林荫停车场推广率	≥60%
	城市热环境	城市热岛效应强度	≤2.5℃
城市建设	基础设施	绿色建筑比例	≥80%
		装配式建筑比例	≥30%
		城市基建系统完好率	≥85%
		城市道路完好率	≥95%
		城市管网水质年综合合格率	100%
		环卫设施设备完好率	≥85%
	绿色交通	公共交通分担率	≥50%
		轨道交通占比	≥70%
		新能源汽车占比	≥50%
		公交车纯电动化率	100%
		平均通勤时间	≤30mins

资料来源：作者自制。

（四）社会监督

政府要做到环境政策透明、资金分配和发放透明，定期公布环境质量报告。企业应公开其能源使用、物料消耗及污染减排的实际状况，主动接受媒体与公众的监督。此举旨在为进一步完善环境监管体系，建立多元主体、多方力量共同参与的城市环境管理机制，增强基层社会组织、民间团体和公众个体在绿色环境建设及城市环境管理中的参与权、知情权和监督能力。针对可能带来负面环境影响或涉及公众环境权益的拟建设项目及其发展规划，应适时组织开展听证会并实施相应的公示制度，以确保信息的透明度，同时，要建立通达政府的举报途径和相应的奖励机制，鼓励公众积极举报环境违法行为，共同保护城市环境质量。

（五）绿色宣教

城市绿色环境的建设不能离开社会大众的普遍参与。市民的绿色生活方式是国外城市绿色环境建设成功的重要原因之一。如今"绿色"口号和其含义在珠三角城市已经路人皆知，但它并未完全地深入人心，绿色可持续发展的理念并没有贯彻到城市居民的日常生活中，有些人因受商业利益诱惑而依然在抵制"绿色"。面对这些不够清晰的认识和消极、错误的态度，需要继续宣传和普及绿色生活、绿色城市的观点，并以具体活动、行为、事件引导大众，对大众教育和引导在今天依然具有重要意义。

要积极推广涵盖用餐、生活、居住等各方面的绿色环保理念，提倡健康文明、简约环保的生活方式，通过科普或专业展会、日常节庆活动、环保网络平台、公益广告宣传等多种渠道开展宣传活动。例如，鼓励居民优先选择公交或自行车出行、购买小排量汽车、使用太阳能及节水节电设备、拒绝一次性餐具及塑料购物袋、抵制商品过度包装、积极参加垃圾分类等环保行动。采取这些措施，能够让城市居民真切感受到绿色环境建设带来的现实好处与利益，以及亲近自然所带来的精神满足，进而激励他们积极主动地参与到城市生产与消费模式的绿色转型之中。

四 技术支持——珠三角城市绿色环境建设的主要路径

城市绿色环境建设和未来发展都依赖于技术的支持，绿色愿景和理念的实现也离不开技术手段的帮助。绿色技术如同桥梁，将美好图景与现实紧密

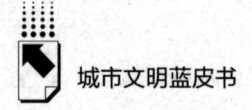

连接。珠三角地区在进行城市环境建设时，应聚焦于资源的高效运用、建筑的人工生态化、空间布局的优化、绿色交通模式的推广、生态环境的保护、产业的绿色升级以及废物管理的创新等关键方面，以绿色环保为核心寻求环境发展的突破点和着力点。[1]

（一）清洁生产

从珠三角地区城市工业的单位能耗与排放状况来看，清洁生产在提升环境质量上展现出了巨大的潜力。针对电力、钢铁、化工、建材等能耗高、污染重的行业，应当借助政府引导的市场机制和企业内在驱动力，依靠科技创新与技术融合，大力推进绿色生态建设。通过采用前沿的生态工艺、节能技术及设备，在现有产业结构调整中，积极构建生态工业系统和绿色产业园区。与此同时，还需着力促进外部资本聚集型与高新技术密集型产业的发展，并构建起循环经济体系，以进一步提升能源与资源的高效循环利用程度。另外，要重点扶持以新型清洁加工为主导技术的产业，稳步推进资源型、加工型产业的调整、转型和升级，切实增强城市环境的可持续发展能力，通过节能减排等各项产业举措，实现企业经济和城市环境双赢。

（二）绿色构筑物

在建筑、道路、桥梁、广场、庭园等所有人造构筑物及其周围环境的规划、建设、经营及拆迁的整个生命周期中，规划者都应将绿色设计、建设及管理的理念融入其中。鉴于建筑对环境保护的影响，其绿色化已成为未来发展的重要课题。以新加坡为例，该国制定的目标是绿色建筑的数量规模在2030年前达到80%。[2] 通过对空间的巧妙运用，以及太阳能光电板等先进的

---

[1] Liu, Y. J. & Dong, F., "How Technological Innovation Impacts Urban Green Economy Efficiency in Emerging Economies: A Case Study of 278 Chinese Cities", *Resources, Conservation and Recycling*, available online 11 March, viewed 15 May 2021, https://doi.org/10.1016/j.resconrec.2021.105534.

[2] 杞人：《生态城市：未来城市的发展方向》，《生态经济》2010年第9期，第8~13页。

构造技术、透水砖、绿植混凝土等绿色建材的使用，可最大限度地减少资源消耗和环境影响。在气候湿热的珠三角地区，建筑需要设计实用的遮阳结构以抵御烈日照射。此外，由于南方植物种类繁多，可以利用这一优势，实施屋面整体绿化，以有效调节室内温度和改善空气质量。

（三）绿色交通

绿色轨道交通在城市公共交通结构中占据主导地位。与道路交通相比，轨道交通在运力、土地利用、能耗、碳排放等方面都具有明显优势。地铁每小时单向运输能力为30000~70000人，轻轨为5000~40000人，而公共汽车仅为2000~5000人，轨道交通输送能力是公共汽车的2.5~14倍。同时，轨道交通综合占地为道路交通的三分之一，平均能耗仅为道路交通的15%~40%。[1] 轨道交通在伦敦的使用率高达75%，而在纽约，这一比例也达到60%~70%。[2] 今后珠三角城市的交通应当致力于建设无缝对接、多样化、高效率的一体化交通网络。以轨道交通为核心、公交为导向的TOD模式是主要的发展方向。[3] 在距离市中心15公里半径的范围内，要重点发展密集的轨道交通，如地铁、轻轨等；在距离市中心16~30公里半径区间内，快线铁路可作为主要交通工具；在距离市中心31~70公里半径范围内，应部署市郊铁路、专线公交或班轮等大容量、一站式交通服务。同时要加快配套设施建设，如充电桩、充电站、加气站等，增设非机动车交通路面，如自行车道、步行道、慢跑道等，积极推广新能源汽车和小排量环保汽车，加快公交领域的纯电动力系统应用，力争早日在交通领域淘汰黄标车，推进绿色交通转型。

（四）自然生态环境的补偿与调节

中国南方地区日照时间长、降水丰富、生物种类多样，近年来，自然生

---

[1] 赵弘、何芬：《论可持续城市》，《区域经济评论》2016年第3期，第77~82页。
[2] 赵弘、何芬：《论可持续城市》，《区域经济评论》2016年第3期，第77~82页。
[3] 杨建勋、刘逸凡、刘苗苗等：《"互联网+"时代城市绿色低碳交通的挑战与对策》，《环境保护》2018年第11期，第43~46页。

态环境的调节与补偿在生态环境建设中取得的阶段性成效是显著的，然而，要达到真正意义上的绿色城市标准，目前仍有一定的提升空间。[1] 环境建设规划要继续扩大生态服务用地规模，以环境承载能力为基础，在充分利用和保护环境自我净化和再生能力的同时，继续保持生物多样性和生态平衡。对已受损害或受污染的山体、河流、农田、湿地及植被等，为增强其水源涵养功能，应建设如雨水花园、蓄水池塘、低洼绿地、湿地公园、小生物栖息地等自然生态空间和人工生态空间；对已受损害或受污染的山体、河流、农田、湿地及植被进行修复，促进海绵城市发展。[2] 在城市绿化方面，在路面工程推广使用透水铺装材料的同时，要加强对古树名木的保护，优先考虑种植本地树种，做到乔、灌、草的合理搭配。城市绿地不仅仅能起到美化环境的作用，也有助于缓解流行病带给人们的心理压力，从而改善人们的身体和心理健康状况。[3] 另外，要使城市主体与湖泊、湿地等绿地通过规划相互融合，为各种废气、废水、废弃物提供一个自然消解的空间，使城市生态环境的自然状态得到保护并得以维系。

（五）资源的择用与效率

能源与水资源在城市环境中的利用方式正在朝着节约化、去碳化、去污

---

[1] 德国基尔大学（University of Kiel）的研究表明，城市绿化区域距离人的日常活动空间应以不大于 661 米为宜，根据不同的绿化边界形状，其数值变化范围为±5%，超过这一距离时，植被覆盖的积极影响明显下降，而我国珠三角大多数城市的绿化水平尚未达到这一人居环境绿化的适宜度标准。参见 Bertram C., Rehdanz K., "The Role of Urban Green Space for Human Well-being", *Ecological Economics*, 2015, (12), pp. 139-152。

[2] Vega, K. A. & Küffer, C., "Promoting Wildflower Biodiversity in Dense and Green Cities: the Important Role of Small Vegetation Patches", *Urban Forestry & Urban Greening*, available online 28 April, viewed 15 May 2021., https://doi.org/10.1016/j.ufug.2021.127165.

[3] Mayen Huerta, C. & Cafagna, G., 2021, "Snapshot of the Use of Urban Green Spaces in Mexico City during the COVID-19 Pandemic: A Qualitative Study", *International Journal of Environmental Research and Public Health*, published 18 April, viewed 15 May 2021, https://doi.org/10.3390/ijerph18084304. Ugolini, F., Massetti, L., et al., "Effects of the COVID-19 Pandemic on the Use and Perceptions of Urban Green Space: An International Exploratory Study", *Urban Forestry & Urban Greening*, available online 16 October, viewed 15 May 2021, https://doi.org/10.1016/j.ufug.2020.126888.

染化的方向发展。美国波特兰市是绿色城市建设的典范，该市已制定目标，计划在2025年之前实现能源的25%从可再生能源中获取。[①] 珠三角地区要充分利用其地理优势，大力开发风能、生物质能、地热能，发展光伏发电系统、太阳能热能利用和水力发电站。

在能源技术方面，珠三角地区应将建筑物转化为能源生产的单元，深度推广智能电力网络、分布式能源供应系统等绿色技术的应用。在物质集约化利用方面，应注重土地的紧凑使用，优先选用当地的绿色建材与模块化构件，并努力实现资源的少量占用与循环利用。在水资源的节约净化方面，大力推行节水型器具、器材、设备，在有条件的沿海城市加快海水淡化工程的项目建设，发展健康水循环体系，积极收集利用雨水及再生水，加快推进水资源的节约与净化工作，确保城市供水的安全与稳定。

（六）三废的绿色管理

绿色环保的城市规划应借鉴大自然的零废理念，致力于打造一个零废的城市环境。这包括从源头上减少废物产生，促进物品的再利用，以及将废弃物和有害物转化为新产品，以充分发挥其使用功能或环境价值。比如，将农业废弃物转化为堆肥是一种非常好的环保解决方案，目前的转化利用率可高达60%～90%，它是一种能够应对农业所造成的环境不良影响的有效策略。[②] 在固体废弃物处理方面，应实施有害、无机、有机的分类收集政策，并进行环境无害化处理，同时回收利用其中的"有价值资源"，以促进资源的循环利用和生产。在废气治理方面，除常规的绿化措施之外，还必须制定并执行一套全面的防治策略，其中包括强化对城市工业排放、面源污染以及移动源污染的综合治理，以确保废气排放量显著降低。在废水治理方面，要重点抓好对黑水臭水的整治，全面加强水系管网配套建设，加快城镇污水收集与处理设施的改造升级，以提升城镇污水处理能力和效率。

---

① 建安：《美国评出十佳绿色城市》，《环境教育》2014年第9期，第57~58页。
② Steffen Lehmann、胡先福：《绿色城市规划法则及中国绿色城市未来展望》，《建筑技术》2014年第10期，第917~922页。

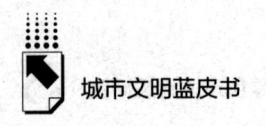

五 结语

　　珠三角城市的绿色环境设计规划与建设是一项既复杂又广泛的工程，它需要具备明确的目标指引、清晰的建设理念与思路、健全完善的制度架构以及切实可行的技术方法与手段。在规划与设计的环节中，应当遵循"时—空—量—度—序"的方法论框架，并实际践行"环境现状分析—指标体系构建—技术路线选定—实施保障机制建构—质量效果评估"的环境规划建设流程。同时，应充分发挥和利用珠三角城市自身的发展优势及良好的地理环境，进一步完善城市环境生态系统，优化城市空间环境的服务功能。这些举措在于确保珠三角各城市在建设与发展的同时能够有效保护环境，而在环境保护的进程中也能促进城市的健康发展。这将为城市居民带来持久且高品质的绿色环境体验与城市生活福祉，并逐步拉近与发达国家在环境建设上的距离，有助于更快地实现高质量城市绿色环境的建设目标与发展愿景。

B.16
城市轨道交通助力城市文明发展之深圳案例

侯春蕾*

摘　要： 随着城市化进程的加快，城市的交通压力日渐凸显，尤其是在深圳这样人口高度集中的大都市中，如何有效利用有限的土地资源、提升交通效率、优化城市空间布局，成为城市管理者的紧迫任务。深圳通过轨道交通系统的迅速发展、公共交通导向开发（TOD）模式的引入和技术创新，逐步缓解了城市交通压力、促进了城市空间的合理布局，提升了居民生活质量。本文详细探讨了深圳轨道交通的建设现状，研究分析了深圳城市轨道交通与城市发展的关系，重点分析了TOD模式在深圳的实践与探索，展示了深圳轨道交通科技创新的重要成果。通过揭示城市轨道交通和TOD模式助力城市文明建设与可持续发展的经验，为全球城市文明发展贡献深圳力量。

关键词： 深圳轨道交通　TOD模式　地下空间　科技创新

随着城市化的快速推进，全球许多大城市面临着资源紧张、交通拥堵、环境污染等严峻挑战。作为全球著名的创新城市，深圳在不到2000平方公里的土地上承载了1700余万人口，其地区生产总值（GDP）在2023年已突破3.46万亿元。深圳不仅是中国改革开放的重要窗口，也是全球城市管理与创新的典范。面对极为有限的土地和资源，深圳通过城市轨道交通的快速

---

* 侯春蕾，深圳地铁国际投资咨询有限公司监事会主席。

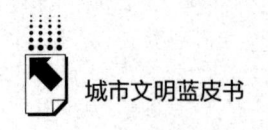

发展，依靠TOD模式的导入，实现了空间利用的最大化，显著提升了交通效率，改善了生态环境，推动了城市文明的发展。

一 深圳轨道交通的建设与现状

在20世纪80年代的城市建设初期，深圳还是一片绿洲，几乎没有大型的交通网络。随着城市化进程加快，深圳的交通需求日益增加，城市的空间开发也逐渐面临土地资源稀缺的约束。为应对交通和空间发展的双重压力，深圳在1998年启动了轨道交通的规划建设，同年深圳地铁公司成立。通过短短20余年的时间，深圳建成了科学便捷且覆盖全市的轨道交通网络，成为中国轨道交通发展的典范之一。

截至2023年，深圳已建成并运营17条地铁线路、567公里超大规模地铁网络，日均客流量超800万人次，单日最高客流达1030.85万人次，地铁出行对全市公共交通的分担率达73.5%，城市轨道交通对800米范围内人口岗位的有效覆盖率达53%。目前在建地铁、城际、国铁项目总里程达627公里，未来，深圳城市轨道交通规划总里程将达1335公里，另还有1000公里的国铁及城际项目将规划实施。深圳轨道交通不仅覆盖了都市核心区，还延伸至外围的组团中心区域，有效支撑深圳社会经济的持续发展。[1]

深圳地铁坚持"全生命周期"理念，深化"轨道+物业"发展，构建"一链两环"模式，形成不依赖政府补贴也能够自我造血的良性运作机制，保证城市轨道交通全生命周期成本可预期、财务可承受和经营可持续，该模式2022年入选《G20/OECD政策工具：动员融资机制以加强经济复苏期间地域和城市基础设施投资》报告，为破解基础设施全生命周期财务平衡和可持续发展的世界级难题提供"深圳方案"。

在共建"一带一路"的引领下，深圳地铁集团积极践行"走出去"战略，自2014年以来，携手央企积极对外输出城市轨道交通设计、建设管

---

[1] 《集团简介》，深圳地铁官网，https://www.szmc.net。

理、运营、综合联调、维保、咨询等多样化服务，业务共涉及国内外（深圳外）线路约407.2公里，其中海外服务里程达198.83公里，位居国内城市轨道交通行业第一，打造了多个共建"一带一路"标志性项目。

二 深圳城市轨道交通与城市发展

（一）轨道交通支撑城市经济飞速发展

自1979年建市以来，深圳经历了从小渔村到经济特区，再到国际大都市的快速转变。短短40余年间，深圳城市发展经历了翻天覆地的变化，地区生产总值从1979年的1.96亿元增长至2023年的34606.40亿元，增长了17600多倍。市区常住人口也从1979年的31.4万人逐步增长至2023年的1779.01万人，跻身全球超大城市行列。[1]

自2004年深圳地铁一期工程开通运营以来，轨道交通与深圳经济两者相辅相成、相互成就，共同进入了飞速发展期。地铁的开通运营，大幅提升了城市的通勤效率，促进了区域间的经济互动，加快了城市化进程。尤其是地铁1号线和4号线的开通，使外来人口得以便捷进入市区，推动了消费和服务业的快速增长。地铁的建设也带动了周边房地产市场的增长，形成了地铁经济效应。便捷的轨道交通网络有效支撑了城市经济的健康、可持续发展。

（二）轨道交通助力城市空间规划发展

凭借独特的地理优势与政策支持，深圳的经济呈现东西向扩展与沿海经济集聚的特点。作为城市交通核心，地铁系统对城市空间规划与发展起到了重要的推动作用，通过优化城市空间布局、推动区域联动和提高土地利用效率，深圳轨道交通为现代城市的可持续发展贡献了力量。

---

[1] 参见中经数据网，https://ceidata.cei.cn。

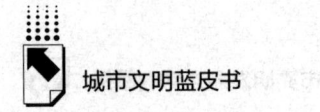

深圳地铁一期工程，主要串联起当时的罗湖、福田及车公庙等核心商务区域，罗湖站、福田口岸站又分别与香港的罗湖口岸、落马洲口岸连接，极大促进了两地之间的经济联系和人员往来；二期工程的开通，使地铁网络迅速扩大，形成了多条线路交织的立体交通网络，促进城市中心商业区繁荣的同时，极大地推动了特区内外的一体化发展；三期工程的建设，进一步推动了深圳城市空间结构的优化，特别是通过连接新兴区域，大力推动TOD项目开发，进一步带动地铁沿线区域的商业和住宅开发；四期工程不仅拓展了地铁网络，强化快线优先、支撑城市东进战略，还加强了与周边城市如东莞、惠州的交通联通，促进了粤港澳大湾区的一体化发展。未来的五期工程在深圳城市空间的扩展方面将扮演更重要角色，特别是在推动深莞一体化和加快城市区域协调发展方面具有重要作用。

深圳在城市化进程中探索出多中心、网络化的空间结构，通过构建"一核多心"的城市发展格局，将福田、罗湖等传统核心区与南山、宝安等新兴区域有机连接起来。这种多中心布局有效缓解了中心城区的过度拥堵问题，实现了城市功能的差异化和空间的高效利用。同时，轨道交通作为城市空间结构的骨干支撑，通过地铁、城际铁路和高铁枢纽的布局，实现了各功能区之间的快速联通。这种轨道交通与空间结构的耦合发展模式，成为深圳可持续发展的重要支撑，推动城市在现代化进程中实现高质量发展。

（三）地下空间开发为城市拓展空间

在城市化发展过程中，土地资源的稀缺一直是城市规划中的重要限制因素。未来，深圳经济的进一步发展仍需要产业升级，产业升级就需要土地支撑，而在土地有限的情况下，深圳便提出了向地下空间发展的战略，以释放更多地面空间用于其他公共设施的建设，从而优化公共空间，提升城市环境质量。

目前，深圳市的人均地下空间占有面积已达到6.5平方米，居全国前列。[1]

---

[1] 《凤凰专访中国工程院院士陈湘生：当〈流浪地球〉的地下世界照进现实》，凤凰网，https://i.ifeng.com/c/8cPGhnCNzn2。

如果没有地下空间的合理开发，城市的地面交通与生活空间将面临巨大的压力，严重影响居民的生活质量。深圳地铁曾提出"建地铁就是建城市"的口号，表明地铁不仅是交通工具，更是重塑城市空间的重要力量。

三　TOD模式在深圳的实施与探索

（一）TOD的概念及历史沿革

TOD（Transit-Oriented Development），即"以公共交通为导向的城市开发"，旨在通过改善公共交通与土地开发的关系，提升交通资源的利用效率，并推动城市空间的集约化发展。该理论源于20世纪80年代的美国，当时的目的是解决美国城市无限蔓延、交通拥堵、能耗巨大以及生态环境破坏等问题，希望通过公共交通来引导土地利用和城市发展，回归到以公共交通为主导的集约发展模式。TOD模式盛行于东京、新加坡、中国香港，这些都是全世界人口密度较大的城市，由于其土地比较紧张，故开发了各种车站综合项目，虽然建造密度很大，但实际运营效果却非常好。轨道交通一体化开发对沿线区域的发展形成了"牵引效应"，这种方法在一定程度上启发了中国一线城市的发展思路。TOD模式自21世纪初传入中国，然而TOD开发受城市特质的差异影响很大，不存在一个放之任何城市均可的TOD模式。虽然可以借鉴美国的一些成功经验，但在中国，不同城市均需找到最适合自己的方案。深圳就是中国TOD模式先行先试且取得优异成绩的城市之一。

（二）深圳的TOD模式创新实践

自2008年深圳地铁集团（以下简称"深铁集团"）获得首批土地资源配置权起，TOD模式在深圳正式启动。此后，深铁集团走出了一条具有深圳特色的轨道交通可持续发展道路，通过"轨道+物业"开发模式和多元化经营，形成了"一链两环"的可持续发展模式，以运营收益反哺轨道交通建设。

深圳TOD模式依托轨道综合枢纽开发的核心优势，以及丰富的上盖开

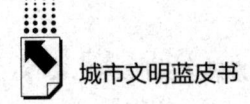

发实践，现已完成了从"单体开发1.0版本""综合体开发2.0版本"向"站城一体3.0版本"及"产城融合4.0版本"的转变。深铁集团旗下全资子公司深铁置业负责32个TOD综合开发项目，以及15个代建项目，累计开发规模达到1819万平方米，连续三年蝉联深圳市房企综合实力榜首。在这些项目中，深铁集团已建成保障性住房4.87万套、学校及幼儿园44所、公园15个、市政道路32条，并代建1所医院，显著提升了市民的幸福指数。

深铁集团在轨道交通二、三期工程建设中，成功引入14个TOD综合开发项目，其开发收益可覆盖轨道交通前几期项目的融资需求，极大减轻了政府财政负担。这种盈利模式实现了轨道交通与城市发展的深度融合。在轨道交通四期工程建设中，深铁集团凭借出色的规划设计、轨道建设和市场化融资能力，聚焦"站城一体化"开发，以轨道交通枢纽为核心，围绕重要节点打造产业高地和活力社区。通过创新集约利用土地资源和多维业态布局，深铁集团成功创建TOD综合体标杆项目，实现城市出行、生产、生活、购物、休闲的无缝衔接，提升了市民生活便利性和交通的友好度。尽管2024年以来深圳面临经济增长放缓及房地产市场调整的压力，但深铁集团仍保持稳定的经营能力，充分保障了轨道交通的资金需求，展现出强劲的市场竞争力。

（三）深圳持续坚持TOD模式的动力来源

1. 提升城市空间和经济发展，促进城市文明

深圳在可持续发展过程中面临土地资源利用约束的挑战。TOD模式的实施有效优化了城市空间结构，通过对轨道交通站点周边土地的综合开发，实现了土地的高效利用。在垂直方向上，建设高层商业、办公和住宅建筑，充分利用地上空间；在地下空间，发展地下商业，建设停车场和人行通道，提升地下空间的利用率。便捷的地下步行网络，不仅便利了居民的日常出行，也提高了地下空间的商业价值。深圳不仅在核心区域实现了高密度开发，还推动外围地区的产业与城市空间相结合，实现统筹发展。地铁站点周

边的开发带动了区域经济增长,形成了"站城一体"和"产城融合"的良性循环。此外,TOD模式还促进了深圳的社会融合与市民素质的提升,轨道交通站点作为重要公共空间,连接城市各个区域,增进了不同社会群体的互动,提升了市民素质。

2. 推动绿色低碳生活方式,履行社会责任

中国提出了2030年"碳达峰"和2060年"碳中和"的目标。为响应这一"双碳"战略,TOD模式被赋予了节能减排的新内涵。交通运输是城市碳排放的主要来源之一,而TOD模式通过提高公共交通的客流量,有效减少人均碳排放量。只有当客流量达到一定规模时,公共交通才能实现真正的低碳效益。通过集约化用地开发和功能混合,TOD模式促进职住平衡,缩短通勤距离,减少机动车出行需求;同时,通过优化人口和岗位配置,完善慢行接驳系统,鼓励更多市民选择公共交通,从而推动绿色低碳生活方式的形成。数据显示,西方大城市交通碳排放占比超过25%,而TOD模式运行较好的东京,其交通碳排放占比仅为16.7%,这表明TOD模式是减少城市碳排放的有效途径。[①]

3. 实现轨道交通"全生命周期"的财务平衡

轨道交通作为一项"百年工程"及长期耐用的公共品,因其外部性特点,在开发、建设、运营的过程中存在诸多"错配"问题。一是"时间错配",即建设支出与收益实现之间的时滞。轨道交通的高昂建设费用需要在初期投入,而运营收益则需要较长时间才能体现。二是"支出方与收益方的错配",轨道交通的建设和运营成本由政府及地铁公司承担,而土地和商业增值的长期收益却由社会各方共享。三是"成本与收益的错配",由于轨道交通的公益性质,票务收入很难覆盖其建设和运营成本,即便是拥有自主定价权的港铁公司,其票务收入也仅能勉强覆盖运营成本。

深铁集团在政府的大力支持下,创造性提出贯穿轨道交通整个价值链环

---

① 赵鹏林、张宁:《TOD发展模式的内涵解析和若干关键思考》,《科技导报》2023年第24期。

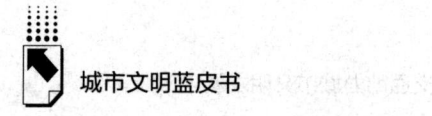

节的"一链两环"模式，实现全生命周期的财务平衡。"一链"是指贯穿轨道建设、运营、站城开发及资源经营的全价值链；"两环"则包括建设期的投资收益闭环和运营期的经营收益闭环。在建设期，站城开发的销售收益为轨道建设提供资金支持；在运营期，地铁商业资源的收入可维持日常运营支出。此模式已成为深铁集团稳定收入的来源，帮助其实现多年无须政府补贴的稳定运营，有效减轻政府财政压力，巩固国有企业的经济"压舱石"地位。

（四）深圳新形势下所面临的困境和挑战

深铁集团在新形势下所面临的困境和挑战，首先是可持续的经营考验。地铁票价的公益属性与高昂的建设及运营成本之间的矛盾，导致轨道交通企业长期面临运营亏损。尽管深铁集团积极提升自主经营能力，但随着深圳1000公里城市轨道和1000公里国铁城际双重建设任务的推进，叠加全国房地产市场调整带来的压力，深圳TOD产品面临前所未有的困境，"一链两环"中的投资性闭环受阻，亟待突破。

其次是高质量发展中的难题。TOD模式被视为破解"大城市病"、优化城市空间的有效路径。较之传统的大拆大建，TOD模式在城市整体规划落地、复合生态打造、区域长远价值培养上有着不可复制的优势。然而，由于其涉及利益协调、规划实施和资金筹措等问题，深圳TOD模式面临落地难、建设难等诸多挑战。

（五）坚定决心继续深化TOD模式创新

深铁集团的实践证明，"轨道+物业"模式具备穿越经济周期、助力高质量发展的潜力。在当前经济周期下，深铁集团依然保持稳健运营，表明短期经济波动并未削弱"轨道+物业"模式的有效性。未来，深铁集团将进一步增强自身造血能力，持续反哺轨道交通建设和运营，优化"轨道+"发展布局，实现轨道交通与城市发展的协同增益。

四 深圳地铁的科技创新发展

随着建设与运营规模的不断扩大，深铁集团面临诸多挑战，亟须通过提升科技创新能力，寻求可持续发展的路径。在轨道建设方面，勘察设计、建设、运营和维护等关键技术仍需不断提升和突破；在运营维护方面，许多设备逐步进入维修与升级期，因此必须加大关键技术创新力度，提升城市轨道交通的智慧化水平。近年来，深铁集团坚持创新驱动发展战略，依托丰富的技术应用场景，联合上下游企业推动行业科技创新。截至2023年，深铁集团已获得省级以上科技奖项55项，拥有有效专利594项，牵头制定17项国家、行业和团体标准，并拥有2家国家高新技术企业。在绿色低碳技术、机械化模块化建造、数字化智能化技术等领域的探索，取得了显著的成效。以下将重点介绍几项科技创新成果。

（一）全生命周期BIM技术应用

为响应"数字地铁"建设要求，深铁集团自2012年起在三期工程中探索全生命周期BIM技术应用。经过十余年的发展，已建立起"1个工程数据中心+1套标准体系+N个业务平台"的综合体系，广泛应用于12条在建地铁线路、4条在建城际铁路以及15条既有运营线路。全生命周期BIM技术应用涵盖了数字化勘察、正向设计、智慧工地、运营运维、应急管理等多个智慧应用场景，形成了三维图册、构件库、数字化交付等创新应用模式。深铁集团已在全国率先实现运营线路的全市域BIM化，积累了超过2.1万个BIM构件模型，推动了轨道交通BIM生态圈的建设。

（二）装配式车站技术应用

装配式车站是一种新型的车站建设方式，通过将车站结构拆分成若干个标准环节，并在工厂内集中生产，现场采用"搭积木"方式进行拼装。这一技术具有环保、安全、高效等诸多优点。与传统的现浇施工相比，装配式

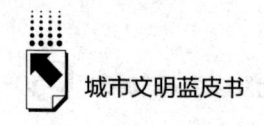

车站技术可减少约70%的施工现场作业时间,节省约80%的劳动力。通过缩短工期、减少建筑垃圾与木材消耗,有效降低施工噪声和粉尘污染,极大提升了施工效率。

(三)全自动无人驾驶的应用

2021年,深铁集团开通了首条全自动无人驾驶线路——深圳地铁20号线,标志着深圳市城市轨道交通进入了全自动驾驶时代。该技术使列车能够自动完成唤醒、运行、进出站及开关门等操作,提高了安全性、稳定性和运营效率。通过先进的控制系统与传感器技术,无人驾驶列车能够精准定位并自动驾驶,减少人为干扰,确保运行的可靠性和准确性。目前,尽管无人驾驶系统技术成熟,每辆列车仍会配备司机以应对突发情况。

(四)"车—车通信"技术的应用

"车—车通信"是一项新型信号技术,可使列车之间能够直接互相传输信息,提升了信息传输的实时性和准确性。这一技术优化了列车的控制流程,使列车能自主判断道路情况并调整运行状态,从而大幅提高了运行效率与安全性。相比传统的"车—地—车通信"模式,"车—车通信"技术提升了列车的自主运行能力,缩短了列车运行间隔,增加了运营灵活性,进一步提升了整体运营效率。

五 总结与展望

深圳凭借其快速发展的轨道交通系统和创新的"轨道+物业"模式,成功缓解了城市化进程中的交通压力并打破了土地资源紧缺的瓶颈。通过构建高效的轨道交通网络和实施全生命周期财务平衡,深圳不仅提升了公共交通的覆盖率和通勤便捷性,还实现了轨道交通系统的自我可持续运作。与此同时,深圳积极参与共建"一带一路",将其轨道交通建设和运营经验输出至国际市场,彰显了中国轨道交通的实力与影响力。这些成就展示了"深圳方案"在推动城市现代化和可持续发展中的巨大潜力。

展望未来，深圳将继续扩展其轨道交通网络，进一步优化都市圈内的轨道联通，为粤港澳大湾区协同发展提供有力支持。深圳的成功经验不仅为国内其他城市提供了宝贵借鉴，也为全球快速城市化地区提供了示范。作为创新之城，深圳将持续引领绿色低碳和智慧交通的未来发展方向，助力实现更高质量的城市文明与经济繁荣。深圳轨道交通20多年的成就凝聚了行业内的丰富经验、各方资源的鼎力支持及深铁集团专家学者的巨大贡献。通过各方共同努力，深圳城市轨道交通的发展取得了显著成果。希望深圳的实践与思考，能够为全球城市文明发展提供宝贵的经验。

B.17
创新引导下的数字城市堪培拉

葛 琳*

摘　要： 在数字城市建设方面，堪培拉可作为西方城市文明发展的典范。创新引导与教育的重要作用，构成堪培拉数字城市发展的核心动力。本研究从阐释堪培拉数字城市的发展根源着手，进一步诠释堪培拉数字城市发展的借鉴意义。堪培拉数字城市的发展设想与成就表明，在更多数字城市的未来发展中，应对创新与教育予以充分重视。对创新引导下的数字城市堪培拉的研究，可为全球范围内不同城市的文明交流提供必要借鉴。

关键词： 数字城市　城市规划　数字治理　堪培拉

在全球不同文明交流互鉴的过程中，城市数字文明的发展是其中具有关键意义的课题。不同数字城市的发展与交流，有效引导了不同文明之间的积极互动。其中，澳大利亚堪培拉以创新为核心导向的数字城市发展模式，能够推动与优化不同文明视域下的城市文明交流。本报告主要对创新引导下的堪培拉数字城市建设进行解读，同时密切结合城市文明交流的现实，以充实既有的分析与论证。

一　堪培拉数字城市的发展根源

堪培拉数字城市的规划，既遵循澳大利亚政府推行数字战略的相关设

---

* 葛琳，博士，温州医科大学国际教育学院讲师，主要研究方向为跨文化交流、国际语言教育。

想,又与堪培拉自身的数字经济发展、数字治理密切相关。自21世纪以来,堪培拉数字城市发展的具体根源,大致可以归纳为以下四个方面。

第一,随着信息革命在西方国家乃至全球范围的延续,数字产业的发展对西方国家的影响相当显著。结合澳大利亚地广人稀、资源丰富等国情,澳大利亚政府需要以更少的人力资源投入,获得更大的经济收益。澳大利亚的产业经济结构与发展境遇,客观上需要数字经济、数字治理赋能。因此,拥有丰富政治资源、教育资源的堪培拉,可以成为以数字经济、数字治理推动澳大利亚未来发展的关键节点之一。

第二,堪培拉丰富的高等教育资源,能够为当地教育的创新发展奠定必不可少的基础,进而能够成为堪培拉数字城市发展的核心动力。因此,教育与基于教育的创新,是堪培拉充分发展数字城市的关键所在,这已经在其数字城市的发展中得到佐证。

第三,基于澳大利亚国内城市发展的整体规划,堪培拉作为数字城市、智慧城市的发展典范,可以为澳大利亚全国其他城市的发展提供必要的导向。在澳大利亚东部的城市群、产业群发展中,堪培拉的数字城市建设可以发挥应有的引导与支持作用。同时,堪培拉在建立数字政府等领域的需求相当明显,因为这将有效推动澳大利亚数字经济、数字治理的持续与优化。

第四,对于未来澳大利亚国内经济发展、国家治理的推进,堪培拉数字城市建设的积极作用不可或缺。以发展的视角分析,数字城市堪培拉,作为澳大利亚城市文明建设的标杆,能够为不同城市文明交流作出应有的贡献。

要理解堪培拉数字城市发展,需要关注澳大利亚联邦政府有关将堪培拉打造为数字城市乃至智慧城市的决策与实践。其中,最具有代表性的是2023年10月澳大利亚联邦政府提出的智能数据项目。对智能数据项目的理解,可诠释堪培拉数字城市发展的整体背景。

作为创新引导下数字城市建设的典型,堪培拉对于数字技术的充分重视,表现为积极落实智能数据项目。对智能数据项目的有效落实,尤其是对于数字经济、数字治理的积极推进,构成堪培拉数字城市发展的主体内容。

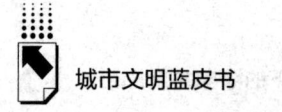

为落实智能数据项目，澳大利亚联邦政府在数字产业、数字技术相关领域作出了一系列战略部署。第一，澳大利亚联邦政府明确了重视数字产业、数字技术在国家经济发展、科技进步中发挥的重要作用；第二，澳大利亚联邦政府对于数据运用的落实有充分准备；第三，澳大利亚联邦政府对于数据的有效运用具有系统性、可行性的规划。智能数据项目的开展，有效提升了澳大利亚数字治理与数字经济的发展水平。澳大利亚联邦政府关于数字治理、数字经济的相关规划，对于堪培拉数字城市建设与发展形成了实质性的指导与影响。

2024年，澳大利亚联邦政府对数字战略的发展规划进行了更新，总部位于堪培拉的数字化转型局为澳大利亚联邦政府制定了《数据和数字政府战略》。到2030年，澳大利亚的目标是借助世界级的数据处理能力，为所有人和企业提供简单、安全和具有关联性的公共服务。[①] 澳大利亚联邦政府数字战略的落实与推进，在全球范围内增强了澳大利亚的数字战略能力。这一战略能力一方面涉及数字经济、数字治理等相关内容，尤其是借助数字赋能，实现国家治理能力、国家发展能力的整体性跃升；另一方面涉及增强澳大利亚国家安全治理能力，同时能够展现澳大利亚在西方国家中对于网络安全的有效影响。从理解与诠释堪培拉数字城市建设的发展进程、发展趋向的角度来看，堪培拉在网络安全领域的成就，源自澳大利亚政府增强网络安全相关举措的落实。

在数字经济发展的时代性影响下，数字城市对于堪培拉的发展导向渐趋明晰。其中最为典型的导向在于教育与创新（尤其是高等教育发展支持下的创新），这也成为驱动堪培拉数字城市发展的关键。堪培拉是澳大利亚的创新和教育之都。高等教育、培训和研究是其优势之一。[②] 教育与创新的发展，为堪培拉数字城市的发展确立了必要的前提。创新引导下的数字城市建

[①] "World-leading Government Digital Services"，2024年9月10日，https://canberra.com.au/business/sector-profiles/ict-and-e-gov.

[②] "Canberra is the Innovation and Education Capital of Australia"，2023年11月1日，https://canberra.com.au/business/why-canberra/sector-profiles/education-and-research/.

设，源自堪培拉自身的优质教育资源。比如，堪培拉拥有五所在澳大利亚国内顶尖的高校（澳大利亚国立大学、堪培拉大学、新南威尔士大学堪培拉分校、澳大利亚天主教大学和查尔斯特大学），以及一所职业院校（堪培拉科技学院），这些院校形成良好的高等教育产业集群，能够发挥必要的教育聚合效应。从智能数据项目到数字产业经济再到堪培拉数字城市的发展，对教育的重视，已成为当前数字城市发展中典型的堪培拉经验。堪培拉数字城市建设的经验可以进一步诠释为：以创新作为导向的数字城市建设，可以落实对于高等教育（包括职业教育）的充分实践；将教育与创新进行有效整合，能够充分改善堪培拉数字城市建设的发展境遇。同时，对于全球城市文明交流互鉴来说，以创新作为导向以及创新与教育的有效结合，可以为全球城市文明的交流互鉴指明必要的方向。

二 堪培拉数字城市的发展设想

对于堪培拉数字城市的发展设想进行研究，能够逐步解读堪培拉在数字领域发展的现实进程。数字城市（乃至智慧城市）的发展，作为堪培拉当前与未来发展的主导方向，正在发挥着应有的作用。本文结合数字城市在堪培拉落地发展的相关案例，对其发挥的应有作用给予必要的诠释。

鉴于堪培拉的首都地位，其相应的政府数字治理实践，成为当前影响与引导堪培拉数字城市发展的重要指标之一。数字治理的确立乃至建立健全数字政府等，能够为堪培拉的数字城市建设提供必要的动力。同时，数字治理的需求，多体现在支持澳大利亚的国家发展方面：①支持澳大利亚经济的持续发展，尤其涉及采矿业、农业（包括畜牧业等），这些产业的发展客观上需要依靠数字技术、数字经济的赋能；②澳大利亚数字政府需要有效运用数字治理，以有效支持澳大利亚的国家发展；③堪培拉数字城市的发展，需要在现有数字治理的基础上，进行必要的巩固、完善与优化。

同时，数字经济的发展是堪培拉数字城市发展最为重要的领域。作为数字经济的核心发展领域，堪培拉的商业信息技术行业十分发达。该行业有

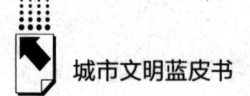

1000多家企业,包括跨国公司与微型企业。政府也为其提供一系列信息技术服务,包括企业资源规划;数字身份与文件管理、网络安全;数据中心和云计算;新型政府服务的研究与开发;能源管理、汽车和国防等领域的信息技术应用。① 发展与信息技术相关的行业,堪培拉具有相当雄厚的实力。数字经济的发展,是数字城市发展中的核心进程;借助数字经济的持续发展,堪培拉数字城市建设能够得到充分落实。创新引导下的堪培拉数字城市发展,其数字产业的作用不可或缺。其中,信息技术的介入与运用,是这一作用发挥的关键。

重视人才培养,是堪培拉落实数字城市规划的关键发力点。堪培拉在数字城市的发展中,积极将创新作为城市发展的核心竞争力,从而将人才吸引转化为城市发展的动力源泉。从数字城市发展的动力审视其成就,创新型人才的培养对于数字城市发展意义重大。在科学、研究和教育领域,当地群众可以很容易地接触到政府领导和行业领袖。堪培拉是创新和商业增长的孵化器。相关的支持服务项目包括:①堪培拉创新网络(CBRIN);②澳大利亚首都领地创新项目;③农业技术创业中心。② 这说明,堪培拉以创新为关键动力,吸引更多的人才到堪培拉发展,从而支持堪培拉数字城市建设。堪培拉对于人才的吸引不仅体现为提供充足的就业岗位,而且体现为以创新引导人才培养,彰显堪培拉的比较优势。创新型人才能够在堪培拉数字城市尤其是产业经济的发展中发挥不可或缺的作用。

堪培拉对知识的关注,吸引了领导者、创新思想家、诺贝尔奖得主、艺术家和研究人员。热衷于在澳大利亚建立和扩大业务的跨国公司可以选择在堪培拉立足。③ 在堪培拉数字城市建设与规划中,以创新为引领的人才吸引、产业吸引和投资吸引政策,构成了堪培拉数字城市发展的综合性设想。

---

① "ICT and e-Gov", 2023 年 11 月 8 日, https://canberra.com.au/business/why-canberra/sector-profiles/ict-and-e-gov/.

② "A Centre for Innovation", 2023 年 11 月 2 日, https://canberra.com.au/study/international-students/working-in-canberra/.

③ "A Centre for Innovation", 2023 年 11 月 2 日, https://canberra.com.au/study/international-students/working-in-canberra/.

堪培拉的数字城市发展以创新为引领，以产业发展为依托，致力于实现国际化资源整合等。在这一背景下，堪培拉对于人才培养的有力支持，理应视为其数字城市发展的重要规划。

鉴于堪培拉拥有相当丰富的高等教育资源，堪培拉对于创新的注重，在一定程度上充分兼顾了对于人的培养与数字城市的发展规划。堪培拉数字城市的发展规划能够为高科技行业的持续发展提供必要的契机与平台。这些人才的加入以及这一态势的持续，可以为这些行业的发展提供源源不断的动力。

教育的创新推动堪培拉数字城市的发展还体现在，澳大利亚政府对于智能数据项目的积极落实。澳大利亚政府在智能数据项目中对于数据科学家的相关设想与具体工作要求的规定指出，数据科学家使用数据挖掘和建模技术可更好地理解编程技能和商业知识。这有助于制定、实施和分析大规模战略，以支持政府和社会的相关工作。数据科学家的工作涉及：①整理、转换和组合数据，使用统计、机器学习和相关方法以发掘数据的发展趋势；②开发分类和预测模型，并生成可视化结果，以便将结果传达给业务利益相关者；③使用各种工具、语言和技术，以分析和解释数据和结果。① 可以将数据科学家的上述设想，融入堪培拉数字城市发展中对于人才的培育。对数据科学家的培养，可以视为数字时代澳大利亚对于人才产生积极影响的有效规划。智能数据项目的落实与完善，为堪培拉数字城市建设提供了必要的导向——这不仅涉及数字经济、数字治理作用的有效释放，而且涉及堪培拉数字城市建设的持续性保障。

堪培拉数字城市发展的整体规划中，产业领域的相关规划也具有相当的可行性和比较优势。农业作为堪培拉产业经济的核心，其发展目标为建立健全"农业+数字经济"的优势性结构。同时，"农业+数字经济"的优势性结构在澳大利亚经济持续发展中发挥着必要的作用。堪培拉作为澳大利亚农

---

① "Smarter Data Program"，2023 年 11 月 5 日，https：//www.ato.gov.au/about-ato/careers/specialist-careers/smarter-data-program.

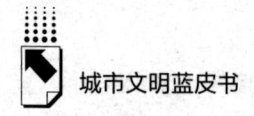

业发展的核心地区，不仅可以利用澳大利亚既有的发展优势以及数字城市发展优势，而且可以利用数字城市的持续发展扩大相应的比较优势，从而加强澳大利亚在国家战略方面的整体优势。同时，澳大利亚正在以下方面取得重大突破并积累知识和资源，即食品技术，植物、动物和环境科学，遗传学，生物多样性与保护。① 上述领域的技术优势，可以为堪培拉数字农业经济发展提供相应的支持。

数字城市的发展规划中，至少应明确以下三个方面的核心要义。第一，教育（从高等教育到职业教育）在数字城市发展中的基础性地位需要给予充分重视。第二，教育的发展推动了创新。教育支持下的创新，可以有效推进数字产业发展。第三，良好的城市发展环境对于教育和创新必不可少。对于堪培拉数字城市的发展而言，数字治理与数字政府的支持也至关重要。横向比较全球范围内的数字城市发展规划，很多城市在其数字城市的发展规划中，或多或少地缺乏对于教育与创新的涉及。在堪培拉数字城市的发展中，重视教育已经得到充分彰显；对于更多数字城市未来发展而言，堪培拉将教育与创新密切结合的发展模式值得借鉴。创新引导下的堪培拉数字城市，依托教育的发展，进而产生数字城市发展的规模效益。

三 堪培拉数字城市发展的典型成就

堪培拉作为数字城市的典范，已经带领更多的澳大利亚城市实现进一步发展。作为数字城市，堪培拉已经在城市管理、产业经济发展等诸多领域取得了相当显著的成就，其中最为典型的是数字政府治理。进入21世纪第三个十年后，堪培拉的城市整体发展态势已经从20世纪初规划的"田园城市"向数字城市有效转型。

与堪培拉数字城市发展存在密切关联的是，教育与创新对于数字城市发

---

① "Pioneering Agricultural Science and Technology"，2023年11月6日，https://canberra.com.au/business/why-canberra/sector-profiles/agri-technology/.

展作出了重要贡献。以堪培拉在教育、培训与研究领域的成就为例，2023年的相关数据表明，这些领域（知识经济）约占经济总量的8%、贡献33亿美元的附加值、提供20000个工作岗位和培训约64000名大学生。[①] 这既可以视为堪培拉数字城市发展的积极表现，又可以视为未来支持堪培拉数字城市发展的动力。堪培拉规模庞大的教育产业与堪培拉数字城市发展之间形成了必要的、互为因果的关系。堪培拉对教育与创新的重视，是其数字城市发展的源泉；同时，教育、创新也可以作为其数字城市发展的成就——形成了明确的良性循环。从全球视角分析，并非所有的发展教育、创新优势明显的城市，都能够拥有这一闭环式的发展架构。当前中国北方某些城市的高等教育发展具有明显的比较优势，诸如拥有良好创新能力的高校、科研机构，但往往很难留住其培养的优秀毕业生。究其原因，这些中国北方的城市缺乏足够的吸引力和竞争力，这不仅涉及人才发展的软环境缺失，而且缺乏吸引优质人才的核心产业等。

当前堪培拉数字城市发展的成就中最为重要的是，"数字治理+数字经济"的模式已经产生了相当显著的规模效益。依托数字城市的加持，堪培拉已经逐步在数字经济，尤其是在与之相关的信息与通信领域，引领着澳大利亚全国的发展。堪培拉是目前澳大利亚信息与通信技术的引领中心。[②] 这一引领中心的作用可以进一步阐释为：第一，堪培拉作为信息与通信技术相关产业聚集地，能够依托现有的信息产业集群，实现相应的规模经济效益。当前IBM、微软、惠普等顶级互联网公司，均在堪培拉设有机构。第二，堪培拉的数字城市发展，能够借助技术优势为客户群体提供良好的服务。第三，堪培拉既有的数字经济发展成就，在一定程度上是支撑澳大利亚数字城市发展的关键保障。当前，堪培拉数字城市的发展已经形成相当大的规模；堪培拉数字城市的发展，已经呈现产业经济与政府服务兼顾的态势。

---

① "Canberra is the Innovation and Education Capital of Australia", 2023年11月1日, https://canberra.com.au/business/why-canberra/sector-profiles/education-and-research/.

② "ICT and e-Gov", 2023年11月8日, https://canberra.com.au/business/why-canberra/sector-profiles/ict-and-e-gov/.

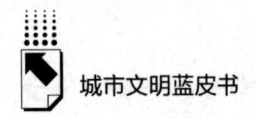

在政府服务方面,堪培拉数字政府的建设已经形成"世界级的政府数字服务"。所谓世界级的政府数字服务是指堪培拉当地政府与澳大利亚联邦政府开展密切合作,为IT企业开展业务提供最佳地缘优势。澳大利亚联邦政府每年在信息和通信技术服务上花费数十亿美元。到2025年,澳大利亚联邦政府的目标是成为世界上排名前三的数字政府。总部位于堪培拉的数字化转型局正在制定这一战略。① 堪培拉数字城市建设中关于"世界级的政府数字服务"的部分表现为:第一,"世界级的政府数字服务"充分彰显堪培拉数字城市建设与发展的典型成就。第二,"世界级的政府数字服务"能够有效引领数字城市的发展并兼顾维持其在信息技术相关行业的领先地位。

从创新发展乃至科研发展的情况来看,堪培拉数字城市建设的相关成就说明,堪培拉在教育方面的优势有助于提升其在创新和创业方面的表现。英联邦政府首席经济学家的一份报告指出,堪培拉是澳大利亚在创新和创业措施方面做得最好的地区。这包括企业研发支出、专利和商标申请、商业机遇创造。堪培拉的教育和研究机构也获得了澳大利亚10%以上的国家研发资金。堪培拉的高等教育机构和研究机构共同致力于几个关键领域的发展,其中包括农业与环境科学、信息通信技术与政府服务、安全保卫、网络安全、空间科学和可再生能源技术。② 教育与创新在堪培拉数字城市建设的发展规划中发挥着相当重要的作用。第一,教育与创新及其比较优势的获得,能够在一定程度上为堪培拉的数字城市持续发展奠定坚实基础。第二,教育与创新的发展明确契合堪培拉既有城市规划中相关行业(服务业、数字农业等)的发展,从而有助于促进数字经济相关产业发展。第三,教育与创新的有效整合,能够有效对接高新技术的发展,从而支持堪培拉数字城市的比较优势建构。

---

① "ICT and e-Gov",2023年11月8日,https://canberra.com.au/business/why-canberra/sector-profiles/ict-and-e-gov/.

② "Canberra is the Innovation and Education Capital of Australia",2023年11月1日,https://canberra.com.au/business/why-canberra/sector-profiles/education-and-research/.

堪培拉数字城市发展的具体成就案例中，堪培拉科技学院的人才培养是最典型的。从事与数字治理、数字经济发展相关的技术工人，多来自堪培拉科技学院。这些人才的培养，是堪培拉数字城市发展取得成就的关键因素之一。堪培拉科技学院，是值得信赖的职业技术教育学院。[①] 堪培拉科技学院可以培养更多的技术型人才，这些人才的培养可以为数字经济的发展提供持续性的保障。比如，在数字城市的智能污水处理系统建设方面，当地就需要大量的技术工人（涉及计算机工程师、水电工、木工等）提供人工维修服务等保障工作。因此，堪培拉科技学院的人才培养，尤其是对技术人员的有效培养，在堪培拉数字城市建设与发展中的重要作用可见一斑。

堪培拉创新网络（CBRIN）的发展与完善，在一定程度上成为堪培拉数字城市发展的关键所在。堪培拉数字城市的发展重视创新的作用。数字城市（智慧城市）的发展，在很大程度上需要依赖创新的发展与持续。堪培拉创新网络（CBRIN）可以在人才培养的基础上，进一步推动其数字城市建设的深度发展。

四　堪培拉数字城市发展的未来趋向

堪培拉数字城市的发展，已经主导着堪培拉城市文明的发展方向。政府机构、科研院所和高等院校，在数字城市发展中发挥了相当大的作用。在未来发展的趋势预判中，堪培拉数字经济、数字治理的作用将持续发挥。结合全球数字经济、数字治理发展的趋势，堪培拉数字城市的未来发展，可以从以下三个方面进行把握。

第一，进一步明确打造数字城市是堪培拉的城市发展主导方向。按照全球数字城市的发展趋势，堪培拉数字城市发展可能将展现出更为全面且合理

[①] "Canberra is the Innovation and Education Capital of Australia"，2023年11月1日，https：//canberra.com.au/business/why-canberra/sector-profiles/education-and-research/.

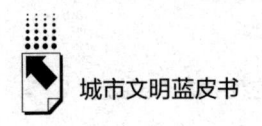

有效的规划。堪培拉数字城市的发展，能够推动整个澳大利亚的数字治理、数字经济等进程。

第二，在堪培拉市政府（包括澳大利亚首都领地政府）与澳大利亚联邦政府的密切合作下，堪培拉数字城市建设将要进一步强化政府支持、政策支持等。堪培拉数字城市的未来发展，进一步将上述关联进行优化，这主要涉及将现有的关联落实为不同层级政府之间的机制建设（从澳大利亚联邦政府到澳大利亚首都领地政府再到堪培拉市政府），以实现数字治理的优化发展并明确相应的政府部门职责。

第三，基于现有的发展成就，堪培拉仍然需要在关于数字城市建设的创新等领域完善现有的安排。比如堪培拉在数字产业发展的过程中，仍然需要引进更多海外移民，尤其是技术移民。其中对于非西方国家的技术移民，需要明确相应的保障与引进政策等。

大量技术移民的引进作用在很多数字城市的发展中得到验证。其中最为典型的案例是中国深圳，深圳通过引进技术移民在很大程度上实现了数字城市发展的根本性动力建构。从堪培拉的未来发展审视，有效的移民政策不仅在于提供具有竞争性的福利政策，而且在于吸引更多的信息技术专家等高端人才。其对于更多数字城市的发展启示在于：第一，要注重产业经济的发展对于数字经济乃至数字城市发展的支持性意义。第二，对于人才和教育的重视，应在数字城市的建设与发展中得到落实。

结合堪培拉数字城市的发展现实，建立健全必要的互联网安全机制，是堪培拉未来发展的趋势之一。有必要指出与强调的是，当前西方国家内部在互联网安全乃至经济安全议题中，对于意识形态的滥用并不可取。对于澳大利亚而言，堪培拉作为"澳大利亚网络安全之都"的地位主要体现在以下部门之间建构的战略联系：老牌跨国公司、国防部、国家安全机构、高等教育和研究机构、创新型中小企业。① 这表明，堪培拉在网络安全方面已经形

---

① "ICT and e-Gov", 2023 年 11 月 8 日, https://canberra.com.au/business/why-canberra/sector-profiles/ict-and-e-gov/.

成了相对全面的战略保障体系。

以澳大利亚国家安全的视角分析，澳大利亚是世界第五大网络强国，其网络安全研究能力达到世界一流水平。堪培拉有全国评级最高的数据中心、领先的量子计算和密码学公司。澳大利亚拥有一支高技能、经过安全审查的员工队伍，为国家安全机构服务。[①] 这说明堪培拉的数字城市发展，不仅涉及堪培拉自身的数字经济发展、城市的数字治理等进程，而且影响着包括数字安全乃至网络安全在内的国家安全治理进程。堪培拉的数字安全发展，与澳大利亚国家安全存在着明确的关联。

小型企业的数字化发展，可以为数字城市发展提供必要且持续性的助力。对堪培拉数字城市发展的趋势进行预测，可以把对小型企业的政府服务作为切入点，诠释数字时代小型企业的发展。澳大利亚小型企业咨询服务（ASBAS）的数字解决方案指出，澳大利亚政府为澳大利亚小型企业咨询服务（ASBAS）的数字解决方案提供资金。澳大利亚小型企业咨询服务（ASBAS）为小型企业提供低成本、高质量的数字解决方案。[②] 按照这一方案的设想，未来堪培拉数字城市的发展建设将继续坚持对于小型企业的支持。从数字城市的未来发展考虑，我们至少可以关注以下三个方面的内容：第一，政府要为数字时代、智能时代的小型企业发展提供必要的数字资源支持与相应的行业保障，比如提供"行业协会+数字经济"的发展模式；第二，数字城市的未来发展需要逐步完善对于小型企业的数字信息保护，尤其是保障企业的资金安全、信息技术安全等；第三，借助数字技术等，数字城市的未来发展要为小型企业的推广提供必要的支持（比如广告等）。

对于初创企业和创新人员，堪培拉市政府（同时涉及澳大利亚首都领地政府）的规划指出，澳大利亚首都领地政府资助的堪培拉创新网络

---

① "World-leading Government Digital Services", 2024 年 9 月 10 日, https://canberra.com.au/business/sector-profiles/ict-and-e-gov.

② "Programs & Support", 2023 年 11 月 2 日, https://canberra.com.au/business/set-up/find-financial-advice-support/programs-and-support/.

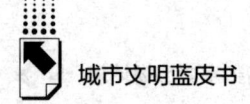

(CBRIN),能够使企业家通过提供项目、孵化服务、开办研讨会、开设基金和提供企业创新支持等方式扩大其影响力。① 这说明，堪培拉创新网络（CBRIN）已经在堪培拉数字城市的建设中发挥着相当重要的作用。

从堪培拉创新网络（CBRIN）发展角度解读堪培拉数字城市建设带来的启示，我们至少可以对以下三个方面给予充分重视：第一，参照堪培拉创新网络（CBRIN）的发展设想，数字城市的发展需要增加关于创新的政策投入与资金投入等。第二，类比堪培拉创新网络（CBRIN）的相关规划，数字城市的发展规划也应结合时代变迁进行改良与优化。第三，应考虑发挥堪培拉创新网络（CBRIN）引领作用，将数字城市的发展需要与创新建立联系并给予优化。

在未来堪培拉数字城市的发展中，数字基础设施建设的进一步完善，将得到更多的重视。国家计算机基础设施（NCI）是当前与未来堪培拉数字城市发展的关键发力点。以澳大利亚的国家超级计算机为例，相关介绍指出，这是南半球一体化程度最高的超级计算设施。它具有最先进的数据分析建模、计算能力。② 超级计算机的有效运用以及与超级计算机相关的产业链、供应链和价值链等，是塑造与支撑堪培拉数字城市、智能城市持续发展的关键所在。堪培拉数字城市的未来发展，将明确以超级计算机作为发展核心，进而形成相应的产业集群与发展优势。相关的工作设想为：第一，超级计算机的发展与堪培拉创新网络（CBRIN）进行必要的关联与结合，以实现堪培拉数字城市的跨越式发展。堪培拉创新网络（CBRIN）对于超级计算机的有效运用，既可以视为堪培拉数字城市发展中先进科技运用之典型，也可以视为堪培拉数字城市建设的优势。第二，与超级计算机相关的新型制造业、农业，将依靠堪培拉创新网络（CBRIN）得到充分发展。按照这一工作设想，堪培拉数字城市的发展，可以通过堪培拉创新网络（CBRIN）实现优势产业

---

① "Programs & Support"，2023年11月2日，https：//canberra.com.au/business/set-up/find-financial-advice-support/programs-and-support/.

② "ICT and e-Gov"，2023年11月8日，https：//canberra.com.au/business/why-canberra/sector-profiles/ict-and-e-gov/.

的整合与优化，进而形成较之澳大利亚其他地区的比较优势，并产生相应的规模收益。第三，与超级计算机相关的科研项目等，未来将可能被增加相关的投入。与之密切相关的是，这一投入不仅表现为增加资金，而且表现为出台更为有效的政策并完善现有的制度保障等。

未来堪培拉数字城市的发展趋势中，澳大利亚联邦政府层面的支持不可或缺。依托澳大利亚联邦政府的有力支持，堪培拉数字城市的发展将延续显著的政府色彩。堪培拉创新网络（CBRIN）的有效运行，可以充分诠释澳大利亚联邦政府在堪培拉数字城市建设中的有力作为。当前，堪培拉数字城市的发展与澳大利亚的国家安全构成必要的关联。这一关联的未来发展，可以从以下三个方面进行把握：第一，数字城市发展与国家安全之间将进行必要的整合，尤其是在网络安全领域，这一整合不仅意味着澳大利亚国家治理能力的强化，而且意味着澳大利亚维护国家安全的能力提升。第二，澳大利亚政府在国家网络安全领域的有效实践，将作为堪培拉数字城市发展的重要一环；较之数字城市发展对于经济发展、社会治理等领域的关注，数字城市发展对于国家网络安全能力的提升，是未来堪培拉数字城市发展中值得关注的内容。第三，堪培拉数字城市的建设，将逐步释放明显的发展效应，实现涉及高等教育、产业经济与城市治理的全面整合。

未来堪培拉数字城市的持续发展，将形成西方国家数字城市建设中的一种重要模式。这一模式的关键在于，以创新作为数字城市的发展源泉，实现对于数字经济发展与数字国家治理的统筹兼顾。同时，国家网络安全是研究堪培拉数字城市建设需要关注的内容。

五 结论

作为数字城市建设的典型，堪培拉的数字城市建设可以视为澳大利亚开启数字化时代、智能化时代的重要起点。在全球城市文明的发展中，发展数字城市、智慧城市已然成为一种明确的趋势。在南半球，堪培拉作为为数不多的高端数字城市，展现了澳大利亚城市文明的发展方向。其为全球范围内

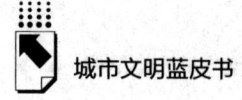

更多数字城市的发展提供了如下启示：第一，创新作为数字城市发展的灵魂，对于驱动数字城市的发展至关重要。堪培拉对于创新的注重与有效运用，值得很多城市借鉴。其中，数字城市的发展理念与设想，应充分融入创新要素，进而形成在创新引领下的数字城市发展态势。第二，创新及其相关的教育乃至服务业等产业，能够充分对接数字城市发展战略。在知识经济时代，创新的运用对于数字城市的产业体系发展具有相当重要的影响。第三，堪培拉对于创新的重视，可以被视为首都型数字城市发展的范本。在类似堪培拉的具有首都功能的数字城市发展中，创新的运用不仅涉及整合产业经济与首都职能的优势，而且关系到如何将这一优势逐步转化与升级为数字国家的发展优势。堪培拉数字城市的发展与澳大利亚数字国家发展之间已经构成必要的联系，并形成了可持续、具有良好前景的发展趋向。

参考文献

[1] "Smarter Data Program"，2023年11月5日，https：//www.ato.gov.au/about-ato/careers/specialist-careers/smarter-data-program.

[2] "World-leading Government Digital Services"，2024年9月10日，https：//canberra.com.au/business/sector-profiles/ict-and-e-gov.

[3] "Canberra is the Innovation and Education Capital of Australia"，2023年11月1日，https：//canberra.com.au/business/why-canberra/sector-profiles/education-and-research/.

[4] "ICT and e-Gov"，2023年11月8日，https：//canberra.com.au/business/why-canberra/sector-profiles/ict-and-e-gov/.

[5] "A Centre for Innovation"，2023年11月2日，https：//canberra.com.au/study/international-students/working-in-canberra/.

[6] "Pioneering Agricultural Science and Technology"，2023年11月6日，https：//canberra.com.au/business/why-canberra/sector-profiles/agri-technology/.

[7] "Programs & Support"，2023年11月2日，https：//canberra.com.au/business/set-up/find-financial-advice-support/programs-and-support/.

B.18
苏黎世数字城市赋能发展的经验启示

李永强*

摘　要： 数字城市是当前城市文明发展的重要趋势之一。在苏黎世的数字城市发展中，其对于教育的关注与重视，以及在交通、污水处理等智能城市管理系统建设方面，均有值得借鉴的经验。其他国家发展数字城市，可以借鉴苏黎世数字城市的发展经验，优化相应的发展路径。

关键词： 苏黎世　数字城市　智能城市管理

苏黎世是当前全球数字城市建设的典型代表，也是数字时代城市文明发展的"领跑者"。结合苏黎世数字城市发展的基本设想与现状，本文对苏黎世数字城市建设成效进行分析，解读苏黎世数字城市发展演变的路径，结合数字时代城市文明建设与发展的趋向，揭示其在全球数字城市发展中的经验。

一　苏黎世数字城市发展的历史溯源和产业基础

苏黎世发展数字城市的历史动因，主要源自苏黎世金融产业的发展对于数字金融乃至数字经济的"天然需求"。20世纪末以来，数字金融的发展，已经是全球金融产业发展的主流趋势。"金融立市"的苏黎世对于以数字经济、数字技术与数字治理赋能其城市发展，具有明确的需求。这些需求主要表现为：第一，有效维护苏黎世金融城市的地位，需要数字经济、数字技术

---

* 李永强，中国外文局当代中国与世界研究院助理研究员，主要研究方向为国际传播、公共外交。

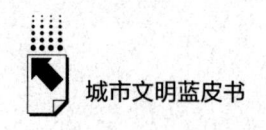

与数字治理的积极参与；第二，苏黎世要想提供更为优质的金融服务，就需要数字经济、数字技术与数字治理的赋能。

作为全球著名的金融中心之一，苏黎世具有将金融业与数字经济进行有效结合的坚实基础与客观需求。从发挥金融城市的功能角度分析，数字经济的有效赋能可充分发挥数字金融的产业集聚作用，明确对接苏黎世的传统金融产业集群。金融产业集群的基本功能定位为：第一，从瑞士到欧洲乃至全球，金融产业为其他产业经济发展提供支持；数字金融的有效作为，将积极提升金融产业的效能。第二，金融产业的数字赋能彰显瑞士金融产业的比较优势。第三，从欧洲经济乃至欧洲一体化的未来趋势角度分析，瑞士金融产业的发展可以发挥更为显著的凝聚力。金融企业集聚的苏黎世依靠数字金融，可优化其数字城市的发展。

按照《数字瑞士战略2023》的设想，瑞士将优先考虑打造数字产品造福公众。数字瑞士战略的落实与发展完善，主要体现在对于人的关注与重视。瑞士有针对性地利用数字化转型提供的机会，使每个人都能从数字城市的建设中受益。[①] 数字战略的实施，促使数字人才的价值得到有效实现，是瑞士数字战略发展的重要起点。

重视高等教育、广泛吸纳人才，成为苏黎世数字城市发展的核心动力。苏黎世发达的高等教育，为苏黎世数字城市的发展提供了人才支持。以著名的苏黎世联邦理工学院为例，该校的计算机科学与技术等相关专业在学界享有盛誉，优质的高等教育资源为苏黎世数字城市的发展奠定了基础。同时，苏黎世还吸引了全球范围内的大量人才，成为保障与支持其发展数字城市、智慧城市的重要动力。

综上所述，苏黎世现有的产业结构以金融产业、高等教育产业等为核心，在数字时代推动了苏黎世数字城市的发展。苏黎世数字城市的发展经验表明，产业经济的需求与人文精神的延续交织，是苏黎世数字城市得以发展的关键因素。

---

① *Digital Switzerland Strategy 2023*, Swiss Confederation, January 2023, p.1.

二 苏黎世数字城市的战略规划与发展现状

苏黎世数字城市的发展，依托于数字技术、数字经济等在国家治理、地方治理中的有效运用与融入。要理解和阐释苏黎世数字城市发展，不仅需要结合苏黎世城市发展的现实，而且需要充分重视瑞士在国家层面关于数字战略的相关规划。

苏黎世数字城市发展的成就，与瑞士政府的数字战略规划密切相关。2022年，瑞士联邦委员会和各州政府成立了瑞士数字公共服务公司。从2022年1月1日起，瑞士电子政务的运营活动全部移交给瑞士数字公共服务公司。[1] 通过该公司，瑞士各地加强了在数字治理，尤其是电子政务方面的能力建设。电子政务的能力得到加强，也为瑞士开展数字治理打好了基础。对于苏黎世数字城市的发展，这一基础的存续与夯实发挥了重要的作用。瑞士数字公共服务公司利用瑞士政府现有的人力资源和财政资源，加快了对电子政府建设的进度，[2] 从而建成政府数字公共服务体系。

在2022年的《瑞士电子政务战略》中，联邦、各州和市镇明确了各自的数字化目标和领域，积极指导行政部门的数字化转型。该战略包括以下目标：①扩大数字互动和数字参与；②为与政府的电子政务互动提供国家基本服务；③为数字化转型制定具有约束力的、全国适用的法规；④推广公共行政数字化理念。[3] 瑞士政府为电子政府的建设确立了战略实施规划。苏黎世从数字赋能城市治理着手，充分加强了数字治理的效能。

《数字瑞士战略2023》进一步为瑞士的数字转型制定了指导方针。瑞士数字战略的目标是让全体公民从可持续和负责任的数字化转型中受益。这是

---

[1] "Landingpage Egovernment"，2023年11月3日，https：//www.digital-public-services-switzerland.ch/en/media/landingpage-egovernment.

[2] "Landingpage Egovernment"，2023年11月3日，https：//www.digital-public-services-switzerland.ch/en/media/landingpage-egovernment.

[3] "eGovernment Implementation Plan"，2023年11月4日，https：//www.digital-public-services-switzerland.ch/en/implementation/egovernment-implementation-plan.

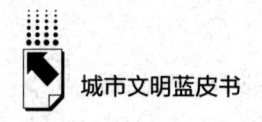

由联邦各级政府、商界以及学术界人士共同推动的。该战略为联邦数字化战略、瑞士电子政务战略等提供了一个总体性战略框架。助力瑞士实现其气候和环境治理目标以及联合国2030年可持续发展目标。① 《数字瑞士战略2023》不仅涉及瑞士国家治理的诸多内容（诸如经济发展、电子政务等），而且涉及数字赋能助力可持续发展的内容。在瑞士数字战略的相关设想中，瑞士要充分依靠其在数字相关领域的优势，打造与强化数字强国地位。

《数字瑞士战略2023》主要围绕以下五个领域展开。在教育与技能领域，公共事务部门、公众和企业有必要充分利用新技术，也要对新技术质疑。对新技术的关注乃至质疑，可以视为瑞士政府在数字经济发展中，依托教育与技术发展推进数字城市建设的标志。在安全与信任领域，瑞士人可以在数字环境中安全地自由流动，其隐私受到保护。瑞士政府对于数字经济、数字城市发展的有效保障，能够为数字城市提供必要的国家安全支持。在机制领域，企业和社会可以依赖可靠、有利的数字环境机制。数字环境机制的建设与完善，能够确保企业与社会在瑞士数字城市建设中发挥积极作用。在基础设施领域，公共事务部门运营可靠且有弹性的基础设施和数字基础设施。基础设施建设的落实与优化，为瑞士数字城市建设提供必要的发展支撑，同时能够助力数字城市的建设。在数字公共服务领域，公共事务部门应明确提供数字服务的标准，从而促进瑞士数字城市建设的规范发展。②

以上五个领域的规划，为苏黎世数字城市建设的落实与完善提供了执行导向。第一，苏黎世在数字城市的发展中有效发挥了提供教育与技术资源的积极作用。这符合通常意义下数字城市发展的脉络。以教育与技术为依托，苏黎世数字城市建设展现出积极的发展态势。对比全球范围内其他数字城市的发展，诸如伦敦、纽约、奥斯陆等，苏黎世对教育与技术的重视更为明显。

第二，苏黎世数字城市建设将数据流动与人的流动相结合，兼顾人的安

---

① *Digital Switzerland Strategy 2023*, Swiss Confederation, January 2023, p.1.
② *Digital Switzerland Strategy 2023*, Swiss Confederation, January 2023, pp.1-2.

全与数据的安全。与之形成对比的是，由于数据安全保障机制的缺失或不足，全球范围内很多数字城市的发展遭遇困境，出现迟滞。

第三，与苏黎世数字城市发展相关的机制建设，是其数字城市发展的保障。数字城市建设的政府机制等，在苏黎世的数字城市管理、数字治理和数字经济发展等方面发挥了重要的支持性作用。

第四，苏黎世数字城市基础设施建设，不仅涉及与数字治理、数字经济相关的信息基础设施建设、生产基础设施建设，也涉及与居住环境相关的生活基础设施建设。良好的生活基础设施，对于苏黎世数字城市发展的助力不可或缺。

第五，与苏黎世数字城市建设相关的公共服务，成为数字城市发展的标准配置。在苏黎世数字城市发展中，数字公共服务主要体现为城市民生领域公共服务（从人口到住房、从社会保险到社会福利等）的优化与提升。

同时，关于苏黎世数字城市建设，还可以进一步结合《数字瑞士战略2023》中关于政府的职责内容。《数字瑞士战略2023》提出，在联邦政府的职权范围内，以联邦委员会的授权和实施新措施为重点。涉及数字瑞士咨询委员会会议的主题，由联邦委员会成员主持的专家会议进行深入讨论。联邦委员会每年会确定重点主题。要求政府相关部门牵头负责实施。[1] 瑞士政府对数字城市的规划，可以有效指导苏黎世的数字城市建设。

此外，《数字瑞士战略2023》提出了瑞士数字治理发展的三个重点主题，可以进一步为理解苏黎世数字城市的成功经验提供必要依据。

第一个主题是医疗保健领域的数字化。其负责部门为联邦公共卫生办公室，并与联邦统计局密切合作。主要措施为加强医疗机构和专业人员的联系，重点是数据的多重使用。为改进基于透明数据的可操作医疗保健系统，同时实施具体措施和项目，瑞士将制定一项促进医疗保健部门数字化转型的计划。[2] 按照这一计划，瑞士数字医疗发展的主要设想为：①加强政府部门

---

[1] *Digital Switzerland Strategy 2023*, Swiss Confederation, January 2023, p. 2.
[2] *Digital Switzerland Strategy 2023*, Swiss Confederation, January 2023, p. 2.

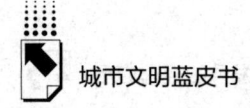

的整体统筹（涉及卫生与统计部门，事关医疗数据的有效运用）；②实现医疗数据的多部门使用，如不同医院和医疗机构的数据共享等；③优化医疗保健系统的有效操作，如提升医务人员和医务辅助人员的数字技能，包括熟练运用手术机器人等。医疗卫生领域的数字赋能，不仅涉及数字医疗的集成化运用，而且能有效提升医疗效率。苏黎世健康领域的数字服务落实，为公众健康提供了有效支持。2023年8月，苏黎世在公众健康规划中提出运用与推广应用程序"LiveWell"。根据苏黎世既有的数字健康相关规划，"LiveWell"旨在帮助客户养成健康的生活习惯。它汇集了值得信赖的医疗资源，以支持和激励人们保持健康。它不仅是一款健康应用程序，还提供目标设定、日常冥想、活动跟踪和健康检查等功能。① 这一应用程序助力苏黎世数字城市建设，推动数字医疗的发展与完善。苏黎世的数字化医疗发展成为更多城市发展数字医疗的榜样。

第二个主题是数字化的立法便利化。这一方面由联邦司法办公室负责，明确法律的设计方式是鼓励而不是抑制数字化。联邦各级政府在可行的情况下以数字化方式开展业务。如有必要，还应提供非数字解决方案。② 立法工作的推进，尤其是数字司法的实现与完善，不仅能够为苏黎世城市数字治理提供司法支持和司法保障，而且满足了苏黎世数字公共服务的发展需求。截至2024年，瑞士的数字司法建设已取得显著成效。联邦最高法院的数字化工作进展顺利。每年有7000多起法庭诉讼相关文件通过数字化方式进行管理。③ 数字司法的确立，成为瑞士司法治理的典型，加强了苏黎世的数字城市治理能力。

第三个主题是数字主权的确立与发展。该领域由联邦外交部国际法司负责。瑞士政府认为在数字世界中可以减少对于政治、法律、经济和个人的依

---

① *Working Together to Protect Health with Zurich Evolve*，Zurich Australia Limited ABN，August 2023，p. 4.
② *Digital Switzerland Strategy 2023*，Swiss Confederation，January 2023，p. 2.
③ *The Swiss Confederation A Brief Guide*，Federal Chancellery，2024，p. 75.

苏黎世数字城市赋能发展的经验启示

赖，这与瑞士对外开放和网络化建设的优势相关。[①] 数字主权在当今国际社会中是一个相对新颖的概念，是国家在数字空间的最高统治权。瑞士对于数字主权的尝试与实践，代表了全球化与智能化实现交互式发展的趋向。欧洲尤其是"申根国家"的出入境管理等的便利化进程，可以视为数字主权实践的典范。随着数字时代、智能时代的发展，数字主权所代表的时代性意义将更为丰富。

苏黎世对全球对冲基金的运用，是数字金融与数字主权之间的有效互动。苏黎世借助数字主权的支持，为数字金融提供必要的政策便利与政策保障。苏黎世在数字金融领域的相关优势，不仅是对传统金融业优势与数字金融发展的叠加运用，而且意在强化苏黎世数字城市的发展优势。

苏黎世数字城市的发展依托以金融产业为核心的产业经济体系、城市管理等，借助以信息科学技术为基础的数字经济，为城市发展赋能。其关键在于为苏黎世城市的整体发展而非仅对具体产业提供必要的数字赋能。全面充分理解苏黎世的数字城市建设成就，可以从以下五个方面进行解读、分析。

第一，交通出行的数字赋能。苏黎世拥有智能交通管理系统，这一系统能够对全市的交通开展高效管理。智能交通系统的运行，主要涉及对苏黎世交通情况的整体数字化管理。苏黎世拥有发达的公共交通系统，包括有轨电车、公共汽车和地铁。始于19世纪末的苏黎世轨道交通，可以实现24小时运行；同时，智能交通管理系统能够有效提升苏黎世的交通效率。市区有超过4500个摄像头，对苏黎世的交通情况开展实时监控。一旦进入城市的汽车超过规定数量，便禁止更多的汽车进入市区。

第二，污水处理系统的数字赋能。苏黎世智能污水管线网络遍布全城，不仅能够实现对于污水（生活污水、生产污水等）的有效监控，而且对污水的管理与处置等也有智能化举措。智能污水处理系统不仅能够保障污水的有效处理，而且有助于苏黎世的生态环境保护。

第三，城市安全系统的数字赋能。这不仅体现在公共安全（如警务等），

[①] Digital Switzerland Strategy 2023, Swiss Confederation, January 2023, p. 2.

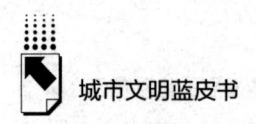

而且涉及公众的个人信息安全（信息安全与财产安全、经济安全等存在密切关系）。苏黎世的数字安全保障，兼顾公共安全与个人信息安全等。苏黎世重视数据保护和网络风险防范，首要任务是保护个人的数据安全，维护个人数据的保密性和完整性，凭借强大的基础设施、流程、数据加密和访问控制保护个人数据安全。① 良好的数字安全环境为苏黎世数字城市发展提供了安全保障。

第四，高等教育的数字赋能。作为西方国家教育高度发展的典型，瑞士高等教育是苏黎世数字城市发展的坚实基础。作为金融城市的苏黎世，对于全球人才具有显著的吸引力。根据苏黎世高等教育发展的实际情况分析，苏黎世已经实现对于高端人才的充分吸引。人才的持续引进，在一定程度上成为苏黎世数字城市发展的关键。

第五，数字旅游的赋能。苏黎世数字旅游不仅涉及旅游产业，还涉及交通运输业、酒店服务业等相关行业的联动，它们共同推动了苏黎世数字城市的整体性升级，提升了苏黎世数字城市的全球形象与国际声誉。数字旅游是苏黎世数字城市发展的新潮流。如苏黎世的数字艺术节，涉及数字艺术的展览、表演、视频展示、音乐会等，吸引了大量游客，是苏黎世数字城市与数字旅游交织发展的典型。

苏黎世作为全球宜居城市，离不开数字赋能的城市管理。对于宜居城市的考察，不仅需要关注其城市发展的整体进程（从城市规划到城市的软环境建设等），而且需要重视宜居城市对既有吸引力的保持。从21世纪以来宜居城市整体发展态势来看，并非所有的宜居城市都能够保持吸引力。但苏黎世能够有效保持其既有的优势，与其数字城市乃至智慧城市发展密切相关。

瑞士洛桑国际管理发展学院（IMD）于2023年4月公布的全球智慧城市排名显示，在2020年、2021年和2023年的排名中，苏黎世均居第1位。

---

① "How We Keep Your Data Safe"，2023年11月3日，https：//www.zurich.com.au/latest-news/keeping-your-data-safe.html。

全球智慧城市前15位的城市中欧洲城市占多数。除堪培拉、新加坡、北京和阿布扎比外，其余11座城市都在欧洲；在欧洲，除布拉格外，智慧城市多集中在西欧和北欧。也许有观点认为这一排名可能缺乏合理性，且瑞士洛桑国际管理发展学院在报告中也明确指出，2023年全球智慧城市的排名不应与之前全球智慧城市排名进行比较，因为它们是用不同方法得出的。① 但根据这一排名至少可以了解到，苏黎世在智慧城市建设上成效显著，这一排名客观上也有助于了解其智慧城市的发展。

全球智慧城市排名设置了15项指标：经济适用房、道路拥堵、失业、空气污染、安全、绿地、就业、公共交通、垃圾回收、卫生服务、社会流动性、基础设施、学校教育、腐败和公民参与。② 从这些指标中，可以了解智慧城市排名评比的基本情况。结合以上标准，大致可以明确的是，苏黎世智慧城市（数字城市）发展成效显著，为其他数字城市的未来发展提供了导向。

苏黎世数字城市发展的成功经验在于：瑞士在国家层面的数字战略与苏黎世数字城市建设充分结合；数字城市发展理念与苏黎世城市发展需求有效结合；数字发展的赋能（包括数字经济、数字治理、数字保障等）与苏黎世城市的有效治理密切结合。这三个"结合"为更多城市实现数字城市的建设与发展提供了重要参考。

一是数字城市的建设不能仅仅局限于数字经济，或者单纯地重视数字经济，而是需要拓展到数字治理、数字保障等诸多领域，形成数字城市发展体系。苏黎世在数字城市建设中，不仅对接国家层面的数字战略，而且逐渐形成有效的数字城市发展体系，实现从数字经济、数字治理、数字保障等全方位、多领域的数字城市发展模式，引领其他数字城市的发展。建立健全数字城市发展体系是建设数字城市的前提。

二是数字城市建设需要契合自身的发展需求。苏黎世数字城市注重产业

---

① *IMD Smart City Index 2023*, IMD/World Competitiveness Center, 2023, p.7.
② *IMD Smart City Index 2023*, IMD/World Competitiveness Center, 2023, p.31.

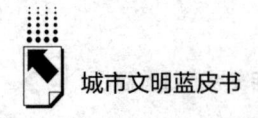

经济与城市建设齐头并进，将产业经济领域的优势行业——金融产业与数字城市建设结合，这不仅提升了金融产业的竞争力，也增强了数字城市建设的可持续性。

三是数字城市的发展规划中，苏黎世将数字生活服务与宜居城市的属性进行关联，有效提升了数字城市的发展质量，保障了数字城市发展的持续性、可靠性。

三 苏黎世数字城市发展的困境与未来趋势

当前，苏黎世数字城市发展虽然已经取得了显著成效，但仍然存在一些困境。比如相对高昂的房租成本和相对较小的城市规模等。现有的困境对于苏黎世数字城市发展的制约相对可控，但如果任由这些因素存续，很可能会造成苏黎世数字城市的发展迟缓，甚至未来发展陷于停滞。

第一，苏黎世城市规划制约了城市规模的扩大，从而造成数字城市发展的动力不足。苏黎世从保护城市历史风貌的角度考虑，没有建设较多高层建筑，造成城市住房资源紧张。从苏黎世城市发展的实际情况来看，市中心100平方米的住宅售价约1000万元人民币，一居室每月租金约2000美元、两居室每月租金约4000美元，苏黎世房地产市场价格处于高位，土地与房租成本高昂。这一方面制约了在苏黎世投资的高新企业的发展，另一方面也不利于对人才的吸引，限制了数字城市发展的活力。

第二，从近年来欧洲国际形势分析，欧洲现有的资金流正在与美国进行紧密的战略性捆绑。由于美国经济持续疲软，欧洲经济难以有实质性的改善，从而给瑞士吸引更多资金带来不确定性。更为重要的是，瑞士政府难以坚持相对独立的战略主张并有效维护其永久中立国地位。2022年以来，瑞士积极参与针对俄罗斯的制裁，尤其是金融制裁、经济制裁等，从而使其永久中立国地位遭到质疑。这可能造成大量客户流失，资金来源不足，难以保障其金融产业的持续发展。

第三，苏黎世缺乏对现有数字发展规划的及时优化，从而影响其对标当前与未来数字城市发展的需求。苏黎世现有的数字城市规划尽管具有合理性与有效性，但如何更有效地实现城市发展规划并使之适应数字时代、智能时代的发展需求，仍然需要科学合理的规划与政策统筹。尽管瑞士联邦政府在数字经济、数字治理方面已经确立了跨部门的协调机制，但面对欧洲国际形势与经济发展的不确定性与不可知性，苏黎世政府缺乏必要且有效的应对措施；在解决具体问题时，相应的协调机制仍然需要更多的时间与实践进行磨合。

值得注意的是，苏黎世正在积极创新数字医疗、数字健康等相关领域的服务。在苏黎世2024年度的财政规划中，对于数字健康、心理健康等问题，政府将在8年内拨款8.881亿美元推动心理健康一揽子计划，建立免费、低强度的数字服务，引领心理健康的数字化转型，形成数字医疗健康服务。这将帮助人们更好地获得所需的护理，并有针对性地缓解轻度心理健康问题人群的压力，保障公众获得更多的健康服务。从2026年1月1日起，苏黎世市民将在不需要转诊的情况下获得这项服务，并得到及时、高质量的心理健康服务。该计划一旦实施，预计每年将有15万人得到帮助。①

《数字瑞士战略2023》将瑞士数字战略与苏黎世自身发展有机结合，为苏黎世数字城市指明了未来发展方向，也为更多的数字城市发展提供了借鉴。《数字瑞士战略2023》规定了瑞士政府部门的"职责与执行"：联邦总理府数字转型和信息通信技术指导司（DTI）负责数字瑞士战略的持续发展、协调、沟通和监测。它每年向联邦委员会报告该战略的进展情况，并与各部门密切合作，对重点主题提出建议、制定规划。数字转型和信息通信技术指导司牵头推动各机构负责执行各项措施，并定期向贸易和工业司提交进度报告。② 数字转型和信息通信技术指导司推动数字战略实施，不仅需要向瑞士联邦委员会负责，也需要贸易和工业司的协调。为促使苏黎世数字城市建设持续推进，瑞士正在建立健全与逐步加强政府职能部门的联动，强化相应的职能。

---

① *2024-25 Federal Budget at a Glance*, Zurich Australia Limited, May 2024, p. 2.
② *Digital Switzerland Strategy 2023*, Swiss Confederation, January 2023, p. 2.

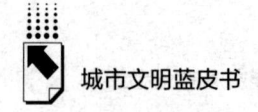

对于苏黎世数字城市的未来发展趋势，可以从以下三个方面理解：第一，实施数字城市管理。从数字政府治理到电子政务，从数字经济、数字医疗到数字教育、数字社会保障等，可以通过政府的引导与支持实现城市管理的数字化转型。数字城市建设的标准与规范应适度增加、优化，以适应苏黎世未来的城市发展。着力推动高等院校、研究机构参与数字城市的改革，如支持苏黎世的高校增设更多研究机构，实现产学研结合。

第二，进一步强化政府部门的内构性协调。这一协调不仅涉及上下级政府的协调，而且涉及同级别部门的协调等，尤其是应改善不同政府部门之间联络与协调不畅的局面，从而健全优化事关数字城市建设的政府机构协调工作体系。评价数字时代苏黎世城市的发展进程，数字城市相关指标可能需要进一步提升，尤其应对标当前数字时代或数字文明的发展进程与趋向。比如，苏黎世涉及交通运输、医疗卫生、警务安全、污水处理与垃圾回收等相关数字治理的政府部门需要落实必要的职能整合，并形成统一的电子政务系统。医疗卫生领域的数字赋能，不仅涉及将医生、患者的相关情况在苏黎世不同医院间共享，而且未来还可以考虑与周边欧盟国家实现数字远程医疗合作。

第三，进行数字治理的整体性统筹。这一统筹的核心在于将城市管理、城市发展、城市保障等相关职能进行必要的整合，同时明确强化相应的支持性举措。随着数字治理的发展与优化，与苏黎世数字城市发展密切相关的城市治理也将呈现出一定程度的文明化趋向，这对于引领更多数字城市的发展尤为重要。比如，针对与供应链相关的网络安全问题，2024年9月，瑞士国家网络安全中心（NCSC）与Planzer Transport AG公司共同启动了一项试点项目，使瑞士的政府、公司和组织能够在供应链中获得网络安全保障。①

通常意义上的数字城市多涉及数字赋能整个城市的发展，其中核心内容

---

① "Cyber Security in the Supply Chain"，NCSC Communication，2024年9月6日，https://www.admin.ch/gov/en/start/documentation/media-releases.msg-id-102178.html。

与数字经济、数字治理、数字保障等有关，这对于未来数字城市的发展是不可或缺的。对于其他数字城市的发展而言，瑞士联邦政府与地方政府在数字经济、数字治理、数字保障等总体目标上一致，从而形成积极有效的发展模式，推动了苏黎世数字城市发展的进程。《数字瑞士战略2023》的提出与落实，为苏黎世数字城市发展提供了指引。比如，关于苏黎世科技企业数字化管理的发展优化等，不仅为科技企业提供了电子政务等相关优质服务，而且吸引了更多高新技术企业到苏黎世发展。国家层面对于数字城市建设的战略性支持以及地方政府对数字战略规划的积极实践，为更多数字城市的发展提供了借鉴。

四 结语

苏黎世数字城市的发展已经取得了显著成效，这些成效不仅说明苏黎世数字城市发展的既有模式应当得到明确的肯定，而且说明苏黎世数字城市的发展优势已经得到相当充分的验证。苏黎世数字城市的发展，代表着当前全球数字城市的发展趋势。首先，重视教育是数字城市发展的基础；其次，智能化的城市管理系统（智能交通系统、智能污水处理系统等），是数字城市发展的重要标志；最后，以人为本的人文精神，是苏黎世数字城市发展的核心价值。苏黎世数字城市是全球数字城市发展的标杆，也代表着全球数字城市发展的重要模式。从当前全球范围内城市文明发展的态势与趋向分析，苏黎世数字城市的发展经验可以为更多数字城市的发展提供参考。

B.19
世界视域下粤港澳大湾区建设的基本范式与路径
——基于世界三大湾区的历史考察*

谢春红**

摘　要： 世界三大湾区的发展历程是全球化、市场化、工业化、信息化与城市现代化相互交织、相互影响、相互推进的复杂进程。虽然世界三大湾区形成时的全球环境和发展路径是不同的，但其成功的关键因素及其生成逻辑可为人们勾勒出未来湾区发展的理想范式或路径。借鉴世界三大湾区建设的成功经验和启示，可使粤港澳大湾区成为"金融+产业+科技"经济发达湾区、"国家+府际+智库"共建善治湾区、"教育+科技+人才"科技创新湾区、"开放+包容+合作"多元一体湾区。如此，一个国际一流的世界级城市群——粤港澳大湾区将闪耀于全球。

关键词： 百年未有之大变局　粤港澳大湾区　世界三大湾区

　　纽约湾区、旧金山湾区、东京湾区是世界公认的三大知名湾区。世界三大湾区的发展历程表明，这是一个国家（地区）的城市（城市群）在全球化与自由贸易背景下推进现代化的发展进程，是一个全球化、市场化、工业化、信息化与城市现代化紧密地交织在一起并相互影响、相互推进的叠加进

---

* 本文系 2022 年国家社科基金后期资助一般项目"铸牢中华民族共同体意识下粤港澳大湾区历史与文化概论"（项目编号：22FKSB047）阶段性成果。
** 谢春红，博士，深圳信息职业技术学院创新创业学院教授，主要研究方向为湾区发展、青年创新创业等。

程。这一进程表明，每一个湾区形成时的全球环境和发展路径是不同的，影响其成功的因素也是复杂多面的，世界三大湾区无论过去还是现在都显示出其发展的动因、路径、经验、模式等的特殊性。

然而，任何事物无论怎样特殊，它总是在特殊性中包含普遍性，人们总能在分析和研究中提取出一些对今天的粤港澳大湾区建设有参考和借鉴意义的关键要素，形成一些普遍共识。而这些关键要素和普遍共识及其生成逻辑可为人们勾勒出未来湾区发展的理想范式或路径。如果说当前的中国以及粤港澳大湾区在较长时期内依然处于经济全球化的基本结构中，处在实现现代化发展目标的追寻中，那么，这种理想范式就可成为粤港澳大湾区迈向国际一流湾区和世界级城市群的一种现实参照，可为粤港澳大湾区建设提供可行路径。诚然，构成这种理想范式的关键要素与普遍共识是多维的，但总也离不开"经济是基础、政治是保障、科技是第一生产力、文化是持久动力"的基本思维和构建范式。

一　经济维度：构建"金融+产业+科技"经济发达湾区

在面对百年未有之大变局的情况下，全球经济版图正发生深刻变革，世界经济复苏的乏力、逆全球化思潮的抬头给全球贸易和世界经济的发展带来新的挑战，也为构建新的国际政治经济秩序提供新契机，更为中国塑造新的政治经济发展格局提供新机遇。环顾当今世界，经济活力最强、发展最快的区域多集中于港湾遍布、水路相连的沿海地区，湾区经济作为重要的滨海经济形态，是当今国际经济版图的突出亮点。[①] 粤港澳大湾区是中国开放程度最高、经济活力最强的区域之一，承担着不断增强中国经济创新力和竞争力、打造中国经济发展重要引擎、深度融入世界经济体系、建立与国际接轨的开放型经济新体制等战略任务。从经济发展的维度来看，借鉴世界三大湾区的成功经验，粤港澳大湾区在迈向国际一流湾区和世界级城市群的进程中，

---

① 《全球四大湾区特色鲜明各放异彩》，《中国城乡金融报》2021年8月20日，第A07版。

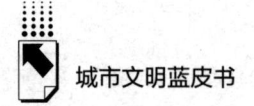

需要抓住历史机遇，成为以"金融+产业+科技"为支撑的经济发达、人民富裕的湾区。

综观世界三大湾区，虽然纽约湾区以金融著称，旧金山湾区以科技引领，东京湾区以产业闻名，但深究起来，它们均具有强大的产业集聚能力和交通枢纽功能，服务业、金融业高度发达，科技创新能力强劲，可谓是"金融+产业+科技"三个支点相互支撑、相互推进、联动发展的综合型湾区。

比如，纽约湾区最早是北美洲印第安人的聚居地，从1686年纽约建市起，迄今有着300多年的发展历史。从印第安人聚居地到纽约市建立，从港口城市到美国大城市，从国家金融中心到世界金融中心，纽约湾区的经济发展格局是随着工业化、现代化的推进，经历了多次的产业转型升级而逐步形成的。19世纪初，依托港口贸易纽约本土制造业开始兴起，到了19世纪60年代，其产值攀升至全美第一，成为国内制造中心；第二次世界大战后，战时工厂关闭，劳动力逐渐由从事制造业转向从事服务业；1975年至1976年财政危机后，美国第三产业迅速崛起，个人服务业（餐饮业等）、生产服务业、社会服务业持续发展，至20世纪90年代纽约经济结构由制造业经济转型为服务业经济；同时，信息技术革命和跨国公司的增多推动国际资本进一步向纽约等国际城市集聚，形成以华尔街为中心的金融贸易集群，使纽约湾区成为美国经济核心地带，成为美国最大商业贸易中心和国际金融中心；[①]20世纪末以来，得益于纽约湾区内的金融力量，科技与教育产业也在纽约湾区兴旺起来；21世纪以来，知识经济主导下创意产业和科技创新产业迅猛发展，近年形成了数百家创新企业聚集的"硅巷"。如今的纽约湾区汇聚了谷歌、Facebook、微软等科技创新企业的研发机构和业务中心，致力于研发新一代互联网信息技术、人工智能等新兴产业，推动产业数字化转型升级，进而实现科技创新与其他产业的深度融合。

[①] 谢瑜宇：《借鉴世界三大湾区发展经验 把杭州湾经济区打造成一流湾区》，《宁波论坛》（三江论坛）2017年第12期，第16~19页。

世界视域下粤港澳大湾区建设的基本范式与路径

又如，旧金山湾区在16世纪时属西班牙的上加利福尼亚省，1776年统治墨西哥的西班牙殖民者在海湾入口处建造了一个军事基地，即旧金山要塞。起初，加州显得荒凉与冷清，直到1848年一名木匠在加州东北部的萨克拉门托山谷发现黄金后，这种状况才被改变。伴随成千上万的淘金者的到来，旧金山湾区的历史因黄金而改变。从荒凉之地到淘金热土，从商贸重镇到科创中心，旧金山湾区用了170多年的时间实现了经济的跨越式发展。19世纪中叶，金矿被发现后，成群的冒险家、梦想家以及各国劳工纷至沓来，在淘金致富的狂热下，采金业、冶炼业、港口运输业、服务业等重工业、轻工业同时发展起来，得益于港口贸易、制造业的兴盛以及金融业的发展，旧金山迅速成长为美国西部的大型城市；19世纪后期开始，旧金山海上贸易发展迅猛，商业贸易的发展促使金融服务行业分工更加细致，其金融中心地位加强，旧金山率先实现产业转型，成为西部商业贸易和金融中心；[1] 20世纪中期，硅谷的崛起，引领新一轮科技革命，从20世纪60年代半导体产业到20世纪70年代的微处理器，到80年代的软件再到90年代以后的互联网，旧金山迎来了经济繁荣，成为美国西海岸最富裕和最具活力的地区；21世纪以来，随着科技产业的不断发展，旧金山保持了强大的科研实力和旺盛的经济活力。如今的旧金山湾区已经发展成为世界范围内最重要的高新技术研发中心之一，对全球的经济发展有着广泛而深远的影响。

再如，东京湾区起初是个小渔村，东京旧称江户，17世纪的江户依托易于通商的江户湾，成为日本重要的经济中心和人口聚集地。1868年，明治天皇掌权，开始明治维新改革，将江户更名为东京，东京成为日本近代工业发展最快的地区。此后，随着日本效法西方，日本逐步成为世界强国，东京湾区渐被世人熟知。从小渔村到江户港再到日本首都所在地，从东京到东京都再到东京都市圈，东京湾区的发展经历了从"世界最大工业带"到知识型湾区的转型。19世纪明治维新后，东京成为日本政治和经济中心；19

---

[1] 《旧金山湾区发展启示：从淘金胜地到科技硅谷的涅槃之路》，搜狐网，https://www.sohu.com/a/160268502_758508。

325

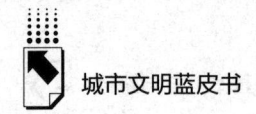

世纪80年代，日本开启了以纺织工业为中心的工业革命，进入20世纪后，日本近代工业的主要部门都已经建立起来了；第二次世界大战给日本和东京湾区的工业和民生造成了巨大的打击，为尽快走出战争阴霾，日本制定了一系列政策措施来稳定经济、恢复生产，其中最重要的是以"倾斜生产方式"为核心的产业复兴政策；第二次世界大战后的日本经济飞速成长，形成"京滨工业地带""京叶工业地带"，成为世界上最大的工业地带；1967年日本一跃成为世界第二大经济强国；21世纪以来，随着"科技创新立国"战略的实施，日本构建起以大学为中心的产学研与科技转移体系，筑波科学城已成为具有复合功能的科技新城、产业新城。如今的东京湾区明显加快了产业发展高端化、未来化的脚步，"东京—横滨"科技集群创新指数居全球首位。①

借鉴世界一流湾区发展的成功经验，结合中国的经济发展战略，抓住国际经济格局调整带来的机遇，粤港澳大湾区要持续推动"金融+产业+科技"三者深度融合、互为支撑的良性循环，坚持科技引领，顺应产业升级，强化金融支撑，构建富有竞争力的现代化产业体系，塑造经济发展新动能。在科技发展领域，粤港澳大湾区正以建设国际科技创新中心和综合性国家科学中心为牵引，积极构建"基础研究+技术攻关+成果转化+科技金融+人才支撑"全过程创新生态链，② 2024年广东区域创新综合能力连续八年位居全国第一，③ "深圳—香港—广州科技集群"创新指数连续五年位居全球第二，④ 研发人员、高新技术企业、PCT国际专利申请量等居全国首位。在金融发展方面，粤港澳大湾区正充分利用区域经贸联系紧密的有利条件，进行一系

---

① 《全球创新指数：中国成科技集群数量最多的国家》，中国日报网百家号，https://baijiahao.baidu.com/s?id=1777924275059873971&wfr=spider&for=pc。
② 《超常规布局助力深圳提升创新能级》，深圳政府在线，https://www.sz.gov.cn/cn/xxgk/zfxxgj/zwdt/content/post_8150357.html。
③ 《连续八年"霸榜"，广东为什么能？》，广东科技发布，https://baijiahao.baidu.com/s?id=1814795028489848673&wfr=spider&for=pc。
④ 《"深圳—香港—广州"科技集群连续五年位居全球第二》，新华网，https://baijiahao.baidu.com/s?id=1808540795311219977&wfr=spider&for=pc。

列的金融开放合作，2020年中国人民银行、中国银保监会、中国证监会、国家外汇管理局共同出台金融支持粤港澳大湾区建设的"30条意见";①2022年粤港澳三地银行总资产合计达到8.3万亿美元，银行存款总额高达4.3万亿美元，已超过纽约湾区和旧金山湾区；保险保费收入1634亿美元，相当于全国总保费的四分之一，粤港澳大湾区金融业总体规模已达到世界级水平。② 在产业发展领域，粤港澳大湾区正在积极推动战略性新兴产业和未来产业的研究及发展，目前广东已形成8个超万亿元级、3个五千亿元至万亿元级、7个一千亿元至五千亿元级、2个百亿元级的"8372"战略性产业集群发展格局，其中大多数分布在大湾区;③ 广东将继续推动20个战略性产业集群发展，重点发展未来电子信息、未来智能装备、未来生命健康、未来材料、未来绿色低碳五大未来产业集群与21个突破点，打造未来产业发展矩阵。④

诚然，当前粤港澳大湾区"金融+产业+科技"的良性循环正在逐步形成，金融要素、产业需求和科技资源的有效对接正在努力实现。然而，金融、产业、科技的融合互动是一个动态渐进的系统性工程，无论是服务科技创新和产业现代化的科技金融生态体系，还是支撑金融数字化与产业现代化的金融科技生态体系，都还存在一些现实问题和挑战。面向未来，粤港澳大湾区建设应紧密跟踪和适应国家发展战略的新需求，以高质量发展为目标，辩证分析"金融+产业+科技"融合发展与高质量发展之间的关系，通过采取加大金融对科技创新的支持，助力催生新产业、新模式、新动能，实现高水平科技自立自强；加大金融对建设现代化产业体系的支持，助力培育新兴产业、未来产业，支持传统产业的数字化、智能化转型升级；以金融为基

---

① 《人民银行 银保监会 证监会 外汇局 关于金融支持粤港澳大湾区建设的意见》，中国政府网，https://www.gov.cn/gongbao/content/2020/content_5528190.htm。
② 王璐:《多元化金融助力粤港澳大湾区高质量发展》，中国金融新闻网，https://www.financialnews.com.cn/ll/gdsj/202311/t20231101_281444.html。
③ 《竞逐世界：以中国式现代化打造一流湾区》，中国新闻网，https://www.chinanews.com.cn/dwq/2024/01-08/10142048.shtml。
④ 《广东将打造五大未来产业集群》，广东省人民政府，http://www.gd.gov.cn/hdjl/hygq/content/post_4171461.html。

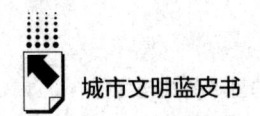

点，加快促进科技和产业深度融合、加快科技成果转化等举措，加快建立并完善最为适配的金融体系，最大限度撬动科技创新和产业发展新动能，提升"金融+产业+科技"循环效率和水平，成为经济高质量发展的示范地。

二 政治维度：构建"国家+府际+智库"共建善治湾区

在面对百年未有之大变局的情况下，全球治理体系和国际秩序变革加速推进，国际力量对比消长变化、传统国际治理失效失灵、大国退出导致治理赤字扩大、全人类共同面临的生存议题日益增多，使加强全球治理、推动全球治理体系变革的呼声愈来愈高，为一大批新兴市场国家和发展中国家参与全球治理提供了新机会。中国秉持共商共建共享的全球治理观，积极为世界和平发展和解决全球治理问题提供中国方案，同时，协调推进国内治理和国际治理，以内外兼修的方式推进国家、地方治理体系和治理能力现代化的全面提升。粤港澳大湾区作为国家战略，肩负着推动"一国两制"事业发展新实践、构建"一国两制"下区域深度融合发展新路径的重要使命，其中蕴含着提升湾区治理能力、构建整体善治湾区、为国家乃至全球治理提供湾区方案等重要意义。从政治的维度，借鉴世界三大湾区的成功经验，粤港澳大湾区在迈向国际一流湾区和世界级城市群的进程中，需要将国家规划、府际[①]联动、智库协同三者紧密结合，形成"国家+府际+智库"多元主体互动合作、协同推进的共建善治湾区。

世界三大湾区都是跨行政边界的区域经济体，如果没有一个覆盖整个湾区的强有力的政府自上而下统一协调，没有各地方政府、政企之间的配合、沟通和协作，就难以打破行政边界的藩篱，难以成就世界级湾区。世界三大湾区的成功经验表明，国家顶层设计、府际之间互动合作的关系在推进湾区治理现代化进程中的作用是明显的，在此过程中，智库等民间力量的参与也

[①] 府际关系也叫"政府间关系"，指政府之间的关系网络，包括中央政府与地方政府、地方政府间以及政府内部各部门间的权力分工关系。在这里，"府际联动"强调的是各级政府之间在经济社会事务管理方面的互动机制和合作模式。

发挥了不可替代的作用。

比如，纽约湾区是一个跨州建设的大都市区，涵盖纽约州、新泽西州和康涅狄格州的 31 个郡县，囿于美国"联邦—州—地方政府"三级政府的政治体制和地方自治传统，如何平衡区域内庞大的人口、建设和管辖之间的关系，便成为政府的重要议题。美国民间和政府从 20 世纪初就开始重视对纽约等大都市区发展的相关理论和规划研究，并长期以来通过纽约区域规划协会（RPA）等民间智库和纽约都市区发展委员会、纽约新泽西港务局等官方机构加强对大都市区域规划制定和协调各相关地方政策等方面的工作。在此过程中，RPA 等民间智库的作用举足轻重，RPA 基于区域利益协调，建立政府、企业和社会等跨政府和跨行政边界的合作机制，在理性分析的基础上，提出了前瞻性的思路和对策以协调多层次的长期规划战略，最大限度地调动资源，提升整体发展合力。从 1922 年成立至今，RPA 对纽约湾区提出了四次规划方案，这四次规划被视为纽约湾区百年来取得长足发展的重要原因之一，深刻影响了纽约湾区和全球大都市区的发展路径。

又如，旧金山湾区也是一个复杂的大都市区，根据美国的地方政府组织形式，旧金山湾区既是一个以高科技发展为主的城市经济功能区，也是全境属于加利福尼亚州的一个准政府联合组织，由 9 个县、101 个市镇组成。① 地方政府的碎片化以及区域跨界整合发展的行政分割是旧金山湾区面临的治理难题。1945 年，商界赞助成立了湾区委员会（Bay Area Council），根据当时湾区所面临的挑战，陆续建立了多个专门机构，如湾区政府协会（ABAG）、海湾保护和开发委员会（BCDC）、大都市交通委员会（MTC）和湾区空气质量控制局（BAAQBD）等，湾区委员会通过与区域内企业和公民领袖的合作，有力推动了湾区内协调一致的行动，发挥了"湾区智库"的作用。1961 年，由湾区 9 个县和其 101 个市镇政府代表组成的湾区政府协会（ABAG）成立，自 1970 年 ABAG 编制完成了第一本综合性区域规划

---

① 陶希东：《美国旧金山湾区跨界规划治理的经验与启示》，《行政管理改革》2020 年第 10 期，第 83~91 页。

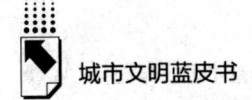

《旧金山湾区区域规划1970—1990》以来，ABAG联合其他区域性机构开展合作，共同开展湾区协同治理。从2010年起，旧金山湾区开始推行新的"一个湾区""规划湾区"的发展理念和政策体系。如此，形成了以"一个湾区"为引领，以湾区政府协会、州级特别职能组织、特区等组织实体为主体的湾区跨界组织管理体系。[①] 在这种跨域的协同治理下，旧金山湾区形成了错位发展与互补的产业结构，并通过发挥中心城市的主导产业来带动周边区域的产业配合跟进，从而促进了整个湾区的共同繁荣。

再如，东京湾区是包含一都三县若干个大城市和中小城市的大都市圈，由于国土面积狭小、各类资源有限，相比纽约湾区、旧金山湾区，东京湾区人工规划缔造的痕迹明显。日本是世界上最早提出"都市圈"概念并且对都市圈进行统一规划和跨区域联合治理的国家，即在国家总的全国性综合开发计划下，国土、交通、产业等部门对区域发展有各自规划，各都县和城市也有自己的规划，各规划具有持续性、协同性的特征。考虑到自身的自然地理条件，日本对港口的重视由来已久，早期，由于缺乏管理，东京湾区内各港口各自为政，出现同质竞争，造成经常性的港口拥堵等混乱情况。1951年，日本政府颁布《港湾法》，规定由政府对整个国家港口发展的数量、规模和政策进行统一规划部署，经过多年的发展，东京湾区港口群形成了鲜明的职能分工体系，取得了巨大的整体效应。与此同时，为解决城市快速扩张和过度集聚发展带来的问题，自20世纪中期开始，东京湾区开展了统一性、多轮次的"首都圈整备规划"，并建立起了中央政府主导下的区域性行政协调机制。湾区内的一都三县有着多种形式的沟通机制，通过协议会来解决问题，保证了湾区的高效运转，其中，以日本开发构想研究所为代表的智库深度参与了区域规划、发展战略的制定和调整，发挥了极为重要的协调与推动作用。

借鉴世界一流湾区发展的成功经验，结合中国治国理政新理念、新思

[①] 陶希东：《美国旧金山湾区跨界规划治理的经验与启示》，《行政管理改革》2020年第10期，第83~91页。

想、新战略,顺应全球治理体系变革需求,粤港澳大湾区需继续推动"国家+府际+智库"三者深度融合、协同治理的良性互动,加强规划引领,强化区域协同,发挥智库作用,搭建区域协同治理现代化新框架,打造良政善治湾区的中国样本。2017年7月国家发展和改革委员会与粤港澳三地政府共同签署《深化粤港澳合作 推进大湾区建设框架协议》,拉开了国家层面推动大湾区建设的帷幕;2019年2月,中共中央、国务院发布《粤港澳大湾区发展规划纲要》,开启了粤港澳合作新阶段。此后,以《粤港澳大湾区发展规划纲要》为统领,中央接连高规格出台了前海方案、横琴方案、南沙方案、河套规划等一系列国家层面的政策,为区域协调发展提供了制度保障。如今,粤港澳三地正逐渐破除体制机制障碍瓶颈,不断提升市场互联互通水平,共同推进三地基础设施建设的"硬联通"和规则机制对接的"软联通"两大领域不断取得实质性进展,逐步拓展区域内"一个国家、两种制度、三个关税区、三种货币"的各种要素跨境流动协同,使经济要素的流动日益顺畅,科技融合、人才融合、产业融合更加深入广泛。在此过程中,作为湾区治理和区域发展体系的重要组成部分,2019年6月,粤港澳三地智库代表在广州签署框架协议,发起成立粤港澳大湾区智库联盟,标志着广东、香港、澳门智库在粤港澳大湾区的框架下,从独立发展迈向了区域协同发展的新时期。广东与港澳智库在多个领域建立了合作关系,进行了诸多探索实践,[①] 在提供前瞻性决策咨询以及人文交往等方面发挥着越来越重要的作用。

  诚然,当前粤港澳大湾区"国家+府际+智库"互动发展正在有序推进,国家推动、政府协同、智库支撑、民众支持等各种力量的"多向奔赴"正在发生,一种新的"共商共建共治共享"的治理格局正在形成。然而,治理体系的成熟完善是一个漫长的过程,治理能力现代化也是一个渐进提升的过程,"一国两制"下粤港澳三地的各种创新要素跨境流动的畅通无阻不可

---

① 赵恒煜:《智库赋能粤港澳大湾区高质量发展》,中国社会科学网百家号,https://baijiahao.baidu.com/s?id=1763663577045260687&wfr=spider&for=pc。

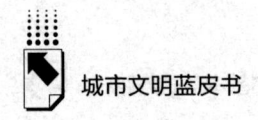

能一蹴而就,"一国两制"下粤港澳三地百姓的凝聚力和向心力以及共商共建共治共享的愿望和能力亦不可能在短时间内达到预期。因此,面向未来,粤港澳大湾区建设应适应国家治理体系和治理能力现代化的发展要求,全面准确贯彻落实"一国两制"方针,加强制度创新,变"制度之异"为"制度之利"。从国家层面看,应更契合粤港澳大湾区发展需求,打破粤港澳三地协同发展中存在的行政、人才、技术、资金等方面的壁垒,出台相应的政策为跨域合作提供制度保障;从府际关系看,应更积极地破解区域条块分割、市场切割、社会利益分化等治理问题,在全社会推行共商共建共治共享的理念与方法,建立政府与市场主体和社会各方之间的平等协商与合作互动关系;从智库来看,应紧扣国家战略部署,更深入地参与政府区域规划、发展战略的制定和调整,更深入地开展对当地的经济社会的调查与研究,更有效地为相关部门提供经济增长和地区治理问题的解决方案,从而构建湾区的良政善治新局面。

三 科技维度:构建"教育+科技+人才"科技创新湾区

在面对百年未有之大变局的情况下,新一轮科技革命和产业变革加速演进,人工智能、区块链、云计算等新兴技术迅速崛起,以现代信息网络为载体的数字经济成为影响全球经济格局、重塑世界创新版图、加速时代变革的重要力量,世界主要国家和组织纷纷加大科技创新力度、推进创新发展数字化战略。而当前的中国正处在世界新一轮科技革命和产业变革同我国转变发展方式的历史性交汇期,既面临千载难逢的历史机遇,又面临着差距拉大的严峻挑战。以数字经济引领创新科技产业发展,进而激发新的经济增长点,是建设粤港澳大湾区的题中应有之义。从科技发展的维度,借鉴世界三大湾区的成功经验,粤港澳大湾区在迈向国际一流湾区和世界级城市群的进程中,需要紧紧抓住新一轮科技革命和产业变革带来的机遇,打造"教育+科技+人才"国际化数字化湾区,坚持开放、包容的国际视野,拥抱全球高端人才,打造优质教育,以强大的科技创新能力与数字化转型积极参与国际战

世界视域下粤港澳大湾区建设的基本范式与路径

略博弈。

科技是第一生产力。回顾近代以来的世界历史进程，每一次科技和产业革命都深刻改变了世界的发展面貌和格局。一些国家和地区抓住历史机遇，在科技创新和产业转型上先行一步，就能拥有引领发展的主动权，从而推进其经济社会发展驶入快车道。纽约湾区、东京湾区、旧金山湾区都曾立于第二次工业革命、第三次工业革命潮头，借"风口"之势引导各种要素资源向湾区集聚，从而引领全球科技创新潮流。面对新一轮的科技革命，三大湾区又集体转型，打造全球科技创新中心。

纽约湾区在历史上抓住了第二次工业革命的机遇，成为全球重要的金融中心、制造业中心；良好的经济与包容的环境吸引了来自海外不同民族和国家的一代代移民，跨国精英逐渐成为湾区发展的关键阶层，并为其带来了庞大资本、先进技术。湾区是美国东部的教育重镇，拥有哥伦比亚大学、纽约大学、康奈尔大学等知名高校以及众多世界级的研究机构，较高的教育水平提供了良好的人才资源及储备。20世纪末以来，得益于纽约湾区内的金融力量，科技与教育也在纽约湾区兴旺起来，1995年纽约在曼哈顿第五大道与百老汇交界处的熨斗大楼区域提出"硅巷"口号，以吸引那些向往去硅谷创业的人才和资本，此后，随着"硅巷"区域的扩大，一个没有明确边界范围的科技产业集群地区形成，并集聚了大量新媒体、网络科技、金融科技企业。在2008年国际金融危机后，纽约逐渐认识到以金融产业为支柱对于城市发展的不稳定性，政府提出将纽约打造成为世界领先的"科技之都"。近年来，纽约湾区积极推进新一代互联网信息技术、人工智能等新兴产业的研究和应用落地，形成了数百家创新企业聚集的"硅巷"，拥有高水平大学33所，进入基本科学指标数据库（ESI）前1%学科336个，2个国家级研究实验室。[①]

旧金山湾区抓住了第三次工业革命浪潮的趋势，形成了以"硅谷"为

---

① 《读特专稿｜建设世界级湾区，深港如何发挥科创力量？》，深圳特区报百家号，https：//baijiahao.baidu.com/s?id=1748565913792146366&wfr=spider&for=pc。

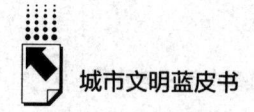

核心的高新技术产业集聚区，湾区的128号公路沿线集聚了大批高科技创新公司以及世界知名高校和大量风险投资机构，逐步形成了独特的创新体系和风险投资体系。在这个体系中，大学师生、科研机构人员、企业家和风险投资家等构成了创新核心圈层。湾区不仅拥有斯坦福大学、加州大学伯克利分校等世界级的研究型大学，还有劳伦斯伯克利国家实验室、航空航天局艾姆斯（Ames）研究中心等国家级研究实验室。大量的高校、实验室和研究机构聚集在一起，使得湾区拥有了全美技术水平以及受教育程度最高的劳动力。20世纪70年代以来，科技革命浪潮奔涌，硅谷内的高科技公司不断增加，产业的溢出效应十分明显，政府大力加强工业园区的建设，并积极吸收高素质人才。到了20世纪90年代，随着IT产业（信息技术产业）的崛起，硅谷又引领了网络和生物技术的浪潮，成为全球创投资金集聚、全球创业者向往的天地。可以说，从最初的仙童半导体公司到英特尔、施乐、苹果和微软，从硬件开发到软件兴起，硅谷几乎引领了其后每一次科技产业的变革。如今的旧金山湾区拥有高水平大学7所，进入ESI前1%学科70个，5个国家级研究实验室，20个州级实验室等，科研实力强大，当前正以信息技术和生物技术为牵引，在科研和数字领域有着显著优势。[1]

东京湾区在第二次工业革命后形成了规模庞大的临港工业区和制造业集群，大批高等学府向企业输送大量的科技创新人才。据统计，东京湾区的大学数量占到了全日本高校的三成左右，学术机构和研究人员的数量分别占到全国总量的四成和六成。政府积极引导教育界与产业界紧密合作，形成了"产学研"深度融合的协同创新生态系统。作为一个资源匮乏的国家，为了生存，日本从明治维新开始到现在都非常重视科技的发展。20世纪80年代，基于国际国内经济形势的变化，日本政府提出"科学技术立国"的口号，对科技政策作了相应的改变，从推进科研、人才培养与引进、学校企业联合等方面颁布一系列有利于科技发展的法律法规，包括1986年日本推出

---

[1] 《读特专稿｜建设世界级湾区，深港如何发挥科创力量？》，深圳特区报百家号，https：//baijiahao.baidu.com/s？id=1748565913792146366&wfr=spider&for=pc。

了具有重要意义的《科学技术政策大纲》把加强基础科学研究提高到技术研究的中心位置；20世纪80年代开始，日本更加重视民间企业的自主创新，产业技术政策的重点从保护企业转向鼓励企业自主开发技术；通产省产业结构审议会制定的《80年代的通商产业政策》中明确提出了"产、学、官合作"体制，强调在人才、资金、设备等方面展开合作；等等。近年来，东京湾区中"东京—横滨"科技集群创新指数居全球首位，拥有高水平大学10所，进入ESI前1%学科69个，集中了日本70%以上的重大科学基础设施，湾区内的筑波科学城已成为具有复合功能的科技新城、产业新城，是日本的科创"发动机"。[1]

借鉴世界一流湾区发展的成功经验，把握世界科技前沿特征和演进趋势，抓住新科技革命和产业变革重大机遇，粤港澳大湾区应继续强化"教育+科技+人才"支撑，建设国际化数字化湾区，推动教育集群发展，培养拔尖创新人才，加快科创协同发展，打造具有全球影响力的科技创新高地和全球一流人才向往的集聚地，为推动新兴产业发展注入新动力。教育方面，2020年12月，教育部、广东省人民政府联合印发《推进粤港澳大湾区高等教育合作发展规划》，明确到2035年，粤港澳大湾区将建成若干所世界一流高校，产出一批对世界科技发展和人类文明进步有重要影响的原创性科学成果，成为世界高等教育合作发展和创新发展先进典范。[2] 近年来，粤港澳大湾区在奋力发展现有高校的同时，不断加快筹建新大学的步伐，探索粤港澳大湾区合作办学新模式，香港大学、香港中文大学、香港浸会大学、香港科技大学、香港理工大学、香港城市大学等40多所高校或其分校在粤港澳大湾区如雨后春笋般涌现。[3] 人才方面，近年来，粤港澳大湾区在加快自主创新人才培养的同时，加速人才的有序流动与融合发展，不仅提出加强跨境执

---

[1]《读特专稿 | 建设世界级湾区，深港如何发挥科创力量？》，深圳特区报百家号，https：//baijiahao.baidu.com/s？id=1748565913792146366&wfr=spider&for=pc。

[2]《粤港澳大湾区将打造高等教育国际示范区》，央广网百家号，https：//baijiahao.baidu.com/s？id=1685573095428126388&wfr=spider&for=pc。

[3] 卓泽林：《深入推进粤港澳大湾区国际科技创新中心建设》，《光明日报》2023年2月14日，第12版。

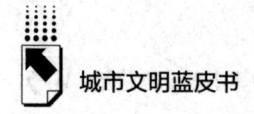

业的政策衔接、优化服务机制、建立育才平台等措施吸引人才、留住人才，还大力推动高校与政府、企业研发机构等开展协同创新，构建拔尖创新人才培养共同体，使学科链、创新链、人才链与产业链多链聚合融通。在科创方面，近年来，粤港澳大湾区加快推进科创协同发展的同时，加快推动高水平科技自立自强，以粤港澳大湾区综合性国家科学中心建设为牵引，以深圳光明科学城、东莞松山湖科学城、广州南沙科学城等重点区域为主阵地，布局建设了包括散裂中子源、强流重离子加速器、加速器驱动嬗变研究装置等在内的一批具有世界一流水平的重大科技基础设施。

诚然，当前粤港澳大湾区"教育+科技+人才"一体化发展正统筹推进，在推进中国式现代化过程中教育的基础作用、科技的关键作用、人才的支撑作用以及三者的互动关系被广泛认同。然而，面对当前世界新一轮科技革命和产业变革加速演进的态势以及科技制高点和高端人才的战略博弈空前激烈的现实，持续深化教育、科技、人才综合改革，使三者有机贯通、深度融合、协同推进，形成良性循环，不仅刻不容缓，而且任重道远。面向未来，粤港澳大湾区建设还需强化责任感和紧迫感，加快畅通教育、科技、人才的良性循环，赋能新质生产力发展。新质生产力的核心动力在于创新。粤港澳大湾区发展新质生产力，需要依靠创新科技、创新人才和创新教育。具体而言，需要在统筹推进基础教育提质的同时，深化高等教育综合改革，深化职业教育提质培优，全面推进教育高质量发展；需要紧密追踪世界科技前沿，加强基础研究，加快打造覆盖从原始创新到现实生产力转变的全流程、各环节的全过程创新生态链，争取在实现高水平科技自立自强上取得新突破；抓住用好建设粤港澳大湾区高水平人才高地重大历史机遇，广纳天下英才，做大人才总量、筑牢人才底座。总之，粤港澳大湾区需要在教育、科技、人才一体推进中发展新质生产力。

四 文化维度：构建"开放+包容+合作"多元一体湾区

在面对百年未有之大变局的情况下，经济全球化、科学技术、人工智能

世界视域下粤港澳大湾区建设的基本范式与路径

等新浪潮席卷而来，在重塑全球经济政治格局的同时，深刻改变着人类生产和生活方式，国际社会日益成为一个相互依存的命运共同体。世界各国特别是大国需要凝聚共识而非各行其是，需要开放包容而非封闭割裂，需要合作共赢而非零和博弈。中国积极推动构建人类命运共同体，将共建"一带一路"作为主要抓手，致力于推动建设一个开放包容、互联互通、共同发展的世界。粤港澳大湾区成为"一带一路"建设的重要支撑区，既是粤港澳大湾区的战略定位，也是建设国际一流湾区的题中之义，还是建立与国际接轨的开放型经济新体制的内在要求。从文化的维度，借鉴世界三大湾区的成功经验，粤港澳大湾区在迈向国际一流湾区和世界级城市群的进程中，需要积极参与共建"一带一路"，打造"开放+包容+合作"多元一体湾区和富有活力的世界级城市群，形成"一国两制"下粤港澳融合发展模式，为共建"一带一路"国家和地区提供发展新样板。

沿着历史的脉络梳理世界三大湾区的成功经验，虽然它们在体量、产业发展内容等方面存在差异，但也可归纳出一些大致相似的路径：充分利用独特的"拥海、抱湾、连河、通陆"的地理禀赋，不断拓展周边腹地，形成强大的集聚外溢功能；同时依托海湾、共同水域和其他自然地理条件，发展港口经济，经过工业经济、服务经济、创新经济等发展阶段，发展了便捷的交通工具、先进的港口运输、完善的国际交通网络，发挥了政府规划、企业协同、智库参与、产学研融合的作用，形成了合理的产业分工、法治约束、产权保护、环境治理以及高度发达的对外贸易；在"港口群、产业群、城市群"三群联动的优势下，产生了区域经济联动效应，建成了国际金融、航运、贸易、创新和先进制造业中心，成为区域乃至全球经济的重要增长极和全面创新的引领者。这些相似的路径背后，体现了基础设施完善、经济联动密切、产业结构合理、创新要素集聚等湾区演进特点，也揭示出"开放包容、协同高效、一体化发展"等湾区发展理念。

就开放而言，滨海城市群具有"拥海、抱湾、连河、通陆"的基本空间要素和地理结构，在全球化背景下，滨海城市相较于内陆城市更具开放条件。考察世界级湾区的城市以及城市里的人们可以发现，由于长期浸染与栖息在数千年的自然演化与历史积淀下来的充满海洋气质的地理空间里，无论先来还是后到的人们都或多或少受到潜移默化的熏陶进而铸就一种特有的开放品格。与内陆城市的人们相比，具备这种品格的湾区人民更重视商业，因为他们有着生存的最原始的动机以及与周边国家或地区交流交往进行贸易的航海便利；他们更愿意冒险，因为无垠的大海激发起人们探索的欲望、冲动与勇气；他们更重视创新，因为有着不断从异质文明汲取营养的人员物质往来以及思想的交换与交流；他们更强调多元，因为他们必须能接受多种文化、多种肤色、多种语言的共存并生，否则难以生存与发展。这种独有的开放品格是全方位的，不仅对内开放，也对外开放，不仅可以面向大海、通达外面世界，还可以背靠内陆、深入广阔腹地。正是这种得天独厚的地理优势所构建的开放空间以及独有的开放品格，使得世界三大湾区容易形成开放型经济。在开放型经济中，要素、商品与服务可以较自由地跨国界流动，国内经济可以和整个国际市场联系起来，从而实现最优资源配置和最高经济效率，在国际分工中能发挥出较大优势，成为全球经济的领跑者。

就包容而言，滨海城市群具有"拥海、抱湾、连河、通陆"的基本空间要素和地理结构，在全球化背景下，滨海城市相较于内陆城市更具包容意识。湾区的地理形态一般包括两个部分，一是"水域"部分，在凹入内陆的海洋入口处有一块"U"形的明显水域；二是"陆域"部分，包括海水、周围陆地空间，有一个伸入内陆被陆地环抱的陆域。可见，它既具有海洋的地理优势，又兼具陆地的资源优势；它既具有十分丰富的山海资源，又具有独特的港口和工业资源。这种海陆共生的自然生态系统，不仅拥有青山环抱、山海相连的优美景色，也具备宜居宜业宜游的气候条件，因而不仅吸引了全球各地的人们到湾区居住、全球顶尖大学和科研机构在湾区设立分支机构、全球投资者来湾区发展，也往往是钢铁、电力等运量大、耗水多的工业产业的首选地，是发展经济的较好场所。综观世界三大湾区，均聚集了来自不同地域、不同语言、不同肤色、不同价值观的移民人群，移民人群大多是受过良好教育的人才，他们不仅带来了城市劳动力，也带来了不同的国籍、语言、宗教和风俗习惯；不仅带来了技能和创造力，还带来了容忍变化和风险的创业精神，从而形成了湾区独有的开放政策、友好环境和包容文化。事实上，纽约湾区是典型的国际移民之都；旧金山湾区汇聚了全世界特别是亚洲大量优秀人才；东京湾区是亚太地区人员流动最频繁的区域。[①]

就合作而言，滨海城市群具有"港口群、产业群、城市群"三群联动的叠加优势，在全球化背景下，滨海城市相较于内陆城市更具合作精神。一般而言，湾区具有海陆相接的特点，有利于港口贸易、大规模的制造业的集聚，因此湾区内沿海岸区域极易形成港口城市；港口城市建成后，必然带来不断扩大的国际贸易，随着商品进出口数量的增加，产生了大量进出口导向型企业，这些企业利用港口从国外大量进口低价原料进行生产并出口到世界各地，也有些企业通过便利交通从国内其他地方购买原料在港口区域进行生产然后销往世界各地，随着湾区内的生产企业逐步增加，形成了产业集聚；产业集聚到一定程度，就会引来大量移民人口并导致城市的产生和发展，出现从城市到城市群再到都市圈最后形成都市圈集群的城市化演变路径。[②] 具体而言，世界三大湾区均是具有资源与产业集聚力的跨域经济区域或发展系统，但也具有分化竞争与集聚整合能力，这主要源于区域各组织间合作与协调机制。在这种机制下，纽约湾区依靠政府规划和民间智库的双重力量，多方协调不同等级政府和部门之间的诉求以及协调不同司法主权的州之间的关系等，以促进多方合作、协调一致的行动；旧金山湾区主要依靠知识创新链条推进区域协同，在这条链条上，高等院校是知识创新的起点，企业是技术创新的载体，金融和管理等中介服务发挥着平台作用，政府与各专业性的专委会组织发挥催化作用；东京湾区从早期的低效竞争走向基于工业带布局的相互协调发展，主要是因为长期形成的分工协作、一体化发展机制推动了湾区工业带乃至东京湾制造业的发展。

借鉴世界一流湾区发展的成功经验，正确认识和把握中国与世界命运与

---

① 王京生：《世界四大湾区人才流动比较分析及启示》，《特区实践与理论》2022年第3期，第79~86页。
② 申勇：《湾区经济的形成机理与粤港澳大湾区定位探究》，《特区实践与理论》2017年第5期，第42~46页。

共、和合共生的关系，粤港澳大湾区要始终秉持"开放+包容+合作"的理念，坚持开放共享、包容共生、合作共赢，打造"多元一体"湾区。在开放方面，要进一步加大开放力度，尤其是扩大制度型开放。粤港澳大湾区具有"一国两制三法域"的独特性，存在制度的鸿沟或堵点壁垒，这影响了要素的便利流动，因此，稳步扩大规则、规制、管理标准等制度型开放是重中之重，一方面要主动对标国际高标准经贸规则，另一方面应加强粤港澳三地机制对接，以互联开放促进要素资源顺畅流动，营造国际一流的营商环境。当前粤港澳大湾区各城市正实施"湾区通"工程，推动三地规则衔接、机制对接不断深化。在包容方面，要进一步体现包容气度，尤其是构筑包容友好的人才生态。人才要素是生产要素中最为重要的，人才流动能够为社会带来活力和创新，也是产业升级的基础。建设国际人才高地，为全球人才进湾区、港澳人才入内地提供涵盖创新激励、收益分配、职业发展、子女教育等方面的政策支持；吸引全球人才围绕粤港澳大湾区科技和产业优势，加强高水平创新平台建设，将显著提升粤港澳大湾区在全球范围集聚和配置创新资源能力。近年来粤港澳大湾区内地各城市出台了多项港澳青年创新创业支持政策，并竞相出台人才激励计划，粤港澳大湾区合力构筑"人才湾区"。在合作方面，要进一步强化合作深度，充分发挥粤港澳大湾区三地的叠加优势。粤港澳三地优势互补、合作基础深厚，但如果不能在原有基础上形成更加紧密的整体叠加的集聚效应和规模效益，就难以体现粤港澳大湾区开放发展新优势。当前，粤港澳大湾区从"硬联通""软联通"逐步进入"心联通"；已逐步探索形成"港澳高校—港澳科研成果—珠三角转化"的科技产业协同发展模式，新能源、人工智能等战略性新兴产业呈现融合集群发展；正在建设的横琴、前海、南沙、河套四大合作平台，将从民生、产业、科技、金融、贸易、规则衔接与重大制度创新等粤港澳三地协同发展、融合发展中的各项难点、堵点和短板进行探索和实践。①

---

① 《竞逐世界：以中国式现代化打造一流湾区》，中国新闻网，https://www.chinanews.com.cn/dwq/2024/01-08/10142048.shtml。

当前，环顾全球，百年未有之大变局加速演进，世界之变、时代之变、历史之变正以前所未有的方式展开，随着经济发达湾区、共建善治湾区、科技创新湾区、多元一体湾区的逐步建成，一个国际一流的世界级城市群——粤港澳大湾区将在全球闪耀。

参考文献

[1]《全球四大湾区特色鲜明各放异彩》，《中国城乡金融报》2021年8月20日，第 A07 版。

[2]《旧金山湾区发展启示：从淘金胜地到科技硅谷的涅槃之路》，搜狐网，https://www.sohu.com/a/160268502_758508。

[3]《全球创新指数：中国成科技集群数量最多的国家》，中国日报网百家号，https://baijiahao.baidu.com/s?id=1777924275059873971&wfr=spider&for=pc。

[4]《连续八年"霸榜"，广东为什么能?》，广东科技发布，https://baijiahao.baidu.com/s?id=1814795028489848673&wfr=spider&for=pc。

[5]《"深圳—香港—广州"科技集群连续五年位居全球第二》，新华网，https://baijiahao.baidu.com/s?id=1808540795311219977&wfr=spider&for=pc。

[6]《人民银行 银保监会 证监会 外汇局 关于金融支持粤港澳大湾区建设的意见》，中国政府网，https://www.gov.cn/gongbao/content/2020/content_5528190.htm。

[7] 王璐：《多元化金融助力粤港澳大湾区高质量发展》，中国金融新闻网，https://www.financialnews.com.cn/ll/gdsj/202311/t20231101_281444.html。

[8]《竞逐世界：以中国式现代化打造一流湾区》，中国新闻网，https://www.chinanews.com.cn/dwq/2024/01-08/10142048.shtml。

[9]《广东将打造五大未来产业集群》，广东省人民政府，http://www.gd.gov.cn/hdjl/hygq/content/post_4171461.html。

[10] 陶希东：《美国旧金山湾区跨界规划治理的经验与启示》，《行政管理改革》2020年第10期，第83~91页。

[11] 赵恒煜：《智库赋能粤港澳大湾区高质量发展》，中国社会科学网百家号，https://baijiahao.baidu.com/s?id=1763663577045260687&wfr=spider&for=pc。

[12] 习近平：《在中国科学院第十九次院士大会、中国工程院第十四次院士大会上的讲话》，《人民日报》2018年5月29日，第2版。

[13]《建设世界级湾区，深港如何发挥科创力量?》，《深圳特区报》，https://baijiahao.baidu.com/s?id=1748565913792146366&wfr=spider&for=pc。

［14］《粤港澳大湾区将打造高等教育国际示范区》，央广网百家号，https：//baijiahao.baidu.com/s？id=1685557309542812638&wfr=spider&for=pc。

［15］卓泽林：《深入推进粤港澳大湾区国际科技创新中心建设》，《光明日报》2023年2月14日，第12版。

［16］王京生：《世界四大湾区人才流动比较分析及启示》，《特区实践与理论》2022年第3期，第79~86页。

［17］申勇：《湾区经济的形成机理与粤港澳大湾区定位探究》，《特区实践与理论》2017年第5期，第42~46页。

Abstract

The *Global Urban Civilization Development Report* (2024 – 2025) is a study focused on emerging key areas, innovative practices, and theoretical explorations in the development of global urban civilization. Drawing on the research and practices of the Global Urban Civilization Model Research Institute at Southern University of Science and Technology from 2024 to 2025, the report integrates the latest case studies and theoretical insights from experts in relevant fields. The primary objective of this report is to offer a comprehensive understanding of the opportunities and challenges faced by contemporary global urban development. By analysing recent developments and trends across various aspects of urban civilization in major cities worldwide, the report uncovers new characteristics and patterns of urban development, thereby providing a deeper understanding of the evolution of global urban civilization in the 21st century.

The *Global Urban Civilization Development Report* (2024–2025) examines the development practices of global urban civilization from 2023 to 2024, offering projections for the future. It addresses a wide range of topics, including urban digital civilization, space civilization, creative industries, social governance, ecological civilization, and communication civilization. The report draws on practical experiences from cities both within China and internationally, providing both theoretical analysis and policy recommendations to guide the future of urban civilization. The report is divided into four key sections: the first section provides an overview of global urban civilization practices and future trends from 2023 to 2024, offering a comprehensive theoretical analysis of the trajectory of urban development. The second section delves into the role of digital technologies in shaping urban civilization, exploring how these technologies are fundamentally transforming urban life. The third section focuses on urban culture, examining its preservation, development, and innovation, and analysing its vital role in shaping urban industries and construction. The fourth section presents case studies from a range of cities globally, demonstrating the specific strategies and outcomes of urban civilization development, offering rich practical experience and valuable insights for advancing the next phase of urban civilization development.

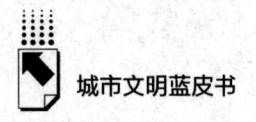

Keywords: Urban Development; Technological Transformation; Urban Culture; City Construction

Contents

I General Report

B.1 Research on the Development of Global Urban
Civilization (2024－2025)
Research Group on the Development of Global Urban Civilization / 001

Abstract: Amidst the forces of globalization and the rapid urbanization occurring worldwide, urban civilization development faces numerous opportunities and challenges stemming from environmental, ecological, and societal factors. Urbanization has driven the prosperity of civilization in areas such as commerce, population growth, and culture. However, it has also given rise to issues, including the homogenization of socio-cultural development and the environmental and ecological degradation caused by overdevelopment. The emergence of complex, multifaceted urban governance challenges present a significant barrier to achieving the sustainable development of urban civilization. Innovative models, such as green city construction, cultural preservation, and resource-sharing, offer potential solutions to mitigate the impact of economic, political, cultural, and environmental factors on urban civilization development and address the global urban challenges they bring. This study focuses on critical areas, including urban spatial civilization, spiritual civilization, governance, technological advancement, and ecological civilization. Drawing on recent trends in urban civilization development, it further examines the specific meanings and interrelationships within these fields and provides forward-looking recommendations. The goal is to offer both theoretical insights and practical frameworks to support the comprehensive and sustainable development of cities in the future.

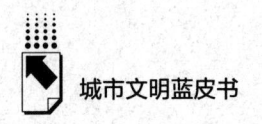

Keywords: Global Urban Civilization; Sustainable Development; Urbanization Challenges

II Digital Civilization Reports

B.2 Empowering Urban Civilization through Digital Technology: Origins, Development, and Prospects from an International Perspective　　　　　　　　　　　　　　*Zhang Guoping* / 040

Abstract: Driven by both globalization and digitalization, urban civilization is undergoing unprecedented transformation, with digital technology emerging as a key force in addressing social challenges and advancing civilizational progress. This study focuses on the origins, development, and future prospects of digitally empowered urban civilization, emphasizing the essential role of the digital society as an inevitable trend in the future of urban development. Through an in-depth analysis of international case studies, the research highlights the significant impact of digital technology in areas such as employment structure transformation, promoting regional balanced development, optimizing residential living environments, innovating education systems and training models, and enhancing healthcare services. These practices not only demonstrate the powerful driving force of digital technology but also signal the immense potential of the digital society in shaping future urban civilization. However, the construction of a digital society also faces challenges, including disorder in information management and the mismatch of traditional governance systems. In response, the study proposes strategies such as strengthening the top-level design of governance systems, stimulating public participation, expanding diversified digital application scenarios, and reinforcing digital infrastructure development. These measures aim to build a harmonious and sustainable digital society. This research not only provides solid theoretical support and practical guidance for digitally empowered urban civilization but also offers direction for the future development of global digital societies, carrying profound implications for advancing urban civilization in the digital age.

Keywords: Urban Civilization; Digital Society; International Practices; Digital Age

B.3 Research on the Development Strategy and Path of Shanghai's Digital Creative Industry in the New Era

Chen Nengjun, Zhou Guang, Gao Hongbo and Zhou Yulan / 067

Abstract: The digital creative industry represents the direction of a new round of technological revolution and industrial transformation, and is also a key area for gaining new competitive advantages in the future. Under the guidance and support of national and Shanghai policies, the digital creative industry in Shanghai is developing rapidly, moving towards the direction of "knowledge and technology intensive, low material resource consumption, great growth potential, and good comprehensive benefits". The digital creative industry, with cultural and creative content as its core, relies on digital technology for creation, production, dissemination, and service, presenting characteristics such as rapid technological change, digital production, networked dissemination, and personalized consumption. This is conducive to cultivating new supply and promoting new consumption, providing a good opportunity for deepening the supply side structural reform of Shanghai's cultural field and cultivating new driving forces for the development of the cultural industry.

Keywords: Digital Creative Industry; Cultural Digitization; Shanghai

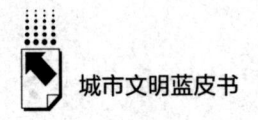

B.4 Digital Pilgrimages and Memory Anchoring of Urban Landmarks in the Anime, Comics, Games, and Novels Cultural Space

Jia Ruikai, Wang Xinyi / 083

Abstract: City landmarks are not only physical existences, but also carriers of visitors' cultural memories. Based on this background, "Sacred Land Tour" has become an important way for ACGN fans to explore urban landmarks through digital technology. The purpose of this study is to explore how digital roaming facilitates the anchoring of cultural memories of urban landmarks and its impact on sacred site tours. Through literature review and case study analysis, the study finds that digital means significantly enhance the connection between ACGN works and urban landmarks, provide a rich interactive experience, enhance visitor engagement and satisfaction, promote local economic development and cultural identity, and make landmarks a point of reconstruction for visitors' deep cultural memory.

Keywords: Urban Landmarks; ACGN Culture; Holy Land Tour

B.5 Cultural Encoding and Decoding: Urban Characteristics and Communication Analysis of China's Electronic Game Industry

Chen Baifu, Xiong Yangchun / 100

Abstract: Despite the abolition of the imperial examination system, promotion of new learning, and anti-traditional trends of the New Culture Movement on the mainland, close ties between traditional hometown areas in Guangdong and Fujian and overseas Chinese have facilitated the continuation and development of Chinese culture. To verify this view, this paper collects and analyzes the text data of evaluation texts from various cities in China after the release of the video game "Black Myth: Wukong," and the results show that cities in Guangdong and Fujian provinces have a stronger emotional identification with traditional Chinese culture than other regions, indicating that hometown communities still have a significant impact on the transmission of traditional culture in the context of modernization.

Keywords: Chinese Traditional Culture; Urban Culture; Hometown Culture; Video Games; Cultural Emotions

B.6 Active Ageing and Digital Connection: Digital Access Construction and Digital Integration Path for Urban Elderly People

Gou Yunyi, Zhang Yichi / 114

Abstract: With the rise and popularization of the Internet, many digital media products have emerged, reshaping the social lifestyle. The long-term living habits and life characteristics of the elderly group cannot adapt to the rapid changes in media technology, and they have become "abandoned digital refugees". This study focuses on the attitudes of the elderly group over 60 years old in District A of Xi'an, Shaanxi Province towards digital integration. From the perspective of the cognition and access attitude of media devices, it is found that the urban elderly group can be divided into active embracing type, passive embracing type, active distance type, passive distance type, and they show characteristics such as active people with high adaptability, neutral people with strong ambiguity, and resisters with poor acceptance. This study proposes an optimal path to promote digital integration of the elderly group from the aspects of digital identity, digital feedback, digital empowerment, and digital inclusion.

Keywords: Urban Elderly Population; Digital Access; Digital Integration

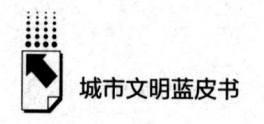

III   Urban Culture Reports

B.7   Research on Shenzhen's Urban Culture in the New Era

Zhou Lihong / 149

Abstract: When people talk about Shenzhen culture, they often only talk about the immigration culture since 1980. According to the long-term theory of Xi Jinping's cultural concept and the Annales School historian Brodele, the immigration culture and liberation of Shenzhen in the new period of Shenzhen Shenzhen marine culture tradition has internal connection. Shenzhen urban culture inherits the genes that dare to try, tolerance and commerciality of traditional marine culture. This exploration of traditional marine culture helps build urban cultural heritage, forms a unique spiritual logo of urban cultural spirit, and builds cultural landmarks and Shenzhen-faction culture that distinguishes other cities.

Keywords: Marine Culture; Immigrant Culture; Shenzhen Style Culture; Cultural Landmarks

B.8   Promoting High-Quality Development through Brand Cultivation: A Perspective on the Modern Fashion Industry

Fang Yingling / 164

Abstract: High-quality development is a fundamental requirement of Chinese-style modernisation and a central theme of progress across all sectors in the new era. Brands represent excellence, and the cultivation of strong brands is essential to advancing high-quality development. From the perspective of the modern fashion industry, this research examines the defining characteristics of iconic international fashion brands such as Chanel and Hermès, including continuous innovation, exceptional quality, and trendsetting leadership. These attributes align closely with Shenzhen's city identity as "Creative Shenzhen, Fashion Capital" and its aspiration to achieve high-quality development in the future. Brand cultivation should serve as a driving force for the high-quality advancement of Shenzhen's fashion industry, integrating it as a vital component of the "20+8" emerging industry clusters and enhancing Shenzhen's global image as a hub for international fashion. Successful brand cultivation requires a long-term commitment to brand culture and the pursuit of excellence through craftsmanship. Currently, Shenzhen's fashion industry lacks representation among the Fortune Global 500 or the World's Top 500 Brands. However, it has remarkable growth trajectory, substantial industry clusters, and unique advantages—such as its status as a UNESCO "City of Design," an innovation hub, and its favourable business environment—there is a strong foundation for future success. Shenzhen will nurture and establish numerous globally influential and competitive fashion brands. This progress will solidify Shenzhen's position as an emerging fashion industry leader and a world-renowned capital for cutting-edge fashion.

Keywords: High-quality Development; Shenzhen Fashion Industry; Brand Cultivation; International Brands; Brand Culture

B.9 A Study on the Coordinated Development Mechanism of the National Reading Campaign in the Greater Bay Area

Yan Shizhe, Wang Kaizheng / 178

Abstract: The national reading campaign is a vital initiative for fostering a culturally robust nation, significantly contributing to public literacy, social civilisation, and societal progress. As a key region in China's national strategic development, the Guangdong-Hong Kong-Macao Greater Bay Area must enhance its cultural soft power and promote the creation of a humanistic bay area through the advancement of the national reading campaign. Shenzhen, acclaimed as a "global model city for universal reading", offers valuable lessons for establishing a coordinated development mechanism for the campaign across the Greater Bay Area. This research employs the principles of regional coordinated development and an interdisciplinary theoretical framework on universal reading to explore pathways for constructing such a mechanism. By analysing Shenzhen's successful universal reading model and considering the unique developmental characteristics of the Greater Bay Area, this study proposes strategies and recommendations for advancing the high-quality development of the national reading campaign in the region.

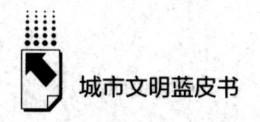

Keywords: National Reading Campaign; Coordinated Development; Shenzhen Experience; the Greater Bay Area

B.10 The Construction Practice and Thinking of "Media Art Capital" from the Perspective of Creative City
—*Taking Changsha as an Example*　　　　*Jiang Haijun* / 190

Abstract: As China undergoes a transformation toward a digital urban civilization and experiences the growing prominence of cultural and creative industries, this paper examines the development of Changsha, the first city in China designated a "City of Media Arts" by UNESCO, from the perspective of the creative city concept. Using Changsha as a case study, the study analyzes the city's strategies and practices in establishing itself as a "City of Media Arts", focusing on key areas such as industry, technology, culture, and the environment. It argues that the success of Changsha's "City of Media Arts" initiative depends on several critical factors: the cultural and creative positioning of media arts, its integration with related industries, the fusion of culture and technology, the promotion of China's rich traditional culture on the global stage, the establishment of international connections within the creative industries, and the development of Changsha as a world-class tourist destination. This study offers valuable insights for other Chinese cities that aim to leverage their unique cultural assets and foster innovative growth within the creative sector.

Keywords: Creative City; Global Creative Cities Network; City of Media Arts; Changsha

B.11 Fashion Culture and Fashion Consumption Cultivation in Shenzhen and Suggestions on Promoting the Development of "Fashion City"

Yuan Yuan / 209

Abstract: In the past 40 years, Shenzhen's fashion industry has occupied a significant domestic market share and formed a prominent industrial advantage. However, from the perspective of building a "fashion capital", when it is necessary to complete the transition from "quantity" to "quality", Shenzhen's shortcomings are also more obvious. From the perspective of industry and city, this paper focuses on the current situation of fashion culture and fashion consumption cultivation related to Shenzhen fashion industry, and analyzes the current situation, characteristics and shortcomings of fashion culture and fashion consumption cultivation in Shenzhen. Then, aiming at the high-quality development of Shenzhen's future-oriented fashion industry and the positioning of Shenzhen as a "fashion capital", from the perspective of the government as a manager and promoter, this paper puts forward some policy suggestions to support leading enterprises to build international boutique brands, build fashion cultural blocks with world influence, add fashion-related colleges or departments and vigorously promote the construction of duty-free shops in the city.

Keywords: Fashion Culture; Fashion Consumption; Fashion Gathering; Fashion Block; Fashion Capital

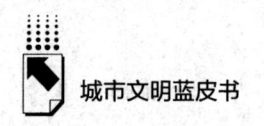

B.12 Shenzhen Cultural Expo: New Quality Productive Forces Empowers the Prosperity and Development of Urban Cultural Industries *Fang Shiyu* / 224

Abstract: Based on the context of the development and construction of global urban civilization, this study deeply analyzes how China (Shenzhen) International Cultural Industry Fair can effectively empower the construction of urban civilization by successfully demonstrating the new quality productivity of culture. As an important window to showcase the prosperity and development of China's cultural industry, the Shenzhen Cultural Expo has successfully demonstrated the innovation and vitality stimulated by the empowerment of the cultural industry by presenting the practical achievements of cross-border integration of industries to stimulate new models, digital culture leading the development of new formats, and innovative cultural products to stimulate new consumption. By summarizing this successful experience, it can provide reference value for the development of global urban civilization.

Keywords: Global Urban Civilization Development; Shenzhen Cultural Fair; New Quality Productivity; Cultural Industry

B.13 When Architecture Meets Media: A Study on the Communication of Urban Image in the Guangdong-Hong Kong-Macao Greater Bay Area
Wang Jingying, Wang Yan / 237

Abstract: Nowadays, with the rapid development of the society, urban problems are attracting more and more attention, and the communication of city image has the most direct correlation with the development of the city, and the improvement of the city's popularity is inextricably linked with the shaping of unique city image. In order to harmonize with the urban development trend, more and more architectural forms have emerged in the city, which either become landmarks with their height or attract attention with their unique shapes. As an important part of modern urban public space. Urban architecture is not only directly scrutinized by the public, but also diversely reproduced and widely discussed through the mediation of media. The Guangdong, Hong Kong and Macao Greater Bay Area has a rich and colorful culture and different architectural forms, therefore, the study takes the buildings in the Guangdong, Hong Kong and Macao Greater Bay Area as the object, researches and analyzes the realistic spatial presentation and mediated spatial reproduction of urban architecture, and explores the key elements and potential deficiencies of urban architectural design and publicity in the age of information technology in a bid to promote the city image coordinated with the development of the city, which is important for solving the problems that the urban architectural design and the communication of the city image. It is of great significance for solving the problems faced by urban architectural design and city image dissemination.

Keywords: Architecture; Media Space; City Image

B.14 Research Report on the Development of Shenzhen-Hong Kong Cultural Integration in the New Era

Guo Zhenglin, Han Xuejiao / 254

Abstract: With the deepening of the construction of Guangdong-Hong Kong-Macao Greater Bay Area, in-depth cultural exchanges between Shenzhen and Hong Kong have become an irreversible trend of The Times. In the new era, promoting the integrated development of Shenzhen and Hong Kong cultures is a key measure to promote the steady and long-term practice of "one country, two systems", the in-depth integrated development of the Guangdong-Hong Kong-Macao Greater Bay Area, and the high-quality development of Shenzhen and Hong Kong in the new stage.

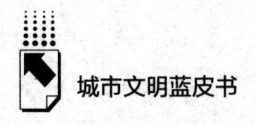

There is an urgent need to focus on key areas and deploy five pathways for the integrated development of advanced culture between Shenzhen and Hong Kong, including the integrated development of excellent traditional Chinese culture, the integrated development of art and cultural industry, the integrated development of ecological culture and the integrated development of red culture. Practical measures such as strengthening government guidance and policy support, creating important activities for exchange and cooperation, carrying out social publicity that goes deep into the people, and reserving human resources to promote integration are carried out. These provide the target direction and practical path for the in-depth development of Shenzhen-Hong Kong cultural integration.

Keywords: New Era; Shenzhen and Hong Kong Culture; Bay Area Culture

Ⅳ Case Studies

B.15 Research on Pearl River Delta Green City Environment Construction　　　　　　　　　　　　　　*Gao Yunting* / 270

Abstract: Starting from the concept of green development and environmental characteristics of the Pearl River Delta cities, this paper studies and discusses the future green environment construction and development of Chinese Pearl River Delta cities from four levels: goals, concepts, systems, and technologies. It also explores the ideas and strategies for green environment construction and development of Chinese Pearl River Delta cities. Based on the experience of urban green environment construction at home and abroad, using case studies and data analysis methods, with technical strategies as the basis, implementation methods as the means, and guarantee systems as the support, this paper explores the direction of urban green environment construction and development in the Pearl River Delta of China, providing a certain theoretical basis and practical reference for the construction of green environment in the Pearl River

Delta cities.

Keywords: Pearl River Delta Cities; Green Environment; Eco-civilization

B.16 Urban Rail Transit Supporting Urban Civilization Development: The Case of Shenzhen

Hou Chunlei / 283

Abstract: With the acceleration of urbanization, cities face increasing pressures on space and transportation, especially in densely populated metropolises like Shenzhen. Effectively utilizing limited land resources, enhancing transportation efficiency, and optimizing urban spatial planning have become urgent tasks for city managers. Shenzhen, through the rapid development of its urban rail transit system, the introduction of the TOD (Transit-Oriented Development) model, and technological innovation, has gradually alleviated transportation pressure, promoted rational spatial planning, and improved the quality of life for its residents. This study provides a detailed analysis of the construction and current status of Shenzhen's urban rail transit, examining the relationship between urban rail transit and urban development. It focuses on the practice and exploration of the TOD model in Shenzhen, highlighting significant technological innovations in the city's rail transit sector. The study aims to showcase how Shenzhen leverages urban rail transit and the TOD model to support urban civilization and sustainable development, offering a Shenzhen model for global urban development.

Keywords: Shenzhen Urban Rail Transit; TOD Model; Underground Space; Technological Innovation

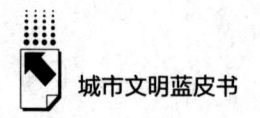

B.17 Canberra as a Model of Innovation-Driven Digital Cities

Ge Lin / 294

Abstract: In terms of digital cities, Canberra can serve as a model for the development of Western urban civilization. Innovation leadership and the pivotal role of education form the core driving forces behind Canberra's success as a digital city. This study begins by exploring the foundational roots of Canberra's digital city evolution, then elaborates on the broader lessons it offers for future urban development. Canberra's vision and achievements in digital urban planning demonstrate the critical importance of prioritizing innovation and education in the advancement of digital cities. By examining Canberra's innovation-driven digital transformation, this research provides valuable insights for fostering cross-civilizational understanding and collaboration in the global digital age.

Keywords: Digital City; Urban Planning; Digital Governance; Canberra

B.18 Embracing Technology: Experience and Trends in the Development of Zurich Digital City *Li Yongqiang* / 309

Abstract: Digital city, is the important trend or even core content for current urban development. The development experience of Zurich as a digital city constitutes the basic mainline for studying Zurich's digital city. The research of Zurich's digital city mainly involves the development motives, basic ideas and current situation, existing difficulties and future trends of Zurich's digital city. The paper argues in the development of Zurich's digital city, the attention and emphasis on education, as well as intelligent city management systems such as transportation and sewage treatment, has significant reference significance. At the same time, for more countries to develop digital cities, they can consider drawing on the development experience of Zurich's digital cities and exploring corresponding development paths for optimization.

Keywords: Zurich; Digital City; Intelligent City Management

B.19 The Basic Paradigm and Path of the Construction of the Guangdong-Hong Kong-Macao Greater Bay Area from a World Perspective

—Historical Investigation based on the Three Major Bay Regions of the World　　　　　　　　　*Xie Chunhong* / 322

Abstract: The development process of the three major bay areas in the world is a closely intertwined and mutually influencing process of globalization, marketization, industrialization, informatization, and urban modernization. Although the global situation and development clues of the three major bay areas in the world are different, the key elements of their success and their generation logic can outline the ideal paradigm or development path of the future bay area for people. Drawing on the successful experiences and inspirations of the three major bay areas in the world, from the dimensions of economy, politics, technology, and culture, the Guangdong Hong Kong Macao Greater Bay Area will become an economically developed bay area of "finance+industry+technology", a bay area of "national+intergovernmental+think tank" co construction and good governance, a bay area of "education+technology+talent" science and technology innovation, and a diversified and integrated bay area of "openness+inclusiveness+cooperation", A world-class city cluster, the Guangdong Hong Kong Macao Greater Bay Area, will shine globally.

Keywords: The World's Century Long Changes; Guangdong-Hong Kong-Macao Greater Bay Area; The Three Great Bay Areas of the World

社会科学文献出版社

皮 书

智库成果出版与传播平台

❖ 皮书定义 ❖

皮书是对中国与世界发展状况和热点问题进行年度监测，以专业的角度、专家的视野和实证研究方法，针对某一领域或区域现状与发展态势展开分析和预测，具备前沿性、原创性、实证性、连续性、时效性等特点的公开出版物，由一系列权威研究报告组成。

❖ 皮书作者 ❖

皮书系列报告作者以国内外一流研究机构、知名高校等重点智库的研究人员为主，多为相关领域一流专家学者，他们的观点代表了当下学界对中国与世界的现实和未来最高水平的解读与分析。

❖ 皮书荣誉 ❖

皮书作为中国社会科学院基础理论研究与应用对策研究融合发展的代表性成果，不仅是哲学社会科学工作者服务中国特色社会主义现代化建设的重要成果，更是助力中国特色新型智库建设、构建中国特色哲学社会科学"三大体系"的重要平台。皮书系列先后被列入"十二五""十三五""十四五"时期国家重点出版物出版专项规划项目；自2013年起，重点皮书被列入中国社会科学院国家哲学社会科学创新工程项目。

权威报告·连续出版·独家资源

皮书数据库
ANNUAL REPORT(YEARBOOK) DATABASE

分析解读当下中国发展变迁的高端智库平台

所获荣誉

- 2022年，入选技术赋能"新闻+"推荐案例
- 2020年，入选全国新闻出版深度融合发展创新案例
- 2019年，入选国家新闻出版署数字出版精品遴选推荐计划
- 2016年，入选"十三五"国家重点电子出版物出版规划骨干工程
- 2013年，荣获"中国出版政府奖·网络出版物奖"提名奖

皮书数据库　　"社科数托邦"微信公众号

成为用户

登录网址www.pishu.com.cn访问皮书数据库网站或下载皮书数据库APP，通过手机号码验证或邮箱验证即可成为皮书数据库用户。

用户福利

- 已注册用户购书后可免费获赠100元皮书数据库充值卡。刮开充值卡涂层获取充值密码，登录并进入"会员中心"—"在线充值"—"充值卡充值"，充值成功即可购买和查看数据库内容。
- 用户福利最终解释权归社会科学文献出版社所有。

数据库服务热线：010-59367265
数据库服务QQ：2475522410
数据库服务邮箱：database@ssap.cn
图书销售热线：010-59367070/7028
图书服务QQ：1265056568
图书服务邮箱：duzhe@ssap.cn

社会科学文献出版社　皮书系列
SOCIAL SCIENCES ACADEMIC PRESS (CHINA)
卡号：537762687645
密码：

S 基本子库
SUB DATABASE

中国社会发展数据库（下设 12 个专题子库）

紧扣人口、政治、外交、法律、教育、医疗卫生、资源环境等 12 个社会发展领域的前沿和热点，全面整合专业著作、智库报告、学术资讯、调研数据等类型资源，帮助用户追踪中国社会发展动态、研究社会发展战略与政策、了解社会热点问题、分析社会发展趋势。

中国经济发展数据库（下设 12 专题子库）

内容涵盖宏观经济、产业经济、工业经济、农业经济、财政金融、房地产经济、城市经济、商业贸易等 12 个重点经济领域，为把握经济运行态势、洞察经济发展规律、研判经济发展趋势、进行经济调控决策提供参考和依据。

中国行业发展数据库（下设 17 个专题子库）

以中国国民经济行业分类为依据，覆盖金融业、旅游业、交通运输业、能源矿产业、制造业等 100 多个行业，跟踪分析国民经济相关行业市场运行状况和政策导向，汇集行业发展前沿资讯，为投资、从业及各种经济决策提供理论支撑和实践指导。

中国区域发展数据库（下设 4 个专题子库）

对中国特定区域内的经济、社会、文化等领域现状与发展情况进行深度分析和预测，涉及省级行政区、城市群、城市、农村等不同维度，研究层级至县及县以下行政区，为学者研究地方经济社会宏观态势、经验模式、发展案例提供支撑，为地方政府决策提供参考。

中国文化传媒数据库（下设 18 个专题子库）

内容覆盖文化产业、新闻传播、电影娱乐、文学艺术、群众文化、图书情报等 18 个重点研究领域，聚焦文化传媒领域发展前沿、热点话题、行业实践，服务用户的教学科研、文化投资、企业规划等需要。

世界经济与国际关系数据库（下设 6 个专题子库）

整合世界经济、国际政治、世界文化与科技、全球性问题、国际组织与国际法、区域研究 6 大领域研究成果，对世界经济形势、国际形势进行连续性深度分析，对年度热点问题进行专题解读，为研判全球发展趋势提供事实和数据支持。

法律声明

"皮书系列"（含蓝皮书、绿皮书、黄皮书）之品牌由社会科学文献出版社最早使用并持续至今，现已被中国图书行业所熟知。"皮书系列"的相关商标已在国家商标管理部门商标局注册，包括但不限于LOGO（ ）、皮书、Pishu、经济蓝皮书、社会蓝皮书等。"皮书系列"图书的注册商标专用权及封面设计、版式设计的著作权均为社会科学文献出版社所有。未经社会科学文献出版社书面授权许可，任何使用与"皮书系列"图书注册商标、封面设计、版式设计相同或者近似的文字、图形或其组合的行为均系侵权行为。

经作者授权，本书的专有出版权及信息网络传播权等为社会科学文献出版社享有。未经社会科学文献出版社书面授权许可，任何就本书内容的复制、发行或以数字形式进行网络传播的行为均系侵权行为。

社会科学文献出版社将通过法律途径追究上述侵权行为的法律责任，维护自身合法权益。

欢迎社会各界人士对侵犯社会科学文献出版社上述权利的侵权行为进行举报。电话：010-59367121，电子邮箱：fawubu@ssap.cn。

社会科学文献出版社